高等学校应用型特色规划教材

信息系统分析与设计

丁　浩　　高学贤　主编

清华大学出版社

北　京

内 容 简 介

信息系统是基于计算机和通信技术对企业日常运营中的信息进行有效管理的信息管理技术，其目的是在处理企业日常运营信息的同时，能够为企业管理者的战略战术决策提供信息支持。

本书阐述了信息系统的概念以及系统开发的基本过程；介绍了信息系统开发所应遵循的基本理念、思路和方法，包括信息系统对企业战略的支持作用、系统开发的生命周期以及结构化的系统开发方法。

本书可作为计算机专业、管理科学与工程专业、系统工程专业等本科生的教科书，也可作为有关学科的科技人员的参考书。

图书在版编目(CIP)数据

信息系统分析与设计/丁浩、高学贤主编. —北京：清华大学出版社，2009.3（2018.1重印）
（高等学校应用型特色规划教材）
ISBN 978-7-302-19516-0

Ⅰ. ①信… Ⅱ. ①丁… ②高… Ⅲ. ①信息系统—系统分析—高等学校—教材 ②信息系统—系统设计—高等学校—教材　Ⅳ. ①G202

中国版本图书馆 CIP 数据核字(2009)第 016908 号

责任编辑：刘天飞　张丽娜
封面设计：杨玉兰
责任校对：李凤茹
责任印制：杨　艳
出版发行：清华大学出版社
　　　　网　　　址：http://www.tup.com.cn, http://www.wqbook.com
　　　　地　　　址：北京清华大学学研大厦 A 座　　　邮　　编：100084
　　　　社 总 机：010-62770175　　　　　　　邮　　购：010-62786544
　　　　投稿与读者服务：010-62776969, c-service@tup.tsinghua.edu.cn
　　　　质量反馈：010-62772015, zhiliang@tup.tsinghua.edu.cn
　　　　课件下载：http://www.tup.com.cn, 010-62791865
印 刷 者：北京富博印刷有限公司
装 订 者：北京市密云县京文制本装订厂
经　　销：全国新华书店
开　　本：185mm×260mm　　印　张：19.25　　字　数：460 千字
版　　次：2009 年 3 月第 1 版　　　印　次：2018 年 1 月第 7 次印刷
印　　数：7801～8800
定　　价：36.00 元

产品编号：028663-02

前　言

　　信息管理是企业的一项基本功能，每个企业的任何决策都需要可靠及时的信息支持。本书正是针对企业的信息管理需求，从技术和管理理念的角度全面阐述信息系统的概念及应用。

　　建立信息系统的目的是能为企业战略目标的实现提供最大限度的信息支持，因此，任何企业在开展信息系统建设之前，都首先必须明确自己的战略方向以及取得成功所必须的并且有效的方式，其次才是寻求相关的信息技术支持来实现这一方式。从这个角度来讲，任何企业的信息系统项目部署必然会同时涉及经营理念和信息技术两方面的创新。理念是第一位的，而实现理念的技术是第二位的，信息系统事实上是企业管理理念在信息技术上的映射。正是基于这一点，本书始终都将理念和技术结合在一起讨论。

　　本书共分 11 章。第 1、2 章分别从技术和理念两方面解释信息系统的概念，并强调了信息系统对企业战略目标的支持作用。第 3 章介绍计算机网络知识，这一章更侧重于技术，因为网络通信是一个企业开展信息系统建设的基础设施环境。第 4 章介绍数据管理的相关理论。对于数据管理技术，低层次的信息系统更加注重技术细节，以保证进入系统的基础数据的规范性和准确性，而高层次的信息系统的数据需求则更加倾向于企业战略理念层面的支持，强调的是对基础数据的汇总和分析。

　　第 5~10 章全面介绍企业开展信息系统建设的整个过程，其中主要包括信息系统规划、系统分析、系统设计以及系统实施及运行维护。在这些章节中，强调的是开发信息系统的基本思路及方法。在整个开发过程中，系统分析人员与企业管理者的成功交互相对来说是信息系统开发成功的前提条件。因此，任何信息系统开发项目自始至终都应该是以用户为中心而展开的。本书着重介绍了传统的结构化系统开发方法，这一方法的内涵之一就是便于在分析阶段以用户为中心来展开信息需求调查。另外，结构化的系统开发方法的一些经典理念也值得我们长期持有。在第 10 章，着重介绍采用面向对象思想来进行系统开发的一般思路，其中简要讲述了统一建模语言(UML)的应用，并利用翔实的案例和图解生动展示了面向对象方法的思想内涵。

　　本书的第 11 章介绍决策支持系统和专家系统的相关理论。这方面的应用是对基本的信息系统应用的拓展，可以看作是高层次的信息技术应用。

　　为了使读者能够尽快领悟系统开发的基本思想和技巧，作者在教材的编写过程中力求语言生动、图文并茂，并附有适量的小型案例和思考题。这不仅方便了读者的理解，同时也为教师的课堂讲授提供了素材。

　　由于编者水平所限，书中难免有不当之处，敬请读者指正。

编　者

目　录

第 1 章　信息技术下的企业竞争

【学习目标】

通过本章学习，你将能够：
- 认识到当前的企业经营环境以及信息的重要性
- 识别基本的竞争战略，解释信息技术对企业战略的影响
- 举例说明如何利用信息技术获得竞争优势

1.1　引　　言

今天，我们所处的是信息时代，尤其对商家来说，如果他不能有效地获取并处理信息，那么，他所不知道的信息可能就会成为竞争对手的优势来源。而信息系统(Information System，IS)的目标就是研究信息技术、信息以及人三种因素如何协同工作，帮助人们完成与信息处理和信息管理相关的一切任务。虽然成熟的信息技术是信息系统的基础，但并不能成为企业成功的充分条件。要想开发成功的信息系统，必须在其中纳入先进的管理理念，同时还要强调使用信息系统的人的素质。

1.2　信息的重要性

目前，发达国家(如美国、英国)的就业模式已经发生了根本性变化。在 19 世纪初期和中期，作为工业化就业源的农业部门的重要性明显减弱。这直接导致了制造业就业比例的增加，使其在 20 世纪初期达到高峰。自 19 世纪以来，制造业的就业人员开始向两个专业转移：服务业和信息业，而增长较快的就是信息业。

在这种背景下，可以发现当今许多岗位几乎都与信息的采集、处理、提供和传输有关，包括保险、银行、会计以及各级政府单位等。任何一个邮政和电信部门工作的人员都要直接或间接地接触信息传递方面的业务。其他如旅游、零售、警察和军队与过去相比，也都要依靠更多的信息。即使在传统的制造行业，产品生产过程中劳动力比例减少的部分，也正是信息行业就业比例增加的部分。

在谈到信息的重要性时，我们可以引用戴尔计算机公司的创始人迈克尔·戴尔的一段话：

企业最重要的事之一就是要获取及时的信息，我们不能等待一周或一个月。现在我们每天都能得到信息，因此我知道昨天我们卖出了 77 850 台计算机。我知道卖出的每台计算机的型号、买主、地理位置及其他信息。在企业中，信息的及时性比任何东西都重要，因为它每时每刻都在变化。我们要继续缩短顾客和供应商之间的时间和空间距离。我们现在减少到只留有三四天的库存量。我们保证在两小时内向顾客交货。

由此看出，随着竞争激烈化程度的加剧，当今企业的管理正越来越从内部转向外部，

从处理资本转向处理信息，即内部管理越来越依赖于对外部信息的感知、分析和处理。从外部需求而言，市场竞争的复杂和残酷迫使企业为了自身的生存和发展，需要获得更加及时、准确，针对性更强的信息，从而获得竞争优势。企业需要了解当前市场热销产品、竞争对手的价格和融资成本等，同时企业还要及时准确地了解自己内部的运行情况。

在传统的卖方市场中，企业处于垄断地位，实行的是批量生产模式。企业在日常的运作中几乎不用和市场进行频繁的沟通，从而对企业的信息处理能力没有过高的要求。然而，目前企业所处的市场大多是竞争比较激烈的买方市场，企业需要及时捕获市场需求信息，并对市场需求的变化做出及时的内部响应或调整。这就要求企业内部以及企业之间有畅通的信息沟通系统。

马克思在《资本论》中早就预感到：一种有效而公正的经济必须是一种经营和管理方式相对透明的经济；一种以劳动者拥有充分权利，生产者与消费者之间，以及各生产者之间充分沟通为前提的经济(即信息共享)。

目前的社会，正处于一个信息相对充分的时代。德鲁克认为：早期的资本主义是棒球队模式，队员有各自固定不变的位置；后来是足球队模式，设计人员、工程师等各职能人员也有各自固定的位置，但彼此之间协同的机会较多；现代是网球双打模式，在比赛过程中根据需要随时调整彼此位置，各角色之间不仅有协同的机会，而且相互之间有更深的了解和更灵活的配合。

1.3 当前企业经营环境的特点

1.3.1 经济全球化

所谓的经济全球化(Global Economy)是指各国经济都在走向开放、走向市场化，世界经济趋向某种程度的一体化。目前，经济全球化已不仅仅是指贸易全球化，它还包括生产全球化、金融全球化以及消费倾向的全球化。未来企业的成功在很大程度上是指能否成功实现跨国经营。

就像我们常常看到的那样，当打开一台计算机机箱时，就可能看见美国 Intel 公司的 CPU、日本 TEAC 公司的软驱、韩国的 RAM、新加坡或马来西亚的硬盘以及在香港生产的主板等。不仅计算机如此，汽车也是这样。当一位美国人买了一部通用汽车公司的汽车后，事实上他就进入了极复杂的国际贸易网络之中。在他付给通用汽车公司的 1 万美元中，有 3000 美元付给韩国的装配工人，1759 美元付给日本制造先进零部件的厂商，750 美元付给联邦德国的设计工程师，400 美元购买中国台湾、新加坡与日本的各式零件，250 美元给英国的广告行销服务，其他约 4000 美元是付给底特律的汽车策略家、华盛顿的说客、全国各地的保险公司以及通用公司的股东。1 万美元的去向，代表了今天全球产业的复杂关系网。在自由贸易政策中成长起来的跨国公司，在全球选择有知识优势的地方进行科研，在有制造优势的地方生产，在最有利的地方登记注册和纳税。Intel、IBM、APPLE、Microsoft、MOTOROLA、NEC、DEC、HP(惠普)这些世界级的电子公司都在全球范围内网罗科技人才，进行研究工作，惠普公司的红外数字传输技术和其他大部分高技术研究就是在英国的布里斯托尔完成的。

经济全球化的基本动力来自于三个方面：首先是市场的作用范围扩大，各种贸易壁垒降低，以及资本和信息高度自由的流动；其次是以西方和亚洲新兴工业化国家与地区为基地的跨国公司的加速扩张，构筑起一张张遍布全球的网络；第三则是根本性的信息和通信技术的进步，特别是因特网及其商业性的普及使得全球经济循环中的交易成本急剧下降。

经济的全球化极大地提高了信息的价值，表现在两个方面：一方面，信息系统所提供的通信和分析能力使企业可以方便地在全球范围内进行贸易和企业管理。另一方面，一个全球范围内运作的企业必须与分布在全球的分销商和供应商之间进行广泛的信息交换，需要 24 小时在不同国家中运作，为全球范围的客户服务。

所有这些都离不开强大的信息处理系统的支持。但同时，全球化和信息技术又给企业带来了更大的威胁，这是因为，全球的通信系统使客户可以方便地在全球范围内搜索到自己所需要的产品或服务。这种搜索不受时间、地点的限制，客户可以在任何时间、任何地点搜索到相关产品价格和质量的信息，这样就必然加剧了竞争，迫使企业不得不在更加开放的全球市场环境中运作。为了成为国际市场竞争中的胜利者，企业反过来又必须进一步加强信息系统的建设。

1.3.2　知识经济

按照 OECD 的 1996 年年度报告《以知识为基础的经济》，知识经济(Knowledge Economy)是指建立在知识和信息的生产、分配和使用上的经济。这里所说的知识，包括人类迄今为止所创造、积累的全部知识，其中最重要的部分是科学技术、管理和行为科学的知识。知识经济不同于传统的以大量消耗原材料和能源为特征的经济(如工业经济)，而是基于新科技成果和人类知识精华的经济形态。

目前一些发达国家(美国、日本、德国)已经实现了从工业经济向基于知识、信息的服务型经济转变。这些行业包括：销售、教育、保健、银行、保险、法律，其共同特点是进行新知识和信息的使用、传播和创造。这种转变使发达国家科学技术高速发展并快速产业化，导致其物质财富极大丰富，基础设施即基础产业达到十分完备的程度以后出现的一种新的高级经济形态。

知识经济产生的技术条件是电子和信息革命。信息技术的发展和传播是知识经济的关键因素。芯片技术、光通信技术、网络化技术以及软件技术的发展为知识经济时代的来临创造了技术条件，特别是知识可以转化为信息，并通过计算机和通信网络进行编码化和传播，彻底改变了知识的社会化生产、传播、应用及存储。

知识经济是信息化的经济。信息化形式就是电子化、数字化和网络化。产业结构的高科技化、信息化使信息产业成为主导产业，电子信息产业和其他高技术将渗透到第一、第二、第三产业的各领域。电子信息装配等高技术、高附加值产业和电子信息技术的嫁接，促进了产业的升级和自动化，加速了整个信息化的过程。信息技术对经济和社会发展的贡献最主要的不是其本身作为一个产业部门对国民生产总值的贡献，而在于它提供了一种有利的手段，加快了信息资源的开发利用，国民经济和社会各个领域的发展速度得到了提高。

在知识经济时代，即使是传统产品生产，生产过程中的知识运用也在不断加强，如现在汽车生产和设计的过程，在很大程度上依赖于所使用的信息技术。

1.3.3 企业的变革

在传统卖方市场环境中，组织是层次化的结构，权力集中控制，采用结构化的专业分工，按一系列的标准化运作程序批量生产产品或服务。

随着企业竞争的加剧，新型组织趋向于扁平化，中下层管理人员被赋予了更大的权力，强调了对市场(需求)的快速响应性。目前，传统的组织结构正在向网络化、虚拟化的新型组织结构方向发展，而新型组织结构的有效运作离不开信息技术的支持。下面关于Chiat/Day 广告公司的办公情形恰当地反映了企业的变革趋势。

【案例1-1】Chiat/Day 广告公司

在美国加州威尼斯的 Chiat/Day 广告公司总部的办公楼中可以看到，总经理传统的办公室不见了，秘书们占据的小隔间也消失了，更找不到一排排高大的文件柜。老板的转椅换成了长沙发，连电话都被轻巧的手机取代。办公室唯一带私人色彩的东西是涂成五颜六色的杂货柜，雇员可以将各自的物品存放在里面。工作人员不必坐班，哪里有生意就去哪里工作。他们在家里或在外面忙碌，通过移动电话、传真机或者计算机与公司保持联系。

Chiat/Day 花了6个月时间完成了从传统办公室到现代办公室的转变。雇员可以选择任何一天到办公室上班。进入大楼后，他们可以在前台领取一部笔记本电脑和一部手机，带着这些东西到大楼内的任何一个开放空间去工作。这些空间布置得如同起居室，墙上装有各种插座。为了便于有时举行会议，楼内专门隔出了几间"战略性单元"，实际上也就是会议室，只有它们采取了封闭式设计。

除了锁在杂物柜里的私人文件之外，在任何地方都看不见纸张，传真和备忘录都被显示在计算机屏幕上，而口信则被留在语音信箱里。曾经堆满文件柜的文件现在全都存入计算机中，可以从散布在每个楼层的终端随意调取。到公司总部来的客户可以进入公司的计算机系统，监视广告策略，甚至对某些概念提出批评意见。

1.4 信息技术下的企业战略

企业在没有明确战略目标的情况下也可以照常运转：订单从客户那里收集过来，货物被分发出去，送出发票，客户的付款得到确认；如果库存降低就拟订并发送订单，然后就会收到订购的货物，接着是入库，更新库存记录；当收到供应商开具的发票的时候，确认应付款并支付款项。就这样安排工作并生产产品。每到月底，在薪水名册中列出工资单并通知银行自动支付工资。销售代表的汽车被送到车库进行检修，并支付账单。这个过程就是所说的日常业务的运转过程。

由此可见，企业也可以不参照任何战略而按照这种方式持续经营一段时间。但可以肯定的是，这种运转只是暂时的，企业就像一艘迷失方向的航船，虽然它在加速运转，但方向却可能是错误的。企业之所以需要制定战略方向，原因如下。

(1) 大多数情况下，如果缺乏整体的协调，就会出现组织中的单个部门(一个系统中的子系统)能够根据自己的目标很好地运转但却不能为组织的整体目标服务的情况。这是因为部门自身特定的目标有可能与组织目标相冲突，或者是由于子系统的最优化可能导致整个系统达不到最优化。这就要求有一个总体的规划，以保证各子系统的目标是相通的、集成的，是为整体框架目标服务的。

(2) 组织可能会进行重要的资源配置，尤其是在发展新的工厂、购置房地产与机器设备的时候。信息系统需要昂贵的硬件投资，并导致设计上的开销，因此需要对资源进行配置，而这些配置必须服从组织的整体目标，即战略方向。

(3) 组织需要对一些不同的利益相关人负责，其中包括股东、雇员、客户以及资金提供者如银行。由于组织的生死存亡以及未来的战略机遇的把握与他们的利益密切相关，所以他们对组织的战略方向抱有特殊的兴趣，并密切关注组织在这方面的工作。

由此可知，企业必须要有自己的战略方向和目标，而毫无疑问的是，企业战略目标的实现有赖于信息技术。而信息技术的有效利用又有赖于企业是否能制定正确的信息系统战略。在这方面，我们可以参考迈克尔·波特教授所创立的框架。此框架长期以来受到商业人士的欢迎。迈克尔·波特教授在最近一篇文章中指出网络时代的信息技术比上一代的信息技术更有利于帮助企业建立独具特色的企业战略规划，这似乎意味着，只要善于应用信息技术，企业的创新就可以发挥得淋漓尽致。

波特教授提出的三个框架如下：

- 五力模型；
- 三种通用战略；
- 价值链模型。

1.4.1 五力模型

五力模型是用来分析一个行业的吸引力的模型，如图 1-1 所示。其包括五个方面，新竞争者的威胁、买方的议价能力、供应商的议价能力、替代产品或服务的威胁以及现有竞争者的威胁。当一个企业试图进入某一市场或拓展当前业务时，必须从这五个方面来考虑。

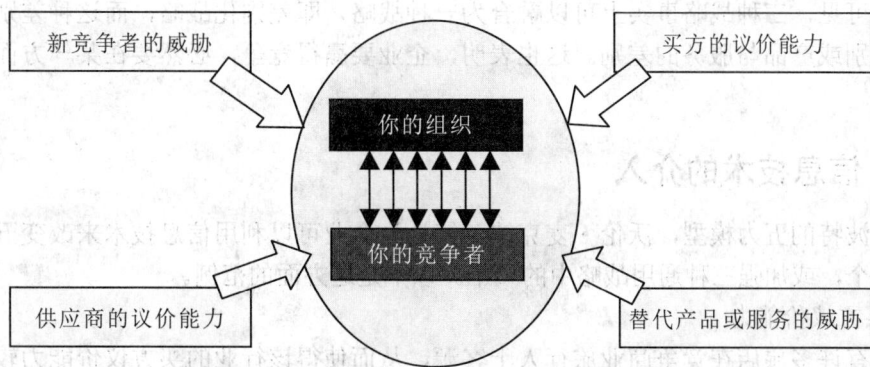

图 1-1 五力模型

1) 买方的议价能力

当购买者可选择的购买渠道很多时，则购买者的议价能力较强，在这种情况下，该行业缺乏吸引力。

2) 供应商的议价能力

供应商为企业的生产过程提供必需的原料、机器设备和生产部件。他们会同企业协商价格，通过给企业的同业竞争对手提供原材料来威胁企业，迫使其提高采购价格。适当的商业利益会削弱潜在的竞争性购买方对供应商的吸引力。

3) 替代产品或服务的威胁

替代产品或服务属于同一产业内部，但是与所替代的对象有一定的差别。经常存在这样的风险：客户流失并从其竞争对手那里购买替代产品，因为那些产品更加符合客户的需求。如果可选择的替代产品或服务很少，或者正使用的产品或服务有转换成本存在，则替代产品或服务的威胁就低。

4) 新竞争者的威胁

如果所处行业壁垒过低、政府管制较松、原材料没有所有权，这一类行业都要警惕新的竞争力量的进入。

5) 现有竞争者的威胁

产品的相似度、较低的品牌效应以及过剩的行业生产能力，都会使当前的竞争较激烈。当某行业现有竞争者的竞争很激烈时，该行业的吸引力就低，反之吸引力则高。因此，行业内竞争的强度是我们在加入某个行业之前所应考虑的另一个因素。

1.4.2 三种通用战略

三种通用战略分别为：低成本战略、差别战略和集中战略。波特认为，企业应该选择其中之一作为立足点，而不应该同时选择一种以上的战略。低成本战略强调的是能以较低的成本向市场提供同竞争者同样品质的产品或服务；差别战略强调的是提供竞争者所没有的产品和服务；而集中战略则强调集中力量来发挥自己的优势。

以美国的零售商为例，沃尔玛公司采用的是成本领先的战略。Nordstrom 公司的重心则放在优良的客户服务和仓储经验上，采用的是差别化战略。Walgreen's 公司则采用聚焦于药品经营上的成本领先的集中战略。

由此可见，三种战略事实上可以融合为一种战略，即差别化战略，而这种差别则主要是成本差别或产品与服务的差别。这也表明，企业要赢得竞争，必然要在某一方面具备优势或差别。

1.4.3 信息技术的介入

对于波特的五力模型，沃伦·麦克法兰德认为企业可以利用信息技术来改变五力中的一个或多个，或加强三种通用战略中的一个。以下是这方面的范例。

1) 买方议价能力

因为有许多旅店在竞争商业旅行人士客源，从而使得该行业的买方议价能力较强。为了抵消这个差距，许多连锁旅店开发了忠诚顾客方案，比如说，顾客每次住店都给予顾客一定的积分，足够的积分可以让顾客在该连锁店各地的任一家分店免费住宿一次，或者说得到其他的奖励。这种方案需要具有一定水平的信息系统支持。

引入转换成本是降低客户转向竞争对手的可能性的一种方法。财务上或其他领域中把这种成本定义为客户转向竞争对手时要付出的成本。商家可以通过为客户提供在线采购产品或服务的专门设备的方式来提高客户的转换成本。重要的一点是，必须让客户从使用中

高等学校应用型特色规划教材

获益，而不能让他们觉得自己可能在价格协商中处于不利地位。

例如，电子银行使人们相信，一旦客户熟悉了一个系统并从中获益，他们就缺乏学习使用新系统的动力。另一个例子是美国医用产品供应商，他们通过在线的方式把终端销售服务接入客户医院，从而提高了竞争地位。即使对网络不太熟练的人员也能通过该系统快速下单订购，从而取代了比较昂贵的采购代理。这种关系一旦建立，医院就很难再转向其他供应商了。

为了通过规范化的流程了解和跟踪客户行为，收集所必需的信息，客户关系管理(Customer Relationship Management，CRM)应运而生。分析技术和复杂的软件工具已经被开发出来，这使得企业可以从数据库记录的客户的详细资料和活动中发掘出潜在信息。CRM 通常细分为客户概况描述、客户分类和客户行为预测。CRM 的一个目标就是防止客户流失，即防止客户逐渐流向其竞争对手。

2) 供应商的议价能力

这里的供应商包括制造商零部件供应商和制造商成品的经销商。削弱供应商议价能力的最好办法就是提供替代的供应源。电子商务中的 B to B 市场是一种可以聚集大量供应商和买家的网络服务。一个很好的例子就是汽车制造业内的网络采购代理商 Covisint 公司。

另一种削弱供应商议价能力的办法是找到一种可以将更多信息送到买家手中的方式。例如，汽车零售行业是最好的例子。过去，当你想要购买一辆新车时，往往要在价格上受汽车经销商的摆布。新车的销售员知道车辆的成本价，知道你以什么价格买进最合算，并且知道经销商可以通过不同的设备、不同的保修期和付款方式赚多少钱。现在，经销商所能知道的所有信息在网上都可以免费得到。购买者可以以相同的信息量与经销商来协商。这样，经销商的能力就被削弱了。

3) 行业壁垒

容易进入的行业往往竞争激烈，而成功的公司竭力想利用信息技术来构建行业进入壁垒。所谓行业进入壁垒是指特定行业客户期望的服务水平。比如，花旗银行率先采用ATM 技术获得竞争优势，客户自然会希望所有的银行都能提供这一服务，从而使这一技术成为了行业壁垒。

提高行业壁垒通常包括以下途径。
- 开发大规模生产的经济效益。
- 建立品牌忠诚度。
- 通过专利技术或其他方法建立法律准入壁垒。
- 采用包括大的基建投资在内的有效生产方式。

信息技术能够帮助企业建立这些壁垒。信息技术通过减少人力成本和加速生产过程来帮助企业提高生产效率，就这一方面来说，试图进入该市场的厂商如果不进行类似的资本投入就处于相对竞争劣势中。如果进行快速多样化的产品生产通常需要昂贵的 CAD/CAM设备，那么对设备的投资就构成一个准入壁垒。

4) 现有竞争者的威胁

信息技术可以让一家公司有很多方式在高强度的竞争中更好地应对竞争对手。例如，很多零售商都在打价格战，特别是当他们出售的产品属于日用品时。你在一家便利商店或者一家特价连锁店都可以买到一箱 6 瓶装的百事可乐，其味道也不会有什么差别，唯一可能不同的就是可乐的价格。可能特价连锁店的价格会比便利店的价格低，而其价格低的原因就是因为特价连锁店应用信息系统使自己更加高效。拥有信息系统会使零售商获得高效率和低成本，进而以较低的价格获得明显的竞争优势。

1.4.4　价值链模型

价值链也是帮助企业建立战略目标的方法之一。价值链模型是把组织看成一个过程链(或一系列环节)，每个链环节都为顾客增加价值，顾客支持你的组织是因为所增加的价值，这可能是你的组织为提供完善服务所需要做的事情。而价值是买方愿意为企业提供给他们的产品所支付的价格。

企业内部某一个活动是否能创造价值，要看它是否提供了后续活动所需要的东西、是否降低了后续活动的成本、是否改善了后续活动的质量。每项活动对企业创造价值的贡献大小不同，对企业降低成本的贡献也不同，每一个价值活动的成本是由各种不同的驱动因素决定的。价值链的各种联系成为降低单个价值活动的成本及最终成本的重要因素。而价值链中各个环节的创新则是企业的竞争优势的来源。

企业中的价值活动有两类：基本活动和辅助活动。

基本活动可分为以下五个方面。

- 内部后勤：指与接收、存储和分配相关联的各种活动。
- 生产经营：指与将各种投入转化为最终产品相关联的各种活动。
- 外部后勤：指与集中、仓储和将产品发送给买方相关联的各种活动。
- 市场营销：指与提供一种买方购买产品的方式和引导他们进行购买相关联的各种活动。
- 服务：指因购买产品而向顾客提供的、能使产品保值增值的各种服务，如安装、维修、零部件供应等。

辅助活动有如下四种。

- 采购：指购买用于企业价值链的各种投入的活动。
- 技术开发：每项价值活动都包含着技术成分，无论是技术诀窍、程序，还是在工艺设备中所体现的技术。技术开发由一定范围的各项活动组成，这些活动可以被广泛地分为改善产品和工艺的各个方面。技术开发可以发生在企业中的许多部门，与产品有关的技术开发对整个价值链可以起到辅助作用，而其他的技术开发则与特定的基本和辅助活动有关。
- 人力资源管理：指与各种人员的招聘、培训、职员评价，以及工资、福利相关联的各种活动。它不仅对单个基本辅助活动起作用，而且支撑着整个价值链。
- 企业基础设施：企业基础设施由大量活动组成，包括总体管理、计划、财务、会计、法律、政治事务和质量管理等。它与其他辅助活动不同，它不是通过单个活动而是通过整个价值链起辅助作用，如图 1-2 所示。

与竞争对手相比，企业组织是否有竞争优势往往取决于能否在每种活动中减少成本。而信息技术就可以减少每种活动中获取信息要素的成本。例如，企业内部物流活动利用信息技术获取货物到达信息并修改库存记录。财务计划，作为一种基础设施活动，利用信息

高等学校应用型特色规划教材

技术收集公司活动产生的大量信息，并对未来业绩做出预测。信息技术也可以用于针对特定客户需求增加产品的个性。例如，运营过程中可以利用信息技术控制生产过程，从而根据客户需求定制产品。

如果你将组织看成一个链，你就可以识别那些为顾客增值的、最重要的链环节，然后，识别为支持这些环节所需的 IT 系统。如图 1-2 所示，每个环节都有其自身价值，但总的价值应大于各环节价值之和，这样才有增值；增值越多，顾客越认为你的产品或服务有价值，这也同时形成你的竞争优势。

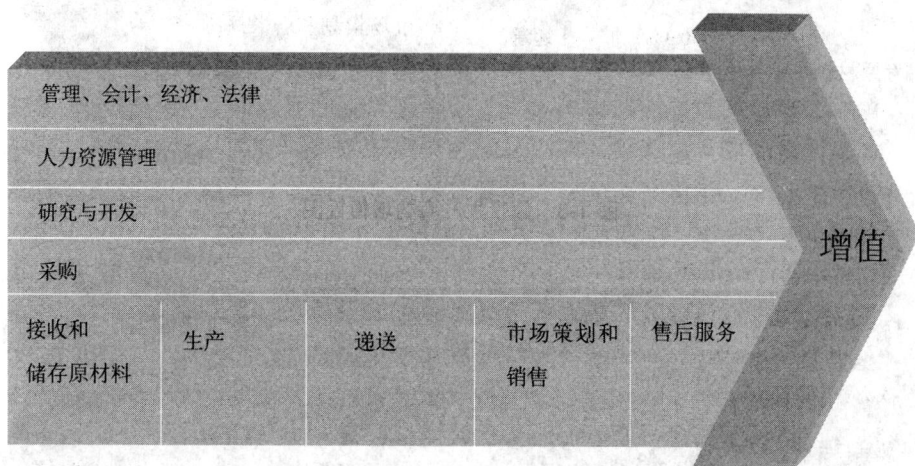

图 1-2　价值链构成

价值链模型的意义在于识别组织的增值环节和减值环节。例如，一家名牌领带生产厂家，在过去总是排斥技术，顾客的订货全部手工处理，因为其质地优良、款式别致、手工精细，一直赢得顾客信任；但慢慢地，顾客需求发生了变化，他们需要经常变动款式，而且一个人拥有好几条领带。于是，该领带厂家建立了 4 条生产线，每个生产线每年要承接 300 种设计的生产。在这种情况下，管理变得更加复杂，该厂家决定通过价值链方法来找到一种满足顾客需求的更好方式。具体工作包括以下两个方面。

1) 识别增值环节

该厂首先调查顾客，让消费者列出为什么要买本厂家的领带的原因。结果，大部分人认为，主要原因是因为领带的做工好(生产)、质地好(采购)，因为这些是顾客首先看重的方面。为此，该厂开发了一个计算机辅助设计系统来缩减设计和生产新领带的时间，如图 1-3 所示。

2) 识别减值环节

依照同样的方法，该领带厂也识别出了减值环节。许多销售员(或是批发商)总是向顾客承诺供应已没有库存的领带，这样需要顾客等上 2～3 天才能拿到，导致顾客对该厂供应高品质领带的能力失去信心，如图 1-4 所示。

为了纠正销售过程的偏差，该厂开发了一个新的 IT 系统来向销售人员提供及时的产品信息。他们给销售代表配备笔记本电脑，从而使销售代表在酒店的房间里通过计算机就能发出订单并且马上就可以知道库存的更新情况。于是，客户重新对老朋友树立了信心。

管理、会计、经济、法律（3.1%）				
人力资源管理（7.1%）				
研究与开发（4.2%）				
采购（27%）				
接收和储存原材料（5.2%）	生产（40.3%）	递送（6.6%）	市场策划和销售（4.3%）	售后服务（2.2%）

增值

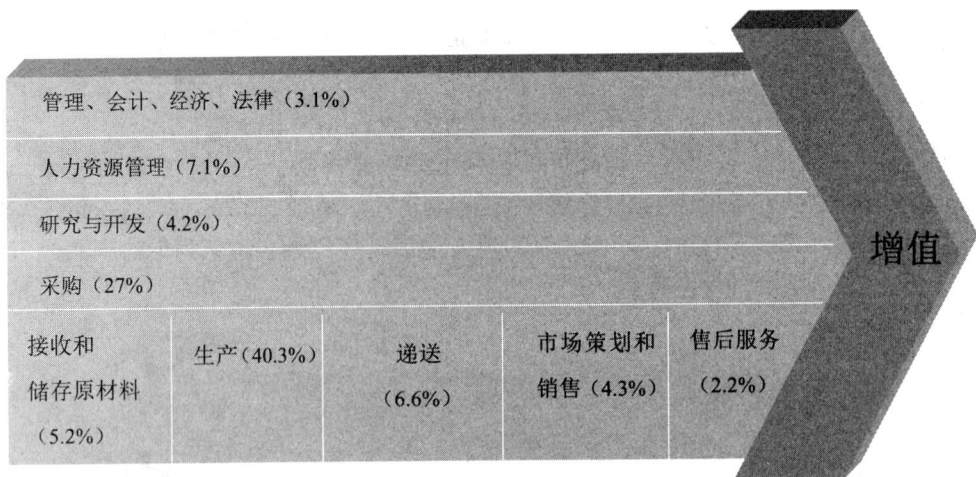

图 1-3 领带生产商的增值视图

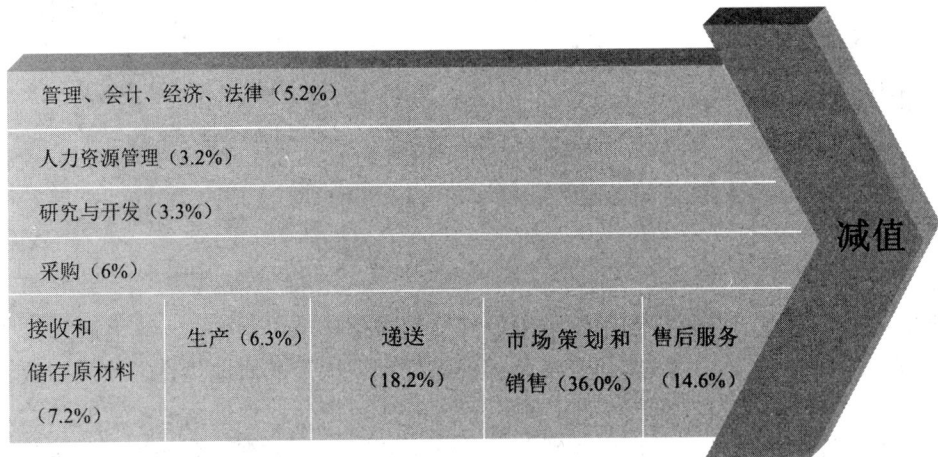

管理、会计、经济、法律（5.2%）				
人力资源管理（3.2%）				
研究与开发（3.3%）				
采购（6%）				
接收和储存原材料（7.2%）	生产（6.3%）	递送（18.2%）	市场策划和销售（36.0%）	售后服务（14.6%）

减值

图 1-4 领带生产商的减值视图

价值链模型应用的另外一个例子就是 JIT(just-in-time)制造。JIT 是制造的一种方式，要求生产过程中每一阶段的输出直接进入下一个生产阶段，而不经过时间难以确定的中间存储阶段。JIT 制造的好处是节省了用于中间存储过程的雇员和空间上的成本，从而避免了让组织的运转资金沉淀到生产过程中的物料等待上。JIT 也可以扩展到组织以外的输入采购上，用于生产过程输入的 JIT 交货，反过来也可以用于迎合特定客户需求的 JIT 制造方面。JIT 制造可以看成是对系统耦合度的提升，其目标是减少对库存的必需程度，以及在系统之间建立更为有效的连接。信息技术能为此提供必要的、准确而及时的信息。由此，企业组织在其价值活动中就能够实现降低成本的目标，获得竞争优势。这种方法的重要性在于，信息被认为不仅可以对企业完成任务提供支持，而且还能渗透到整个商务活动中去。正因为如此，正确地提供信息能够使组织获得比同行业竞争对手更强的战略竞争优势。

1.5 利用信息技术获得竞争优势

一旦企业的战略管理层能切实意识到信息技术的重要性，那么他们必然会习惯性地将信息技术看做是战胜竞争对手的主要武器。与此同时，一些现代经营理念的形成也得益于这种娴熟的信息技术应用能力，正应了我们过去常说的一句话：不怕做不到，只怕想不到。

1.5.1 业务流程重组

业务流程重组(Business Process Reengineering，BPR)是 20 世纪 90 年代初由美国学者 Michael Hammer 和 James Champy 等针对传统的官僚组织结构的弊端而提出的。官僚组织的特点是：程式化的工作流程和规范化的权限范围，明确的专业分工以及层层控制的、自顶向下的等级结构(按照地位的高低规定成员间是命令与服从的关系)。这样的组织稳定、有序，而它能在过去生存的主要原因是因为卖方市场中顾客对商品和服务的需求是持续不断、相对稳定的。

在大型官僚组织中，如果存在高度的专业分工，雇员就会失去对"全局"的把握。越深入具体部门，注意力就会越倾向于只看内部。此时，他们不能明确地知道工作的目的，也没有把自己放在整个流程中去考虑，因为他们不过是为工作而工作。这就产生了对工作的疏离，它会降低生产率。

这种趋势进一步的演变，就在组织中产生了彼此孤立的信息孤岛，这显然不符合竞争日趋激烈的市场趋势。买方市场的到来，要求商家必须时刻注意搜集客户需求的信息，而且还要提供比竞争对手更加优越(快捷且高质量)的服务。这又要求商家和上游的供应商以及下游的分销商等各方面进行信息沟通，而这种沟通需要降低成本、消除冗余、提高效率。在这种情况下，人们就提出了企业流程重组的概念。

1. 什么是流程

流程规定了为完成某项业务所必需的各项活动的执行顺序。一般来说，流程总要以客户的要求为起始，以其要求的满足为结束。整个流程包括一系列的活动，这些活动的完成都要以满足客户的要求为目的。

图 1-5 是一个简化的订单处理流程。顾客首先向业务部门询价，得到答复后由顾客下达订单并付款。业务部门接受并记录订单，并通知仓储管理部门准备订单中的产品，仓储部门按照订单检查库存，如果有货就通知配送部门准备发货，否则通过业务部门通知客户缺货。

由此可见，流程是由活动组成，活动的设置必须放在整个流程中考虑，单独一项活动即使再有效率，如果不能和其他活动进行协调，从而使流程顺畅、快捷和一体化，那么，这个活动其实是没有创造价值，相反会增加组织的开销。

如果仔细研究提供给顾客的服务，许多部门都会发现自己已经屈从于内部职能部门而走了样，而这些职能部门本应该是为客户服务流程提供支持的，但他们却死死盯住自己的工作，使自己孤立起来，而没有将自己的工作作为整体流程中的一环来考虑。

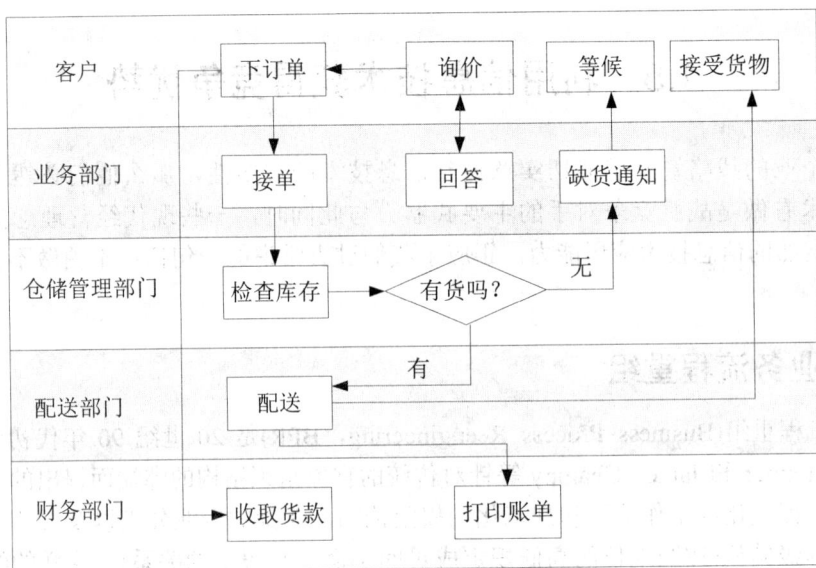

图 1-5 一个简化的订单处理流程

　　"从流程的视角来理解管理"的逻辑是：企业的使命是企业为什么存在的原因，这个原因就在于能够创造为顾客认可的价值。那么，是谁在为顾客创造价值呢？是销售部门吗？是财务部门吗？是企业的一把手吗？不，是一个团体按照活动的规则在创造价值，也就是说：为顾客创造价值的是企业的流程。

2. 福特公司的流程再造

　　福特公司的应付账款流程涉及许多错综复杂的部门，如采购、收货和应付账款等，如图 1-6 所示。在传统的经营活动中，采购部门首先给卖方开一张采购订货单，并为应付账款部门发送一个副本。当供应商运来货物后，收货部门的职员完成一份收货文件送至应付账款部门，应付账款部门收到供应商发票后，将 s 发票与采购部门的订货本和收货文件匹配。如果这三份文件不一致，三个部门将协调处理。三个部门有近 500 人从事此项业务。可见，时间与文件使该业务流程变得极为复杂。

　　在新流程中，遵循的商业规则是"收货即付款"，取代了"见票即付款"。当生成一张采购单时，采购数量便被输入数据库中。货物抵达后，收货部门的职员通过检索终端确定运送货物的数量是否符合数据库中未清理的采购数量要求。如果运货数量正确，则签发支票给供应商。新业务流程避免了发票与采购订单或收货文件不符的可能。

　　新流程打破了原来作业的固定程序，减少了时滞。建立共享数据库后，原本需按先后次序进行的作业流程，可以同时进行。换言之，采购部门将订购数据输入数据库，仓储部门即可依数据库的数据验收，同时将结果输入计算机。财务部门可直接由数据库提供的信息查核，不必等收集其他部门的副本后再进行核对付款事宜。数据库的运用大大减少了作业流程的时间，增进了流程的效率，如图 1-7 所示。

　　以上表明，信息技术是新业务流程中很重要的一部分。通过共享采购/接受/应付账款数据库能够集成三个部门，成功完成整个经营过程。案例 1-2 和案例 1-3 进一步给出了这方面的例证。

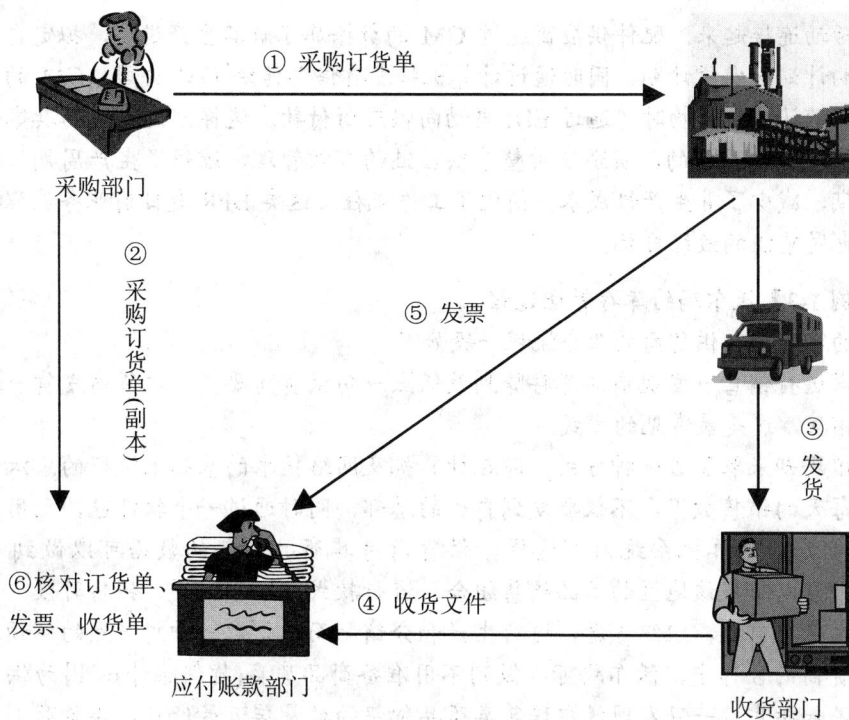

图 1-6　福特公司的应付账款流程

图中标注：
① 采购订货单
② 采购订货单(副本)
③ 发货
④ 收货文件
⑤ 发票
⑥ 核对订货单、发票、收货单

采购部门　应付账款部门　收货部门

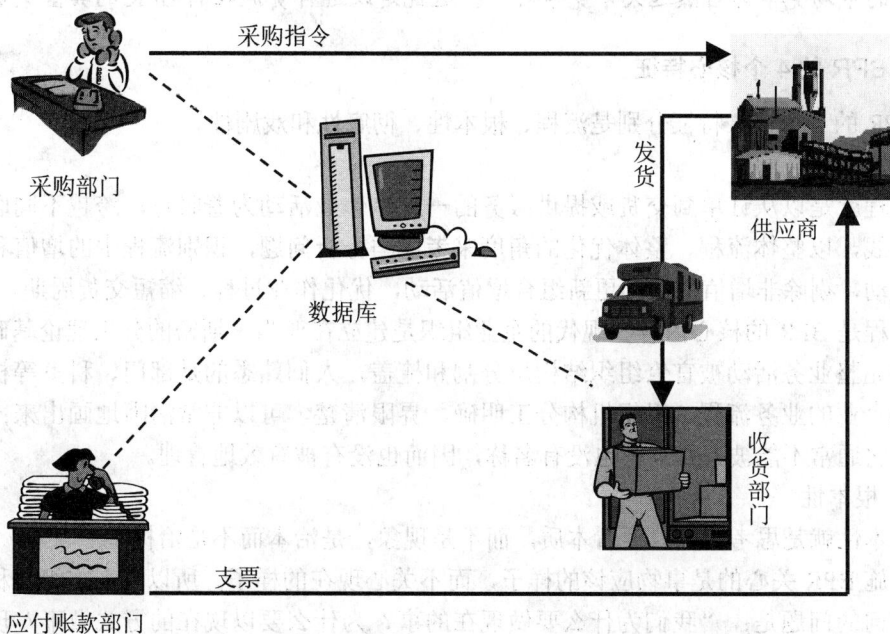

图 1-7　改革后的应付账款流程

图中标注：
采购指令　发货　支票
采购部门　数据库　应付账款部门　供应商　收货部门

【案例 1-2】通用汽车公司

　　通用汽车公司(GM)与 SATURN 轿车配件供应商之间的购销协作关系就是企业间 BPR 的典型例子。GM 公司采用共享数据库、EDI 等信息技术，将公司的经营活动与配件供应商的经营活动连接起来。配件供应商通过 GM 的数据库了解其生产进度，拟定自己的生产计划、采购计划和发货计划，同时通过计算机将发货信息传给 GM 公司。GM 的收货员在扫描条形码确认收到货物时，通过 EDI 自动向供应商付款。这样，使 GM 与其零部件供应商的运转像一个公司似的，实现了对整个供应链的有效管理，缩短了生产周期、销售周期和订货周期，减少了非生产性成本，简化了工作流程。这类 BPR 是目前业务流程再造的最高层次，也是重组的最终目标。

【案例 1-3】沃尔玛的库存管理过程

常规的零售商与供货商的业务流程一般如下：

零售商进行销售→发现商品库存降到最低点→向供货商要货→供货商发货→零售商入库→进行销售，这是最常见的方式。

但沃尔玛却采取了另一种方式，即在计算机及网络技术的基础上进行的。沃尔玛对于某供货商每天的销售数据，不仅要发到自己的总部，同时通过一个软件包，利用互联网，发送到供货商的计算机系统内。这样，供货商对其商品销售的数据可以做到"实时监控"，马上可以掌握该地区的商品销售组合、流行款式、顾客类型、销售时段，可据此按照自己的生产提前期，组织资源，进行生产和分销，而不是做一种想当然的"预测"。在与有些供货商的合作中，沃尔玛可以做到不用准备商品库存(货架除外)，因为供货商对其货架情况了如指掌，一旦发现沃尔玛某类商品货架的数量接近最低点，供货商则立即组织主动送货，零售商与供货厂家成了真正的合作伙伴。由于库存费用、运输费用都非常低，沃尔玛的市场竞争力自然远大于竞争对手。这就是改进补货流程的 BPR 的典型案例。

3. BPR 的 4 个核心特征

BPR 的 4 个核心特征分别是流程、根本性、彻底性和戏剧性。

1) 流程

流程就是以从订单到交货或提供服务的一连串作业活动为着眼点，跨越不同职能与部门分界线，以整体流程、整体优化的角度来考虑与分析问题，识别流程中的增值和非增值业务活动，剔除非增值活动，更新组合增值活动，优化作业过程、缩短交货周期。

流程是 BPR 的核心内容。现代的企业组织是建立在亚当·斯密的分工理论基础上的，企业的完整业务活动被官僚组织结构所分割和掩盖，人们熟悉的是部门、科室等机构，而看不到企业的业务流程。组织机构分工明确、界限清楚，可以非常清晰地画出来；流程却不同，它通常不能被人看到，也没有名称，因而也没有被有效地管理。

2) 根本性

根本性就是思考问题，要看本质，而不是现象，是治本而不是治标。

实施 BPR 关心的是事物应该的样子，而不关心现在的样子。所以，在重组过程中，应该经常问的问题是："我们为什么要做现在的事？为什么要以现在的方式做事？现在的工作方式有什么不足？还有更好的工作方式吗？"而不是："如何高效率地完成现在的事情？"我们需要提出诸如此类的根本性的问题，来促使人们对管理企业方法所基于的习惯和假设进行观察、分析和思考，依此来发现这些习惯和假设中的过时，甚至是错误的和不适用的部分。

3) 彻底性

彻底性就是要在根本性思考的前提下，摆脱现行系统的束缚，对流程进行设计，提出最理想的解决方案。然后再根据约束和现实予以修订，从而获取管理思想的重大突破和管理方式的革命性变化。不是在以往基础上的修修补补，而是彻底性的变革，追求问题的根本解决，突破原有的思维定式，打破现有的管理规则，以回归零点的新观念和思考方式，对现有流程与系统进行综合分析与统筹考虑，避免将思维局限于现有的作业流程、系统结构与知识框架中去，以取得目标流程设计的最优。

表 1-1 给出了流程改进与流程再造的区别。

表 1-1　流程改进与流程再造的区别

项　目	流程改进	流程再造
变化程度	小步改进	剧烈变化
流程的变化	业务流程的改进版本	崭新的业务流程
起始点	现有的业务流程	推倒重来
变化的频率	一次性或连续性	周期性的一次性变化
花费的时间	短	长
涉及的领域	狭窄，单项职能	宽，跨职能
视野	过去和现在	未来
实施策略	自下而上	自上而下
实现途径	组织文化	组织文化、组织结构
主要工具	统计控制	信息技术
风险	中等	高

4) 戏剧性

戏剧性是指流程重组过程中蕴含着高度不确定性，最初所设计的重组目标很有可能因为没有估计到一些隐藏的影响因素而不能达到，甚至结果事与愿违。正是因为根本性思考及一切归零的彻底做法与现有流程下的固化观念和保守力量的对抗，才使得流程重组的结果存在诸多变数，难以预测。

4. BPR 与 IT 的关系

BPR 与 IT 的关系可以用一句话概括，即"流程为本，技术支撑"。

随着时代变革的浪潮来临，很多企业都已经认识到了信息技术的重要性，也纷纷开始采用一些措施来试图使自己变成信息化的企业。这时，企业大体有两种典型的做法。其一，就是应用信息系统，通过购买硬件和软件，试图通过信息技术的引入来提高效率与效益；其二，就是管理上的变革，很多企业也梳理了自己的流程体系，制定了很厚很重、印刷精美的"管理规范"、"管理手册"，以期通过建立新的规范来约束人们的作为，引导企业向提高效率与效益的方向发展。

而在现实中，这两种途径不约而同地都遇到了阻力。

对于那些应用 IT 系统的企业，硬件软件投资下去，但是没有取得原来预期的收益。

企业在应用信息技术时，其实还是沿用旧的或业已存在的方式做事，而不是注重工作应该怎样做，然后再来考虑应用信息技术辅助实现它。办公自动化系统的应用就是一个很好的例子。应用办公自动化信息系统梦想"无纸化办公"，其结果导致使用更多的纸张，不管报告是否有价值，反正报告愈来愈多，格式愈来愈漂亮。人们不惜花数天时间写报告并绘有精美的图表等，以期得到高一级的管理层对自己工作的认可或批准。因为在办公自动化软件上修改文字和图表实在太容易，以致人们一遍又一遍地进行修改完善以期得到每一级管理层的欣赏。

在应用信息技术为顾客提供服务方面，也会经常导致一些问题。运用计算机信息处理技术直接模拟手工业务处理方式和处理流程，将会对很多不合理或无效的工作进行计算机自动处理，由于人们必须按照计算机的要求办事，而不是按照顾客的要求办事，从而有可能导致工作效率低于手工方式。人们经常认识到对流程进行一些改变是有益的，但往往因为要改变计算机系统的成本太高和太费时间而被搁置；因而人们经常认为信息技术应用导致的是不灵活而不是灵活，信息技术应用根本达不到预期想象的效果。而这种问题的根源就在于，处理事务的流程和方式没有改变。

因此，IT 必须和管理变革相结合起来，系统要量身定做。

一方面，IT 系统的应用拓展了流程改进的空间，推动了流程管理的实现与组织的变革；另一方面，流程管理 IT 作用的发挥明确了方向，给出了 IT 作用发挥的准确的作用点。具体表现在以下方面。

1) IT 改变了沟通的方式

以沟通发生的方向来分，通常在一个企业内会存在着下行沟通、上行沟通、横向沟通和越级沟通这几种方式。

下行沟通(Downward communication)，指的是沿着权力层次结构，自上而下进行的交流。上行沟通(Upward communication)，指的是沿着权力层次结构，自下而上进行的交流。横向沟通(Lateral communication)，指的是在同一权力层次上所进行的交流。越级沟通(Diagonal communication)，指的是发生在跨越权力层次之间的交流。

在传统企业中，往往正式的、合法的就只有向下和向上这两种。而横向沟通和越级沟通则很少发生，或者说，即使发生，这种沟通也往往是非正式的。那么，在这样的一个仅以向下和向上交流为主的传统的组织里，会出现什么样的弊端呢？毫无疑问，沟通的成本会很高，信息传递的路线会很长，并有可能导致信息的漏失和错传，以及信息的"过滤"。那么，有了信息技术，就使得更多的信息可以沿着横向或越级的方向进行交流，从而避免了传统方式的障碍，使得沟通更加通畅，组织也更有效。

2) IT 改变了组织内权力的分配

信息系统的应用，使得权力分散化成为可能。有人说过，现代社会只存在两种人，一种人掌握信息，另一种人不掌握信息。而前者也就因此掌握了对后者的支配权。这说明了什么呢？说明了信息就是权力。从前信息是特权，只掌握在少数人的手中，这些少数人也就是因此成为掌握权力的人，现在不同了，由于信息技术的广泛运用，挖掘信息、处理信息、管理信息以及应用信息已经成为普通员工的一项普通工作。伴随着信息的分散，权力也就因此而分散了。

同时，中层管理人员权力可以弱化，带来了"金字塔"扁平化的可能。中层管理人员从前是高层领导和基层员工之间进行沟通的重要纽带。然而，随着信息的分散和由此而带来的权力分散，他们的作用发生了弱化，很大程度上，信息技术起了代替中层管理人员的作用。

3) IT 改变了组织结构

IT 对组织结构的改变是从它改变管理幅度开始的。

管理幅度指的是一位上级管理人员直接管辖的下级的人数，这个人数不仅影响管理职位的复杂程度，而且还决定着组织的形式和结构。由于过去技术水平的限制，管理幅度被认为不能过宽，而且越往上就应该越窄。

由于有效管理幅度的限制，当组织规模扩大到一定程度时，必须通过增加管理层次来保证有效领导。在企业规模一定的情况下，管理幅度与管理层次成反比。当管理幅度较小，管理层次较多时，企业就趋向金字塔结构。反之，如果管理幅度较大，而管理层次较少时，企业就趋向于扁平式。

那么，为什么信息技术可以增加管理幅度呢？首先，信息技术的使用，带来了控制手段的变化，计算机的控制代替了人员的监督，其结果是控制的范围更广了，也就是促进了在控制效果不减少情况下的等级层次的减少。其次，由于信息技术的运用，管理者可以直接参与信息的查询和数据的分析等工作了，于是从前那些从事资料整理、表格绘制和数据分析的下属人员就多余了。最后，由于信息实现了分享，员工可以直接从数据库中获得所需要的信息，从而减少了与下属之间的交叉关系，以及和其他群体关系的发生，也就是减少了管理的工作量，这就从客观上保证了管理幅度扩大的可能性。

以上论述表明，信息技术为企业的变革提供了技术条件。在大多数的 BPR 中，IT 都扮演着重要角色。速度、信息处理能力、计算机互联以及互联网技术除了可以改善运作及管理人员间的沟通与协作外，还可显著提高业务流程的效率。表 1-2 给出了信息技术在订单处理流程重组中的支撑作用。

表 1-2 订单处理流程重组中的 IT 应用

订单处理流程重组
应用互联网和企业内联网的客户关系管理系统
应用互联网和外联网的供应商管理库存系统
具有交叉功能的 ERP 软件，它实现了生产、分销、财务和人力资源管理等业务流程的整合
客户可访问的电子商务站点，它支持订单录入、订单状态检查、支付和服务
客户、产品和订单状态数据库，员工和供应商可通过内联网与外联网访问这些数据库

那么，另一方面，为什么说流程管理为 IT 作用的发挥明确了方向，给出了 IT 作用发挥的准确的作用点？IT 系统实施之前，为什么往往需要开展流程的重组？

我们用图 1-8 来形象地说明这个问题。信息技术发展到今天，IT 系统的功能越来越丰富，越来越可以根据管理的要求来定制。比如图 1-8 中的一个简单的仓储管理系统，就可以有上百种参数可以根据企业的需要来进行设置，我们可以把这些参数想象成一个个的"开关"，上百个参数就好像一个开关的网络，如图 1-8(a)所示。根据这些开关的闭合状态的不同，可以配置出很多不同的仓储管理的流程，也就是说，IT 系统提供的是一种"流程"的可能，而没有约定说一定要走怎样的流程。

所以，完全可以在这样一个自动化程度很好、技术含量很高的信息管理平台上，走出如图 1-8(b)那样的曲折的流程，效率低下、工作繁杂是显而易见的，这不是 IT 系统的问题，而是流程怎么规定的问题。而正是企业的具体流程的执行者、参与者和管理者才能说清楚需要让 IT 系统走怎样的流程，这也就是为什么信息系统的建设不能是信息部门的事情，而首先是业务和管理部门的事情的原因。

因此，业务需要和管理需要还是根本，IT 是实现这些需要的支撑。如果企业的流程管理思路是到位的，方案是清晰的，那么，就可以在信息平台上走出图 1-8(c)那样简单高效的流程。

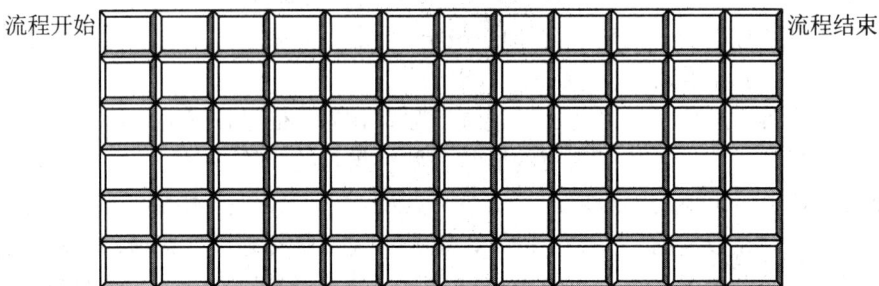

(a) 一个仓储系统提供了 149 个可以配置的参数，可以组合出几千种流程的走法

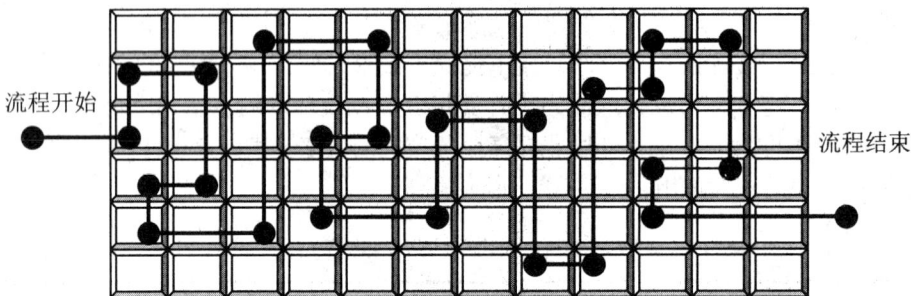

(b) 复杂的流程

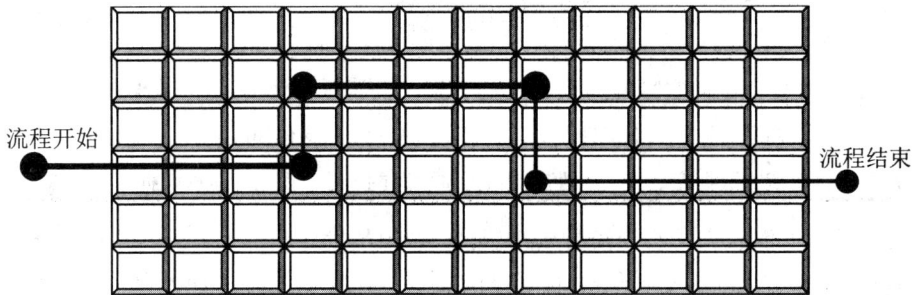

(c) 简单的流程

图 1-8　IT 与流程的关系

所以，我们说，流程管理为信息系统作用的发挥明确了方向，给出了 IT 作用发挥的准确的作用点。

1.5.2　虚拟战略

在今天动态的全球商业环境中，虚拟运营是信息技术的一项重要的战略性应用。虚拟战略从广义上理解就是不到最后一刻不会把产品转换为实体形态的运作思想。这是因为，信息可以复制、加工、转换，而要对有形产品进行任意的修改则比较困难。虚拟战略的实施就出现了虚拟企业，而虚拟企业的运作自然是不但要对企业内部运作进行虚拟，同时要将企业间的协作虚拟化。案例 1-4 就是企业内部虚拟制造的典型。

【案例 1-4】波音 787 虚拟制造

在位于美国西雅图北郊的波音制造工厂里，一场史无前例的庆典正在隆重举行，这就是波音公司的划时代产品——787 "梦想飞机"的下线仪式。就如同 10 年前的波音 777 飞机一样，波音 787 所引起的期待和兴奋早已超出了波音制造工厂。尽管它要在一年之后才有可能制造完成，但全球 37 家客户已经下了 461 架飞机的订单。其中，中国订购的 60 架 787 中有 12 架将在北京奥运会开幕前交付使用。

787 梦想飞机的设计工作早已完成，年底前即可开始组装生产。当人们看到 787 飞机时，也许会说："它不过是又一架飞机而已。"但实际上，它绝不仅仅那么简单。科罗拉多州的航空业分析家迈克尔·博伊德认为，787 飞机能够载入史册得益于前沿科技的应用，而虚拟设计技术就是其中的代表。

在 787 "梦想飞机"的下线仪式上，并没有出现真正的飞机。这是一场虚拟的下线仪式，它以虚拟的方式标志着 787 的成功研制。"我们的设计师和工程师们已经在计算机屏幕上创造出飞机模型，并解决了计算机设计程序的所有漏洞。"波音公司的设计工程师西蒙·库克(Simon Cook)说："即使没有真正的机翼和轮子，我们也可以完成制造过程。"波音 787 下线仪式上所展示的并不是实际存在的机器部件，而这恰恰是虚拟设计软件的神奇之处——西蒙·库克说："它可以在我们实际制造机器之前就完成对整个飞机的生产。也就是说，当我们生产成品之前，我们就一直在'制造'它了。"

波音公司过去就曾用动画的方式设计过飞机结构，但直到工人在工厂中生产出部件，并把它们组装到一起时，才发现许多令人烦恼的问题：要么是部件大小不合适，要么是维修工没有足够的空间完成安装。"到了全部部件制造出来的时候才发现问题，对我们来说已经太晚了。我们不得不进行大规模的返工，生产速度也因此而迟滞，这严重影响了交付客户使用的承诺日期。"

波音 787 飞机的首席工程师汤姆·科根(Tom Cogan)表示，新一代 3D 动画技术的出现彻底改变了现实。"这是所有技术的集大成者，它和我们以往所做的有着根本不同。"科根说，"想想我们以往的做法，那的确太陈旧了。"

法国 Dassault Systemes(达索)公司制作的 3D 模型让科根属下的工程师们在全部部件生产出来之前，就能准确地看到它们对于波音 787 飞机是否合适，以及有没有足够的空间让工人安装。例如，工程师们发现了计划中的货舱门并不适合于组装，他们还看到电子仪器架也存在同样的问题。否则，波音公司将要付出很高昂的代价。因为如果事先不知道要做调整，公司不仅要重新设计仪器架，而且要重新调整架子周围的结构，或者重新设计组装工具。这些工作的成本是非常高的，光是修理部件也许就得花上一星期。

3D 仿真技术代表着未来的制造趋势，而且这不仅仅限于飞机制造业。达索公司 CEO 伯纳德·查尔斯说："想想你每天接触到的电话、汽车、咖啡机、……不管是什么东西，如今的制造业都已经变得越来越虚拟化了，这是一场革命。对影像技术的发展而言，3D 仿真的确是一个前景广阔、充满活力的平台。"

（资料来源：http://cio.it168.com）

虚拟运营对企业来说意味着放大自己。在以前，小公司很难与大公司抗衡，主要的壁垒是品牌效应和规模经济。但现在，一些小公司却可以生存下来，尤其是以提供信息服务为主要目标的，例如亚马逊书店，这样的公司可以在几年中建立别人几十年才能建立的品牌效应。

事实上，在未来，唯一重要的是关于客户的信息。知道谁是我们的客户，能使我们跨越传统的中间商和分销渠道；知道他们的需求(潜在的建立在个体消费者基础上)将能使我们有效地开发出新产品并能进行有效的市场营销；知道他们的购买行为能让我们和其他企业联盟，这样我们联合提供的产品将更具诱惑力。换句话说，客户信息将是未来的生态系统的核心所在。

虚拟战略离不开战略联盟，我们把应用信息技术连接人员、资产和思想的组织统称为虚拟组织。在图 1-9 中，企业内部除了按业务流程聚集分组外，还组建了一个团队成员通过内部网互联的跨业务职能团队；从外部来看，企业与供应商、客户、转包商以及竞争对手组成了企业联盟，建立了外联网，形成了跨企业信息系统。

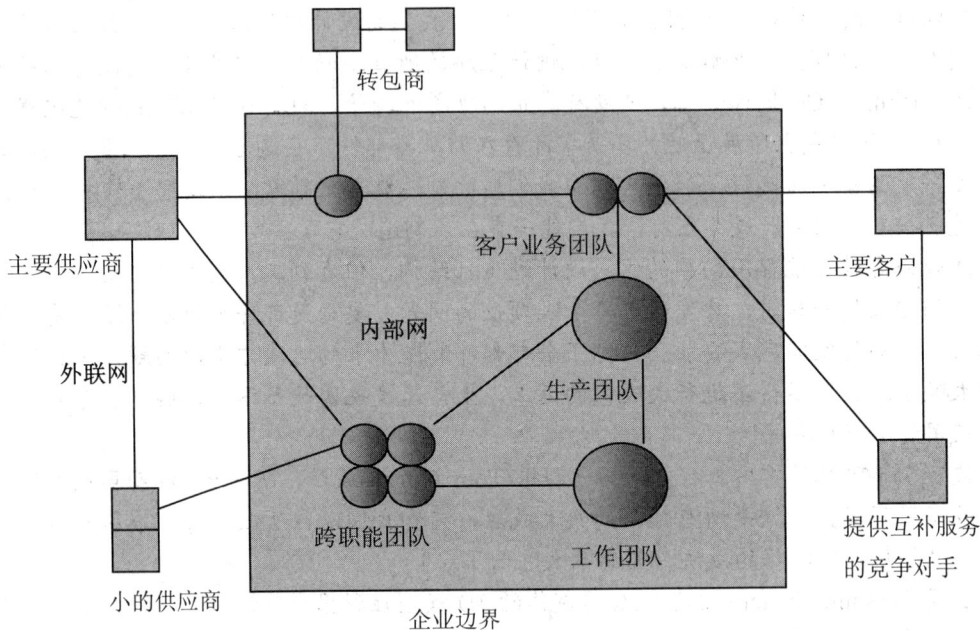

图 1-9 虚拟企业联盟

虚拟组织一般具有以下特点。

1) 战略联盟

现在，我们在谈虚拟组织时，往往说的就是合作和外包。在未来，企业就会像模块一样，等着被虚拟公司来组合，或者自身发起这种组合。

对于大多数虚拟组织的倡导者来说，虚拟组织的关键特征就是战略联盟或建立战略伙伴关系。许多公司采用这种战略使自己具有很快的速度和很强的灵活性：①进入新的市场，接触新的技术；②从其他组织、个人，甚至竞争对手那里得到所需的技术和专业人员，并把他们联合在一起以打破新产品市场的壁垒。很强的适应性和机会主义暗示着：一个战略联盟是——几乎命中注定是——短期的或临时的。相应的，这也意味着一旦完成了组织目标，这个以虚拟组织形式组成的公司也将随之而解散。

2) 核心能力

核心能力是一个企业所擅长的经营活动，是企业存在的根本，是竞争对手不能轻易模仿的东西。核心能力体现了虚拟组织的思想内涵，因为，虚拟组织是一个联合体，联合体中的成员都集中精力于自己的核心能力。当虚拟组织能够联合世界级的合作伙伴来共同完成一项目标时，它就创造了新的价值。

3) 诚信

目前，诚信一词被越来越多的人所强调。从组织结构方面来讲，现在越来越多的企业都开始采取分层、分权和授权的现代管理方法，这就使得企业经营者的诚信问题显得更加突出。

在虚拟组织中，员工甚至伙伴间的合作都不是面对面进行，管理者必须通过诚信来管理那些很少见面的员工，而战略联盟中的伙伴之间也要建立相互信任的关系。

4) 不断的重组

虚拟组织是由公司、专业人员和基础设施组合而成的。这样的组合要求一个独一无二的虚拟公司每次都按照一个新的联盟目标进行规划和运作。从这里我们可以看出，对于一个虚拟组织的合作方来说，参与一个虚拟组织的先决条件是愿意并积极地参与组织的定期重组。

总之，虚拟意味着组织结构的易变性，在一个虚拟组织内部，资源应该根据不断变化的商业环境和客户需要而灵活地组合在一起。一个虚拟组织必须不断挑战那些已经被学术界美化的组织结构，只有这样才能使其自身的结构不断地得到更新。

【案例 1-5】美国联合包裹公司——UPS

美国联合包裹服务公司(UPS)是一家百年老字号，也是美国经济的支柱企业。在经过近一个世纪的运作之后，它已经由一家拥有技术的货车运输公司，演变成拥有货车的技术型公司。这是一个突破性的变革，成功来自于 UPS 在数字时代来临时紧紧抓住了发展电子商务这一良机，实现了由传统物流企业向电子物流企业的跨越。商业界人士评价，当经济的原动力已从实物的传递转向大规模的信息电子化传递时，真正的赢家将是 UPS 这样二者兼具的公司。

UPS 总裁兼首席执行官吉姆·凯里在解释传统供应链与电子供应链的区别时说，电子供应链改变了传统供应链的运行方向。在传统供应链中，供应商是将货物沿着供应链向最终用户的方向"推动"。这样的系统需要在仓库里储存货物，尽管这种做法并不合算。而电子供应链，主张的是只及时生产顾客所需的产品，而不需在仓储上耗费巨资。

在电子商务及新的在线购物系统中，顾客可从供应链的每个成员中"拉出"他们所需的东西，结果是顾客可获得更加快速而可靠的服务，而供应商也可减少成本。为了有效地实施拉动战略，企业必须与供应链中的所有成员建立电子联系。UPS 一直在争取使自己成为每个客户供应链中不可缺少的环节。在这个过程中，UPS 成长为一家信息公司。目前，UPS 可向顾客和供应商提供瞬间电子接入服务，以便查阅有关包裹运输和传递过程的信息。在 1998 年圣诞节前夕，有 100 万顾客访问 UPS 网站，查看所托货物的运送状况。节日期间，在线购物总量的 55%是由 UPS 送达的。

UPS 能够对每日运送的 1300 万个邮包进行电子跟踪。例如一个出差在外的销售员在某地等待某些样品的送达，他可以在通过 UPS 安排的 3COM 网络系统中输入 UPS 运单跟踪号码，即可知道货物在哪里。当需要将货物送达另一个目的地时，可再次通过网络以及附近的手机通信塔台，找出货物的位置，并指引到最近的投递点。

UPS 的驾驶员是公司大型电子跟踪系统中的关键人物。他们携带了一块电子操作板，称作 DLAD(运送信息获取装置)，可同时捕捉和发送运货信息。一旦用户在 DLAD 上签收了包裹，信息将会在网络中传播。寄件人可以登录 UPS 网站了解货物情况。同时，驾驶员行驶路线的塞车情况，或用户需即时提货等信息也可发放给 DLAD。

目前，UPS 已进行了历史性的换标：传统的"牌"上方用丝带捆扎的包裹图案被整体感强烈、代表着效率和棕色略带金属光泽的盾牌标志所取代。这项举措的意义在于确认这样一个事实，这家世界上最强大的包裹速递公司已经进化成为全球领先的供应链解决方案供应商。正如 UPS 董事长兼首席执行官迈克尔·埃斯丘所言："今天的 UPS 已截然不同于大多数人想象中的形象。我们要采用新的形象标志来体现我们所拥有的实际能力。"

看看 UPS 为日本的消费电子厂商尼康做了些什么。UPS 的供应链解决方案业务部在接管尼康的配送业务后，首先从该公司设立在韩国、日本和印度尼西亚的制造中心着手，管理所有的航空和海运业务以及相关的清关工作。尼康的产品先被运送到美国肯塔基州的路易丝威尔市，因为那里不仅是 UPS 全球运输网络的中转站，也是 UPS 供应链物流中心的大本营。在那里，尼康产品被装上电池或充电器等配件，或者经过重新包装，配上零售商所要求的说明书。最后，利用 UPS 的全球运输系统将经过重新包装的产品分送到美国各地数以千计的零售店，或者出口到拉美各个经销商或销售点。依靠 UPS 的供应链网络，商品和信息在先进的高科技系统内运送过程的透明度可达到"库存单位"一级的水准。UPS 还以先进的方式向尼康提供涵盖整个业务区的付运通知单。因此，供应链的运作过程就像尼康相机一样完美而快捷，只需两天时间就可让来自尼康设在亚洲生产厂的产品摆放到美国零售店的货架上。当产品仍然处于运输途中，尼康就可通知零售商何时可以送达，并可在必要时做一些调整，使零售商不致因为缺货而坐失商机。

(资料来源: http://www.yn56.com)

【案例 1-6】戴尔的虚拟运营

戴尔的核心竞争力是什么？品牌、直销的营运方式，还有戴尔资本。同时，戴尔是一个真正的 LeanEnterprise(零式企业)，它非常现代地把所有的资源组合在一起，以链主的身份打造了一条成功的 Lean(零式)供应链。

整个供应链最关键的地方在于对生产和制造过程的控制，包括物流。戴尔供应链高度集成，上游或下游联系紧密，成为捆绑的联合体。不同于 IBM(注意力横跨整个设计、制造、分销和市场的全过程)，戴尔在装配和市场上做足了功夫。

IT 行业有它的特殊性，计算机配件放在仓库里一个月，价格就要下降 1～2 个百分点。如果没有一个很好的供应链管理和生产控制，计算机的利润只会更低。为此，戴尔采用了直销的运营方式，在业界号称"零库存高周转"。在直销模式下，公司接到订货单后，将计算机部件组装成整机，而不是像很多企业那样，根据对市场预测制订生产计划，批量制成成品。真正按顾客需求定制生产，这需要在极短的时间内完成，速度和精度是考验戴尔的两大难题。

戴尔的做法是，利用信息技术全面管理生产过程。通过互联网，戴尔公司和其上游配件制造商能迅速对客户订单做出反应：当订单传至戴尔的控制中心，控制中心把订单分解为子任务，并通过网络分派给各独立配件制造商进行排产。各制造商按戴尔的电子订单进行生产组装，并按戴尔控制中心的时间表来供货。戴尔所需要做的只是在成品车间完成组装和系统测试，剩下的就是客户服务中心的事情了。

通过各种途径获得的订单被汇总后，供应链系统软件会自动分析出所需原材料，同时比较公司现有库存和供应商库存，创建一个供应商材料清单。而戴尔的供应商仅需要 90 分钟的时间用来准备所需要的原材料并将他们运送到戴尔的工厂，戴尔再花 30 分钟时间卸载货物，并严格按照制造订单的要求将原材料放到组装线上。由于戴尔仅需要准备手头订单所需要的原材料，因此工厂的库存时间仅有 7 个小时。

这一切取决于戴尔的雄厚技术基础——装配线由计算机控制，条形码使工厂可以跟踪每一个部件和产品。在戴尔内部，信息流通过自己开发的信息系统，和企业的运营过程及资金流同步，信息极为通畅。精密的直接结果是用户的体验，一位戴尔员工说："我们跟用户说的不是'机器可能周二或者周三到你们那里'，我们说的是'周二上午 9 点到'。"

直销的好处在于每一台计算机是直接到用户手里的，戴尔记录了产品的每一个环节，服务和质量很容易控制。而这一点单依靠代理商是做不到的。当一个公司买了计算机之后，戴尔会一直关注用户的发展，隔一段时间，销售会主动询问用户是否有新的需求。这一点上，对大客户来说，戴尔和 IBM、HP 的做法可能差不多，但是在中小客户方面，直销和通过代理去做，效果完全不同。

(资料来源：http://finance.sina.com.cn)

1.6 小 结

对一个现代企业的运营和发展来说，信息是一种至关重要的资源。面对瞬息万变的环境，企业需要随时做出调整来适应。因此，企业需要同时准确感知外部环境信息和内部运作状态方面的信息，唯有此，调整才能恰到好处。总之，信息的基本目的是辅助决策。

经济全球化使得企业间的竞争日渐加剧，这进一步凸现了信息的重要性。企业需要信息技术来为自己提供全球范围内交易、沟通和分析的工具。信息系统是在知识经济下以知识为基础的新产品与服务的基石，并且协助企业管理知识资产。信息系统让企业实现了扁平化、更分散的结构，并可能更有弹性地进行员工和管理的安排。

任何企业都必须有战略规划，以确保协调单个运营单位的活动来支持组织的整体目标。这些目标在企业既定的内部资源和外部资源中有实现的可能，当前和未来的资源分配要以实现统一的目标为方向。波特的三个框架为企业确定战略方向提供了很好的参考。信息技术可以支持许多竞争战略。他们可以帮助企业降低成本、锁定客户和供应商、产生转换成本、设置市场进入壁垒等。信息技术可以帮助企业调整与客户、供应商、竞争对手、市场新进入者以及替代品生产者之间的关系，获得竞争优势。

信息技术是企业业务流程重组的一个关键要素，它可以使业务流程发生根本性变化，大幅度提高其效率和效果。建立虚拟组织是当前企业的一项重要战略。虚拟组织的管理人员依赖信息技术来管理人员、知识、财务以及物质资源构成的网络，这些资源由构成虚拟组织的业务伙伴提供，从而使企业成为敏捷企业。

思 考 题

1. 查阅本章中的 UPS、戴尔案例，或者选择你所熟悉的企业，举例说明信息技术如何为企业带来竞争优势？

2. 结合信息技术与五力模型来为一家餐馆或一家旅馆的成功运作提供建议。

3. 你认为价值链模型的意义何在？举例说明。

4. 举例说明信息技术与业务流程重组之间的关系。

5. 查阅资料或访问网站，比较 Google 和百度两家搜索引擎，分析彼此的优势和劣势，并解释原因。

6. 有人这样说："并不是技术创造了竞争优势，而是应用技术的管理流程创造了竞争优势"，结合信息技术的应用，请谈谈你对这句话的看法。

第 2 章　信息系统的基本概念

【学习目标】

通过本章学习，你将能够：
- 了解什么是信息、系统和信息系统
- 了解不同层次信息系统的特征
- 从理念和技术两个角度阐明管理信息系统的含义

2.1　引　　言

通过第 1 章的论述，我们已经知道信息系统和信息技术是企业或组织成功的一个关键要素。而要理解信息系统及其功能，我们必须首先从理解信息系统的一些基本概念入手。本章包括三部分相互联系的内容——信息、系统和信息系统。因为信息系统的最终价值体现在辅助企业决策方面，所以通过研究决策的本质，就可以确定信息系统所应具备的基本特征，包括信息系统所提供信息的价值以及它的层次特征。

2.2　组织中的信息处理

当我们仔细分析一个企业的每一项活动时，都不难发现，伴随着每一项活动的进行，都会涉及信息处理，包括信息的采集、处理、提供和传输等。图 2-1 给出了一个现代超市的信息处理环节，之所以用"现代"，是因为图中的运作已经介入了信息技术。当顾客在收银台付款时，工作人员需要将顾客所购买商品的相关数据读入系统并计算付款总额，所以他要做信息的采集和处理两件事情。而店内的管理人员则要随时或定期对超市的销售情况进行汇总。如果这是一个跨区域的超市，那么超市的总部也必然要定期对各区域的销售情况进行汇总并分析。

换个角度来考虑，如果所有这些环节都纯粹使用手工作业，那么就必然要有人员来进行相应数据的采集、整理、汇总并呈报汇总结果。而所有这些都是信息处理的工作范畴。同时，所有涉及的信息处理活动、参与的人、工具以及沟通渠道都可以看作是一个信息系统。由此可见，即使没有信息技术，企业仍然客观存在着一个信息系统。

2.2.1　数据、信息和知识

数据是未加工的事实或对某些现象的判断，如：目前的气温、零件价格、你的年龄。

信息是为特定目的而处理的数据，或者说是在特定环境中富含特定意义的数据。如：在你决定穿什么衣服的时候，温度对你来说是比较重要的决策信息，而价格则不是。零件的成本可能对销售人员来说是条信息。销售单上记录的名称、数量与金额是关于销售业务的数据，然而对销售主管来说，这些并非信息。只有当这些事实被适当的组织和处理后，才能产生有价值的销售信息，如按产品类别、销售区域和销售人员汇总的销售量。

企业的商务活动需要处理大量的数据，例如针对客户的销售记录，可以根据客户的情况(销售区域、年龄、信用级别)进行分类，以便企业制定进一步的营销策略或其他政策。这里的每一笔销售记录就是数据，而对它进行加工后的结果就是信息。例如图 2-1 中，收银员读入的仅仅是数据，而管理人员却可以将这些数据加工为更有价值的信息。

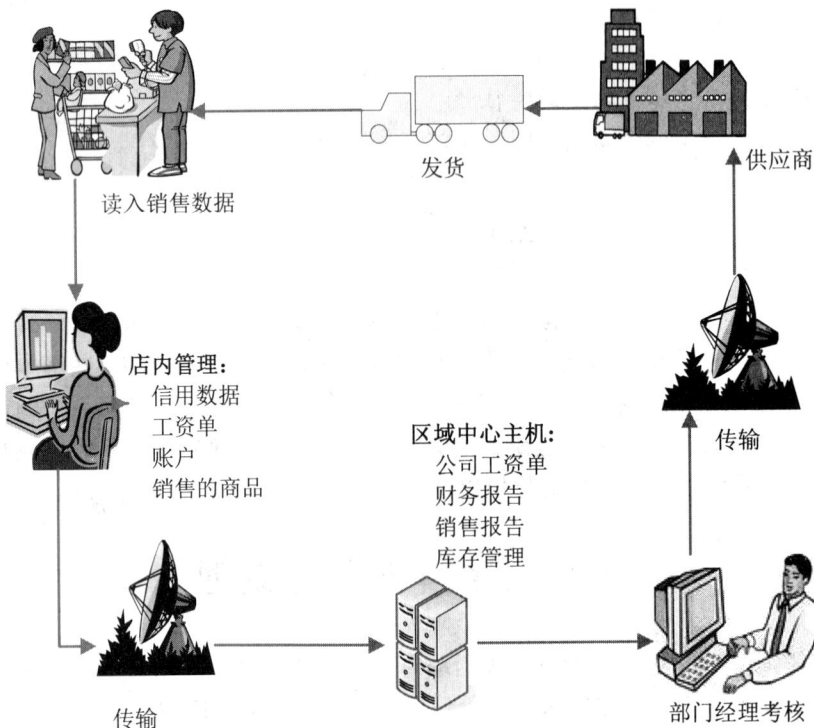

图 2-1　一个超市的信息处理

知识是比信息更加广泛的概念，可以说，只要是对客观世界的正确反映就构成了知识。例如，在股票交易市场上，股票交易理论是知识，而不是信息；股市的开盘、收盘、股价成交额是信息而不是知识；股价走势的预测结果则既是信息又是知识。简单地说，信息是格式化的，能够以语言、文字、图形等表现出来的知识；除此之外，更多的知识是难以被准确表达的，其原因在于这些知识缺乏可表现的具体形式，是一种经验型、缄默性知识，它们只有通过学习才能得到。

2.2.2　数据处理

在企业的商业活动中所采集的数据在成为信息前，有可能要经历一个复杂的预处理过程，这个过程可分解为若干简单的环节和步骤，包括以下内容。

- 数据分类。
- 重排/分选数据。
- 汇总/归并数据。
- 进行数据运算。

- 数据选用。

表 2-1 给出了数据处理中每一步的说明。由于这些基本过程都是按一定规则进行的，因而非常适合用计算机系统来实现。

表2-1　数据处理的例子

数据处理类型	举　例
数据分类	交易数据可分为发票数据、支付数据和报价数据
重排/分选数据	销售数据可根据销量从小到大升序排列
汇总/归并数据	各部门业绩的数据可汇总为总业绩
数据运算	订购数量乘以订购单价可计算出客户的订购金额
数据选用	可由销售部门用全年的顾客销售总量来选出高质量顾客给予重点关注

2.2.3　知识工作者

对于在校的大学生，让我们首先想象一下自己未来的职业：无论是营销、财务、会计、生产与运作管理、人力资源管理，还是任何企业运作中的其他诸多职位，你都应该准备以知识工作者(knowledge worker)的身份进入企业。简言之，知识工作者就是以开发和运用知识为生的人，当然从事这一工作的人完全可以用手写的方式进行。但是，如果你能高超地运用计算机系统来完成同样的工作，那就最好不过了。不管是手写还是计算机，这些都是表达思想的途径，而你要始终加工信息的本质不会改变。假如你是一名会计师，你要制作损益表、现金流量表和利润表，这些都是基于信息的产品，它们可能显示在纸张上，但你的任务并不是造出一张纸，而是加工信息并把结果呈现于纸上。

高素质的知识工作者首先应该精通处理信息的一般思路，其次才是信息处理的技术。在企业中，最有价值的财产不是技术，而是人的头脑。信息技术是一种能帮助人们加工处理信息的工具，但它只能在人的大脑支配下工作。例如，微软的 Excel 可以帮助人们快速生成一张美观的图表，但它既无法告诉操作者应该建立条形图还是饼状图，也不能帮助决策者决定是采用区域销售还是人员销售，这些都是需要人来完成的任务。这也正是我们信息管理专业课程中包括人力资源管理、会计学、金融学、市场营销学和生产运作管理的原因所在。

尽管如此，技术对我们来说还是一个相当重要的工具。技术能提高人的工作效率，帮助人们更好地理解问题、剖析机会。因此，学习如何运用技术对我们而言十分重要。同样，理解所处理的信息也是相当重要的。

精通技术的知识工作者懂得如何运用技术以及何时运用技术。"如何"包括懂得应该购买什么技术、如何开发利用应用软件的优点以及把各个企业连接起来需要怎样的技术基础等。

在许多失败的案例中，都有一些个人和组织在解决企业问题时因盲目运用技术而导致失败。我们应当明白：技术不是万能药，我们不能只是简单地将技术运用于生产过程，然后期待它立即变得更加快速有效。如果我们将技术运用于一个运作错误的生产过程，那么我们得到的将是更加恶化的后果。成为一名精通技术的知识工作者将帮助你决定何时应该运用技术，何时不该运用技术。

作为一名精通信息处理的知识工作者，一般的决策步骤如下。

(1) 确定所关注的问题。

(2) 确定解决问题的信息需求。

(3) 知道如何获得以及在哪里获得信息。

(4) 理解信息的含义。

(5) 能够在信息的基础上采取适当的行动，以帮助组织获取最大的利益。

有这样一个现实案例可以充分说明精通信息内涵的知识工作者的一般做法。几年前，东海岸一家零售商店的经理收到一些有趣的信息：周五晚上尿布销量在一周尿布销售总量中占很大比例。在这种情况下，大多数人都会立即决定要确保尿布在周五有充足的库存或实行特价，以便在那一时段进行促销。但该经理并没有这样做，她首先观察信息，并确认这并不是全面、完整的信息。也就是说，在她采取行动之前还需要更多的信息。

她确定所需要的进一步信息是为什么在那段时间会出现尿布销量的突升以及是哪些人在购买它们。系统中并没有保存这类信息，于是她安排了一个雇员周五晚上专门在卖尿布的通道上记录与该情况相关的信息(她知道如何获得和在哪里获得信息)。商店经理了解到，周五晚上大多数尿布都是被一些年轻男性顾客买走了。很明显，他们是被指派在下班回家的路上购买周末需要的尿布。这时经理的反应是在尿布旁边摆放有奖的国产和进口啤酒。从此，每个周五晚上不仅是尿布销售的高峰时间，同时也成为国产和进口啤酒的有奖销售高峰。

这是一名精通信息的知识工作者的真实故事。她拥有自己的确定信息需求，知道如何获得和在哪里获得信息，以及了解所获得信息的能力。这使她确定对大多数年轻男性顾客而言，尿布与有奖啤酒是互补性商品。

【案例 2-1】中国香港丽晶饭店

中国香港丽晶饭店的一位顾客在和丽晶饭店总经理一同进餐时，总经理问他喜欢喝什么饮料，他说"胡萝卜汁"。大约 6 个月后，当他再次住进丽晶饭店时，在他房间的冰箱里，意外地发现了一大杯胡萝卜汁。他说："10 年来，不管什么时候住进丽晶饭店，他们都为我准备有胡萝卜汁。最近一次旅行中，飞机还没在香港启德机场降落，我就想到了饭店里为我准备好的那杯胡萝卜汁，顿时满嘴口水。10 年间，尽管饭店的房价涨了三倍多，我还是住这家饭店，就因为他们为我准备胡萝卜汁。"

这是一个很小但却异常生动的例子。一个忠诚客户的诞生，或许就来源于客户的名字、生日、家庭状况、消费习惯、消费时间等信息。建立在这些信息基础之上的营销手段让客户觉得自己是独一无二的，可以享受独特的礼遇，从而提高客户的满意度。

不仅仅是在酒店业，金融、航空、保险、IT、化妆品、房地产等，几乎所有行业里那些嗅觉灵敏的企业知识工作者都在通过娴熟的信息处理能力与自己的客户建立起"一对一"的联系，并且享受着这样一种互动所带来的商业成长。

(资料来源: http://cxford.icxo.com/htmlnews)

【案例 2-2】ZARA 的信息处理

1975 年设立于西班牙的 ZARA，隶属于 Inditex 集团，为全球排名第三、西班牙排名第一的服装零售商，在世界各地 56 个国家内，设立超过两千多家的服装连锁店，ZARA 的浩大规模，完全不逊色于美国第一大连锁品牌 GAP，而且其 2004 年的获利率更比 GAP 多出 3.3%，其成功之因，有赖于无懈可击的经营模式：低库存、低单价、款式多、淘汰快。而其经营模式的成功实施就在于信息技术的应用，下面描述的情形可以证明这一点。

在 ZARA 公司位于马德里市区的服装总店，仓储主管正审视摆放近期内流行商品的货架。很快，她就发现哪种商品畅销和哪种商品滞销。目前，皮革制品，尤其是皮制的短裙正在走俏；另外，裁剪讲究的牛仔裤、饰有黑色小金属片的衬衣、红色和蓝色华达呢的运动夹克也很热销。在判断出哪些商品将成为下周的畅销品后，她打开笔记本电脑，通过因特网向远在西班牙西北部的城市拉科鲁尼亚的 ZARA 总部发出订货单。

与此同时，在 ZARA 世界各地的分店里，顾客一旦购买商品，店员就会将商品特征以及顾客资料输入计算机，藉由网际传输将数据送回 ZARA 总部。

在那里，ZARA 公司的服装设计人员和生产主管正在商讨生产什么样式的商品。他们每天都从马德里的总店以及位于世界各地的其他 518 家分店的仓储主管处获取建议，通过了解各地的销售状况与顾客反应，来灵活变通调整商品的设计方向，适应顾客的百变口味。设计人员通过掌握各种精确的销售分析与顾客喜好，再加上本身专业的时尚敏锐度，来决定下一批商品的设计走向与数量，如此一来，商品即可达到最大销售率，也意味着能有效压低库存的出现率。

设计者们将最新的样式在计算机上草拟出来后，通过 ZARA 公司的内部因特网分别发送到各地的工厂。几天之内，裁剪、染色、缝制和熨烫工作就展开了，并且在短短的 3 个星期内，这些新制的衣服就被挂在了从巴塞罗那到柏林、贝鲁特的服装店里。ZARA 比起她的竞争对手 GAP 公司来，不仅仅是快一点点，因为 GAP 公司从订货到交货的时间要 9 个月，ZARA 足足比她快了 12 倍。而让 ZARA 公司可以远远甩开对手的是一个能够实时连通的服装店、设计部门以及公司内部工厂的计算机网络。

ZARA 很少打广告，所有的行销经费几乎全部投注于工厂设备的扩充改善，位于西班牙加里西亚省的科卢纳的仓库，是一栋四层楼高、面积为五百万平方英尺的超大型建筑物，其面积相当于 90 个足球场，而此座仓库连接着 14 座工厂，仓库内有机器人 24 小时随时待命压模制布染料，完全没有浪费时间与人力，唯有自行生产制造，才能分秒不差地抓住生产流程，并能跟上顾客的喜好速度。

（资料来源：http://guide.ppsj.com.cn/art）

在技术层面，知识工作者必须具备以下方面的能力。

首先，数据收集是知识工作者的前提环节。这些数据可以分为客户的基础数据，姓甚名谁、何处高就、如何联系等；客户的特征数据，包括所属的行业、职责、职位、年龄、学历、房和车的拥有状况等；客户的交易数据，比如，什么时候购买的产品或服务、花了多少钱、买了多少次、投诉了多少次、维修了多少次等；还有客户的购买习惯、购买偏好等心理信息。

其次，知识工作者需要具备数据管理能力。来自不同渠道、不同格式的数据，如何整合是一个大问题；随着时间迁移，数据的准确率不断下降，需要鉴别不同批次数据的置信度；不同数据源的数据字段定义不同，需要进行规范化处理；不同数据针对同一主体，在进行查找、合并和删除冗余数据的同时，需要达到数据的统一、字段的规范、数据的准确和完备率，并对其进行动态更新。

最后，也是非常关键的一个环节就是数据分析。例如，基于客户生命周期来做数据分析，可以将客户分成潜在客户、常用客户、需保持客户、流失掉的客户。客户细分可以帮助企业明确产品对应的是哪些客户。客户价值细分可以明确哪些客户是最有价值的。所有这些都必须通过对现有数据进行不同角度的统计、分析而得到。

2.2.4 决策的过程

如图 2-2 所示，决策的基本步骤包括：情报、设计、选择和执行。

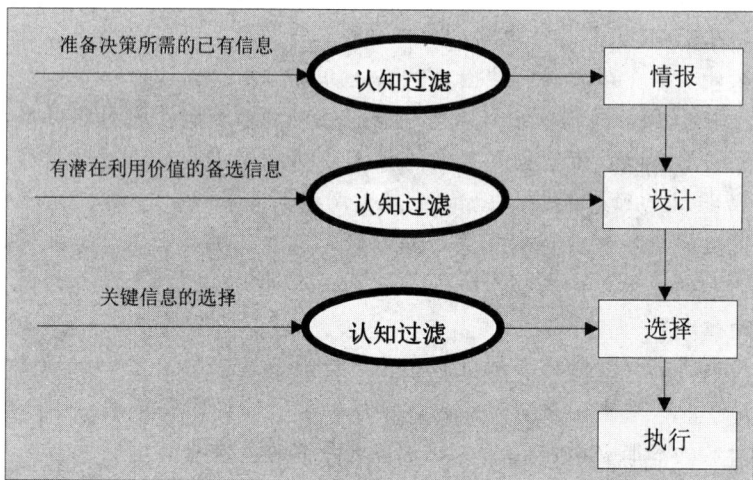

图 2-2 制定决策的步骤

(1) 情报：制定决策者需要明白，做出什么决策能够解决所存在的问题，做决策时需要提供哪些信息，如何传递这些信息。

(2) 设计：解决问题时必须要考虑备选方案，包括对习惯的决策方式的认同和每一种有潜在应用价值的方案。在这一步骤中，需要提供信息帮助决策者预见和评价潜在方案的应用价值。

(3) 选择：这一步是在上一步调研后制定的备选方案之间选择。如果已经进行了优化分析，则可直接选择。否则，决策者必须在不完全的分析或者是不可比的备选方案之间选择。

(4) 执行：实施已做出的决策。

我们将结合下面的案例对这些步骤给予说明：一家制造厂商生产系列的厨房成套设备供应给不同的零售商，而这些零售商会为他们自己的最终顾客安装厨房成套设备。问题是厨房成套设备生产厂家的主要代理零售商之一对发给他们的厨房设备越来越不满意。这就引出一个问题——若对此不予理睬，是否会酿成更大的麻烦？

(1) 情报：这家生产厨房成套设备公司的决策者需要意识到问题的存在，并必须给予足够的重视以便做出有效决策。一种方式是直到消费者投诉后再做决断，这可能要冒管理不到位的风险，最后决策时可能为时已晚；另一种较为积极的情报收集方式是，正式地向顾客征询他们所接受的服务方面的信息。

(2) 设计：一旦问题明确，决策者就应该考虑一系列的备选方案。一种方案是买更贵的配件以提高产品质量；另一种方案就是重新修订生产计划，调动劳动者的积极性，加强最终组件的质量控制；再一种方案就是两者的结合；当然，不采取任何措施也是一个在任何情况下都必须要考虑的备选方案。每一种方案都需要考虑成本、利润、生产周期、竞争对手可能采取或可能不采取什么行为、给代理公司的报价单和一系列相关方面的问题。决策者必须对每一方案都做出评估。其中一些方案的应用价值借助计算机就能够很容易地估算，特别是在依靠内部提供的数量化信息的情况下更是如此。例如，利用报批单方式能够形成快捷、准确、有效的图表，以便决定是否购买更贵的配件。另一些备选方案则难以估算，这确实需要外部的和质量控制方面的信息。竞争对手的反应就需要对市场和所掌握的企业的历史资料进行分析。

(3) 选择：一旦某一备选方案的应用价值评估出来以后，就应该花费一定的时间做出选择以便知道去做什么。如果步骤设计不完善和不可能产生确定结果时，这么做并不容易。满意规则和过去的经验也能够用于指导选择。在厨房设备生产厂商这一案例中，所有备选方案中的两种方案是："不予理睬"和"购买高质量的配件"。对厨房成套设备生产厂家来说，备选方案的筛选需要进一步调研分析，"不予理睬"方案可能的后果是，零售商转而购买其他厂家的设备。权衡结果，这就意味着不可能建立长期的贸易关系，或者对零售商来说，在这种特殊情况下找不到比原厂家更合适的竞争对手。然而，零售商可能会做广告寻求新的供应商。相反，购买更高质量的设备这一决策能够比较确定地估算出成本和收益，这些更有可能使顾客满意，减少抱怨。此时，决策者就需要考虑不同方面的潜在应用价值和有多大程度的把握，在这两种备选方案之间做出选择。

上述经典的决策模型定义了一套严格的决策程序。显然，这一决策过程需要整个企业不同管理层的参与。然而，不同的管理层在这一过程中所考虑的问题以及解决问题的信息需求却是不同的。这就涉及了决策层面问题。

2.2.5 决策问题的层次

组织中的决策者随处可见，但是所担任的决策任务的层次和职能却各不相同。如图 2-3所示，位居组织顶层的管理者，如董事长和副董事长，通常称为战略规划层，他们需要把握组织的方向和发展框架以及方针之类的事务，负责企业长远愿景的规划。这意味着，他们的决策将在未来几年对整个组织产生影响。例如，市场进入决策、产品多样化战略、为实现主要目标如何在组织内部各部门之间配置资源、企业应该有什么样的财务结构、是否启动特别的重大投资项目、是否与长期客户签订业务合同等都属于这方面的问题。

高级管理人员需要信息来制定战略决策。由于战略规划是长远的，因而所需要的大部分信息是关于未来的而不是现在的。这方面的大量决策最需要的是市场力量发展趋势、支付方式和经济整体发展状况等信息。这就需要由企业外部的信息源来提供所需信息，诸如市场调研、商贸出版物、人口统计研究、政府报告和专业机构的受托研究等。这些来源于外部、超出企业控制范围所得到的信息用于预测未来，且具有高度的不确定性，只能给出概括性的或总的特征，而不是非常详细的计划。

处在中间的战术控制层也叫管理控制层，他们的职责是进一步细化战略规划层的思想，制定相应的目标、计划，负责分配资源和实现高层管理人员确立的目标。地区经理、部门经理、销售主管、生产主管、产品开发主管、信息系统主管都是中层人员。战术层面的决策可包括制定部门预算时的资源配置，中期工作计划和中期预测方面的决策，以及中期现金流计划等。在中间管理层的控制需要做的事情如实际生产的监控、预算执行情况、各种变化情况的分析判断和所应采取的措施等。

在战术层面决策所要用的信息是对中期情况的反映，时间跨度经常是在目前和最近几个月或一年之间。它们主要还是产生于组织的内部，虽然也需要一些外部的信息。例如，像原材料价格等不确定事物是很难在预算中严格控制的，也难以掌握与国家规定相符的工资率，而这两类场合中的外部信息又都是有助于决策的。一般而言，虽然不像战略决策中的信息那样高度概括，但这些信息也是以总量形式出现，例如，指定生产月份的总产量。这些信息的内在规定性和时段限制与战略信息相比，所隐含的不确定性要减少许多。

运作控制层是同企业日常运营相联系的决策。包括科室负责人、监理、项目指挥，他们的职责是完成上层管理者下达的计划，评价日常计划进展和执行情况，确保高效地利用现有资源来实现预算目标。这类决策包括人事问题的处理(比如聘用和解雇等)、产量和存货的控制、价格决策、客户信用控制、其他形式的账务和现金流控制。

运作控制层决策问题所需的信息几乎完全产生于企业内部，并且也非常具体详细、确定和及时。例如，是否购买更多的某项已低于最低存货量的原材料的经营决策，至少要得到以下几个方面的信息。

- 为购买该项原材料填写的调拨单、订购数量和预计提货日期。
- 原材料的预计用途，包括所有债务客户的还债承诺。
- 库存和可利用的设备。
- 原材料供应商的实力排序，他们的价格和希望提货日期。

所有这些信息都掌握在企业内部，一旦某项决策需要，就可以将它们调出并派上用场。图 2-3 显示了不同层次的管理决策所需信息的特征。

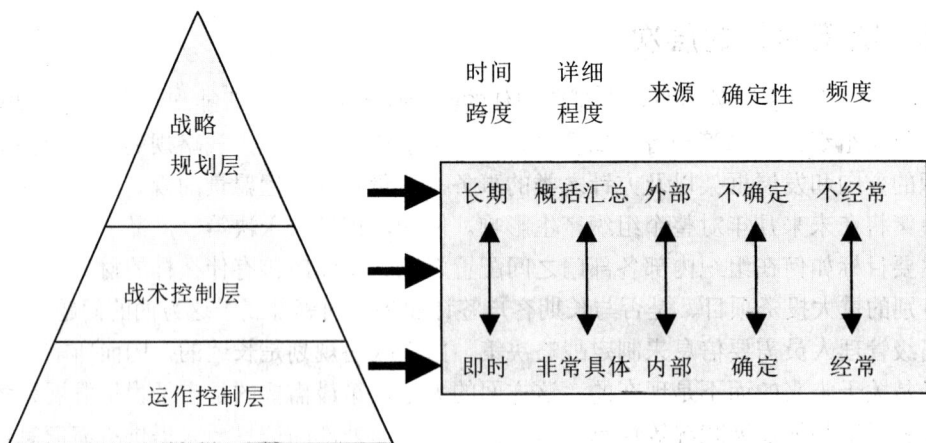

图 2-3　决策的层次

理解决策的层次性对设计信息系统非常重要，因为它影响到了信息的来源以及信息的表达方式。战略规划层的管理者更重视的是环境信息，而运作控制层的管理者更重视内部信息。同时，战略规划层偏爱概括性的信息表达方式，而运作控制层则更喜欢详细具体的信息表达方式。

2.2.6 决策的类型

从以上分析可以看出，不同的管理层次的决策问题具有不同的特征，从企业的基层到高层所面临的问题从确定逐渐发展为不确定。决策的每一阶段都受到复杂的环境因素或主观因素的影响，而明确地界定这些因素是相当困难的。一方面，人们在决策时必须认识环境，了解有关的信息(这些信息包括客观物质世界的真实映照和社会系统的有关政策、价值观及决策机制等)；另一方面在决策的各个阶段还要受到环境的制约，例如某决策问题的目标确定可能受到环境中层次较高的目标约束，又如方案的设计必然要受到现实可行性的限制等。因此，决策的类型依照决策过程能否明确定义可分为以下三个类型。

1. 结构化决策

该类型的决策问题是一种具有严格定义的决策程序的决策，准确地说，是可以将所有三个阶段(情报、设计和选择)的输入、输出和内部程序加以确定的决策。例如，员工工资的确定可以依照下面的公式来计算，即员工工资的确定问题是结构化决策问题。

$$员工的工资= \begin{cases} 工作时间 \times 单位工资 & 当工作时间 \leqslant 40小时 \\ 40 \times 单位工资 + 超出时间 \times 1.5(单位工资) & 当工作时间 > 40 小时 \end{cases}$$

在 20 世纪 50 年代初，生产部门对于库存的决策主要考虑订购零件的时间和数量，一般根据生产计划可以较准确地核算。20 世纪 70 年代，很多企业都把库存管理和部件采购的工作交给计算机来完成，这种软件系统几乎不要用户做分析和判断，从一致性、成本和可靠性几方面考虑，它比任何经理都强。这种作业调度问题就属于结构化决策问题。

2. 非结构化问题

判断是否属于非结构化问题，只要回答三个问题：决策目标是否明确，能否详细描述决策过程，影响决策的因素是否确定。如果这三个问题的回答都是否定的，那么我们所面对的问题就是非结构化问题。

例如一个为期刊确定封面的决策问题就是非结构化问题。因为这项工作确实不可能采用任何分析技术，甚至获取成功的条件也不很清楚。做这种工作主要凭经验和直觉，甚至在一定程度上也要靠运气。

再如，聘用经理或管理人员、公关人员等也是最明显的非结构化问题。几乎世界上任何一个国家或地区的所属企业、事业单位的人事部门都不愿意用解析方法来解决这个问题，它不存在什么有根据的算法或者雇用人员的模型。当决定雇用谁，或者干这件工作需要什么样的经验时，主观判断是最主要的因素。

3. 半结构化问题

如果在决策问题的三个阶段中有一个或两个是结构化的，而另一个不是，这样的问题属于半结构化问题。计算机可以为半结构化的问题提供帮助。

例如，为产品定价，就是一个半结构化问题。产品的成本已定，企业可以选择低于成本销售来占据市场，也可以高于成本销售、获取利润。至于应该高多少，可以参考价格需求曲线。这种决策问题的最终方案的决定因素就既有确定的部分(产品成本)，也有不确定的部分(价格弹性的估计)。其中计算机可以帮助决策人员勾画出需求曲线，来方便经理人员进行决策。

股票管理也属于半结构化问题的例子，金融界的所有债券、股票部门都用计算机与用户对话，但要做到全部自动化是非常困难的，因为人数太多，而且有些东西无法定量计算，只能做一些判断和主观估计。但是，还有很多数据，如收益、期限、市场状况等，在达成合理的价格以前都必须仔细地核算。这个例子说明，即使无法形成自动化系统，但计算机能管理大量的数据，做金融计算，分析各种不同的方案，这些工作对管理人员是很有帮助的。

2.3　系统的概念

系统是一个为了达到共同目标而相互作用的要素的集合。企业就是一个由各种资源组成的为达到管理者制定的目标而协同运作的系统。

2.3.1　系统的要素

系统的组成要素一般包括输入、转化、输出和控制机制，如图 2-4 所示。其中转化是系统向环境所提供的服务，而控制机制则要监控转化过程，以保证系统目标的实现。

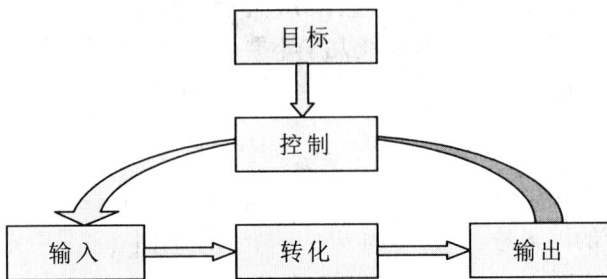

图 2-4　系统的组成要素

例如加热系统，其输入是燃料，加热是转化，输出是热量，而控制机制是自动调温器。再例如，一家生产企业，输入的资源是原材料，生产过程是把它转化为制成品或服务，控制机制则是企业的管理活动，以确保企业的各项输出满足预定目标。

2.3.2　系统的特点

系统具有目的性、集合性、相关性、层次性、整体性和环境适应性等特点。

1) 目的性

任何人造系统都具有明确的目的，为达到既定的目的，系统就要具有一定的功能。系统的目的一般用具体的目标来体现，比较复杂的系统具有不止一个目标，因此需要指标体系来描述系统的目标。系统的目的或功能取决于系统各要素的组成和结构。

比如，衡量一个企业组织的经营业绩，不仅要考核它的产量指标，可能更重要的是要考核它的利润、成本和规定的质量指标完成情况,如果从社会大系统来衡量,还应该考查其环境污染指标。各个指标之间有时是相互矛盾的,有时是互为消长的。为此,要从整体出发,力求获得全局最优的经营效果,寻求最优的方案。

为了实现系统的目的,系统必须具有控制、调节和管理的功能,使系统进入与其目的相适应的状态。所以,企业建设信息系统之前,首先要明确建设信息系统的目的是什么。

2) 集合性

集合的概念就是把具有某种属性的一些对象看作一个整体。集合里的对象叫做集合的元素。

一个系统至少要由两个或更多可以互相区别的元素所组成。例如,一个运输企业信息系统从管理的组成职能上看,一般由订单、仓储、库存、运输、货物跟踪、后勤、人事、财务、信息处理、高层管理等元素组成。

3) 相关性

组成系统的各要素之间相互作用、相互联系。相关性是指这些联系之间的特定关系,如结构联系、功能联系、因果过程联系等。要素的相关性对系统的目的性起着重要的作用。

4) 层次性

具有大量要素的系统可以分解为多个子系统,并存在一定的层次结构。系统层次结构表述了在不同层次子系统之间的从属关系或相互作用关系。在不同的层次结构中存在着动态的信息流和物质流,构成系统的运动特性,为深入研究系统之间的控制与调节功能提供了条件。层次分析是结构分析的重要方面。系统是否划分层次,层次的起源,分哪些层次,不同层次间的差异、联系、衔接和相互过渡,不同层次的相互缠绕,层次界限的模糊性与不确定性等问题,都增加了系统的复杂性。

5) 整体性

系统是由两个或两个以上的要素构成的。系统整体性是指要素存在的目的是为了使系统整体最优。具有独立功能的系统要素之间存在相互协调的关系,任何一个要素都不能离开整体去单独研究,要素间的联系和作用也不能脱离整体的目标去考虑。系统不是各个要素的简单集合,否则它就不会具有作为整体的特定功能。系统的构成要素和要素的机能、要素的相互联系要服从系统整体的目的和功能,在整体功能的基础上展开各要素及其相互之间的活动,这种活动的总和形成了系统整体的有机行为。在一个系统整体中,即使每个要素并不完善,但通过协调也可以综合成具有良好整体功能的系统。

6) 环境适应性

系统在一定的环境中产生出来,在一定的环境中运行、延续、演化。系统要与外界环境发生物质、能量和信息的交换,外界环境的变化必然会引起系统内部各要素的变化。系统同环境进行交换的属性称为开放性,系统阻止自身同环境进行交换的属性称为封闭性。这两种性质对系统的生存和发展都是必要的。环境适应性是指系统应调整自己以适应环境的变化,不能适应环境变化的系统是没有生命力的。

信息系统同样应当具有环境的适应性,随环境变化而变化,要随市场和客户的需要而不断改进自己的信息系统功能和结构。

2.3.3　系统与子系统

　　系统可由许多子系统组成，每个子系统都有自己的组成、内部活动以及目标。子系统执行与整个系统总目标相关的任务。例如在企业系统中，按不同职能构成不同的子系统。如图 2-5 所示，企业的市场调研子系统可以从顾客处获取需要修改的企业产品和服务方面的信息。市场调研子系统将这一信息传递给生产子系统，生产子系统将产品设计的更改加入到生产工艺流程中。最后，营销子系统向顾客出售产品成品。如果发生技术问题，服务子系统需要提供跟踪服务。

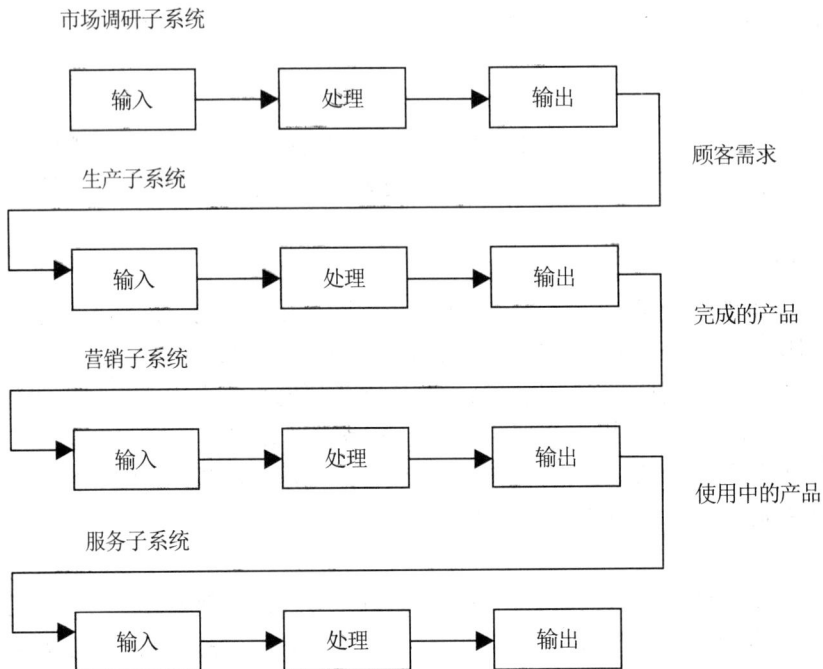

图 2-5　企业的子系统

2.4　信 息 系 统

信息系统可以从技术和管理两个角度来定义。

* 技术定义：信息系统是由一系列相互关联的部件组成的，它们共同完成组织内外环境中信息的收集、存储、处理和发布，以支持组织的计划、管理、决策、协调和控制。信息系统包括基于手工的信息系统和基于计算机的信息系统，前者是使用纸和笔进行信息的处理，后者是依赖于计算机硬件和软件进行信息的处理和发布。在后面的章节中提到的信息系统则是指后者。

* 管理定义：以信息技术为基础，支持组织和管理问题的解决，以帮助组织应付周围环境中的各种挑战。强调的是信息系统的组织管理作用，即强调信息系统是帮助企业解决由于所处环境的变化所带来的各种问题和对付各种挑战的工具。

信息系统的基本任务就是完成组织日常的信息处理任务，包括信息的捕捉、表达、加工、存储和通信。同时，信息技术也是组织创新的条件。

在 20 世纪 50 年代中期，计算机开始用于商业，进行商务数据处理，主要局限于处理商品交易。最常用的是工资发放、数额较大的账单和一些简单的应收款活动，处理结果被储存起来。人们很快就意识到这些被储存起来的交易数据是一笔财富，可以作为有用的信息提供给管理者。这些信息首先应被提炼和深度处理，才会对管理有用。为完成这些事情，早期的信息系统就是为此编写程序。这些系统考虑到了功能复杂性的不断提高，诸如特定的信息和报告，因而能广泛地支持决策。分散计算中的桌面计算机提升了控制能力，甚至创造性地将这些系统与企业的计算中心分开，更方便于系统的用户。近年来，互联网技术的优势已经使系统可以方便地连接到企业网站，在企业与企业之间、企业与客户之间连接。

信息系统是基于计算机技术的信息系统，所以了解计算机和计算机程序的编制原理对设计信息系统是非常重要的，但必须明白，计算机软硬件只是信息系统的一环，就好比盖房子的建材一样，单靠建材，没有合理的设计，是不可能建造出符合要求的房子的。同样，信息系统不但需要计算机技术，同时也需要先进的管理理念，两者的结合，才能设计出符合需求的信息系统。因此，信息系统设计开发的全过程，都必须密切结合组织的战略目标。

信息系统的研究要素包括三个方面：信息、信息技术(Information Technology，IT)和人。显然，IT 是人与信息之间的桥梁，管理者利用信息来解决问题，而信息系统可以有效地提供信息，如图 2-6 所示。IT 的作用就是在适当的时间向适当的人提供适当的信息。

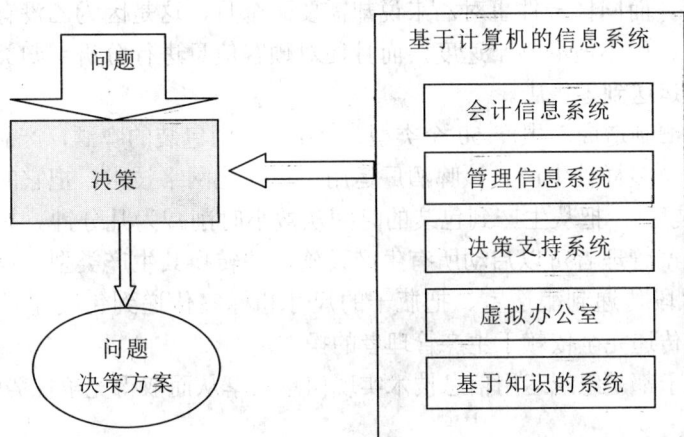

图 2-6　信息系统与决策的关系

由于信息系统是能为组织的管理决策提供服务的系统，而且提供的只是辅助决策，决策最终还应由人来执行，所以，人的素质也相当重要。较高素质的人和较完善的信息系统构成了好的信息系统。好的信息系统能适当界定人和计算机在系统中的作用，充分发挥每台计算机的长处，实现整体优化。

2.4.1　信息的维度

对一个人是重要的信息，但对另外一个人来说却未必是。如果你接受的信息对你正在从事的工作不重要，那它将没有价值。如果你今天得到的信息是你昨天想要的，那么这种信息由于过期也没有价值。如果你接受的是不准确的信息，那么，它不仅没有价值，还可能有破坏作用。

因此，评价信息的价值，可以从三个维度去考虑：时间、内容和形式。

- 时间维度用来评价信息是否及时，包含两个方面的含义：需要时是否能得到；得到的是否是最新的。
- 内容维度主要包括准确性、相关性和完整性。
- 作为 IT 工作者，如果不了解顾客需求，总会提供不相关的信息。人们进行决策，不仅需要相关的信息(相关性)，而且需要所有与完成任务相关的信息(完整性)。
- 形式维度是针对信息提供的方式，包括详尽程度、可读性和表达方式(图表、颜色、声音)。不同层次的决策人员需要信息的详细程度是不同的，战略层往往需要概括性的数据，操作层则需要具体的数据。

2.4.2　信息共享

组织中的信息资源能否得到有效利用，关键在于能否实现信息在整个组织范围内共享。比如有甲、乙两家服装公司，甲公司与零售商建立网络联系，如果有人星期三在零售店买了条牛仔裤，此信息马上会通过计算机传送给甲，于是甲在星期四马上发出替代品，星期六到零售店。而同样一件事对乙来说却需要一个月，这是因为乙没有实现与零售商的信息共享。同时，甲不但取胜于速度，而且还对顾客信息进行分析、归类并预测，及时把销售量好的衣服运送到零售店。

英国一个啤酒制造商，生产 50 个类型、150 个不同包装的啤酒，产品销往世界各地。为了支持这样一个多样性生产，该啤酒厂运用了自动化网络技术，把它的两个部分连接起来(酿造室和包装厅)，把从生产到包装的时间从数小时削减为几分钟。具体做法是，通过计算机屏幕，生产管理者可以启动所有生产设施，并转换其生产类型，包括：过滤液体、把配方用电子手段传递到酿造室、把瓶子的尺寸和标签传递到包装厅，在整个生产过程中，生产信息的传递完全依赖于生产管理者的操作。

以上两个例子都是组织运用信息技术实现信息共享从而取得竞争优势的极好例证。

2.4.3　信息处理环节

组织中信息处理的任务主要包括五个环节：捕捉、加工、表达、存储以及通信。

1. 信息的捕捉

信息的捕捉强调的是在信息发生的原始地点捕获信息。例如某网站，一旦访问者登录广告页面，企业工作人员立刻就可以在后台看到该访客，并实时提供访问者来自哪里、停留时间、搜索引擎的关键词等最有价值的信息，协助企业准确分析出最有价值的潜在客户，提高商机捕捉效率。这仿佛为网站安装了一个监测雷达，使企业不会错过任何一位潜在客户。

2. 信息的加工

信息的加工主要包括两种方式：数值处理和非数值处理。其中数值处理又包括事务处理和分析处理两个方面。类似于计算工资、利息等这类答案是唯一的信息加工是事务处理，而用回归法分析广告对销售的影响的这种信息处理则属于分析处理，因为答案可能是多个，而且最终的决策仍然由决策者来制定。非数值处理包括排序、归并、分类以及平常归入字处理的各项工作。

3. 信息的表达

信息的表达强调的是用最有效的格式(图表、打印、音频)传递信息。信息表达的方式要视服务对象而定。专家系统，交互方式较好；管理信息系统，理性方式较好。信息表达的方式不好，其收集加工都成了无意义的活动。目前，在我国，报表仍然是提供信息的主要手段，有些报表内容太多、不得要领、不容易阅读，事实上发挥的作用很小。

4. 信息的存储

信息的存储主要为了保留信息供以后使用。信息系统必须具有某种存储信息的功能，否则它就无法突破时间与空间的限制，发挥提供信息、支持决策的作用。简单地说，信息系统的存储功能就是保证已得到的信息能够不丢失、不走样、不外泄，整理得当、随时可用。为实现这些要求，人们在逻辑组织与技术手段上都做了大量的工作，取得了显著的成效。

5. 信息的通信

信息的通信是指通过一些通信技术手段(如调制解调器、人造卫星、微波等)把一条信息传给本地或异地的其他人。当信息系统具有较大的规模，在地理上有一定分布的时候，通信就成为信息系统必须具备的一项基本功能。系统越大，地理分布越广，这项功能所占的地位就越重要。

在实际工作中，通信问题与信息的存储常常是联系在一起的。当信息分散存储在若干地点时，信息的传送量可以减少，但由于分散存储带来的存储管理上的一系列问题，如安全性、一致性等，就会变得难以解决。如果信息集中存储在同一个地点，存储问题比较容易解决，但信息通信的负担将大大加重。实际工作者常常面临这二者的权衡和合理选择。

2.4.4　从系统角度看信息系统

信息系统具有一般系统的特征。首先，信息系统即组织的一种抽象反映，或者说是组织的简化版本。任何组织都是开放的系统，那么与之对应的信息系统必然也不是在真空中生存，图 2-7 表明，信息系统连同它的组织躯体都是在一个更大的环境中存在并发挥作用，而这个环境即社会系统，组织及其信息系统是社会系统中的一个子系统。

信息系统的主要目标是把数据转换为信息——有意义的数据，而这一转换是围绕实现企业战略目标的信息需求而展开的。在企业内部，信息系统是企业组织管理系统的一个子系统，它必须为企业运作的各层参与人员提供快速、准确的信息，方便他们做出相应的决策来实现企业战略。

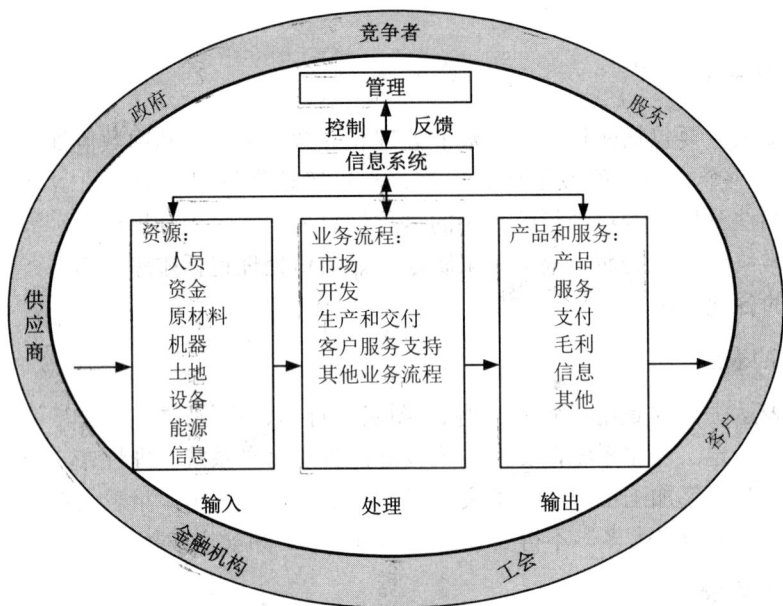

图 2-7　开发的信息系统

　　信息系统由许多成分组成，这些成分相互作用以达到提供信息这一目标，管理者利用这些日常活动的信息来控制企业运营。信息系统包括若干要素，如硬件、软件、人员、数据库和完成目标的信息处理过程，如图 2-8 所示。硬件包括支持数据处理、通信处理的计算机装置和其他与计算机有关的设备。软件是用来指示硬件处理信息的指令，软件分为应用软件和系统软件。应用软件由支持特定管理功能的程序构成，如订单记录、库存控制和应收账款管理。系统软件是辅助硬件运行的应用软件，系统软件主要负责这样的任务：数据排序、程序编译以及从存储区域读取数据等。

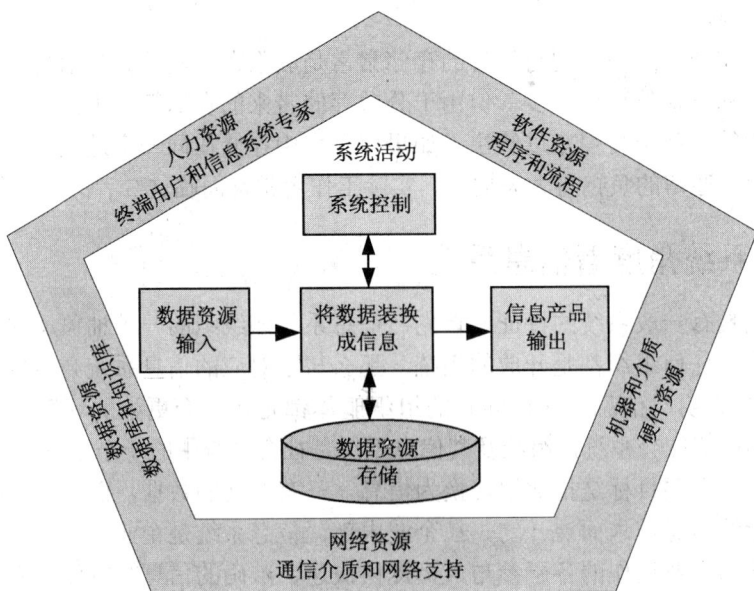

图 2-8　信息系统的构成要素

信息系统由完成特定任务的各子系统组成，这些子系统需要相互协调，来共同实现某些功能。例如，一个典型的订单处理系统通常会包括处理新订单、更新库存水平和催收货款等子系统。若这些子系统之一遭到破坏，将会影响整个系统的功能。例如，如果没有及时更新库存，导致企业没有及时向外采购来补足库存，那么，客户的订单将不会得到满足，从而导致客源流失。

2.5 信息系统的层次

由于信息系统是为组织中的不同层次的管理者服务的，因此，针对不同层次的管理需求，就相应存在不同层次的信息系统，如图 2-9 所示。对照图 2-3，我们用虚线来界定不同层次的信息系统，主要是为了表明各层次的信息系统在功能上有相互渗透的部分。

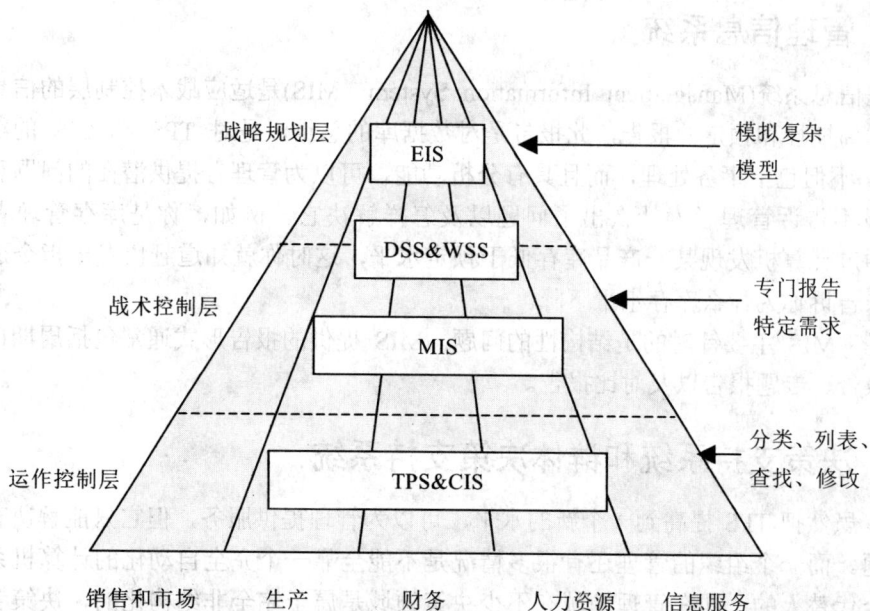

图 2-9　信息系统的层次结构

2.5.1 事务处理和用户集成系统

事务处理系统(Transaction Processing System，TPS)和客户集成系统(Customer Integrated System，CIS)是适应于运作控制层管理者的信息系统，也是组织的心脏，一旦出了问题，组织将不可能良好运转。

TPS 是处理组织内部日常事务的，是企业信息系统的基础，主要关注基本数据的收集、验证与处理。比如，产品卖出后，要记录应收账款、货物的库存水平等信息。它主要回答日常问题，如目前零件库存有多少、某客户的付款情形如何等。

TPS 应用非常普遍，现在大型自动化生产商如福特公司、通用机器公司等都采用TPS，其应用包括：工资处理、库存管理、日常收支等，而且，大公司对 TPS 的依赖性更强。

CIS 是 TPS 的延伸，它允许客户独立处理自己的事务，如 ATM。从经济角度来说，ATM 是个创新，它意味着银行再也不用雇用太多的雇员，从而节省了大量的运营成本。

既然 CIS 把许多功能分散到用户手中，它必然需要通信连接，以 ATM 为例，你可以在取款机处检查账户是否平衡、进行转账或取款，而这些操作的完成都需要 ATM 与金融机构相连通。

适应于运作层的 TPS 和 CIS 通常具有以下特点。

- 重复性：所处理的数据是每天、每周或每月都发生的内容。
- 可预见性：所处理的信息通常没有异常内容，比如，顾客订货时订货价格是一定的。
- 历史性：总是处理过去的事务。如工资记录了员工过去的工作情况，给供应商的支票存根记录了过去的购买活动，给客户的发票存根记载了从前的销售情况。

另外还有详细性、来源内部化、形式结构化、处理高精确度的特点。

2.5.2　管理信息系统

管理信息系统(Management Information System，MIS)是适应战术控制层的信息系统，主要提供周期性和预定的报告，此报告是对数据库的总结，是对 TPS 和 CIS 的综合。所以，MIS 不但包括事务处理，而且具有分析功能，可以为管理者提供潜在的问题和机会。但它一般不告诉管理者为什么出了问题以及怎样解决它。例如，你是库存管理者，有一天，你通过计算机发现某一产品库存低于预定水平，这时你就知道赶快发出指令进货，但 MIS 并未告诉你为什么库存水平下降。

可见，MIS 主要针对的是结构性的问题。MIS 提供的报告形式通常包括周期性报告、综合性报告、专题报告以及对比报告。

2.5.3　决策支持系统和群体决策支持系统

MIS 虽然把 TPS 提高到一个新的水平，可以为管理提供服务，但它只能解决有结构的决策问题。而一个组织的管理还有很多情况是不能全靠一个完全自动化的计算机系统来解决而完全代替人的。即在管理领域有不少决策领域是属于完全非结构化的，决策者对问题本身并不很清楚，有些几乎全靠直觉来解决，而且根本无法借助于任何分析方法(如数学和运筹学)来处理。其次，还有一大类问题是介于结构化和非结构化之间，不论单独由经理人员或单独依靠自动化计算机系统做出的决策，都不如两者结合起来做出的决策好。决策支持系统(Decision Support System，DSS)正是为解决这类决策问题而提出的。

例如，如果你想要建立一个新的分销中心，你可能要考虑的因素有该地的税收、离其他库房及分销中心的距离、主要交通要道的远近、人口密度等各种因素。像这样的问题都很复杂，需要对信息进行大量的分析工作，这时，就必须开发有针对性的 DSS 来完成。DSS 的工作过程如图 2-10 所示。

工作群体支持系统(Workgroup Support Systems，WSS)主要是针对企业中的团队决策而设计的。随着虚拟办公的出现和发展以及对协同的强调，企业中出现了越来越多的跨职能团队(Cross-functional Team)，其组成人员是不同领域的专家，目的在于解决特定问题或利用特定机会。这样的团队需要 WSS 来实现信息共享交流。

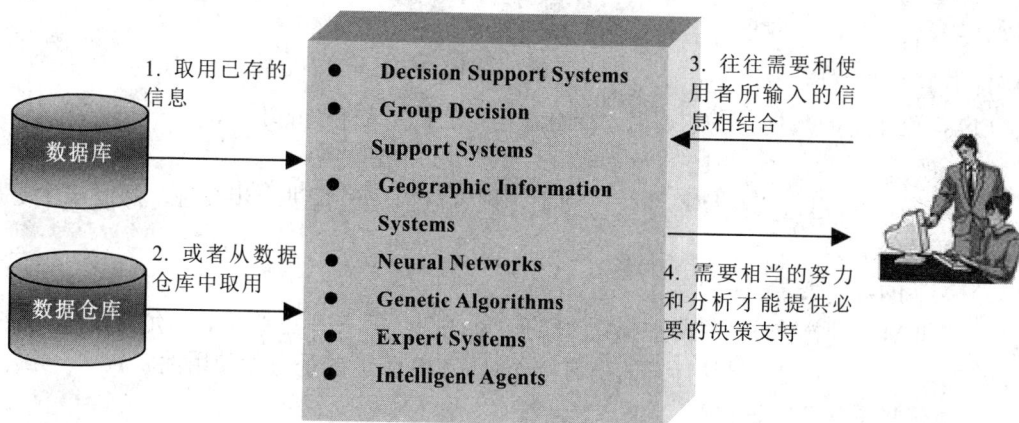

图 2-10　DSS 的工作过程

WSS 的基础是群件(groupware)，在这里，我们只需把它看作是一种软件即可。传统的计算机应用软件，如电子数据表、字处理程序，主要用于提高个人的工作效率。在计算机联网之后，出现群件，可帮助群体内工作人员合作完成项目。群件将电子邮件、个人效率和工作调度软件及数据库技术结合在一起，最著名的群件产品是莲花公司的 Notes。

我们将 DSS 和 WSS 放在战术层和战略层之间，是因为 DSS 和 WSS 可能同时为该两层的管理者服务。

总之，适应于战术层的信息系统的目标在于帮助管理者控制企业的运作，具有以下特点。

- 阶段性：战术层系统常产生阶段性信息，时间跨度长于运作层，而且经常进行上年度同期数据的比较，例如，今年 9 月份的销售量和上年度同期进行比较。
- 异常发现：当输出变量与标准不一致时，需要进行警告，例如火警、室内供热系统、库存、过期的账款等。
- 概要性：管理人员需要的是概括的信息，而不是具体的信息。概要的信息能帮助管理人员组织整体运行状况或健康水平。
- 内部和外部的信息源：例如如果出现销售量下滑，在分析原因时，不仅要和上年度同期进行比较，可能还要在全行业进行比较，更深一层，也可能要分析国家的宏观政策。

总之，战术层所提供的信息在粒度、结构以及预测方面，都和运作层有不同的要求。

2.5.4　经理信息系统

前面谈到 MIS 和各类决策支持系统以及人工智能，这些系统指出了潜在问题以及机会的存在性，帮助管理者理解这些问题存在的原因，以及决定解决这些问题的战略。而经理信息系统(Executive Information System，EIS)则更加增加了一些报告和分析的弹性。EIS 服务于组织的战略层，主要针对非结构化的问题。

EIS 除了需要从内部 MIS 和 DSS 中抽取概括性数据外，还必须抽取、筛选和跟踪组织外部环境中的关键信息，能够将多个数据源的数据快速传递到经理办公室或董事的会议室。侧重于减少经理获得有用信息的时间和精力。

EIS 具有以下的特征。

1) 使用数据仓库

EIS 提供了访问数据仓库的通道，而且也可以访问内部和外部信息。

2) 发掘能力

EIS 可以对信息进行高度总结，以利于管理者对信息进行进一步发掘，从而产生更加准确和相关的信息。

3) 灵活的数据表示

虽然和 MIS 一样提供的是事先准备好的信息视图，但 EIS 更加灵活，允许使用者选择表示形式，并进一步发掘更加详细的信息，而且，EIS 强调的是方便使用性。

4) 对信息责任者的识别

EIS 可以识别负责某类信息的人。例如，如果一个管理者在发掘信息时，超出了 EIS 所能，EIS 将识别组织中能提供更多相关信息的人。

5) 使用 DSS 和 AI 工具

EIS 兼容了 DSS 和 AI 的功能。

EIS 和 DSS 的区别表现在以下方面。

第一，DSS 是帮助决策者解决一个特定的半结构化或非结构化的问题，而经理需要的是在对周围环境分析中发现问题，而不是进行具体特定问题的解决。

第二，DSS 比较复杂，将数据处理和复杂的分析模型结合起来进行结构化或半结构化问题的解决，而经理不大可能花费太多时间在复杂的应用上。

第三，DSS 只能对某一类特定的问题提出可选的方案，并进行分析比较，所解决的问题往往是重复出现的。而经理所面对的问题是不断变化的，不是特定的问题。

第四，DSS 是面向问题的，而 EIS 是面向决策者的，系统决策必须充分考虑决策者的特点和偏好，能以最有效的方式来表示信息。

总之，适应于战略层管理者的信息系统的目标在于帮助高层管理者进行长期战略制定，具有如下特点。

- 随机性：即高度的灵活性，信息的结构没有事先确定。
- 预测性和概要性更强。
- 数据外部化：高层管理者管理与企业环境有关的事务，所以大部分信息来自企业外部，如投资机会、贷款利率、经济状况以及市场群体统计特性等。
- 形式非结构化：即信息的输入是非结构化的，例如，对未来市场销售预测可能从一些相关人员(批发商、销售人员、市场分析员)的观点中获得。
- 主观性：不管是信息的输入以及决策的制定都有很大的主观性，所以，信息系统能否发挥作用，取决于(使用者)决策人员的素质。

事实上，信息系统的层次结构反映了人们对信息系统概念认识的发展和完善。早期信息系统的焦点在于数据，主要应用于会计领域，当时叫做电子数据处理(Electronic Data Processing，EDP)，简称为数据处理(Data Processing，DP)。

随着计算机计算效率的提高，人们提出了管理信息系统(MIS)概念，开始将焦点移向信息，试图建立一个可以支持所有管理者的庞大信息系统来证明计算机的价值。但实际的成果很少和最初的设想相符，这一方面是因为用户普遍缺乏计算机文化，另一方面，信息专家又普遍缺乏管理理念。而且，由于标准和规范的缺乏，使得开发大型系统艰难无比，工作变得难以驾驭。一些公司坚持不懈，投入了相当的资源，最终开发出了可操作的系统，但规模比预想的小很多。而另一些公司则决定放弃整个 MIS，退回到 DP 领域。

目前，人们已经将信息系统转向决策支持，认为信息系统的高级应用形式应该是为决策制定者提供支持，甚至包括一些涉及人工智能技术的管理咨询。我们可以将具备这类功能的信息系统称为决策支持系统。

【案例 2-3】德尔克食品有限公司

德尔克食品有限公司是一个生产、零售和批发食品的公司，其作业级和战术级的信息系统支持销售、物流、产品和管理等工作。

物流信息系统是作业级系统。订单从 6 个服务中心进入系统后，订单上的数据就被用来更新应收账款和分销文件。发票能在当地或离客户最近的服务中心打印出来，这样便能最快地收到货款，保持现金良好的流动性。应收账款状况报表可以提供联机信用审查，拖欠账款的客户在没有交预付款之前，其订单不会被登记。

一旦订货单数据进入计算机，客户服务人员立即有权打开指令文件，及时响应客户发送和运输的请求，当收到客户的付款现金时，付款信息则自动地被记入客户的账户。

德尔克食品公司的不少战术信息系统支持公司的市场开拓工作。大多数销售分析的基础是依据 24 个月的订货历史数据的客户产品信息文件。按产品系列，利用这些数据生成各地区的销售月报。另一些支持战术决策报告的是重要的会计报表和新产品报告，前者显示主要账户中的销售活动，后者则显示对新推出产品的重复订货分析。

其余的一些作业系统应用于生产领域。包括每种产品的成分及其批量大小的物料清单也被设计成易于计算机处理的格式。工艺流程或产品生产的工序集合，同物料清单合并后产生批量产品的生产订单。

产品明细文件是另外一种作业级数据文件，用作原料信息的参考文件或为采购订货提供打印文本。生产过程结束后，产成品存货必须被运送到各个分销店的仓库。预测报告指导库存管理人员按预期需求给不同地方的仓库分配存货。

在财务和行政管理中，应收账款的数目根据客户发票和现金支付票据来进行更新。每月产生阶段试算平衡表，并按一定时间间隔产生催款信函。

这些系统可以帮助该公司及时地处理订单、管理库存和组织生产，可以削减开支、增加财政收入和提高服务质量。例如，订货处理系统可以使偏远分配中心自动产生发票和运输单，从而减少订货处理的天数，并且使公司及时收回账款。战术信息系统使管理者通过产品存货分析销售状况，部署市场开发方案以满足需求。战略计划系统可以向高层管理者提供行业竞争的数据资料，以便他们判断市场趋势。

(资料来源：《管理信息系统》. 东北财经大学出版社，2000.10

作者：(美)罗伯特·斯库塞斯等)

【案例 2-4】舍伍德百货公司

舍伍德百货公司是一家零售连锁商店，在主要大都市里拥有配货中心和 14 个零售店。总部、配货中心和零售店的管理人员使用源于不同信息系统的数据。

主要负责跟踪产品系列实地存货的存货系统，是一个重要的信息系统，在销售处的终端收集销售信息后，更新存货水平。每天营业结束后，零售店经理会收到一份订货报告，显示哪些存货项目已经达到订货点，需要从配货中心订货。存货系统也包括按产品系列、价格和结算日期分类的订货项目报表。

每个零售店的部门经理制定销售计划，显示下一周每种商品的预计销量。他们每周对商品的实际销量和计划销量进行比较，并且生成销售汇总报表。零售店的部门经理根据这些报表制定新一周的销售计划。这个报表对于确定每种产品新的安全存货点和预测货架分配都很有用。

所有零售店的订单都由配货中心填制。中央配货中心按销售预测报告从供应商那儿购买存货，并分配给零售店。如果零售店由于存货不足而需要补充时，零售店经理可以从配货中心那儿要求额外的存货。

在中央配货中心，购货系统产生库存商品的订购单。购货系统同时生成订购单附属报表，记载装运日程安排，包括商品到货时间、运输方式和仓储位置。另一些报表通过提供实际与计划装货量及时间的信息，帮助监督不同的供应商的供应活动。例如，有 6 箱鸡蛋在运输途中受损，缺损信息会立即显示在运输报告上。另外，应付账款系统随时跟踪舍伍德公司供应商的付款数目和预定日期。

舍伍德百货公司有 24 辆卡车，负责每天向各零售店运输货物。信息系统向司机提供了一份计算机处理的商店运货交付日程表。配货经理根据卸货下车的运输数量和重量制定了一套交付标准。在给配货经理的报告中，对实际交付数据同交付标准数据进行了比较。

最后，总部的计划人员利用外部的市场数据和统计数据来预测不同地区的销售趋势，并将这些数据加入到分析备选店址销售潜力的报告中。店址的选择对舍伍德百货公司来说是一个十分重要的情况，公司希望在今后的 3~5 年内将连锁店的数目由 14 个增至 24 个。舍伍德百货公司的信息系统具有控制存货、合理配送过程、分析销售趋势、影响不同的产品系列和店址等能力，这是十分必要的。

(资料来源：《管理信息系统》. 东北财经大学出版社，2000.10

作者：(美)罗伯特·斯库塞斯等)

2.6 信息系统的理念驱动和技术驱动

信息系统的发展受来自两方面力量的影响：理念与技术。理念可以看做是人们经过长期的理性思考及时间后所形成的思想观念。可以肤浅地认为理念是一种想法、见解。当企业总是试图从新的角度重新思考原有的问题时，会有许多新鲜的想法和见解，统称为经营理念。图 2-11 列举了当前以及未来企业经营的一些重要的理念，这些理念会影响信息系统的发展趋势。另一方面，信息系统的发展也离不开信息技术的进步，而这些进步大部分也是受理念的驱使。

在理念驱动中，我们列举了全球化思维、电子商务模式、安全与隐私、协作与共赢以及业务流程重组等，这些理念之间以及理念与技术之间实际上是相互交叉和重叠的。例如，由于全球化思维和无处不在的因特网，必然会有企业尝试改变自己传统的经营模式，而想象一种完全不用面对面的网上交易，即电子商务模式。而这种想法会立即促使相关技术人员完善网络交易的技术——比如网络交易的安全问题。

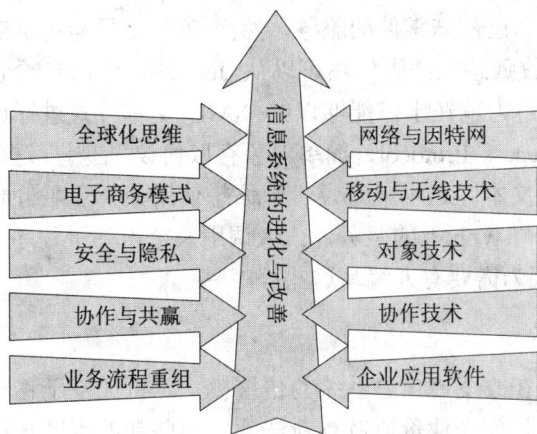

图 2-11　信息系统发展的驱动力

协作与共赢思想最初也是为网络技术所激发的一种思想，这种思想几乎同时在组织内部和外部得到了实践。在组织内部，管理层强调打破独立组织部门和职能部门之间的壁垒，组建各种具有交叉功能的团队，从多学科的视角相互协作实现共同的业务目标。例如，以前新产品的设计主要是工程师的事情，而如今新产品的设计却需要来自许多组织部门的代表，从而构成的交叉功能团队，这些部门可能是：工程部、市场部、销售部、生产部、库存控制部门、分销商以及信息系统部门。而类似的想法扩展到企业外部就会形成虚拟组织。

下面，我们重点介绍信息系统的技术驱动因素。

1. 网络与因特网

毋庸置疑，先进的信息系统都是构建在网络体系结构上的。这些网络包含了大型主机、网络服务器、各种台式机、笔记本电脑和掌上电脑的计算机客户端。而最普遍的网络技术是基于因特网的技术。这方面，我们需要了解下面的概念和技术。

(1) XHTML 和 XML 是编写 Web 页面和因特网应用程序的基本语言。扩展超文本标记语言是 HTML 的第二版，用于构造 Web 页面。扩展标记语言(XML)是在因特网上有效传输数据内容及其语义的语言。介绍 XHTML 和 XML 的课程已经成为绝大多数信息系统和信息技术专业课程的核心内容。

(2) 脚本语言是专门为因特网应用程序设计的简单编程语言，例如常见的 VBScript 和 JavaScript。这些语言正逐步被大学的 Web 和程序开发课程所讲授。

(3) 门户是一个"主页"，它可以根据使用者的不同需求定制。例如，门户技术可以定义一些 Web 页面，它为同一公司的不同角色人员提供恰当的信息和应用软件。每个人的角色决定了它可以从其 Web 页面使用的信息和应用软件。这里的角色可以是"顾客"、"供应商"以及不同类型的"员工"。

(4) Web 服务是最新的技术潮流。它是指可复用的、基于 Web 的程序，这些程序可以从任何其他因特网程序中调用。因特网 Web 服务其实就是在 Web 上进行数据交换的一种方法。其核心部分在于服务提供者是平台独立的。我们假设 Joe Johnson 想要在其汽车零件零售网上加一个在线零件查找的 Web 服务。Joe 只会 Java 语言，他的知识足够用来设置一个 Web 服务。他的网友 Bob 也要一起行动，他想在他的汽车收藏家站点建立一个访问入口，供用户查找稀少的和已停产零件的服务。然而 Bob 却只懂得 ASP.NET 而不懂 Java 语言。那么 Bob 的汽车收藏站点是否仍然可以从 Joe 的零件门户检索数据呢？是的，它可以。因为 Web 服务的魅力就在于，能够以纯 XML 文本方式进行通信，通过众所周知的 SOAP(Simple Object Access Protocol，简单对象存取协议)信封，这些文本信息以一种模糊的方式传递请求和响应文本。这也就是说，当你想使用某一项服务时，你可以选择自己编写程序，也可以选择某个 Web 上的服务，就像调用一个内部子程序一样。当然，你将为使用 Web 服务而付费，因为需要有人编写这些程序。

2. 移动和无线技术

移动和无线技术正在改变着信息系统的传统模式。例如基于移动通信技术的移动支付以及空中下载，正在对目前企业价值链重新洗牌，一些新的标准正在逐渐形成，而这些技术趋势不可避免地会影响新的信息系统的分析与设计。无线访问能力必须作为以后信息系统设计的前提条件来考虑，同时还必须顾及移动设备屏幕尺寸的限制。

3. 对象技术

现代信息系统的构造已经逐步转移到使用对象技术上来了。如今，最常用的编程语言也是面向对象的，例如 C++、Java 和 Visual Basic .NET 等。对象技术对系统分析与设计影响重大。在对象技术出现之前，大多数编程语言基于结构化方法。相对于结构化方法，面向对象的技术更加贴近人们的生活经历，因为它把系统想象为由一个个鲜活对象所组成。正因为如此，面向对象分析与设计方法已经成为构造绝大多数现代信息系统的首选方法。我们也将在本书中专门开辟有关这方面知识的介绍章节。

同时需要强调的是，结构化方法仍然很重要。例如，数据库通常仍然采用结构化工具设计，而许多分析员在分析和设计工作流和业务过程时仍喜欢使用结构化工具。而事实上，这两种方法我们都提倡，我们无须成为某种方法的虔诚信徒。灵活使用这些工具来解决所面对的问题才是最关键的，这也是目前敏捷开发技术背后的思想。

4. 协作技术

协作技术是指那些提高人机交互和团队工作能力的技术。群件和工作流技术是两类重要的协作技术。

其中群件是一个网络软件概念，它定义了由一组(群)人使用的应用程序。它是基于这样一个设想，因为网络连接用户，这些用户应当通过网络互相操作，作为一个整体而提高组的生产率。电子邮件是一个很好的群件例子，它能使用户间相互通信和协调活动。一个真正的群件包括允许不同系统上的用户能在一个项目上交互和协调工作。编辑一个文件并把它发送给另一个用户观看还不是一个群体的例子，但它已经非常接近了。一个集中式网络查看组成员安排表，然后把会议安排在大家都能参与的时间段，这是一个群件的例子。

另外一个群件例子是 Windows for Workgroups 中的对象链接和嵌入(OLE)特性，网上的不同用户为一个称为复合文档的主文档提供诸如图形、文本和电子表格信息这样的元件，复合文档里的元件维持一个到建立这个元件的工作站上文件的链路。如果工作站上的文件被改变了，复合文档里的链接至这个文件上的元件也改变。例如一个艺术家，任何时候只需简单地编辑存在他计算机上的文件就可以修改复合文档里的艺术品，下一次市场部打开复合文档时，艺术文件里的任何改动都自动地在复合文档中更新。

进一步说，一个调度应用程序可以在网上召开一次会议，参加者只需坐在自己的工作站旁，然后打开屏幕上的文档并一起在文档上操作来协商作一个项目。当文档打开时，它会出现在所有参加者的屏幕上，文档中任何一个变化都会出现在每一个人的屏幕上。同步电话会议和电视会议可以帮助用户协调彼此的活动。实际上，运行于 Microsoft Windows 下的桌面电视会议系统，可以让用户在一个窗口上观看其他用户的同时操作另一些窗口中的文档。

另外，一个令人感兴趣的群件概念是公告牌(bulletin board)和交互式会议。公告牌是一个能把信息传到其他用户可以观看并能响应信息的地方。典型地，公司事务和日程可以发往公告牌区。热点标题会产生强烈响应和反响。人们可以从公告牌上读信息并可以把自己的信息发往公告牌。当然所有的对话都可以存储到盘上并打印出来看。

工作流技术通俗地讲就是业务流程的计算机化或自动化。工作流是针对工作中具有固定程序的常规活动而提出的一个概念，通过将工作活动分解定义良好的任务、角色、规则和过程来进行执行和监控，达到提高生产组织水平和工作效率的目的。工作流技术为企业更好地实现经营目标提供了先进的手段。例如，许多公司采用纸张表单，手工传递的方式，一级一级审批签字，工作效率非常低下，对于统计报表功能则不能实现。而采用工作流软件，使用者只需在计算机上填写有关表单，然后表单会按照定义好的流程自动往下跑，下一级审批者将会收到相关资料，并可以根据需要修改、跟踪、管理、查询、统计、打印等，大大提高员工间的协作效率。

5. 企业应用软件

几乎所有的组织都需要一套核心企业应用软件来保证业务运行，如图 2-12 所示。对于大多数企业来说，核心应用软件包括财务管理、人力资源管理、市场和销售以及运行管理(库存或生产控制)。过去，企业往往是自己开发大部分或者全部核心企业应用软件。但如今，更常用的方式是购买现成软件，这是因为不同的组织和行业中的核心流程具有极大的相似性。

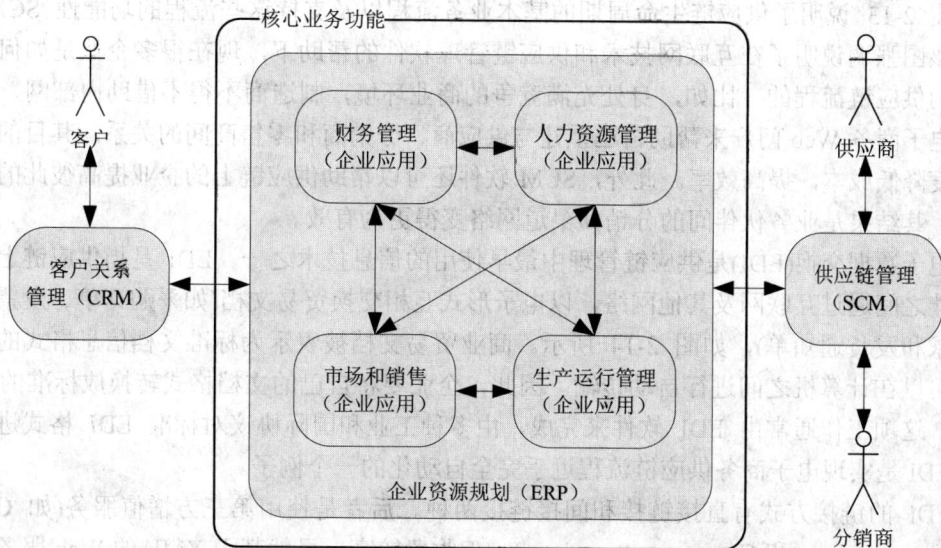

图 2-12　企业应用软件

购买标准的企业应用软件的趋势对系统分析和设计的影响很大。大部分企业所购买的软件不能完全适合自己的企业信息需求，这就需要系统分析人员或其他开发人员开发增值应用软件以完善所购买的软件功能。但所购买的应用软件会成为一项技术限制条件，用户所开发的任何增值系统必须能够正确地与之沟通，通常称为系统集成。这也是信息管理专业的学生未来工作的内容之一。

1) 企业资源规划

在过去，大多数企业都是增量地内部开发一些应用系统，每个系统都有自己的文件和数据库，系统之间难以有效地共享数据。20 世纪 90 年代，一些企业试图集成它们的遗留信息系统，但集成难度较大，成本较高。许多企业认为与其对现有系统不断修修补补，不如推倒重来，重新开发核心业务应用系统，而且从一开始就使用集成的观念。然而，很少有企业有足够的资源尝试这种做法。认识到大多数企业需要的基本应用是类似的，软件行业对这个问题开发了一个方案，被定义为企业资源规划(ERP)。

可想而知，ERP 方案是围绕一个由基本功能共享的公共数据库而展开构造，为企业提供了核心信息系统的功能。为了适应 ERP 方案的操作规范，企业必须重构它的业务过程。大多数企业还需要使用定制的软件来补充 ERP 方案，满足企业特殊需求。一些知名的 ERP 软件供应商包括：SSA、Oracle/PeopleSoft、SAP AG。

ERP 应用之所以对信息分析员重要的几个原因是：其一，系统分析员负有选择和购买适合 ERP 软件的职责；其二，也是最常见的情况，系统分析员经常要定制 ERP 软件，以及重新设计业务过程以适应 ERP 软件；其三，如果在使用 ERP 核心软件的组织中开发定制应用软件，ERP 系统的体系结构将极大影响定制应用软件的分析与设计。

2) 供应链管理

供应链管理(SCM)是一种具有交叉功能的跨企业系统，它应用信息技术支持来管理企业某些关键业务流程与供应商、客户、业务伙伴的业务流程的链接。SCM 的目标是创建一个快速、高效、低成本的业务关系网络(或供应链)，将企业产品由概念推向市场。

图 2-13 说明了供应链生命周期的基本业务流程以及支持这些流程的功能性 SCM 流程。该图强调说明了在互联网技术和供应链管理软件的帮助下，现在很多企业是如何再造它们的供应链流程的。比如，身处充满竞争的商业环境，制造商不得不借助内部网、外联网和电子商务 Web 门户来帮助自己重建与供应商、分销商和零售商间的关系，其目的在于大幅度降低成本，提高效率。此外，SCM 软件还可以帮助供应链上的企业提高彼此的协作水平。其结果是业务伙伴间的分销和渠道网络变得更为有效。

电子数据交换(EDI)是供应链管理中最早使用的信息技术之一。EDI 是指供应链上的贸易伙伴之间通过互联网及其他网络，以电子形式互相交换贸易文档(如采购订单、发票、报价请求和发货通知单)，如图 2-14 所示。商业贸易文档被表示为标准文档信息格式的数据后，可以在计算机之间进行自动传输。因此，企业要将自己的文档格式转换成标准的 EDI 格式，这项工作通常由 EDI 软件来完成，由多种工业和国际协议对标准 EDI 格式进行规定。EDI 是实现电子商务供应链流程近乎完全自动化的一个例子。

EDI 的链接方式有直接链接和间接链接两种。后者是使用第三方增值服务(如 Global Exchange Services 和 Computer Associates)，但收费较高。虽然基于 XML 的 Web 服务正在慢慢替代 EDI，但在大的贸易伙伴之间，EDI 依然是一种流行的数据传输格式。EDI 可以自动跟踪库存变化，自动触发订货，生成发票及其他交易文档，制定货运时间表，确认发货和支付。通过与供应链的数字集成，EDI 可以简化流程、提高效率、节省时间以及提高准确度。

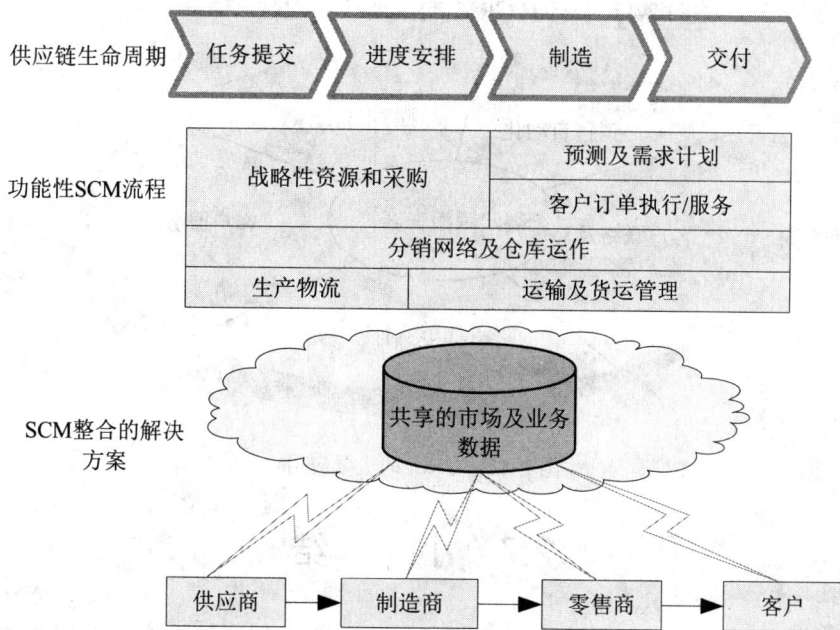

图 2-13　SCM 解决方案

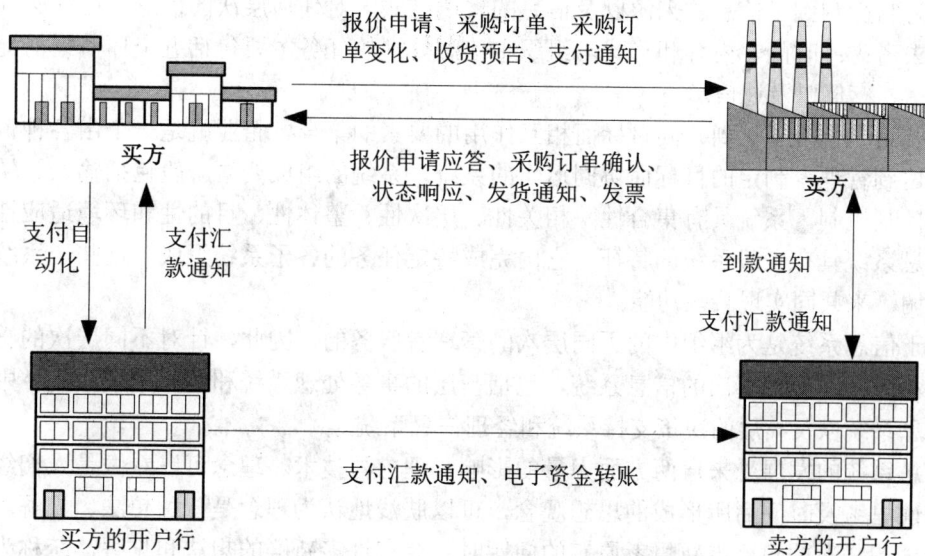

图 2-14　用 EDI 交换的文档

3) 客户关系管理

在当前的买方市场中，客户是主导者。信息时代的客户，只要点击一下鼠标，就可以很容易地实现在不同公司间的转换。因此，客户成为企业最有价值的资源。而所有 CRM

方案的关注点都是客户，它是利用信息技术来建立具有交叉功能的企业系统，实现诸多客户服务流程的集成化和自动化，如与企业客户进行交互的销售、营销和客户服务流程。CRM 系统还建立了一个 Web 软件和数据库 IT 框架，该框架将上述流程与企业其他业务运作流程整合到了一起。图 2-15 给出了 CRM 的主要应用组件。

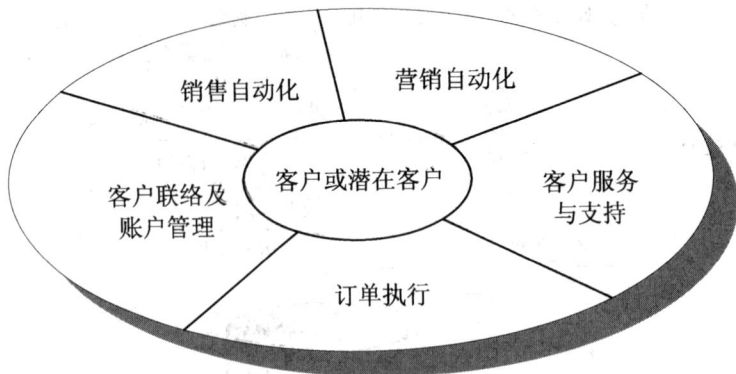

图 2-15　CRM 的主要应用

2.7　小　　结

组织中的管理者随处可见，但是所担任的管理任务的层次和职能却各不相同。一般组织管理的层次分为战略层、战术层和运作层。理解组织的管理层次对设计信息系统非常重要，因为它影响到了信息的来源以及信息的表达方式。对任何层次的信息表达都必须从三个维度去考虑：时间、内容和形式。组织中信息处理的任务主要包括五个环节：捕捉、加工、表达、存储以及通信。

系统是一个为了达到共同目标而相互作用的要素的集合。企业就是一个由各种资源组成的为达到管理者制定的目标而协同运作的系统。系统的组成要素一般包括输入、转化、输出和控制机制。系统具有集合性、相关性、层次性、整体性、目的性和环境适应性等特点。信息系统具有一般系统的特征。它由完成特定任务的各子系统组成，这些子系统需要相互协调，来共同实现某些功能。

由于信息系统是为组织中的不同层次的管理者服务的，因此，针对不同层次的管理需求，就相应存在不同层次的信息系统，包括基层的事务处理系统和客户集成系统、中层的管理信息系统以及高层的决策支持系统和经理信息系统。

信息系统的发展受来自两方面力量的影响：理念与技术。理念可以看做是人们经过长期的理性思考及时间后所形成的思想观念，可以肤浅地认为理念是一种想法、见解。当企业总是试图从新的角度重新思考原有的问题时，会有许多新鲜的想法和见解，统称为经营理念。另一方面，信息系统的发展也离不开信息技术的进步，而这些进步大部分也是受理念的驱使。

思 考 题

1. 管理活动中的战略层面、战术层面和运作层面之间的区别是什么？举例说明。

2. 概括系统的主要特征。

3. 在概念上，为什么有许多类型的信息系统？在现实世界中，为什么它们被集成到一个信息系统当中？

4. 你认为信息系统中的理念和技术是怎样的关系？举例说明。

5. 当今信息系统最重要的技术驱动是什么？

6. 总结案例 2-3 中描述的德尔克食品公司各层次信息系统的功能。

7. 阅读下列案例，识别其中的信息系统要素，并指出其中的输入、处理、输出、存储和控制活动。

某公司每月会收到 8000 多份客户订单，这些订单订购的办公用品保存在公司的仓库中，有 700 多种品种。公司总部大约有 60 台 PC，它们通过局域网与公司的几台 IBM Netfinity 服务器相连。公司通过电话或邮件接受订单，客户代表使用联网计算机通过网络将订单输入到系统中。如果客户是在公司开发的电子商务 Web 站点上购买办公用品，则订单由客户直接输入到系统中。格式化的订单输入界面可以引导用户遵循正确的输入过程，Netfinity 服务器将用户输入的这些订单存储在磁盘上。

订单输入后，服务器检查库存量、配货并更新存储在磁盘上的客户及零件数据库。然后，系统向仓库打印机发送备货单，备货单打印出来后，由仓库管理人员负责填写相关内容。公司经理、控制员、销售主管、库存主管及其他执行官的办公室各有一台联网的 PC 工作站。他们使用简单的查询操作，就可以获取销售订单、客户及库存方面的信息和报告，可以评估产品需求及服务趋势。

8. 阅读案例 2-4，回答下面问题：

① 案例中描述了什么信息系统？

② 每个系统支持的经营目标是什么？

③ 每个系统支持什么类型的决策？

第 3 章　通信与计算机网络

【学习目标】

通过本章学习，你将能够：

- 理解计算机网络的组成和功能
- 了解网络的拓扑结构
- 理解网络协议
- 理解 Internet 及其功能

3.1　引　　言

信息技术在过去 30 年中取得了突飞猛进的发展。人们往往会把这些成就归功于计算机系统的出现和发展，这种看法是很正常的。然而，人们却忽视了推动信息系统发展的一项重要技术，即通信技术，发达的通信技术使得沟通变得畅通无阻，也使创新的空间更加开阔。通信技术是建立网络的前提，现今企业中所使用的信息系统往往都离不开通信技术和网络技术的支持，不论是大公司还是小企业都可以利用网络系统和 Internet 来寻找供应商、客户，与他们进行有效的信息交换，网络系统是企业开展电子商务的基础，企业中计算机的应用与网络技术密切相关。

3.2　计算机网络的概念

计算机网络是以共享资源为主要目标，将两台以上独立的计算机系统通过某种通信介质并在通信协议的控制下实现互联的系统。为了研究的方便，有时将计算机网络中的计算机系统与计算机之间的通信系统分开讨论，常称总体系统为计算机网络，而将其中的通信系统称为通信子网。如图 3-1 是一个简单的计算机网络系统。其中，文件服务器控制着用户的注册登录和共享资源(如数据、打印机等)的访问权限。而邮件服务器则是为客户机上专门的电子邮件服务需求而建立的。

下面介绍计算机网络相关的基本知识。

1) 资源共享

资源共享指的是计算机用户共享网络上的软件资源和硬件资源。软件资源的共享包括应用程序、数据的共享等。例如，在学校的电子阅览室中，读者可以利用联网的不同计算机同时阅读网上的电子图书。管理员不必为每个用户的计算机单独准备一份电子图书的拷贝，只需将它们存储于服务器的硬盘中就可以了。在一个公司内部，职员们可以共享一个多用户应用程序，也可以共享硬件资源。

2) 数据通信

数据通信技术是计算机网络中非常重要的一项技术，因为建立网络的目的就是将数据转化为信号后从一个地方传送到另一个地方。

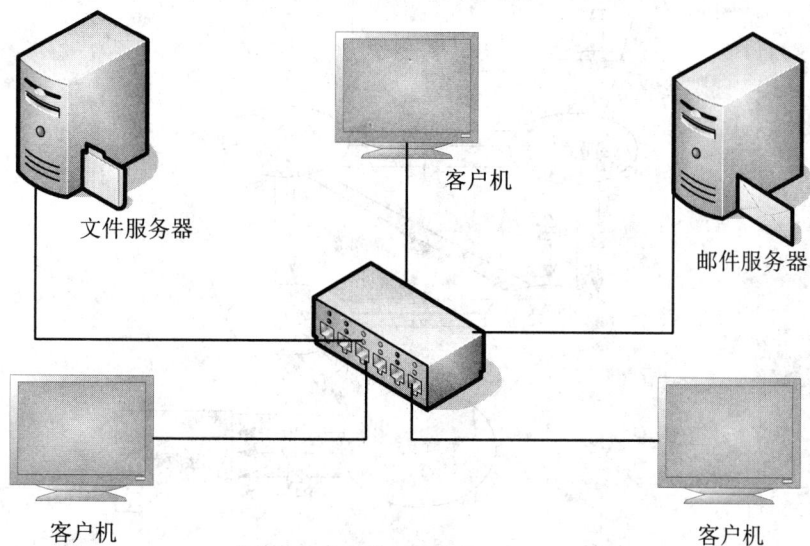

图 3-1　计算机网络系统

这里的信号有两种类型：模拟信号和数字信号。

模拟信号是连续的，可以在允许的区间内取任何一个值，例如正弦波就属于模拟信号。数字信号是离散的，也就是不连续的，即当可取的有限个值被确定后，就不允许在任何两个值之间再取其他值。以收音机为例，如果逐渐将音量旋钮从最低旋转到最高，这是模仿模拟信号的行为；如果使用收音机的开关按钮，那么会听到收音机的声波，这是模仿数字信号的传输方式。

由于电话系统最初是被设计用来传递人的声音的，所以仍采用模拟传输方式。无线电广播同样采用模拟传输方式。由于计算机使用数字信号，许多数据通路采用数字传播方式。与模拟传输相比，数字传输的优势在于，它能够更容易地减少或消除传输中的噪音及错误信号，这一点在长距离传输中表现得尤为突出。另一个优点是，它与数字计算机系统兼容，这样就不必在计算机系统使用数字传输通路时进行多次模拟转换或数字转换。

3) 分组交换网

分组交换网提供了一种信息交换方式。分组交换网按照一个或几个固定大小的包或信息块传输信息，它包含一系列连接到节点的信道或计算机控制的交换中心。声音、数据、文本或图像信息在传输前首先被打包，然后每一个包都经由最快、最短的路径通往目的地。也许这些包会经由不同的路径到达目的地。到达目的地后，这些包被重新排序并交付给接收者，如图 3-2 所示。可见，分组交换网提高了网络系统的利用率。

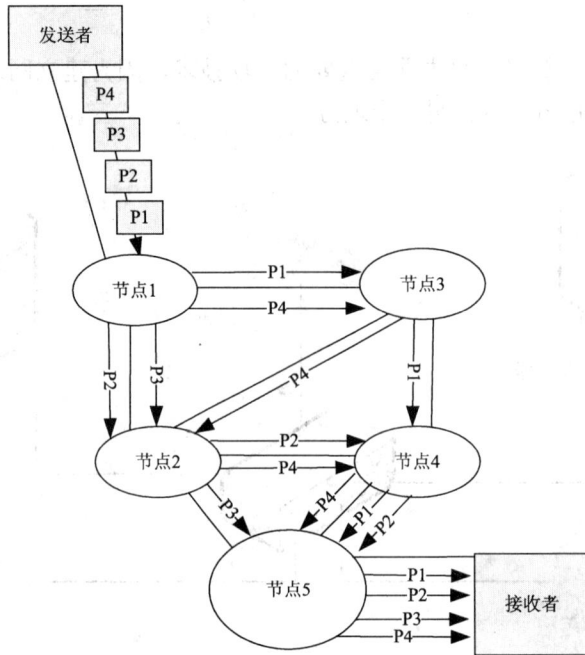

图 3-2　分组交换网中的包交换

3.3　网络的组成

　　典型的网络系统可以由多种通信硬件设备、软件、通信信道组成。图 3-3 描述了某公司总部和两个分支机构网络的典型硬件配置。下面介绍一下主要的网络硬件组成。

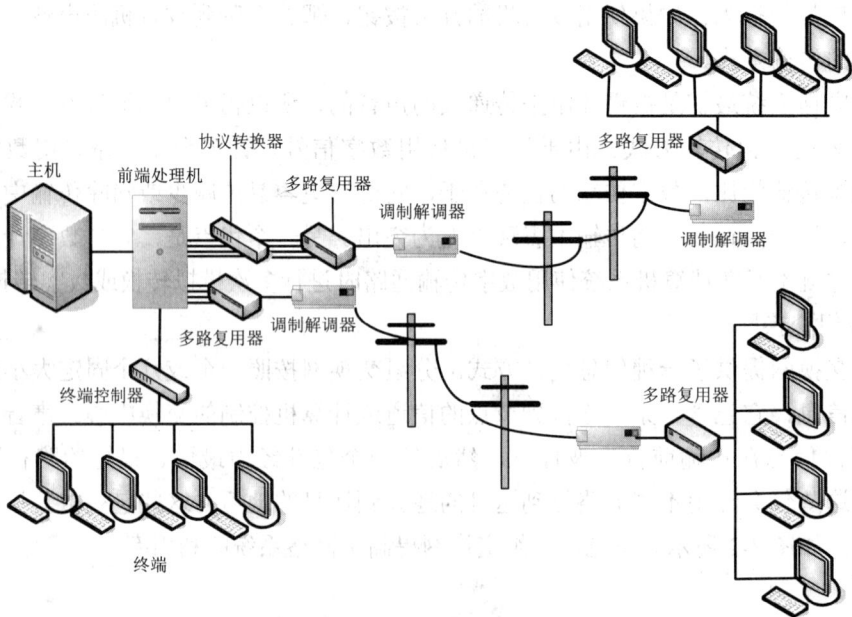

图 3-3　计算机网络组成示意图

1) 主机/服务器

主机/服务器可以使微机、小型机甚至大型机,主要为网中的其他用户提供计算服务,如应用程序处理、打印服务、访问数据库管理系统等。这些机器之所以叫做服务器,是因为它们为连接到它们上的终端提供服务,有时,一台主机/服务器提供上述所有服务。而在大型网络中,每台计算机被赋予特殊的任务,如文件服务器、电子邮件服务器、打印服务器、数据库服务器和应用程序服务器。

2) 终端/工作站

网络系统中可以放置很多类型终端。一种终端称为哑终端,因为它的处理能力和存储容量有限,也就是说,它依赖于主机存储计算信息。哑终端通常只为用户提供键盘和显示屏。另一种被称为智能终端,不但配有键盘和显示器,而且具有存储和处理数据的能力。微机就是一种智能终端,也叫工作站。

另一种网络系统的常见设备是打印机。网络打印机通常是高速激光打印机,能够快速打印出发票、支票及其他文档。

3) 前端处理机

前端处理机一般是小型机或微型机,专门为大型主干计算机处理数据通信控制功能。前端处理机能够控制对网络的存取并允许注册过的用户才能使用系统;对信息指定优先权;登记所有的数据通信活动;统计全部网络活动;在网络链路之间路由信息,大大释放了大型主干计算机的数据通信控制功能,使主机能从事其他信息处理任务。

4) 协议转换器

协议转换器也叫网关、网间连接器。由于网络系统发展须经历若干年,设计过程中常常要采取折中原则。在这期间,组织可能经历几番合并与重组以及技术上的多次革新。其结果是企业网由许多不同类型的设备、信道、传输方式、编码混合而成,协议转换器将信息从一个系统转换到另一个系统,以实现不同类型设备之间的通话。因此,协议转换器是最复杂的网络互连设备。

5) 调制解调器

调制解调器是计算机与电话线之间进行信号转换的装置,由调制器和解调器两部分组成,如图 3-4 所示,调制器是把计算机的数字信号(如文件等)调制成可在电话线上传输的声音(模拟)信号的装置,在接收端,解调器再把声音(模拟)信号转换成计算机能够接收的数字信号。通过调制解调器和电话线就可以实现计算机之间的数据通信。

目前调制解调器主要有两种:内置式和外置式。内置式调制解调器其实就是一块计算机的扩展卡,插入计算机内的一个扩展槽即可使用,它无需占用计算机的串行端口。外置式调制解调器则是一个放在计算机外部的盒式装置,它需占用计算机的一个串行端口,还需要连接单独的电源才能工作,外置式调制解调器面板上有几盏状态指示灯,可方便您监视调制解调器的通信状态,并且外置式调制解调器安装和拆卸容易,设置和维修也很方便,还便于携带。

6) 终端连接设备

将多个终端或工作站接入网络系统或服务器的连接设备,主要有终端控制器、多路复用器、集线器和中继器。这些设备只允许服务器向与之连接的设备广播,或允许终端访问服务器,而有些连接设备还提供其他功能。

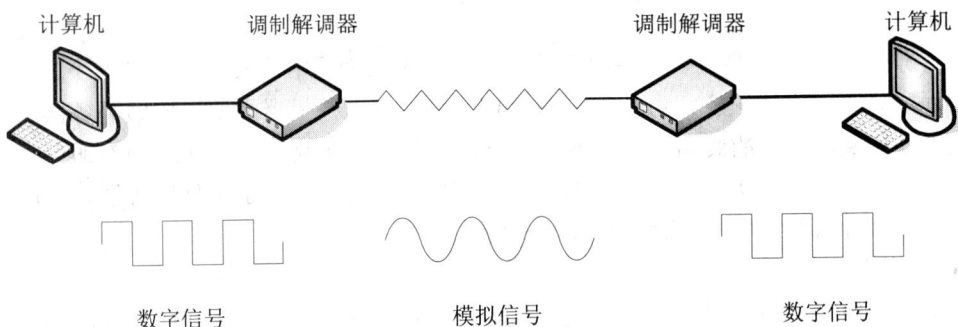

数字信号　　　　　　　模拟信号　　　　　　　数字信号

图 3-4　调制解调器连接示意图

在信道复用技术中，将来自多个输入线路的数据组合、调制成一路数据，并将此数据信号传送至高容量的数据链路，使不同的计算机连接到相同的信道上，共享信道资源的设备是多路复用器，如图 3-5 所示。为了了解多路复用，设想拥挤在高速公路上的汽车必须通过一座桥梁，这座桥只能单向行驶，即在某一时刻只能通过一个方向的车队。交通指示灯首先指示高速路第一道上的汽车通过桥梁，然后再指示第二道上的汽车通过，然后是第三道上的汽车，如此类推，在最后一个道上的汽车通过之后，这个过程又从头开始。按这种方法，在每个道上的汽车都可以平等地通过桥梁。多路复用使用类似的技术以使多个用户可以共享单一的通信线路连接到远方的设备。

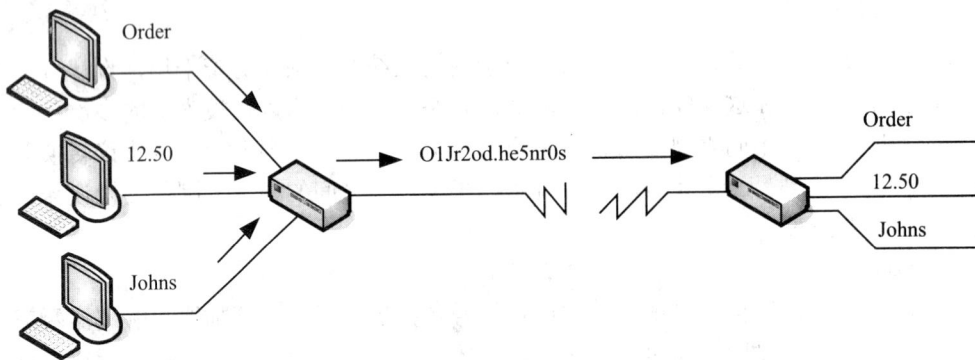

图 3-5　多路复用器原理示意

与调制解调器相同，多路复用器是成对出现的，它将多个信号结合到一个线路上进行传输。在接收端，信号被分离。所以，一个多路复用器是一种能够合并和分解信号的设备。

集线器实际就是一种多端口的中继器。集线器一般有 4、8、16、24、32 等数量的 RJ-45 接口，通过这些接口，集线器便能为相应数量的计算机完成"中继"功能(将已经衰减的、不完整的信号经过整理，重新产生出完整的信号再继续传送)。由于它在网络中处于一种"中心"位置，因此集线器也叫做 Hub。

集线器的工作原理很简单，比如有一个具备 8 个端口的集线器，共连接了 8 台计算机，集线器处于网络的"中心"，通过集线器对信号进行转发，8 台计算机之间可以互联互通。具体通信过程是这样的：假如计算机 1 要将一条信息发送给计算机 8，当计算机 1 的网卡将信息通过双绞线送到集线器上时，集线器并不会直接将信息传送给计算机 8，它会将信息进行"广播"——将信息同时发送给 8 个端口，当 8 个端口上的计算机接收到这条广播信息时，会对信息进行检查，如果发现该信息是发给自己的，则接收，否则不予理睬。由于该信息是计算机 1 发给计算机 8 的，因此最终计算机 8 会接收该信息，而其他 7 台计算机看完信息后，会因为信息不是自己的而不接收该信息。

7) 网络连接设备

另外一些设备允许网络系统与其他一个或多个网络系统连接。典型的网络连接设备有：交换机、路由器、网桥、中继器。当长距离传输信号减弱时，中继器起到增强信号的作用。这样，中继器可以用于两个远程网络的连接。然而，当两个网络由中继器连接后，从一个系统发出的信号都会传输到另一个系统。原本正常畅通的两个网络系统就会因为承载对方的负荷而变得拥挤，响应时间变长。为了避免发生这样的问题，需要用到网桥。网桥也可以转发信号从而避免信号丢失，然而与中继器不同，只有当发送目的地址不在本网络范围内时，信号才会被发送到另一个网络。这样，从网络 1 的一个工作站发向网络 1 的另外一个工作站的报文，就不会被发送到网络 2。

然而，网桥不是连接多个网络的有效设备。由于网桥将不是发到本网络的信号传输到其他网络中，当多个网络使用网桥相连时，网络会因为其他网桥的信号堵塞而溢出，为了避免这一问题，可以使用路由器。路由器不会毫无选择地将其收到的报文向外发送，它要首先确定信号发送的目的地，然后决定到达目的地的路径，最后选择最短的路径以最快的速度将信号送往接收方。

网桥和路由器是实现网络服务共享的常用设备。这就是说，在目前的许多网络中，工作站仍共享信号传送介质。由于共享访问权，任何一个工作站都不能独占网络介质。为减少对速度的妨碍，可用交换集线器替代网桥和路由器。每个工作站直接连到交换集线器上，即点对点连接。这样连接同一交换机的工作站之间几乎能以介质的全速进行传输。

3.4　网络的拓扑结构

3.4.1　点对点/星型拓扑结构和分层拓扑结构

网络的拓扑结构是指网络上各个节点的物理布局。

最基本的拓扑结构是点对点网络。这种网络通常是将终端或终端簇与终端控制器连接，然后再与主机连接，如图 3-6 所示。点对点的拓扑结构也称为星型拓扑结构。

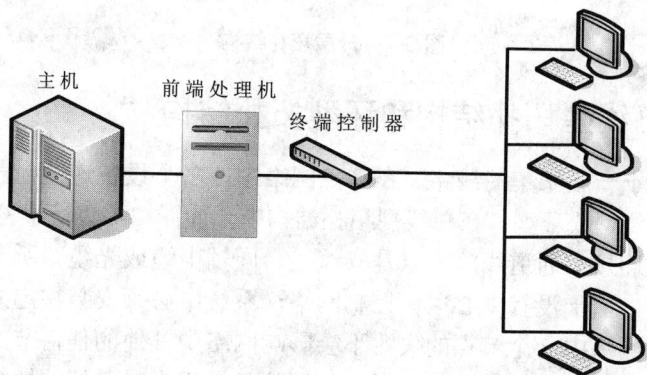

图 3-6　星型拓扑结构

星型拓扑结构的网络中多个节点以自己单独的链路(链路是指两个节点间的通信线路)与处理中心相连,任何两个节点间的通信都要通过中央节点来进行。一个节点在传送数据之前,首先向中央节点发出请求,要求与目标站点相连接,只有连接建立以后,该站点才能向目标站点发送数据。这种结构采用集中式访问的控制策略,所有通信均由中央节点控制,中央节点必须建立和维持许多条并行的数据通信线路,因此,中央节点的结构比较复杂,而每个节点的通信处理任务很轻。这种网络结构简单,便于管理,从终端到处理中心的时延小,但通信线路总长度长,因此花费在线路上的成本较高。此外中央节点的故障必然导致整个网络瘫痪。

分层拓扑结构是星型拓扑结构的变种,如图 3-7 所示。在分层网络中,设备与各自的主机连接,然后主机间再进行连接。分层网络系统具有很多优点,如公司在全国都设有仓库,将每个仓库都用专线连接到总部费用很高,而如果将一些仓库的计算机作为周围仓库计算机的主机,那么连接到总部所需通道的长度将短得多。所有终端将信息传输到区域性主机,而区域性主机只将汇总信息传输到总部,这样网络的通信量会大大减少,并且由于某个分支出现问题不会影响其他分支,因此这种类型结构的网络易于恢复。

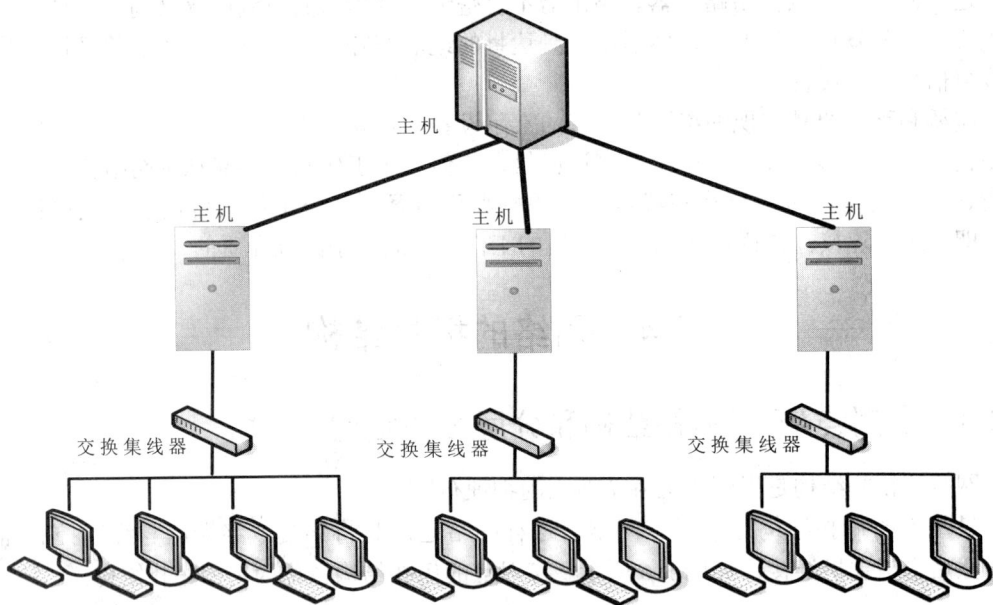

图 3-7　分层拓扑结构

3.4.2　多点/总线型拓扑结构和环型拓扑结构

多点网络类似于一簇聚集的线路。在多点网络中,多个设备连接到一个主通道上。多点网络可设计成总线型或环型。在总线型拓扑结构中,如图 3-8 所示,多个设备共享一个通道,通道终点不连接。通道线路可以是双绞线、同轴电缆或光缆。所有信号在整个网络中都是双向传播的,由于没有中心主机控制网络,系统中必须安装特定的软件以判断各个信号的接收节点。网络中一个节点的失败不会影响网络中其他的任何节点。但是,系统中的通信信道一次只能处理一个信号,这样当传输信息量很大时系统的性能将会下降,当两个计算机同时发送信息时,就会发生冲突,必须重新发送。

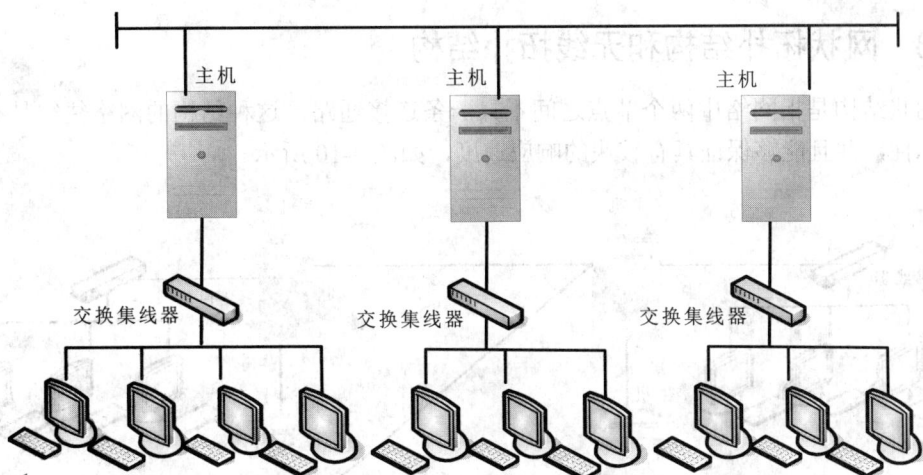

图 3-8　总线型拓扑结构

与总线型网络一样，环型网络也没有起着中心控制作用的计算机，如图 3-9 所示。不会因为一个节点的故障而使整个网络停止运行。网络中的每台计算机都可直接与另一台计算机通信，各个计算机独立进行自己应用程序的运行。但是，在环型网络中，同轴电缆或光缆组成一个封闭的环，数据总是沿着环上的一个方向进行传送。

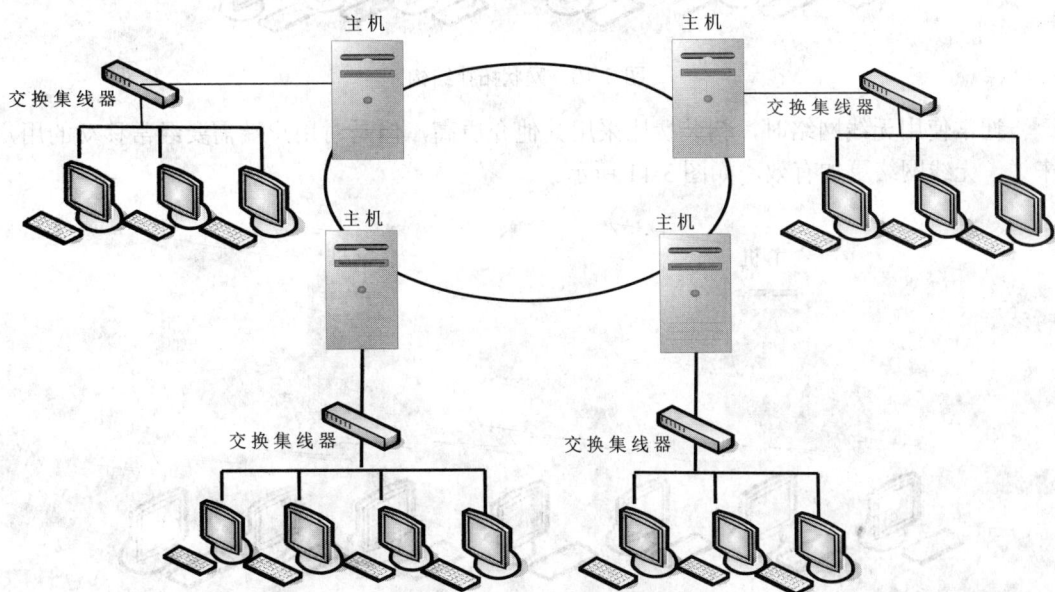

图 3-9　环型拓扑结构

总线型和环型拓扑结构的网络是局域网中常用的结构，这两种网络中都是多个设备共享通信介质，通信线路上比较省，但是如果通道发生故障，所有设备都无法与系统中的服务器通信，另外，网络中的设备必须竞争网络介质和网络资源，如打印机、硬盘、调制解调器等。

3.4.3　网状拓扑结构和无线拓扑结构

网状结构是指网络中两个节点之间不只一条连接通路。这种结构的网络往往具有较高的可靠性，并且能够保证具有较快的响应速度，如图 3-10 所示。

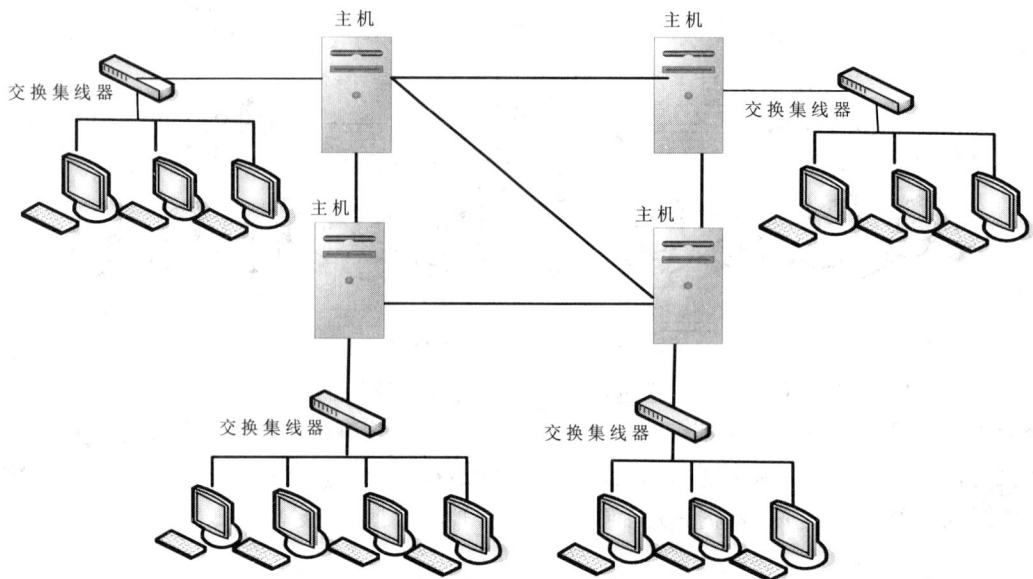

图 3-10　网状拓扑结构

通常使用无线网络时，初装费比采用其他介质高，但是对用户端需要经常移动的用户来说，无线网络更加有效，如图 3-11 所示。

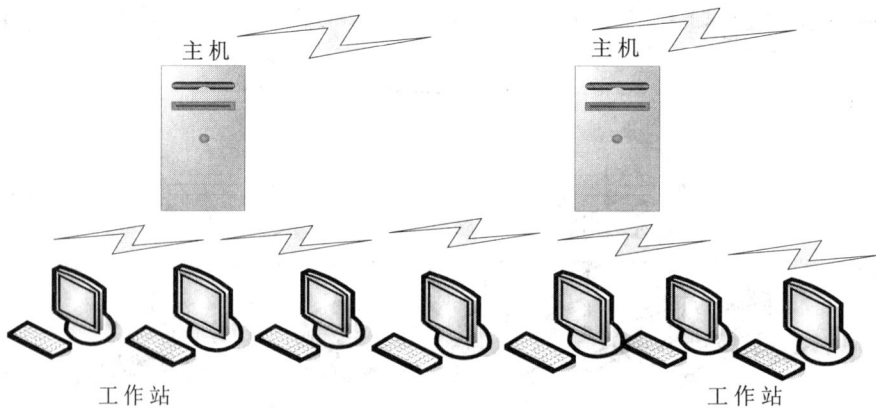

图 3-11　无线拓扑结构

网络拓扑结构的选择取决于可靠性、可扩充性及网络自身的特性等多种因素。总线型结构由于其价格、可靠性和可扩充性等性能比较好，因此得到较为广泛的应用。环型结构比其他网络结构具有更高的吞吐率，但可靠性较差，可以采用双环结构来解决这个问题。星型结构主要用于终端密集且网络管理集中于中央节点的场合，这种结构中央节点的可靠性尤为重要。另外，在实际应用中可根据需要混合使用不同的拓扑结构。

3.5　网络的类型

网络类型从地理覆盖范围来分包括局域网、广域网、企业网和国际互联网。

3.5.1　局域网

局域网(Local Area Network，LAN)是将一组微型计算机连接，在地理上局限于较小的范围，如一个房间内、几个办公室之间、一层楼内、一幢楼中或整个校园内。局域网可由功能强大的个人计算机、小型计算机或大型计算机连接构成，如图 3-12 所示。局域网比专用分组交换机(Private Branch Exchanges，PBE)具有更高的传输容量，可以用来传输大量的数据或支持其他需要高速传输的功能领域，如视图传输和图形传输，局域网通常用来连接办公室中的微机以实现打印机之类的资源共享，或在工厂中连接计算机和计算机控制的机器。

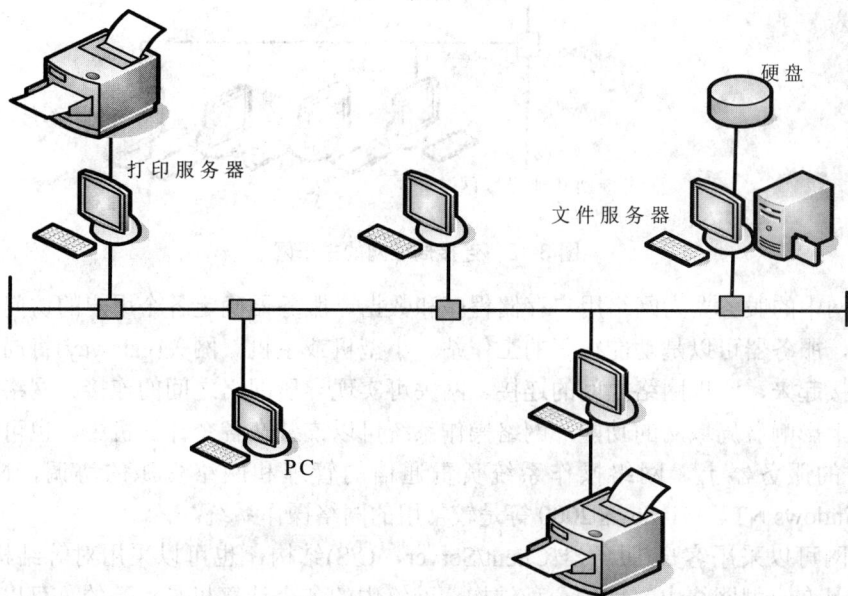

图 3-12　总线型局域网

在一个局域网环境中，人们可以利用网上连接的计算机和各种数字设备，快速完成信息传递或协同完成某项工作，可以实现网络中硬件和软件资源的共享，提高网络中资源的利用率。局域网完全由用户自己控制、管理和维护。局域网可以使用各种通信介质，如传统的电话线、同轴电缆甚至无线系统来连接计算机或计算机外围设备。由于组织内局域网数量的增加，必须将各局域网互联或连接其他网络。校园内连接各局域网时，经常在楼内或楼之间铺设光纤作为主干网。每个局域网都与主干网相连接，然后主干网再与其他组织的网络相连，如图 3-13 所示，这时，可以通过一个通信处理器网关或路由器将局域网连接到外部网络上，实现与外部网络之间的信息交换。

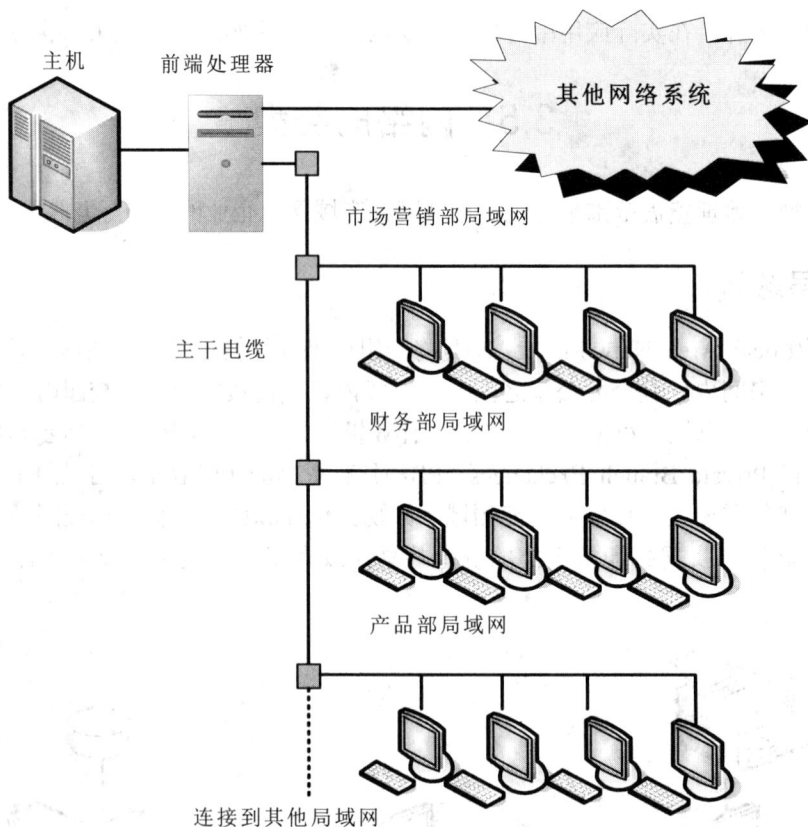

图 3-13 连接局域网的主干网

局域网中的服务器为网络用户存储程序和数据，服务器确定各个用户的访问顺序以及访问权限，服务器可以是功能很强的工作站、小型机或主机。网关(gateway)将局域网与外部网络连接起来，实现网络之间的连接。网关可实现异质网络之间的连接。网络操作系统一定程度上影响着局域网的功能，网络操作系统可以安装在各个计算机中，也可以安装在某一指定的服务器上，网络操作系统负责通信的管理和网络资源的协调，Netware、OS/2、Windows NT、Windows 2000 等是较常用的网络操作系统。

局域网可以采用客户/服务器(Client/Server，C/S)结构，也可以采用对等结构(Peer-to-Peer)，这是在小型网络中常用的一种结构，网络中的各个计算机是对等的，可以访问网络中各个计算机，共享所有的外围设备。常见的局域网拓扑结构包括：总线型拓扑结构、环型拓扑结构以及分层拓扑结构。

3.5.2 广域网

广域网(Wide Area Network，WAN)是指覆盖范围广，传输速率相对较低，以数据通信为主要目的的数据通信网。广域网一般都是以传统的公共传输网络来实现的，如电话线、电报网。广域网的布局不规则，网络的通信控制比较复杂。整个网络可能由交换线路、专用线路、微波、卫星通信等组成。交换线路(Switched Line)是一种使用交换设备的标准电话线，实现传输设备之间的动态连接。专用线路(Dedicated Line)是通信两端的连接固定不变的连接线路，用户可持续使用，通常被用来高速传输高容量的数据。专用线路可租用或购买。大多数广域网采用的是交换线路。

　　企业自身可建立并维护自己的广域网，为此，企业必须负责网络传输的内容和管理，但是私有的广域网维护费用很高，或者企业很难有管理广域网所需要的资源，这样企业可选择使用商业网络来实现远距离的通信。如图 3-3 就是一个广域网。

　　局域网和广域网之间既有区别又有联系。在技术上，局域网领先于广域网；在应用上，局域网着重的是资源的共享，广域网着重的是数据通信。对于局域网，人们更多关注的是如何根据应用需求来规划网络，并进行系统集成；对于广域网，侧重的则是网络能够提供什么样的数据传输业务，以及用户如何接入网络等。

3.5.3　增值网

　　增值网(Value Added Network，VAN)是由通信双方以外的第三方经营的网络，可以同时供许多组织使用，但可以保证它们各自的保密性。价值增加是指网络服务给客户所带来的价值增加。增值网给用户带来的好处是在自己不建立网络的情况下，可以方便地进行数据的通信，用户不必自己购置设备、软件、培养管理维护人员。利用增值网可在企业间形成网络系统，因此，行业上的协作，企业和客户、供应商之间的联系以及电子数据交换等都可以通过增值网来实现。

3.5.4　企业网

　　企业网(Enterprise Network)是指为整个企业服务的网络。对于小企业来说，由于网络及网络类型较少，企业网的建立比较简单，而对于一个大公司而言，由于存在多种不同类型、使用着不同协议的网络，建立企业网并不是一件容易的事情。企业网的构建包括确立不同网络系统交换数据的方法，还包括为整个组织设立通信标准，最主要的工作是构造整个组织的主干网以及制定一套通信协议。大多数企业的网络是由多个网络组成的，高容量的主干网将各个局域网及一些设备连接起来构成企业网，主干网与外部网络连接，如与Internet 连接。

3.5.5　国际互联网

　　国际互联网是英文 Internet 的中文译名，有时也叫因特网、交互网、国际网、网际网、全球资讯网。国际互联网是由全世界计算机、计算机网络互相连接成的信息传送网络。国际互联网的连接遍及全球，并且以惊人的速度增长。由于国际互联网所具有的突出特点，它是继报纸、电话、广播和电视后，人类社会又一重要的信息传播媒体，并呈现出全面取代之势。国际互联网的出现是工业化社会向信息化社会转变的重要标志。

3.6　局域网络介质访问技术

　　在局域网中，网络上的所有的设备共享通信介质，这就会产生一种情况，即可能有许多设备都希望在同一时间传输信息，存在设备与设备之间争夺局域网络提供的服务。从严格意义上来说，在共享介质局域网中，网络是不可能同时让两个设备享有网络服务的，因此就必须有解决这一冲突的网络技术。下面我们介绍两种常用的局域网介质访问技术。

3.6.1 带有冲突检测的载波侦听多路访问协议

带有冲突检测的载波侦听多路访问(CSMA/CD)协议是一个网络协议，专门用于处理有两个或多个节点同时传输而导致冲突的问题，这种协议多用于总线型结构网络，或分层结构网络中。使用这种协议，网络上的每个节点都能够监听线路，当信息从一个节点被传送的到另外一个节点时，网络上的其他节点都会了解到这一消息，在这一传输活动结束之前，其他节点不能在网络上进行新的传输活动。只有当网络处于空闲状态，也就是没有其他信息传输活动在进行时，一个节点才能开始一项新的信息传输活动。如果两个节点同时开始进行信息传输活动都会被停止。为了避免冲突，两个节点都必须等待一段不同的随机时间，才能重新开始信息传输活动。

以太网(Ethernet)是一种常见的局域网标准，这种标准依赖的就是带有冲突检测的载波侦听多路访问技术，这种标准最早是由施乐公司(Xerox Corporation)开发出来的。以太网标准系统采用以同轴电缆相连接的分层结构网络。一个这样的标准局域网可以连接几百个不同设备。

3.6.2 令牌传递法

令牌传递法可以被用于环型或者总线型网络拓扑结构，它是局域网中控制访问的一种方法。令牌实际上是一种特殊的信号，控制着网络信息的传输活动。在使用令牌传递法的网络中，如果一个设备希望通过网络进行数据信息传输活动的话，它在发送信息之前必须首先获得并持有一个控制发送权的传输令牌，在传输活动结束后，设备再将令牌传回网络。如果没有获得令牌的话，就说明网络现在正在使用当中，那么该设备就需要等待，直到传输令牌被传递到它那里。

剑桥环(Cambridge Ring)型网络拓扑结构就是使用令牌传递法的一种网络结构。在这种网络中，有一种不断循环运动的二进制位数据包。如果一个发送节点希望进行数据传输活动，它会改变数据包的内容(通过拿走令牌)，然后将传输的数据信息发送到网上，数据信息上还附带着数据接收节点的网络地址。当发送节点完成了数据信息的传输工作，并且收到了传输工作已经成功完成的回执后，该发送节点就会将传输令牌送还到环型网络中，等待其他需要进行传输活动的节点去提取。除了持有传输令牌的节点以外，环型线路中的任何其他节点都没有进行数据传输活动的权力。

3.7 Internet 基本知识

Internet 的前身是 ARPANET(Advance Research Projects Agency Net)，ARPANET 是美国国防部在 1969 年用于建立一个可靠通信网络的试验项目，项目的目的是保证整个网络系统中一部分发生故障时仍然可以进行正常的通信，ARPANET 也是连接美国国防部军事项目的研究机构与大专院校的工具，可以实现信息交换的目的。鉴于上述的要求，

ARPANET 最早采用了分组交换技术。此外，在整个网络中，没有一个统一的控制中心，网络中的每台计算机都按照某种协议开展工作。

1983 年后，ARPANET 分为军用和民用两个领域，再加上美国国家自然科学基金会建立的通信网络，使得普通科技人员也能够使用该网络。随着 TCP/IP 协议的发展与完善，世界各国的网络均以 TCP/IP 连接到该网络上，逐渐发展形成目前规模最大的国际性网络。

Internet 将数据从一台计算机传送到另一台计算机，如果接收数据的计算机与第一台计算机同处于一个网络，后者就可以直接发送信息给接收计算机。如果接收数据的计算机与发送数据的计算机不在同一个网络，那么，发送数据的计算机就将数据发送给另一台能转发的计算机。转发计算机至少与一个其他网络相联，它或者直接将数据传送给接收计算机，或者根据需要将数据传送给另一台转发主机，一个信息往往需要经过多个转发主机才能从 Internet 的一部分传送到另一部分。

Internet 中每台计算机都被分配一个地址，这个地址是电子形式的地址，Internet 中的每一种资源都用唯一的地址来标识。

3.7.1　IP 地址和域名系统

为了使接入 Internet 的众多计算机主机在通信时能够相互识别，Internet 中的每一台主机都分配有一个唯一的 32 位地址，该地址称为 IP 地址，也称作网际地址。IP 地址由 4 个数组成，每个数可取值 0～255，各数之间用一个点号(.)分开，例如，202.103.8.46。实际上，每个 IP 地址是由网络号和主机号两部分组成的。网络号表明主机所联接的网络，主机号标识了该网络上特定的那台主机。如上例中 202.103 是网络号，8.46 是主机号。

与 IP 地址相比，人们更喜欢使用具有一定含义的字符串来标识 Internet 网上的计算机，因此，在 Internet 中，用户可以用各种各样的方式来命名自己的计算机，这样就有在 Internet 网上出现重名的可能，如提供 WWW 服务的主机都命名为 WWW，提供 E-mail 服务的主机都命名为 Mail 等，这样就不能唯一的标识 Internet 网的主机位置。为了避免重复，Internet 网协会采取了在主机名后加上后缀名的方法，这个后缀名称为域名，用来标识主机的区域位置，域名是通过申请合法得到的。这样，在 Internet 网上的主机就可以用"主机名.域名"的方式唯一的标识。如 WWW.TONGJI.EDU.CN 名字中 WWW 为主机名，由服务器管理员命名，TONGJI.EDU.CN 为域名，由服务器管理员申请合法可以使用。域名具有一定的区域层次隶属关系，一般结构形式为"区域层次名.机构名.国别名"，TONGJI 表示同济大学，EDU 表示国家教育机构部门，CN 表示中国。WWW.TONGJI.EDU.CN 就表示中国教育机构同济大学的 WWW 主机。

在 Internet 地址中，凡是能够用域名地址的地方都可以使用 IP 地址，两种地址之间的互换是由 Internet 中的域名系统(Domain Name System，DNS)来完成的，DNS 能根据需要将域名转换成 IP 地址，或者将 IP 地址转换成域名。

Internet 作为全球性最大的互联网络，并没有一个正式的管理组织，是由各自独立管理的网络互联构成的，这些网络都各自拥有自己的管理体系和政策法规。也就是说，没有集中的负责掌管整个 Internet 的机构。但一些政府部门所制定的有关 Internet 的政策起着主导的作用，例如，某些 Internet 的重要政策是由美国国家科学基金会决定的，我国也有相关的 Internet 管理的有关规定。另外，为了保证 Internet 的正常运行和推动有关新技术的应用，并使 Internet 不断发展，需要有一个组织机构负责协调、组织新技术标准的研究和传播，目前的最高国际组织是 Internet 学会(Internet Society)，该学会是一个志愿者组织，也是一个非营利性的专业化组织，其主要目的是促进 Internet 的改革和发展。

3.7.2　Internet 的接入方式

在使用 Internet 之前，用户必须建立 Internet 连接，即将自己的计算机同 Internet 连接起来，否则就无法进入 Internet 获取网络上的信息。提到接入网，首先要涉及一个带宽问题，随着互联网技术的不断发展和完善，接入网的带宽被人们分为窄带和宽带，业内专家普遍认为宽带接入是未来的发展方向。目前可供选择的接入方式主要有 PSTN、ISDN、DDN、ADSL、VDSL、Cable-Modem、PON、LMDS 和 LAN 9 种，它们各有优缺点。

1) PSTN 拨号

PSTN(Published Switched Telephone Network，公用电话交换网)技术是通过调制解调器拨号实现用户接入的方式。这种接入方式是大家非常熟悉的一种接入方式，目前最高的速率为 56kb/s，这种速率远远不能够满足宽带多媒体信息的传输需求；但由于电话网非常普及，用户终端设备 Modem 很便宜，大约在 100～500 元之间，而且不用申请就可开户，只要家里有计算机，把电话线接入 Modem 就可以直接上网。因此，PSTN 拨号接入方式比较经济，至今仍是网络接入的主要手段。随着宽带的发展和普及，这种接入方式将被淘汰。

2) ISDN 拨号

ISDN(Integrated Service Digital Network，综合业务数字网)接入技术俗称"一线通"，它采用数字传输和数字交换技术，将电话、传真、数据、图像等多种业务综合在一个统一的数字网络中进行传输和处理。用户利用一条 ISDN 用户线路，可以在上网的同时拨打电话、收发传真，就像两条电话线一样。ISDN 基本速率接口有两条 64kb/s 的信息通路和一条 16kb/s 的信令通路，简称 2BD，当有电话拨入时，它会自动释放一个 B 信道来进行电话接听。

就像普通拨号上网要使用 Modem 一样，用户使用 ISDN 也需要专用的终端设备，主要由网络终端 NT1 和 ISDN 适配器组成。网络终端 NT1 像有线电视上的用户接入盒一样必不可少，它为 ISDN 适配器提供接口和接入方式。ISDN 适配器和 Modem 一样又分为内置和外置两类。

3) DDN 专线

DDN 是英文 Digital Data Network 的缩写，这是随着数据通信业务发展而迅速发展起来的一种新型网络。DDN 的主干网传输媒介有光纤、数字微波、卫星信道等，用户端多使用普通电缆和双绞线。DDN 将数字通信技术、计算机技术、光纤通信技术以及数字交叉连接技术有机地结合在一起，提供了高速度、高质量的通信环境，可以向用户提供点对点、点对多点透明传输的数据专线出租电路，为用户传输数据、图像、声音等信息。DDN 的通信速率可根据用户需要在 $n×64kb/s(n=1～32)$ 之间进行选择，当然速度越快租用费用也越高。

用户租用 DDN 业务需要申请开户。DDN 的收费一般可以采用包月制和计流量制，这与一般用户拨号上网的按时计费方式不同。DDN 的租用费较高，普通个人用户负担不起，DDN 主要面向集团公司等需要综合运用的单位。DDN 按照不同的速率带宽收费也不同，例如在中国电信申请一条 128kb/s 的区内 DDN 专线，月租费大约为 1000 元。因此它不适合社区住户的接入，只对社区商业用户有吸引力。

4) ADSL

ADSL(Asymmetrical Digital Subscriber Line，非对称数字用户环路)是一种能够通过普通电话线提供宽带数据业务的技术，也是目前极具发展前景的一种接入技术。ADSL 素有"网络快车"之美誉，因其下行速率高、频带宽、性能优、安装方便、不需交纳电话费等特点而深受广大用户喜爱，成为继 PSTN、ISDN 之后的又一种全新的高效接入方式。

5) VDSL

VDSL 比 ADSL 还要快。使用 VDSL，短距离内的最大下传速率可达 55Mb/s，上传速率可达 2.3Mb/s(将来可达 19.2Mb/s，甚至更高)。VDSL 使用的介质是一对铜导线，有效传输距离可超过 1000 米。但 VDSL 技术仍处于发展初期，长距离应用仍需测试，端点设备的普及也需要时间。

6) Cable-Modem

Cable-Modem(电缆调制解调器)是近两年开始试用的一种超高速 Modem，它利用现成的有线电视(CATV)网进行数据传输，已是比较成熟的一种技术。随着有线电视网的发展壮大和人们生活质量的不断提高，通过 Cable-Modem 利用有线电视网访问 Internet 已成为越来越受业界关注的一种高速接入方式。

由于有线电视网采用的是模拟传输协议，因此网络需要用一个 Modem 来协助完成数字数据的转化。Cable-Modem 与以往的 Modem 在原理上都是将数据进行调制后在 Cable(电缆)的一个频率范围内传输，接收时进行解调，传输机理与普通 Modem 相同，不同之处在于它是通过有线电视 CATV 的某个传输频带进行调制解调的。

7) PON

PON(Passive Optical Network，无源光纤网络)技术是一种点对多点的光纤传输和接入技术，下行采用广播方式，上行采用时分多址方式，可以灵活地组成树型、星型、总线型等拓扑结构，在光分支点不需要节点设备，只需要安装一个简单的光分支器即可，具有节省光缆资源、带宽资源共享、节省机房投资、设备安全性高、建网速度快、综合建网成本低等优点。

8) LMDS

LMDS(Local Multipoint Distribution Services)这是目前可用于社区宽带接入的一种无线接入技术。在该接入方式中，一个基站可以覆盖直径 20 公里的区域，每个基站可以负载 2.4 万用户，每个终端用户的带宽可达到 25Mb/s。但是，它的带宽总容量为 600Mb/s，每基站下的用户共享带宽，因此一个基站如果负载用户较多，那么每个用户所分到的带宽就很小了。故这种技术对于社区用户的接入是不合适的，但它的用户端设备可以捆绑在一起，可用于宽带运营商的城域网互联。其具体做法是：在汇聚点机房建立一个基站，而汇聚点机房周边的社区机房可作为基站的用户端，社区机房如果捆绑四个用户端，汇聚点机房与社区机房的带宽就可以达到 100Mb/s。

9) LAN

LAN 接入主要是针对小区或集团用户提供的一种宽带接入方式，该接入方式首先需要在各个房间内布置好网线插头，汇总到小区或集团交换机后通过光纤接入宽带互联网，与

ADSL 上网方式相比，LAN 用户无须添置 Modem 和分离器，准备一台带有网卡的普通计算机，申请开通该服务就可以了，具有稳定性好，速度快的优点。LAN 接入又可以分为虚拟拨号和专线接入两种。LAN 虚拟拨号接入同 ADSL 虚拟拨号接入很类似，用户需要安装拨号软件，通过输入账号、密码，拨号接入宽带互联网；LAN 专线接入用户无须账号、密码，无须拨号，进行适当的网络配置后，开机就可上网。

3.7.3　Internet 提供的服务

Internet 借助于现代通信手段和计算机技术实现全球信息传递。在 Internet 上，有各种虚拟的图书馆、商店、文化站、学校等，用户可以通过网络方便地获得或传送各种形式的信息，就目前的发展现状而言，Internet 可以提供以下的多种服务。

1) 电子邮件服务

电子邮件服务是 Internet 上使用最广泛的一种服务，是 Internet 最基本的功能之一。它是一种通过计算机网络与其他用户进行联系的现代化通信手段，它方便、快捷、价格低廉。通过在一些特定的通信端点上运行相应的软件系统，从而使其充当“邮局”的角色，用户可以在这台计算机上租用一个虚拟的电子信箱，当需要和网络上的其他人通信时，就可以通过电子信箱收发邮件。电子邮件改变了人们的通信方式，不仅给人们的日常生活带来了很大的方便，也能给企业管理决策提供很好的支持。

2) 远程登录服务

远程登录是 Internet 的基本服务之一，是在 Telnet 的协议支持下，用户的计算机通过 Internet 与远程主机连接起来，并暂时成为远程主机的终端。要在远程主机上登录，用户必须是这个远程主机的合法用户，有相应的账号和口令。一旦登录成功，用户可以实时使用远程计算机对外开放的全部资源，包括硬件资源、程序语言、操作系统、应用软件以及其他信息资源。全世界的许多大学的图书馆都通过 Telnet 对外提供各种菜单驱动的用户接口，甚至全文检索接口，供用户通过 Telnet 查阅。

3) 文件传输服务

文件传输服务是 Internet 传统服务之一，通过 FTP(文件传输协议)，用户可以从 Internet 中的计算机上免费复制各种文件。和 E-mail、Telnet 一样，FTP 也是一种基于客户服务器模式的服务系统。通常用户必须在 FTP 服务器上进行注册，即建立用户账号，拥有合法的登录用户名和密码后，才可能进行有效的 FTP 连接和登录。对于 Internet 中成千上万个 FTP 服务器来说，这样做显然是不现实的，也是不可能的，实际上，Internet 的 FTP 服务是一种匿名 FTP 服务，也就是 FTP 的服务器的提供者设置了一个特殊的用户名 anonymous 来提供公众使用，任何用户都可以使用这个用户名与提供这种匿名 FTP 服务的主机建立连接，并共享这个主机对公众开放的资源。匿名 FTP 的用户名是 anonymous，而密码通常是 guest 或者使用者的 E-mail 地址。

4) 信息讨论和发布服务

Usenet 是一个与 Internet 紧密联系的系统，它利用电子邮件提供集中的新闻服务，实际上是一个协议，描述消息组如何存储在计算机上，并在计算机之间传输。根据该协议，电子邮件信息被发送到作为 Usenet 服务器的主机上，这个服务器将相同主题的信息集中收集起来存放，作为消息发布。用户将电子邮件发送给服务器，服务器存储这些邮件信息，然后用户就可以登录到服务器，阅读这些信息，或者利用计算机上的软件登录后下载最新信息，以便空闲时阅读。这样 Usenet 形成了一个虚拟的电子通信论坛，这个论坛又被分为数个新闻组。

新闻组实际上是一个关注于某个主题的联机讨论小组。根据主题的不同，新闻组被划分为各种群体，而每一个主题下还有许多题目。在 Internet 上有 14000 多个新闻组，覆盖范围相当广泛。新闻组的讨论通过电子邮件进行，参加讨论的用户将电子邮件发送到新闻组的地址，有的新闻组是有主持的，有的则没有。如果有主持，电子邮件会自动转给主持人，主持人在将电子邮件发给新闻组之前会对全部收到的邮件进行浏览，以确定它们是否适合本新闻组。

世界各地的新闻组服务器"招待"那些对某个预定主题共享信息和评论的新闻组，新闻组采取大型公告牌的方式，每个成员都可以将信息发布在公告牌上，并将回信也发布在上面，从而形成连续的信息。新闻组的开放性有利于鼓励人们参加讨论，但常常使讨论变得漫无目的，没有重点和主题，为此，新闻组开始逐步发展成为严格的社会团体，由其中的一些特定成员负责控制和管理讨论。

5) WWW 服务

万维网(World Wide Web，WWW)是 Internet 中最受欢迎的一种多媒体服务系统，系统是基于客户/服务器模式，整个系统由 Web 服务器、浏览器(Browse)和通信协议三部分组成。其中通信协议采用的是超文本传输协议(Hyper Text Transfer Protocol， HTTP)。HTTP 是为分布式超媒体信息系统设计的一种网络协议，能够传送任意类型数据对象，满足服务器与客户之间多媒体通信需要，成为 Internet 中发布多媒体信息的主要协议。

在 Web 服务器上主要以网页 homepage 的形式来发布多媒体信息，网页是采用超文本标记语言(HTML)来编写的。当浏览器软件连接到 Web 服务器并获取网页后，通过对网页 HTML 文档的解释执行将网页所包含的信息显示在用户的屏幕上。

在 WWW 系统中，使用了一种简单的命名机制——统一资源定位器(Universal Resource Locator，URL)来唯一标识和定位 Internet 中的资源，URL 由三部分组成：协议名、服务器地址、存放信息的路径和文件名。

WWW 服务器上信息的搜索通常可借助于搜索引擎(Search Engine)来实现，搜索引擎是在 Internet 上查找到特定网站或信息的一种工具。Google、Yahoo、Lycos 等都是常用的搜索引擎网站，非常方便好用，它们已经成为进入网络的门户(Portal)，通过它们不仅能够方便地进入网络，而且这些网站还提供一系列的服务。

3.7.4 网络协议

组建网络的目的之一就是为了沟通和交换信息数据，但是遗憾的是，我们在实际操作中往往会碰到以下的问题。

- 技术上无法进行物理连接。设备没有"通电"。
- 即使设备和设备之间的连接问题解决后，从一个设备发送到另一个设备的经过打包和格式化处理的信息，其打包和格式的方式无法被接收设备"认可"，因而无法接收信息。
- 即使信息被成功"认可"，由于接收设备上使用了和发送设备不同的应用软件，信息可能无法被接收设备所"理解"，也就是无法被接收设备正确识别和阅读。

因此，我们必须制定相应的规则或标准，来确保不同的设备和不同的传输介质的兼容性。简单来讲，网络协议是指各种网络设备之间通信规则的集合，它是一种通信的规则，作用是使不同网络设备能够相互交换数据信息。需要制定国际统一标准的设备包括键盘、处理机、打印机、传真机、电话、监视器、光学扫描仪、声控设备以及条形码阅读器等。需要制定国际统一标准的不同传输介质包括同轴有线电缆、光导纤维电缆、双绞线以及微波和红外链路等。

现在世界上有好几个给新技术的开发过程施加影响的标准制定机构，其中最著名的就是国际标准化组织(International Standard Organization，ISO)。国际标准化组织是一个国际性的协会，它的主要工作是为通信和信息交换建立全球性的标准。该组织已经开发出了一套用于网络通信中的各种技术设备的标准化模型，也就是开放式系统互联(Open System Interconnection，OSI)参考模型。

OSI 模型规范了计算机通过通信网络交换信息的服务层次和交互类型。它把通信网络中两个设备之间的信息交换活动分成若干个等级，即"层"。处在高层次的系统仅是利用较低层次的系统提供的接口和功能，不需了解低层实现该功能所采用的算法和协议；较低层次也仅是使用从高层系统传送来的参数，这就是层次间的无关性。因为有了这种无关性，层次间的每个模块可以用一个新的模块取代，只要新的模块与旧的模块具有相同的功能和接口，即使它们使用的算法和协议都不一样。OSI 模型共分七层，物理层、数据链路层、网络层、传输层、会话层、表示层和应用层，如图 3-14 所示。

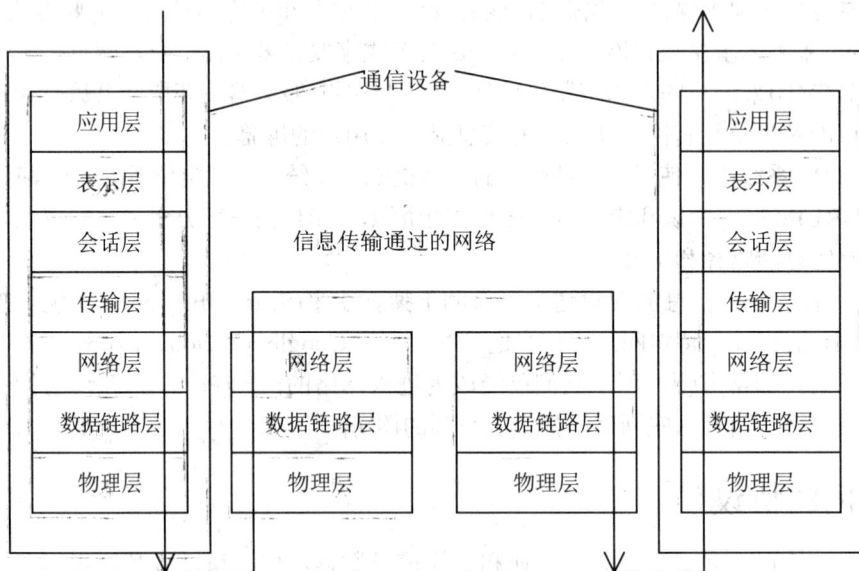

图 3-14　OSI 的 7 层结构示意图

1) 物理层

物理层主要负责硬件的连接，是 OSI 模型中最低的一层。物理层规定为传输数据所需要的物理链路建立、维持、拆除，而提供具有机械的、电子的、功能的和规范的特性。简单地说，物理层确保原始的数据可在各种物理媒体上传输。

2) 数据链路层

数据链路层位于物理层与网络层之间，它是 OSI 中比较重要的一层。数据链路可以粗略地理解为数据通道。物理层要为终端设备间的数据通信提供传输媒体及其连接。媒体是长期的，连接是有生存期的。在连接生存期内，收发两端可以进行不等的一次或多次数据通信。每次通信都要经过建立通信联络和拆除通信联络两个过程，这种建立起来的数据收发关系就叫做数据链路。而在物理媒体上传输的数据难免受到各种不可靠因素的影响而产生差错，为了弥补物理层上的不足，为上层提供无差错的数据传输，就要能对数据进行检错和纠错。所以，数据链路的建立、拆除，对数据的检错、纠错是数据链路层的基本任务。同时，数据链路层还要对物理层的原始数据进行数据封装。数据链路层中的数据封装是指：封装的数据信息中，包含了地址段、控制段和数据段，地址段含有发送节点和接收节点的地址，控制段用来表示数据连接帧的类型，数据段包含实际要传输的数据。

3) 网络层

网络层的产生也是网络发展的结果。在联机系统和线路交换的环境中，网络层的功能没有太大意义。当数据终端增多时，它们之间有中继设备相连。此时会出现一台终端要求能和多台终端通信的情况，这就是产生了把任意两台数据终端设备的数据链接起来的问题，也就是路由或寻址。另外，当一条物理信道建立之后，被一对用户使用，往往有许多空闲时间被浪费掉。所以，网络层负责数据传输的路由、报文的处理和传送。该层确保各个信息包能够在网络中找到各自正确的传输路线，包括如何明确编址和制定路线的细则规范。

4) 传输层

传输层负责的是准确的传输和传输服务的质量。在传输层中会涉及多路技术的使用，以及信息包的调制和解调工作。有关这些方面的细节规范都包含在传输层中。另外，传输层要确保建立可靠的双向通信线路。

5) 会话层

会话层主要负责建立、维护、协调通信，其主要任务是确保在传输层建立起来的双向通信线路，一经建立后，能够在通信设备之间优质分配。除此以外，会话层还必须保证信息交换协议获得全范围的同意。

6) 表示层

通过前面的介绍，我们可以看出，会话层以下 5 层完成了端到端的数据传送，并且是可靠、无差错的传送。但是数据传送只是手段而不是目的，最终是要实现对数据的使用。由于各种系统对数据的定义并不完全相同，最容易明白的例子是键盘，其上的某些键的含义在许多系统中都有差异，这自然给利用其他系统的数据造成了障碍。表示层和应用层就担负了消除这种障碍的任务。

7) 应用层

应用层向应用程序提供服务，这些服务按其向应用程序提供的特性分成组，并称为服务元素。有些可为多种应用程序共同使用，有些则为较少的一类应用程序使用。应用层是开放系统的最高层，是直接为应用进程提供服务的。其作用是在实现多个系统应用进程相互通信的同时，完成一系列业务处理所需的服务。

下面举一个简单的邮件传输活动的例子，来帮助大家理解这些层次的协作关系。假如某个机构的经理希望从另一个机构那里订购货物，那么这个经理首先要知道能够提供这种货物的供货方的名称，以及订购货物所必需的相关信息(包括订购货物的型号、数量等)。这些信息都是完成一个"下订单"程序(这就是应用层)所必需的标准信息。订单还需要以接收方能够理解的方式表示出来。一般来说，订单是用英语书写的(这就是表示层)。在一个更低的层次，为了确保订单的信息在整个系统中按照正确的路线运行，我们必须给订单加上一个传输网络，比如邮政服务网络，认可的传送地址(这就是网络层)。和传输网络中的所有其他信息一样，订单信息必须以传输系统可以处理的方式被套上外包装。这里的统一标准包括将信息在纸上进行编码，把书写好的信纸装入信封中然后在信封外层书写上邮寄地址(这就是数据链路层)。最后，我们还必须把新包装好的订单信件放入邮筒中，信息将会被人工从邮筒中取出，然后由传输系统进行传输。在这里，订单信息受到和其他信息一样的对待(这就是物理层)。

OSI 是一个参考、理论上的模型。但如果完全按照这一模型来构筑通信部分，多少有些问题。所以，现实中使用的因特网通信协议是 TCP/IP 协议。

TCP/IP(Transmission Control Protocol / Internet Protocol)是美国国防部高级计划研究署(ARPA)为支持不同网络的互联问题，于 20 世纪 70 年代开发的一组协议，属于其内部网络 ARPANET 的一部分，后来被用于民用网络。随着 Internet 的发展，TCP/IP 取得了统治性的地位。虽然它不是基于 OSI 模型开发的，但却是目前最流行的商业化协议，是互联网络通信的工业标准或"事实上的标准"，并成为因特网的基本传输协议。

TCP/IP 看起来是两个协议，事实上是一组协议，只不过这两个协议相对来说比较重要。在数据传送中，可以形象的理解为有两个信封：TCP 和 IP 信封。要送递的信息被分成若干段，每一段塞入一个 TCP 信封，并在该信封上记录有分段号的信息，再将 TCP 信封塞入 IP 大信封里，发送到网上。在接收端，一个 TCP 软件包收集信封，抽出数据，按发送端的顺序还原，并加以校验，若发现差错，TCP 将会要求重发。因此 TCP/IP 在因特网中几乎可以无差错地传送数据。

3.8　组织间的电子数据交换

在当前的基于供应链的组织运作环境中，任何组织都是某个供应链中的一环，这必然要求组织间进行必要的数据和实物的交换。这方面最典型的例子就是供应链中上下游企业间的购买和供应活动的实现过程。下面是这方面活动的典型流程情形。

3.8.1　传统的交易流程

对于许多制造公司而言，确保仓库中有足够的原配件，满足最后商品的装配工作，是非常重要的。当某个特殊元件的储备数量过低时，生产商就会向供货方提出补充货源的要求，于是供货方会向生产方发送所需要的元件，并随后将发票传给厂家。这一过程，如果用传统的人工处理，可能会花费很长时间。这是因为，制造厂商的采购部门需要通过书写一个纸质订单，并通过邮政服务发送给元配件供货方。对于供货方而言，这种订单需要送到财务部门核发处理。生产商和供货方之间需要进行的文书来回沟通工作以及这些文书在组织内部各部门之间的传送，可能会造成时间的耽搁和信息的误传。因此，生产商必须提前预订产品，而且同时需要存储大量的元件库存，显然这是一种成本消耗。如果供货方自己也缺少库存的话，很可能要花上好几天的时间才能把这个消息通知到生产商那里。由此可见，必须借助先进的 EDI(电子数据交换)信息技术来消除供应链上下游企业间不必要的实物和数据冗余。

3.8.2　基于 EDI 技术的交易流程

在 EDI 情况下，一旦生产商的元配件库存数量下降到最低限度以下时，计算机就会参考数据库内部存储的可供选择的供货方名单，从中挑选出最合适的供货方，然后生产商的计算机系统会制作一份电子购货订单。这份购货订单随即被发送到供货方的计算机系统中，这一过程就要使用到电子数据交换标准。供货方的计算机系统将电子购货订单同自己存储的有关元配件的存货记录进行核对，从存货记录中减去需要发送的货物数量，然后将带有完整的发货细节信息的发货指示送往供货方的发货部门。一份圆满完成购货订单任务的电子回执会发送到订购元配件的生产商那里，一起发送过去的还有一张电子发票，生产商在收到需要的元配件之后，就会按照电子发票给供货方付款。

在 EDI 技术中，上面流程的完成不需要任何文书交换，而且人工的参与也控制在最低限度。例如，在货物的装载和发放的过程中，或者是在认证生产厂商的采购订单和元配件供货方的完成订单的同意书时，才会有人工的参与。这些人工认证过程可以通过人工输入计算机系统进行，尽管这项工作本身也完全很可能由计算机进行全自动化的处理。

采用这种自动化电子数据交换给双方公司带来的利益主要如下。

- 完成订单的速度提高。
- 无须涉及任何文书工作。
- 由于交易处理中的人工劳动减到了最低限度，从而交易成本降低。
- 出现人为错误的可能性也大大降低。

使用 EDI 标准的组织群体要求相匹配的 EDI 服务，以进行有效的数据交换活动，这往往是由第三方机构提供的。由第三方机构提供的电子数据交换服务不仅仅是纯粹的数据交换，通常还包括一些增加的服务工具，尤其是邮件箱工具。一个提供给用户的电子邮箱是一个电子存储空间，负责存储由其他机构发送给该用户的各种信息或数据。客户(邮件接收方)能够通过邮箱工具阅读收到的数据或信息，它们通常被储存在服务提供方硬盘空间中某一个特定区域。通过提供这些附加的服务，第三方在其数据传输服务中添加了服务价值，这样的通信网络又被称为增值网(Value-Added Network，VAN)。

图 3-15 展示了一个电子数据交换传送模式的典型结构示意图。通过发送方的应用软件生成的信息被编译成电子数据交换的统一格式，然后通过网络访问软件被发送到通信网络中，这些电子数据随后被发送到电子数据交换服务提供方的邮箱工具中。电子数据会被储存在服务提供方的邮箱中，直到接收方通过接收方的网络访问软件从网络中将邮件取走。接收到的电子数据，是以统一的电子格式展示的，它们还需要被相关软件翻译成接收方的应用程序能够直接使用的形式。

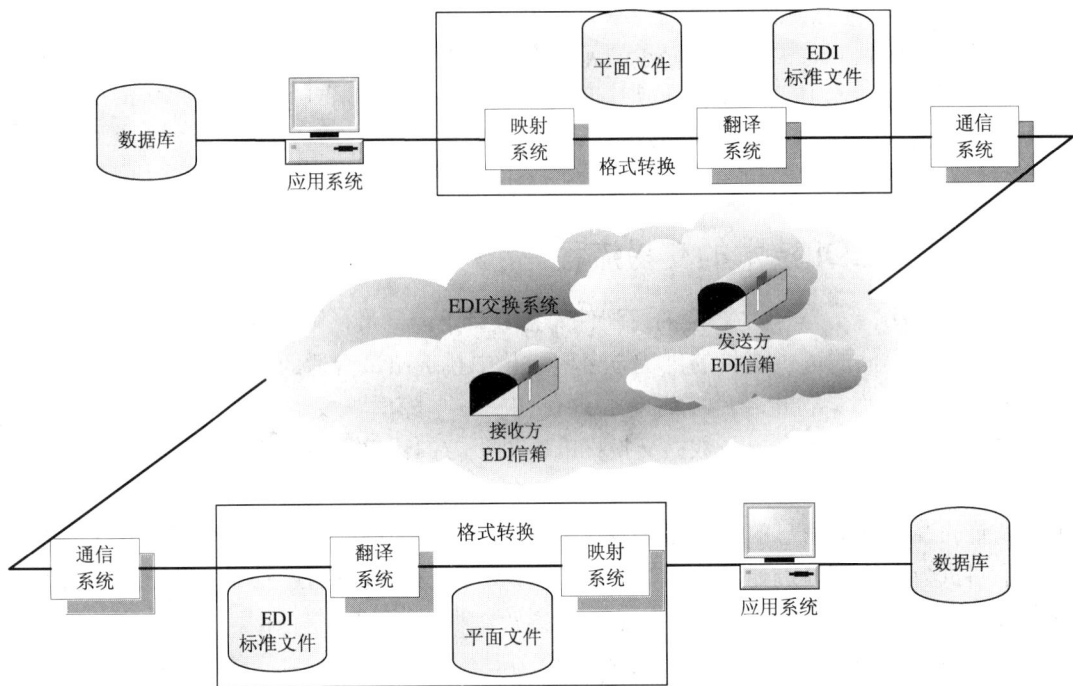

图 3-15　EDI 传送模式示意图

由此可见，构成 EDI 技术的基本要素主要有三个，即通信、标准和软件。

1) 通信

在传统的商务活动中，贸易单证票据的传递通常由邮政系统或专业传递公司完成。使用 EDI 技术使得我们在商务活动中能够用电子的手段来生成、处理和传递各类贸易单证。电子通信网络是 EDI 系统必不可少的组成部分之一。

从 EDI 所依托的计算机网络通信技术的发展演变看，最初是点到点方式，随后是增值网络(VAN)的方式，进而是电子邮件(E-mail)方式，当今则演变为 Internet 模式。这一变化趋势使得 EDI 的推广应用范围变得更加广阔。

传统的 EDI 系统是基于 VAN 技术的 EDI。在这一模式下，通常需要建立一个区域性的 EDI 中心，同时建立一个 VAN 网络。用户首先以会员方式加入到 EDI 中心，并按通用标准格式编制报文才能通过网络传送信息。由此可见，传统的 EDI 对用户的要求较高，推广应用较难。为此，逐步改变传统 EDI 系统单纯依靠增值专用网的封闭式传输模式，向基于 Internet 和 Web 技术的开放式 EDI 应用模式发展将是 EDI 发展信息增值服务的关键。

Internet 模式的 EDI 是指利用先进的国际互联网、服务器等电子系统和电子商业软件运作的全部商业活动，包括利用电子邮件提供的通信手段在网上进行的交易。Internet 模式的 EDI 大大方便了那些中小型企业，不用购买和维护 EDI 软件，不用进行 EDI 单证和应用程序接口 API(Application Programming Interface)开发，只需利用浏览软件即可应用，而有关表格制作和单证翻译等工作由 EDI 中心或商业伙伴完成。

2) 标准

为了使计算机应用系统之间能够直接对话，即接收方的应用系统能够识别和自动处理通过 EDI 网络接收到的数据(报文)，必须使用发送方和接收方的计算机系统能够识别的通用语言，由此产生了 EDI 报文标准，EDI 报文标准是一套计算机系统之间进行信息交换所应遵循的共同规则。在 EDI 技术构成中，标准起着核心的作用，EDI 技术标准可分成两大类。一类是表示信息含义的语言，称为 EDI 语言标准，主要用于描述结构化信息。另一类是载运信息语言的规则，称为通信标准，它的作用是负责将数据从一台计算机传输到另一台计算机。一般来说，EDI 语言对其载体所使用的通信标准并无限制，但对语言标准却有严格的限定。

EDI 语言标准目前广泛应用的有两大系列，其一是联合国成立了 EDIFACT(Electronic Data Interchange For Administration，Commerce，and Transport 管理、商货和运输电子数据交换)委员会主持制定的国际标准，即 UN/EDIFACT，该标准包括 EDIFACT 语法规则、标准报文格式、段目录、数据源手册和代码等。其二是美国的 ANSIX.R。而 EDIFACT 标准作为联合国与国际标准化组织联合制定的国际标准正在为越来越多的国家所接受。

3) 软件

EDI 系统通常由"报文生成处理"、"格式转换"、"联系"、"通信"四个模块构成，为实现 EDI 系统的上述功能，必须设计和开发相应的 EDI 软件。EDI 软件的作用是将组织内部的非结构化格式的信息(数据)翻译成结构化的 EDI 格式，然后传送 EDI 报文。这是针对"信息发送方"而言的。对"信息接收方"来说，则需要把所接收到的标准 EDI 报文，翻译成在该部门内部使用的非结构化格式的信息。根据这样的要求，EDI 软件应具有三方面的基本功能：数据转换、数据格式化和报文通信。

3.9　小　　结

计算机网络是以共享资源为主要目标的通信网络系统。典型的网络系统可以由多种通信硬件设备、软件、通信信道组成。

典型的硬件设备包括主机/服务器、终端/工作站、前端处理机、协议转换器、调制解调器、终端连接设备和网络连接设备。

典型的网络拓扑结构包括星型拓扑结构、总线型拓扑结构、环型拓扑结构、网状拓扑结构和无线拓扑结构。

从地理覆盖范围来分网络类型包括局域网、广域网、企业网和国际互联网。其中两种常用的局域网介质访问技术包括带有冲突检测的载波侦听多路访问(CSMA/CD)协议和令牌传递法。

Internet 是最大的广域网。IP 地址是用来唯一标识 Internet 中的每一台主机，而通常每个 IP 地址都对应一个域名，两种地址之间的互换是由 Internet 中的域名系统来完成。Internet 提供的主要服务包括电子邮件服务、远程登录服务、文件传输服务、信息讨论和发布服务以及 WWW 服务。

网络协议是指各种网络设备之间通信规则的集合，它是一种通信的规则，作用是使不同网络设备能够相互交换数据信息。著名的国际标准化组织是一个国际性的协会，其主要工作就是为通信和信息交换建立全球性的标准。该组织开发出的 OSI 模型规范了计算机通过通信网络交换信息的服务层次和交互类型，它是一个参考、理论上的模型。现实中使用的因特网通信协议是 TCP/IP 协议。

传统的企业间的采购和供应活动由于人工处理过多可能会造成时间的耽搁和信息的误传。而基于 EDI 技术的交易流程则相对来说消除了供应链上下游企业间不必要的实物和数据冗余。而构成 EDI 技术的基本要素主要有通信、标准和软件。

思　考　题

1. 计算机网络的功能是什么？
2. 什么是电子数据交换(EDI)？
3. 根据波特所提出的三个框架，来分析 EDI 的效果？
4. 为什么通信协议或标准很重要？

第 4 章　数据库系统与数据模型

【学习目标】

通过本章学习，你将能够：

- 理解文件组织技术
- 分析数据库管理系统的意义
- 理解数据库管理系统的抽象层次
- 掌握数据模型建立的一般步骤

4.1　引　言

在信息时代，信息是一种资源。信息的原料是数据，只有对数据进行有效组织，才能加工出有价值的信息。许多组织由于缺乏关于企业内部运作和外部环境的有效数据，而导致在竞争中失败。因此，企业必须应用信息技术和管理工具对数据进行有效的管理，而数据库管理系统正是为解决数据管理问题而提出的。有效应用数据库管理系统的前提是必须首先对企业的运作进行数据建模，并理解数据的逻辑模式和物理模式的关系。

4.2　传统的文件系统

4.2.1　文件的概念

一个商业组织的生存与成功发展，很大程度上取决于它的数据组织能力。不管该组织的商业活动是否已经计算机化，它的大部分数据都将是以文件的形式保存。一家制造企业会保存有关它的雇员、顾客、供应商、工厂等许多项目的文件，这些文件的数据都是需要随时更新的，如雇员的工作时间、顾客的购买量和应收账款，以及存货的交易量。

如图 4-1 所示是一个基于纸质的文件记录。而在计算机系统中往往是以最基本的形式存储数据：二进制数(又称位或比特)。由位构成字节，由字节构成数据项，由数据项构成记录，由记录构成文件，如图 4-2 所示。

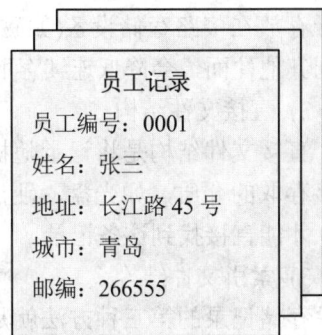

> 员工记录
>
> 员工编号：0001
> 姓名：张三
> 地址：长江路 45 号
> 城市：青岛
> 邮编：266555

图 4-1　纸质文件

一个数据项或域，是由字符组成的逻辑集合。一个记录是若干数据项按一定逻辑关系组合在一起的集合，同一类型的记录组成一个文件。

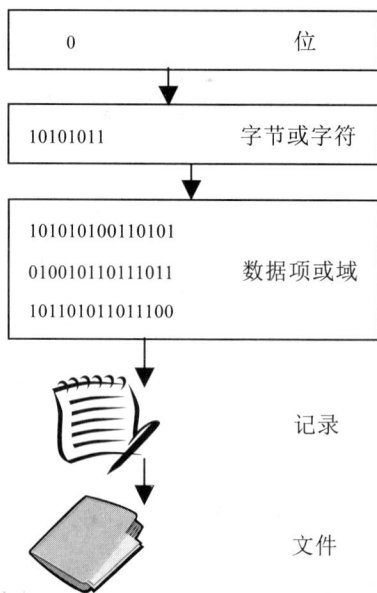

图 4-2　基于计算机的文件系统

4.2.2　文件的结构

文件的结构是指在磁盘上存储记录的方式。通常包括以下方面的文件结构。

1) 顺序文件结构

存储员工记录的一种方法是按员工编号顺序存储。顺序文件是一种最简单的文件组织形式，它将记录顺序地存放在磁盘的一片连续区域。如图 4-1 的例子，当计算机需要寻找编号为 1569 的员工信息时，系统必须顺序扫描从编号为 0001～1569 之间的所有记录，这就是顺序存取方式。

顺序文件的特点是对存放在单一存储设备(如磁带)上的顺序文件连续存取速度快，而对于存放在多路存储设备(如磁盘)上，在多道程序的情况下，由于别的用户可能驱使磁头移向其他柱面，会降低连续存取的速度。所以，顺序文件多用于磁带。

2) 直接文件结构

直接文件结构是将记录随机存储。用这种方式存储记录要求使用一种允许对记录进行直接存取的介质，如光盘、硬盘等，同时给每一条记录指定一个特定的磁盘地址。只有这样，才能直接找到这条记录。

3) 索引文件结构

存储记录的第三种方法就是在直接存取介质上进行连续存储记录，每个记录都对应一个物理地址，然后建立索引表，索引表是一张关于逻辑记录和物理记录对应关系的表。如图 4-3 所示，要查找员工编号为 0004 的记录时，首先查找索引，找到要查找的编号 0004 和相对应的物理地址 845528，然后再在该地址处取出相应的记录。

索引的一个重要优点就是它们本身通常比实际的数据文件要小得多，这样将整个索引读入主存是完全可能的。这就意味着搜索记录地址可以以主存速度进行，而不是辅存速度。

```
                    索引

        员工编号        磁盘地址
        0001           853658
        0002           918699
        0003           869918
        0004           845528
        0005           951219
        0006           934959
        ……             ……
```

图 4-3　职工文件的索引表

4.2.3　文件系统

在传统的数据管理中，数据和程序是融为一体的，每个程序通常都是为某个特定的操作而编写的。每个文件中的记录往往被设计成只适合某个应用程序，从而不能被其他应用程序读取。显然，这给程序设计以及修改造成了很大的障碍。如图 4-4 所示，某公司运行了一个给员工发放薪水的程序，这个程序使用一个薪水主文件来存储员工个人数据。这个发放薪水的程序所需要的数据的管理属于财务部门的职责。公司还运行了一个行政管理程序，这个程序开发得比较晚，并有它自己的附属文件和管理文件。各个部门都有一个负责人来处理这些文件中的数据变化工作。公司还有一个程序用来帮助员工在个人所从事的项目上进行安排。各个项目的负责人必须确保数据的及时更新。这种设计模式所存在的主要问题有以下方面。

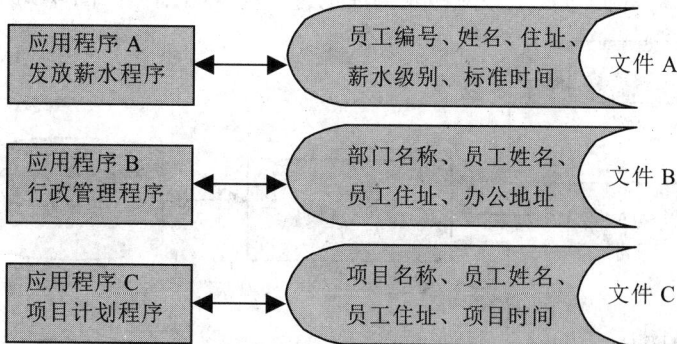

```
┌──────────────┐      ┌─────────────────────┐
│ 应用程序 A   │◄────►│ 员工编号、姓名、住址、  │ 文件 A
│ 发放薪水程序 │      │ 薪水级别、标准时间    │
└──────────────┘      └─────────────────────┘

┌──────────────┐      ┌─────────────────────┐
│ 应用程序 B   │◄────►│ 部门名称、员工姓名、  │ 文件 B
│ 行政管理程序 │      │ 员工住址、办公地址    │
└──────────────┘      └─────────────────────┘

┌──────────────┐      ┌─────────────────────┐
│ 应用程序 C   │◄────►│ 项目名称、员工姓名、  │ 文件 C
│ 项目计划程序 │      │ 员工住址、项目时间    │
└──────────────┘      └─────────────────────┘
```

图 4-4　文件系统中的应用程序和数据的关系

1) 数据的独立性

一个组织自行开发的许多程序都依赖于专门为它们设计的数据文件，换句话说，程序缺乏数据独立性。这意味着，只要某个文件的记录格式被修改，就必须改动所有存取该文件的程序。这样，用 9 位邮编替换 5 位邮编时引起的工作量会有多么大是可想而知的。千年虫的问题就属于这一类。

2) 数据的冗余性

由于数据与程序融为一体，从而不能为其他应用程序所共享，必然会造成数据的重复存储冗余。由于数据分散存放，使得复杂的查询也相当困难。

3) 数据的一致性

这也是由于数据不能共享而导致的问题。记录数据在一个文件中被修改，而其他文件中的记录却没有实时修改，这必然导致同一实体的数据在不同文件中的值是不一样的结果。举例来说，如果某个员工将他的地址做了更改，除非所有人都被通知了这项变化，否则这种更新就有导致文件内容不一致的风险。

之所以会出现这种应用方面的困难，根本性的原因在于数据是和应用程序捆绑在一起的，而不是和数据所指向的对象或者实体捆绑在一起。对数据进行读取需要企业将这三个对象划分清晰：员工、部门和项目，不仅仅需要阐述这些对象的细节，而且还需要理清这三者之间的关系。员工从事某些项目，同时隶属于某个部门，基于文件的存储方式往往忽略了这种对象之间的关系，数据库和数据库管理系统则可以反映这种对象之间的关系。

4.3 数据库管理系统

4.3.1 数据库管理系统的概念

针对文件系统所存在的问题，人们提出了数据库管理系统(Database Management System，DBMS)的概念。数据库管理系统是组织用来集成数据、有效管理数据，并让多个应用程序访问数据的特定软件。可见，在数据库管理系统中，数据不再仅仅是服务于某个应用程序或用户，而成为一个组织甚至组织之间的共享资源，由数据库管理系统统一管理，实现了数据与程序的真正独立，并且最大限度地降低了数据冗余，充分做到了数据为多个用户共享，提高了数据的一致性，并且允许多个用户同时访问某一数据，也就是实现数据的并发使用，对数据的安全保密和完整性也有了保证措施，如图 4-5 所示。

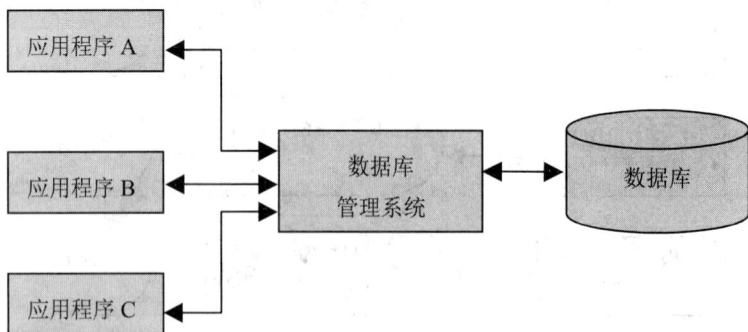

图 4-5   数据库管理系统中应用程序与数据库的关系

由图 4-5 可以看出，数据库管理系统在应用程序和物理数据文件之间起着界面的作用，当应用程序需要某个数据项时，数据库管理系统在数据库中查找该数据项并把它显示给应用程序。使用传统的数据文件管理，程序员必须定义数据，然后告诉计算机数据存储在什么地方，而数据库管理系统的使用不再需要传统程序中大量的有关数据定义方面的语句。

　　数据库管理系统和传统文件系统的最大区别在于，数据库管理系统将数据的逻辑视图与物理视图分开了，这使得最终的用户或程序员不必去了解数据物理上存储在什么地方，是如何存储的。

4.3.2　数据库管理系统的抽象层次

　　如图 4-6 所示，数据库管理系统中的数据被描述为三级抽象：概念模式、物理模式和外模式。数据的逻辑模式(视图)是指最终用户或企业中的管理人员能够理解的数据库中的数据表示形式。而概念模式是全局的数据逻辑结构的描述，外模式是每个用户的局部描述，一个概念模式可以有若干个外模式，用户只关心与他有关的模式，屏蔽掉大量无关的信息。

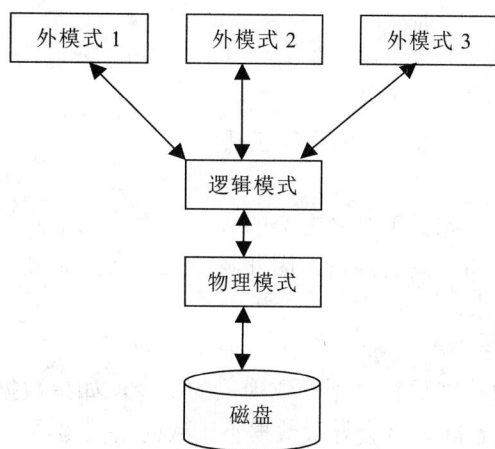

图 4-6　数据库管理系统的抽象级别

　　例如，一个讲授信息系统课程的老师在开学初想了解选这门课程的学生已有的计算机基础课程的成绩以及他们的专业，如表 4-1 所示。如果有相关的数据库和数据库管理系统的支持，老师只需要根据自己的需要设计自己所需要数据的逻辑视图(一个外模式)，即表 4-1，然后由数据库管理系统来组装所需要的数据，这些数据可能分布在多个数据文件中，如专业信息存储在一个名为"学生"的文件中，而课程的分数则在一个名为"课程"的文件中。不管数据存储在哪里，都可利用数据库管理系统的数据操纵语言从数据库中抽取到这些数据，并按逻辑视图组织显示。

表 4-1　老师所要了解的信息

学生姓名	学　号	专　业	计算机基础的成绩
张三	20011403027	金融	A
李四	20011406001	管理科学与工程	B+
王五	20021405120	市场营销	A-
赵六	20020501008	项目管理	C

概念模式需要用一种专门的语言来定义，即数据定义语言(Data Definition Language，DDL)，这种语言专门用于数据库管理系统。这种模式可以看作是从企业的一种模型中推导出来的，并且因为它的结构需要保持稳定，所以必须精心设计。

物理视图则是数据在物理存储介质上的实际组织形式和结构，也是真实存在的一种形式，其他两种形式都是对物理形式的映射。对于系统的用户以及系统的分析人员来说，他们对数据存储的精确技术细节问题可能并不感兴趣，如磁盘的扇道分区等技术细节。相反，他们仅对数据在信息系统中的应用感兴趣。然而，系统设计的技术人员和程序员则需要对物理细节有所了解，这样的话，他们所设计的程序对于存储数据的文件的读取将会更加有效。

总的来说，概念模式给出了整个数据库的逻辑视图，外模式给出了每一项应用或者每一个用户的定制模式，物理模式给出了数据存储的详细信息，这些信息和数据的逻辑内容是不相关的。

4.3.3　数据库的优势

由前面的论述可知，使用数据库的优势包括以下方面。

1) 减少数据冗余

在传统的文件系统中，如员工姓名之类的数据有可能在不同的文件中重复出现，这是毫无必要的，并且造成存储空间的浪费，因此我们应采取措施减少这种冗余数据，数据库系统可以满足这方面的要求。

2) 保持数据的一致性

冗余度的降低也就意味着更新时不一致现象的减少，如果数据库的设计有欠缺，由于某些重复性的数据没有被删除，将会导致数据不一致的错误出现。

3) 数据和程序可以保持独立

在传统的文件系统中，应用程序紧密依赖于文件结构。例如，给员工发放薪水的程序，为了访问记录需要获知员工文件的组织方式，文件组织方式是按员工编号排列还是按员工姓名排列，这两者之间的差别是很大的。在记录层次上，字段顺序以及每一条字段的长度都必须与程序链接起来。在不改变程序或者访问文件的程序的情况下，我们不可能改变文件组织或者改变记录结构。程序存在对数据的依赖性。

在一个数据库系统中，许多程序可以共享同一数据。因为当数据存储的物理形式发生变化时，我们并不希望每一个程序都随之发生变化(技术效率就有可能导致物理存储的变化)，无论磁盘中数据存储的物理方式如何变化，数据库管理系统都可以维持访问程序以同样的方式处理数据。

4) 面向用户或者用户程序提供逻辑视图

从前面的分析我们可以很清楚地看到，提供给用户或者用户程序的数据视图必须是独立于物理存储方式的，也就是说它必须是逻辑的。许多数据库管理系统可以给不同的用户或者用户程序提供关于相同数据的不同逻辑视图。这项功能相当重要，因为它使得程序员可以不必考虑数据存储的物理情况，而是集中考虑所编写的应用程序。在本章前面所涉及的例子中，如果程序员可以不用考虑数据读取的物理情况，则程序的编写将会轻松得多。程序员可以集中思考怎样去完成任务，而不用考虑怎样去获取数据来完成任务。

5) 应用程序的开发能力得到提高

由于数据可以共享，数据存储完成以后，数据库管理系统可以通过数据库以任何形式读取数据，这种读取数据的能力扩大了应用程序利用现存数据的范围。

大多数数据库管理系统都为应用程序员准备了程序开发工具，这些工具功能强大，能够有效地提高程序员的开发效率。某些开发工具能够使程序员在给定时间内编写代码的数量提高 5～10 倍。非技术用户可以应用查询语言和报表生成器从数据库中查询数据或生成报表，提高工作效率，这对组织中的管理决策人员来说非常重要。同时，标准化的数据库存取过程使应用程序的开发和维护更加方便，降低应用程序开发和维护的费用。

6) 安全措施易于执行

通过数据库管理系统来读取数据可以使得数据库的管理负责人，即数据库管理员可以控制对数据库的访问，可以确保用户按设定的权限使用数据，可以通过授权口令限制访问的用途和对象，并限制访问的功能(阅读、写入或复制等)。同基于文件的系统相比，数据库可以对访问实施更为有效的控制，而不像基于文件的系统那样将责任分散开来。然而与传统的基于文件的系统相比，数据库的安全措施一旦被破坏，所导致的风险会更大，更多的数据都可以随意被访问。

4.3.4　数据库的劣势

虽然数据库的使用日益普遍，但是也存在局限性。

1) 数据库设计需要花费更多的时间和成本

如果一家企业选择了数据库系统，就必须花费大量的精力来考虑数据库结构的设计。这涉及对企业各个部门之间拥有数据的情况进行研究，各个部门存储数据的类型以及彼此之间的关系和连接也需要进行研究。相比之下，一个基于文件的系统可以对文件应用在需要的时候进行分批设计，这在应用中会简化设计，并随着时间的延伸能分散成本。

2) 需要考虑数据库硬件和软件的成本

大型主机系统的数据库管理系统由一系列复杂的软件组成，这些软件有可能需要花费成千上万的费用。通常情况下，人们都选择使用标准化的软件包，如 SQL Server 或 Oracle。由于整个数据库系统必须随时保持与网络连通，因此还需要购买大量磁盘用于数据存储。

3) 数据库访问比直接的文件访问速度要慢

利用数据库管理系统从数据库恢复数据涉及另一个层面的软件系统，而不能像应用程序那样直接访问文件。在物理层面，数据库的运行需要大量指针，则会延缓访问的速度。这两个因素加在一起，使得数据库的访问速度要明显慢于文件访问。

4.4　数据库模型

数据库模型反映了数据库管理系统关于数据组织的逻辑思路。先后出现了三种数据模型：层次模型、网状模型及关系模型。层次和网状模型仍然有用，但关系模型最为流行。不同的逻辑模型从不同角度描述数据以及数据之间的逻辑关系，这种逻辑关系直接影响着应用程序存取数据的途径。不同的数据模型包含不同的数据链接，因此，各种模型都有其优缺点。

文件系统和数据库系统的主要区别之一就在于前者仅仅是相同类型记录的一个简单集合，而后者则包括：

- 不同类型的记录集合；
- 各记录集合间的关系。

经常出现的记录之间的关系主要有两种：一对多(1:n)和多对多(m:n)。例如部门和员工间的关系就是一对多的关系，一个部门经常有多个员工，而一个员工却往往属于某一特定部门。

员工与员工所从事的项目间又往往是多对多的关系，一个员工可以参加多个项目，而一个项目又同时可以由多人完成。

4.4.1 层次数据模型

层次模型是早期数据库管理系统中常用的一种模型。层次模型没有关于多个对象之间直接关系的表示。但它具有本身独特的树状结构，正是这种结构使它能够与别的模型加以区分。IBM 的 IMS(Information Management System)就是采用层次数据模型的数据库管理系统。

在层次数据模型中，数据元素组成的记录称为节点，对用户来说，每一个记录就像一个组织结构图。最上层的节点叫做根。上下层的节点之间的关系为父-子关系，一个父节点可以有多个子节点，而一个子节点只能有一个父节点。

图 4-7 描述了某所大学数据库的部分层次结构。最高级的记录类型为"系"。每个系包括多个专业和多个教员，每个专业开设多个课程，每门课程都有很多学生选修。"系"是"专业"和"教员"的父节点，"专业"是"课程"的父节点，"学生"是"课程"的子节点。由此可见，这种树状结构仅仅包含了自上而下的发散形的链接关系。图 4-8 给出了在图 4-7 中所示的层次模型，每一个记录都只和它的上一级记录存在关系。

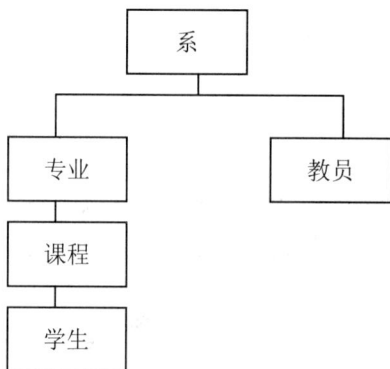

图 4-7　层次模型示例

要将信息集成为一个逻辑整体还需要一系列物理连接和设备，在层次数据库管理系统中，数据之间的相互连接是通过一系列指针实现的，这些指针形成了关联数据节点之间的链，指针是位于节点后的特殊数据元素，通过它们将节点关联起来形成记录。例如上例中，在系节点后有一系列指针分别指向其子节点，而在专业节点和课程节点后也相应有指向它们子节点的指针。

如果某个专业被删除，那么该专业相应的课程以及每个课程相对应的学生的记录都将被删除。例如，如果"工程管理"专业被删除(可能是由于某种原因被学校取消)，那么，"课程 A"、"课程 B"、"张三"、"李四"也将从数据库中被删除。

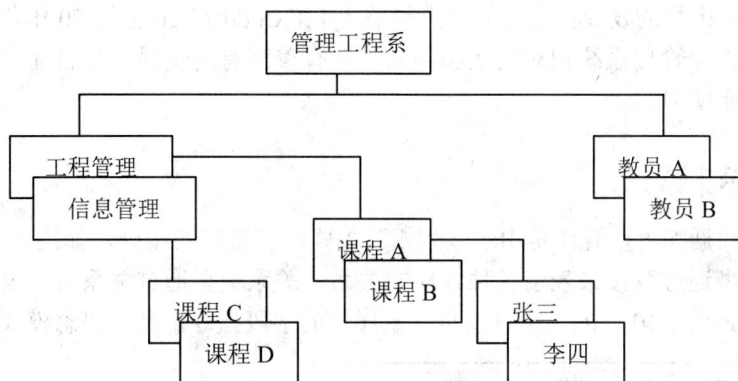

图 4-8   "系"的层次模型示例

4.4.2   网状数据模型

网状数据模型是层次数据模型的变形。事实上，为了使处理速度更快，处理更方便，可根据需要将层次数据库转换成网状数据库或将网状数据库转换成层次数据库。层次数据模型主要用来描述一对多的数据逻辑关系，而网状模型能够更好地描述多对多的数据逻辑关系，也就是说父节点可以有多个子节点，子节点也可以有多个父节点。

图 4-9 中的学生与课程之间的关系就是典型的多对多的关系，一个学生可选修多门课程，而一门课程可有多个学生选修。如果用图 4-8 所示的层次数据模型来描述，那样会导致大量的数据冗余并且某些类型的信息查询时响应速度会变慢，这是由于同一个学生的名字会在其所选修的所有课程中出现。网状数据模型在多对多的情况下，能够减少数据冗余，加快响应速度，但是冗余的减少和速度的提高是通过增加更多的指针来实现的，而指针的增加意味着数据库的维护和运行更加复杂。

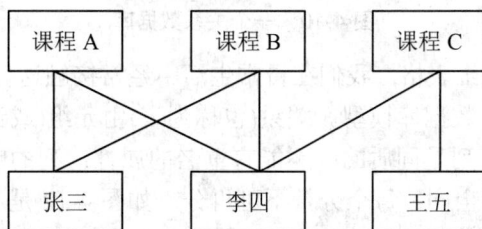

图 4-9   网状模型示例

同层次模型类似，网状模型一般也只在较老的数据库系统中使用，如今一般不选择这种数据库模型。其原因就在于层次、网状模型没有其他数据库模型灵活，因为必须在查询之前就确定记录之间的关系，并且在系统中实现这种关系。因此，记录之间的关系相对固定，一旦管理者在特定的查询中所要求的与已经实现的关系不同，那么完成查询要么很困难，要么很费时间。

4.5 关系数据库模型

关系数据库模型的发展在很大程度上得益于 E.F.Codd 在 20 世纪 70 年代的理论探讨。关系模型的数据库管理系统相对网状和层次模型有着固有的优势，是目前开发信息系统使用的主流数据库模型。

4.5.1 关系

一个关系数据库可以看作是由一系列相互关联的二维表的集合，如图 4-10 所示。网状模型和层次模型通过联接来表示各种各样的关系，关系模型通过关系或者表来表示各个对象之间的联系。图 4-10 中的模型以及每一条属性的字段指令都是和概念模式相适应的。

图 4-10 一个关系数据库

一个关系就是一个二维表格。我们在日常生活中经常接触这种表格，如图 4-11 所示，所以我们很容易理解关系数据库模型。关系(也称为表)由元组(或记录)和属性(字段)组成，一个关系的基本要求是：列是同质的；不能有重名的属性；列的顺序无所谓；行的顺序无所谓；任意两个元组不能全同；每个分量不可再分。如图 4-12 是不合法的关系。

关系对应于现实中的人们要跟踪的某一类对象。如图 4-11 所示，关系由记录组成，而每个记录则对应于某个具体的对象。对象有各方面的属性，例如在学生工作管理中，针对学生对象，我们往往关心一个学生的姓名、性别、入学时间、班级专业等方面的属性。在图 4-10 中的有关光盘出租的数据中，我们关注了三类对象(顾客、发行商及光盘)的相关数据。每个对象都有相关的属性。如光盘，我们必须了解该光盘的名称、类型、由谁发行等各方面的属性。而关系中的字段就对应于对象中的属性，而某个字段的具体取值也就对应于某个属性的取值。在下面的讨论中，属性与字段不做区别。

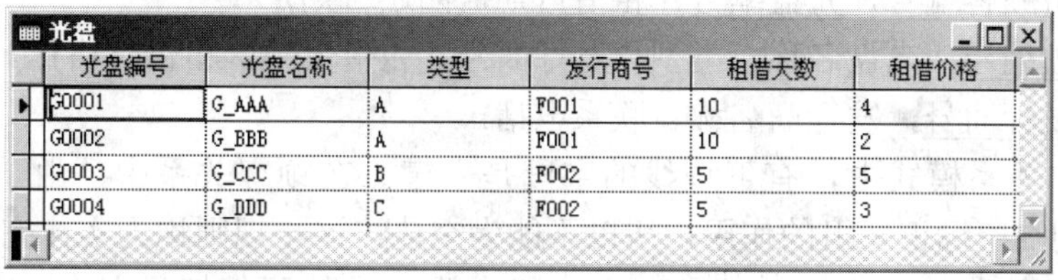

光盘

光盘编号	光盘名称	类型	发行商号	租借天数	租借价格
G0001	G_AAA	A	F001	10	4
G0002	G_BBB	A	F001	10	2
G0003	G_CCC	B	F002	5	5
G0004	G_DDD	C	F002	5	3

图 4-11　一个关系

<table>
<tr><th>姓名</th><th>课程</th><th>成绩</th></tr>
<tr><td rowspan="2">刘平</td><td>信息系统</td><td>80</td></tr>
<tr><td>企业管理</td><td>90</td></tr>
<tr><td rowspan="2">王岚</td><td>信息系统</td><td>78</td></tr>
<tr><td>企业管理</td><td>85</td></tr>
</table>

图 4-12　不合法的关系

4.5.2　关系的键

1) 主键和候选键

在一个关系中，当某一个属性的值确定后，关系中的其他属性值也就唯一确定了，将这样的能唯一标识关系中的记录行的列称为候选键。而当候选键多于一个时，通常要选其中一个键作为主键，用来建立与其他表的关联或作为插入、删除、检索元组的参照依据。

例如，图 4-11 中的“光盘”关系的“光盘编号”就可以作为主键，当光盘编号确定了，光盘的名称、类型等其他的属性也就唯一确定了。如果光盘的名称不重名，那么光盘名称也可以作为主键。只是在这里我们选择了光盘编号作为主键，那么光盘名称则可以作为候选键。

2) 组合键

如果某个候选键包含多个属性时，该候选键称为组合键。例如图 4-10 中的“光盘出租”关系，当“顾客编号”和“光盘编号”都确定了后，其他属性才能唯一确定。因此，顾客编号和光盘编号组合为光盘出租关系的主键。

3) 外键

从图 4-10 中看出，为了表示关联，可以将一个关系的主键作为属性放在其他表中，这时，第二个关系中的那个属性就称为外键。例如图 4-10 中，“发行商”关系的主键“发行商号”就成了“光盘”关系的外键，两个关系通过“发行商号”建立了关联。

4.5.3　关系的完整性规则

关系的完整性规则是对关系的某种约束。一般包括两个方面实体完整性规则和参照完整性规则。

1) 实体完整性规则

我们将图 4-10 中的关系写为下面模式：

顾客(<u>顾客编号</u>，姓名，电话，地址)；

光盘出租(<u>顾客编号</u>，<u>光盘编号</u>，租借日期，归还日期)；

光盘(<u>光盘编号</u>，光盘名称，类型，发行商号，租借天数，租借价格)；

发行商(<u>发行商号</u>，发行商名称，联系电话)。

在上面的关系模式中，有下划线的字段是主键。在顾客关系中，由于顾客编号是主键，需要起到唯一标识元组的作用，所以不能为空值，这一规则称为实体完整性规则。

定义：设关系 $R(U)$，$A \in U$，是 R 的主键成分，则 A 不能接受空值，满足这一约束的称其为满足实体完整性规则。

2) 参照完整性规则

定义：设关系 $R(U)$，$X \in U$ 是 R 的外键，则在任何时刻 X 的值或者为空，或者等于 K，且 K 必定是被引用关系 R 的主键值。

例如，图 4-10 中光盘关系和发行商关系通过发行商号建立关联，发行商号是发行商关系的主键，是光盘关系的外键，那么光盘关系中的发行商号的值在发行商关系中的发行商号中必须有对应的值。

总之，完整性规则是定义关系模式时的约束条件，过滤不合法的数据，只允许合法的数据存储于数据库中。实施参照完整性后，对表中字段所进行的任何操作，系统都会自动检查完整性规则，如果对关键字的修改出现了一种无效的关系，系统会自动地强制执行参照完整性。

4.5.4　关系的规范化

1) 函数依赖

假如你正在超市购买某品牌的饼干，该品牌的饼干每盒 3 元。这样你的付款就取决于你买的饼干的盒数，即

付款=盒数×价格

更正规的说法是付款依赖于盒数，表示为

盒数 → 付款

上面的表达式也可以读作盒数决定付款，其中盒数是决定因子。

现在，让我们将函数依赖的思想扩展到关系中。假如你知道一个袋子里装着红、蓝或黄 3 种物品中的一个。另外，还知道红色的物品重 5 公斤，蓝色的重 3 公斤，黄色的重 7 公斤。如果你的一个朋友看过袋子里的物品，并告诉你它的颜色，那么你就可以告诉他物品的重量。这样，我们可以得出：

物品颜色 → 重量

即重量依赖于物品颜色，而物品颜色决定重量。物品颜色是决定因子。当我们知道红色的是圆的，蓝色的是方的，而黄色的是三角形的。我们可以说

物品颜色 → (重量，形状)

另外一种表示这些事实的方法是将它们放在表 4-2 中。显然，表 4-2 是一个关系，其中的主键是物品颜色。记为关系模式为

表 4-2 物品的属性列表

物品颜色	重 量	形 状
红	5	圆形
蓝	3	方形
黄	7	三角形

物品(物品颜色，重量，形状)

这样，我们也可以说，关系是用来存储函数依赖关系的实例。而一个关系的主键就是该关系中一个或多个可以通过函数关系决定其他所有属性的属性。该定义也适合候选键。例如，图 4-10 中的光盘关系的光盘编号是主键，那么，我们可以说：

光盘编号→(光盘名称，类型，发行商号，租借天数，租借价格)

2) 关系的规范化

在讨论关系的规范化问题之前，让我们先来看一个例子。假如有一个关系如下：

SDC(学号，姓名，年龄，性别，导师编号，导师姓名，导师邮箱，课程号，成绩)

这个关系企图将学生的基本信息、学习成绩信息以及导师的信息存储在一个表中。虽然上面的关系满足了合法关系的基本要求，但可能会出现一些更新上的问题。

具体地说，由于在每个被指导学生的数据中都包含了导师的信息，因此导师的数据会在表中重复很多次，这就意味着对导师数据的修改需要执行很多次。例如，若某位导师更换了办公室，那么表中对应于他的学生的每一行都需要修改。如果他有 20 名学生，那么就要进行 20 次修改，如表 4-3 所示。

表 4-3 学生信息列表

学号	姓名	年龄	性别	导师编号	导师姓名	导师邮箱	课程号	成绩
1001	张三	20	女	001	刘军	liujun@163.com	112	89
1001	张三	20	女	001	刘军	liujun@163.com	113	80
1001	张三	20	女	001	刘军	liujun@163.com	114	85
1002	李四	21	男	001	刘军	liujun@163.com	112	81
1002	李四	21	男	001	刘军	liujun@163.com	113	90
1002	李四	21	男	001	刘军	liujun@163.com	114	78

当从列表中删除一名学生时，如果删除的碰巧是某位导师唯一的学生，那么被删除的就不仅仅是那名学生的数据，他的导师的数据也被一并删除了。这样，当试图删除某个实体的数据时，很可能会在无意识中删除了两个实体的信息。

因此，这是一个有问题的关系模式，必须对它进行优化。优化时要遵循这样一个原则：每个函数依赖关系的决定因子都必须是候选码。如果违反这一原则，就应该分解为两个或多个符合以上原则的关系。

具体来讲，关系规范化步骤如下。

(1) 确认关系的所有候选键。

(2) 确认关系中的函数依赖关系。

(3) 检查函数依赖关系的决定因子。如果任何一个决定因子都不是候选键，则关系就存在规范化问题。可按下列方法进行处理。

- 在它们自己的新关系中放置具有函数依赖关系的列。
- 让函数依赖关系的决定因子成为新关系的主键。
- 将决定因子的副本作为原始关系中的外键。
- 在新关系和原始关系中创建关联完整性约束。

(4) 根据需要，多次重复步骤③，直至每个关系的决定因子都是候选键。

现在让我们仔细分析上述关系，一共存在如下四个函数依赖关系：

学号→(姓名，年龄，性别，导师编号，导师姓名，导师邮箱)

导师编号→(导师姓名，导师邮箱)

导师邮箱→(导师编号，导师姓名)

(学号，课程号)→成绩

由于以上函数依赖关系中的所有决定因子都不是候选键，所以需要对原关系进行分解，并以外键建立关联。分解处理后的关系如下。

STUDENT(学号，姓名，年龄，性别，导师编号)

ADVISER(导师编号，导师姓名，导师邮箱)

COURSE(学号，课程号，成绩)

对应的参照完整性规则应该是：COURSE 中的学号的值在 STUDENT 的学号中的有对应项。STUDENT 的导师编号的值在 ADVISER 中的导师编号中有对应项。

4.6　创建自己的关系数据模型

我们强调，数据是企业的一项重要资源，它不只是数据处理部门简单的输入和输出，更是一种需要仔细计划和管理的有重要价值的资产。

数据库就是企业为了多方面的用途将数据存储起来而形成的，因此必须精心设计以满足企业目前以及将来的应用需求。特别需要强调的是，信息流通的方式应该是灵活的，以满足企业制定管理决策的需求。从这个角度出发，应该说数据库是一个综合性管理信息系统的核心部分。下面我们将讨论利用上面的相关理论来创建关系数据库的思路。

假如你有一个公司，公司里有如下一些规则：

- 一个员工只能在一个部门上班。
- 一个部门可能有多个员工，也可能一个员工也没有。
- 每个员工可从事多项工作。
- 一项工作可由多个人来做，也可能没有人来做。

现在需要你来开发一个数据库，来存储员工与所从事的工作间的关系的相关信息。显然，我们需要创建一个关系数据库。具体的创建过程可以参照下面的步骤。

(1) 定义实体类和主键。

(2) 定义每个实体类之间的关联。

(3) 为每个关系定义字段(信息)。

(4) 用数据描述语言创建数据库。

下面，我们遵循以上步骤来对上面的例子进行详细的分析。

4.6.1　定义实体类和主键

所谓实体，就是系统用户希望跟踪的对象。例如，光盘出租业务中的光盘就是一类实体，而某一个具体的光盘则是实体或对象的实例。实体集反映了相同类型的实体实例的集合，如图 4-13 所示。

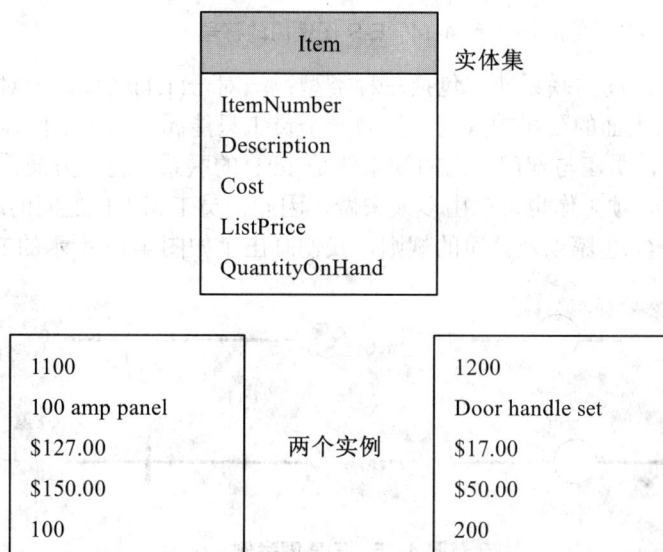

Item
ItemNumber
Description
Cost
ListPrice
QuantityOnHand

实体集

1100	1200
100 amp panel	Door handle set
$127.00	$17.00
$150.00	$50.00
100	200

两个实例

图 4-13　实体集与实例的关系

通过阅读上面的公司规则，我们发现主要涉及员工、部门、工作三个方面的内容，不妨首先定义三个方面的实体：员工、部门、工作。令员工编号、部门编号以及工作编号依次分别为三个实体的主键。

4.6.2　定义每个实体类之间的关联

实体之间必须建立关联，我们用实体-关联图(Entity_Relationship Diagram，E-R 图)来反映实体间的关联。E-R 模型可以有多种形式或变体。如图 4-14 所示是传统的 E-R 图的符号组成，所有的数据库专业人员都理解传统的 E-R 模型。E-R 模型的第二版已经集成到统一建模语言(UML)中。UML 使用的表示法和 E-R 方法略有不同。

画 E-R 图时可以遵循以下步骤。

(1) 画出实体。

(2) 看实体之间是否有联系，如果有，用菱形表示。

(3) 判断是什么联系。

(4) 判断联系是必须的还是可选的。

(5) 消除多对多联系以及对关系进行规范化。

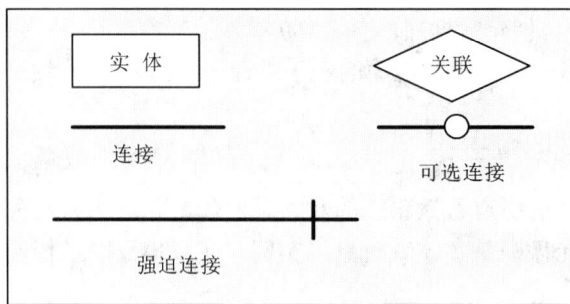

图 4-14　E-R 图使用的符号

E-R 图中实体之间的联系通常包括三种类型：一对一(1:1)联系，一对多(1:n)联系及多对多(m:n)联系。由上面的公司的规则可知，一个员工只能属于某个部门，但一个部门可以有多个员工，因此，员工与部门之间的联系就是 m:1 的联系。另一方面，一个员工可以从事多项工作，同时一项工作也可以由多人来做，因此，员工和工作之间的联系就是 m:n 联系。根据以上(1)～(4)步骤以及公司的规则，我们画出了如图 4-15 所示的 E-R 图。

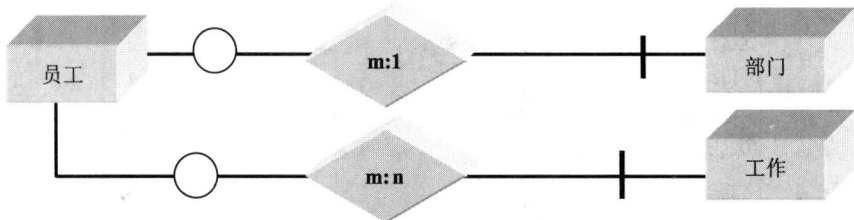

图 4-15　E-R 图举例

最后一个步骤就是消除多对多联系。如图 4-16 是未消除多对多联系的结果。由图可以看出，如果员工甲从事多项工作，那么在员工关系表中的其他属性(如姓名、住址等)将要随着他所从事的多项工作信息的存储而重复存储，这将导致大量的冗余。为了尽量减少这种冗余，我们需要消除多对多联系。图 4-15 消除了 m:n 联系后的结果如图 4-17 所示。在图 4-17 中，我们增加了一个关联关系：员工-工作，从而使员工关系和工作关系通过员工-工作关系建立了关联。如图 4-18 是消除 m:n 后的显示结果。图 4-19 是最终的 E-R 图。

员工				工作	
员工编号	姓名	工作编号	工作时间	工作编号	工作名称
01	甲	A01	50	A01	装
01	甲	A02	60	A02	卸
01	甲	A03	50	A03	拉
02	乙	B01	50	B01	打
02	乙	B03	40	B03	焊接
03	丙	C02	30	C02	修理

图 4-16　m:n 关联

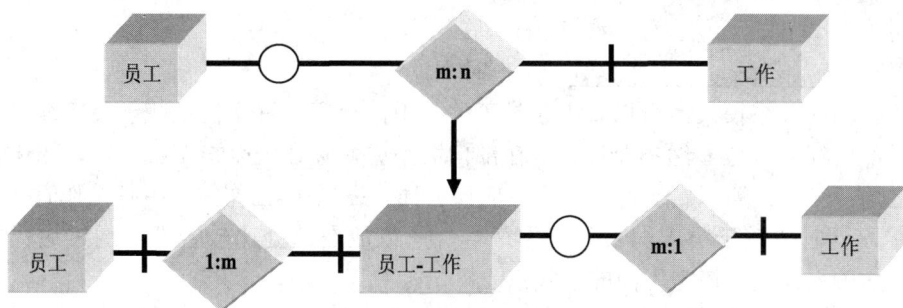

图 4-17 消除 m:n 联系后的 E-R 图

员工			员工-工作			工作	
员工编号	姓名		员工编号	工作编号	工作时间	工作编号	工作名称
01	甲		01	A01	50	A01	装
02	乙		01	A02	60	A02	卸
03	丙		01	A03	50	A03	拉
			02	B01	50	B01	打
			02	B03	40	B03	焊接
			03	C02	30	C02	修理

图 4-18 消除 m:n 后的关联

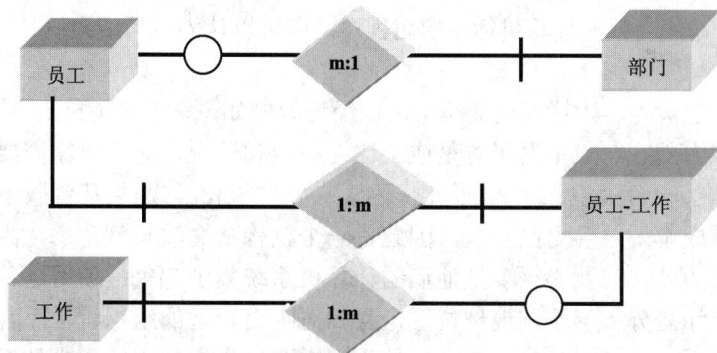

图 4-19 最终的 E-R 图

4.6.3 为每个关系定义字段

关系中的字段是我们所关心的该实体的某方面的信息。在设计字段时，应该时刻注意关系的规范化原则，即确保关系中每个字段都只依赖于主键。另外为了尽量减少冗余，要确保关系中没有衍生字段。

例如，我们初步设计了下面的关系模式：

员工(员工编号，姓名，性别，部门编号，部门名称)

工作(工作编号，工作名称)

部门(<u>部门编号</u>，部门主管，员工数)

员工-工作(<u>员工编号，工作编号</u>，工作时间)

针对上面的关系模式，可以看出在员工关系中，部门名称不但依赖于员工编号，同时也依赖于部门编号，这显然不合理。而在部门关系中，存在一个员工数字段，由于该字段可以通过统计获取，所以属于衍生字段，应该去掉。在员工-工作关系中有工作时间字段，由于此字段同时依赖于员工编号和工作编号，所以放在此处比较合理。通过这样的检查后，最终的关系模式应该是下面的形式：

员工(<u>员工编号</u>，姓名，性别，部门编号)

工作(<u>工作编号</u>，工作名称)

部门(<u>部门编号</u>，部门主管)

员工-工作(<u>员工编号，工作编号</u>，工作时间)

有了上面的规范后的关系模式，接下来的工作就是利用某一数据库描述语言来创建数据库。

4.7　分布式数据库

4.7.1　分布式处理

分布式处理可以定义为：计算机设备和数据在一个以上的地点出现，应用程序在一个以上的地点的系统上运行。根据这个定义，分布式处理与所有类型的网络系统，包括广域网、局域网以及因特网都有关系。例如，位于校园内不同大楼的计算机用户连在一个小型网络上，但仍可以用自己的计算机运行应用程序，则可以认为该网络系统是一个分布式处理系统。

人们过去常常认为，计算模式受益于规模经济。例如，著名的 Grosch 法则认为：一台计算机的计算能力同它的成本的平方是成正比的。换句话说，对于一家需要计算能力的公司组织来说，购买一台大型计算机(以此作为中央处理机)，与购买几台微型或小型计算机相比而言，通常成本效益会更高一些。因此，一个机构从财政角度考虑，为了让他们投入的资金发挥最大的效益，就必须要把他们的计算机系统集中起来。使用这种计算机系统的集中模式，对于那些分布于不同地理位置，且相对距离较远的组织机构而言，将势必导致相当高的信息联系成本，因为每一个分支的终端需要与集中起来的中央处理机进行连续不断的数据交换。

随着越来越多的更加廉价的计算机硬件的出现和发展，尤其是微型芯片的发展，Grosch 法则已经被打破了。通过计算机系统集中起来获得规模经济效益的问题已经不复存在。本地计算机能够承担和满足本地信息处理的需要，而同机构内部的其他分支节点进行联系的需要大大减少，实际上这种联系只发生在某一个地点需要另一个地点所拥有的数据时。

如图 4-20 所示是一个轮胎制造商为在全国范围内购买原材料并销售产品而建立的分布式处理系统。公司的总部、工厂和仓库都位于同一个地点。为了削减商品分发的费用，同时对零售订单进行迅速的处理，公司决定在另外两个地点分别建立了仓库，生产出来的成品将被提前分发到各仓库储存起来，以便销售。位于企业总部的大型计算机负责处理集中的核算、购买、生产进度规划、工资和奖金计算、本地库存控制和本地的销售订单处理等工作。两个外地仓库各自都有一台小型计算机，对自己的库存和本地的销售订单进行处理。这两台小型计算机都与总部的计算机连在一起，这就使一个仓库可以查询另一个仓库的库存情况。这样，当一个仓库货物短缺时，就可以查询其他仓库的库存情况，以便进行及时调度。

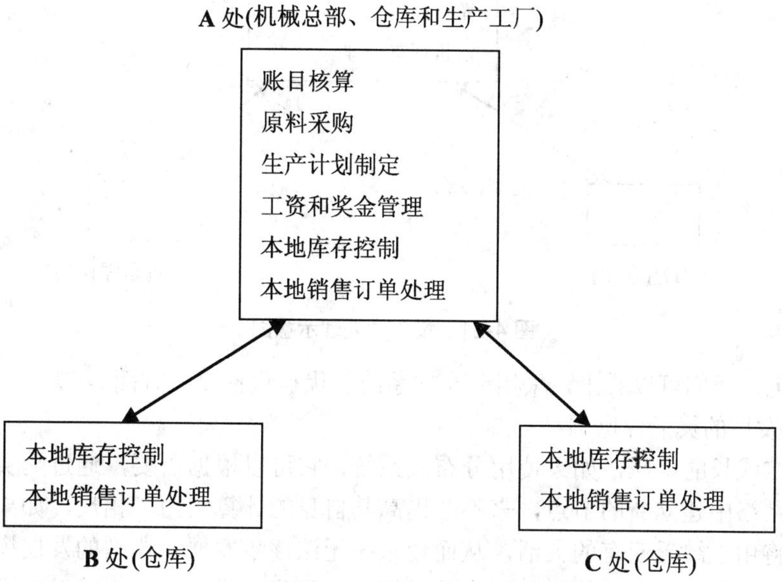

A 处(机械总部、仓库和生产工厂)

账目核算

原料采购

生产计划制定

工资和奖金管理

本地库存控制

本地销售订单处理

本地库存控制

本地销售订单处理

B 处(仓库)

本地库存控制

本地销售订单处理

C 处(仓库)

图 4-20　分布式处理示意图

这样，绝大多数库存控制查询和货物更新都位于本地掌握的数据库中。偶尔出现本地仓库中的商品不能满足顾客需求的情况时，存放在其他仓库的数据就会通过网络连接被调出，以便进行查询。由于账单处理是由总部集中进行的，因此尽管销售订单处理是在本地进行的，但还是有必要保证销售订单以及发送货物的详细数据在本地计算机和总部的大型计算机之间进行畅通无阻的交流。这些数据不是在销售活动进行的同时立即返回到总部，只需在交易活动结束的当天将数据传输到指定的位置即可。在这种模式中，账目清算及工资和奖金的计算都是由总部集中处理的。如果变换一种组织结构，总机构给予分支机构的独立性可能会更大一些。也就是说，让每个分支机构来负责处理各自的账目清算和工资、奖金计算任务，而企业总部将收到统一整理过的会计报告。

假设该制造商采取如图 4-21 所示的集中式系统模式，企业的所有任务都通过总部集中执行。那么，在每一次操作中，只要需要访问数据存储，或者执行任何的数据处理时，地方与总部之间的互动联系将会频繁不断，这自然会产生过程中的通信费用负担。不仅如此，这些通信线路还必须是高速的连接系统，否则在互动的联系中，应答的时间将会非常漫长。在企业的总部，大型计算机必须有能力接受多个分支点传来的交易数据，并且还需要在它的信息处理时间中抽取部分时间，用于对排队等待处理中的数据进行保持和维护工作。分支传输点的数量越多，传输的数据量越大，这一问题也就越严重。在这种情况下，每个分支点都设有专业的计算机工作人员几乎是不可能的。较普遍的做法是：在总部集中设立一支专业队伍，来负责应用程序的开发和日常的计算机运作操作。

(A处)机械总部、仓库和生产工厂

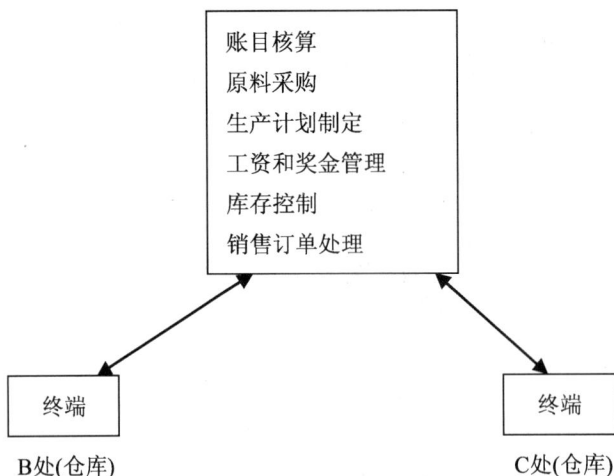

账目核算

原料采购

生产计划制定

工资和奖金管理

库存控制

销售订单处理

终端

终端

B处(仓库)

C处(仓库)

图 4-21　集中式处理示意图

总结以上，我们可以看出，采用分布式系统的优点包括以下方面。

1) 系统发展的灵活性增强

一个正在成长的组织，如果使用分布式系统，它可以根据需要，通过购买、安装新的计算机，在网络中建立新的节点，来不断提高其自身的计算实力。相反，如果使用集中式系统的话，将由于缺乏应有的灵活，从而使系统无法逐步发展。典型的发展模式会使现存系统由于负荷超标，而被功能更加强大的计算机所取代。如果进一步的发展已被列入计划中，那么在建设现有系统时，就需要考虑到预留出额外的计算机能力，以便满足未来发展的需要。但如此做的耗费是昂贵的。

2) 较低的通信费用

长距离传输数据需要一定的费用。传输费用(租线费用、拨号服务费等)的下降比计算机设备费用的下降要慢得多。在一个分布式系统中，大多是本地信息本地处理，这是很平常的。只有当其他地方要求获得这些数据或进行信息处理时，才会使用到网络。与将本地交易的信息数据传送到总部进行中心处理的集中式系统相比，分布式系统的通信费用得到了较大幅度的削减。

3) 容错能力

使用集中式的信息处理系统，如果一台计算机出现故障而无法工作的话，将导致组织中所有计算机的工作都被迫中断，这种情况简直让人无法接受。挽救的措施，例如准备一台复制的计算机，或者和其他公司达成在本公司计算机瘫痪的情况下借用该公司计算机的互惠协议，都是代价昂贵的，而又往往不能令人满意，如果使用分布式系统模式的话，无法工作的情况将仅仅局限于发生故障的那台计算机，网络中的其他设备都将能够继续工作，并且能将瘫痪计算机的部分工作承担起来，具体的情况将取决于特定网络系统的拓扑结构，以及相互联系的通信软件。

4) 跨国界数据流动

许多跨国集团在每个国家中都保留了相对独立的操作系统，这些系统通过网络连接在一起。各个国家的法律通常只允许非常有限的数据进行跨国界的流动。因此，确保数据能

高等学校应用型特色规划教材

够在本地进行处理，同时保证数据能够跨国流动是非常重要的。关于个人数据保存和处理的数据保护法规往往视各个国家的具体情况而定，对于跨国数据流动的管理则更加严格。

5) 减少反应时间

当数据和处理设备离用户较近时，反应时间加快了，很多与集中式系统有关的延迟减少了，包括当用户争夺一个负载过重的中心主机或使用较慢的通信频道时出现的延迟。

6) 用户满意度提高

因为集中式应用程序的开发人员通常要面对一大堆开发任务，终端用户的需求往往会被忽略，所以用户通常会不满意开发人员的工作。用户喜欢对计算设备有更多的控制，这样他们可以减少等待开发人员完成工作的时间。

4.7.2　有效的分布式处理系统

有效的分布式处理系统应该是容易使用的。当用户请求系统服务时，他们不必关心数据存储在哪里或在哪里进行处理。例如一个管理者要生成一份报告，他不必知道系统在哪里找到数据，也不必知道哪个处理器或通信系统在工作。分布式系统的这种特性被称为定位透明。

另外，有效的分布式处理系统也应该避免数据的不一致性。软件和程序应该能提供自动的全系统范围内的修改。一个用户修改了一个文件的记录，不必关心系统是否在这个数据出现的所有地方都作了修改。分布式系统的这种特性被称为修改透明。

组织的性质是规划分布式处理时要考虑的一个问题。以分布式处理的形式组织信息系统对于在其他方面也较分散的组织来说可能会很有效。例如，一个大公司可能需要其他公司作为附属单位，用来生产不同的相关产品。该大公司对其附属单位的运作方式可能不会干涉太多，而是把大部分决策权下放。这些附属单位甚至可以用不同类型的计算机系统支持各自的工作。在这种环境下，采用分布式处理系统可能会非常合适，因为它适合整个组织的结构和操作方式。

4.7.3　分布式数据库

在一个集中式系统中，组织的计算机系统和数据库都在一个主机上运行，用户通过本地或远程终端访问数据。这种结构对于像金融这样需要集中控制的行业来说非常必要，但对于一般的需要灵活开展业务的地理上比较分散的企业来说，需要将数据分散放置。我们把这种分散放置数据库的系统称为分布式数据库系统。

1. 数据库的复制和分解

当处理分布式时，被处理的数据通常也必须放在处理的地方，这意味着需要多数据库进行适当的分散存放。分散一个数据库主要有两种方法。

第一种就是在所有地方提供所有数据的拷贝，这叫数据库复制。如图 4-22 所示，地方分支点的计算机可以每天从中央主机上下载一个集中化存储的数据库。数据下载后，就能够在地方进行检查处理。在当前的工作中，局部分支点计算机将对所有交易活动进行处理，但是必须对中央数据库中的数据予以更新。交易活动的细节资料可以在交易进行的同时立即传送到中央主机中进行处理，也可以保存起来，等到当天工作结束后，再上传到主机的数据库中去。不论哪种方式，第二天早上局部分支点的计算机都会下载到一份更新过的中央主机数据库资料。

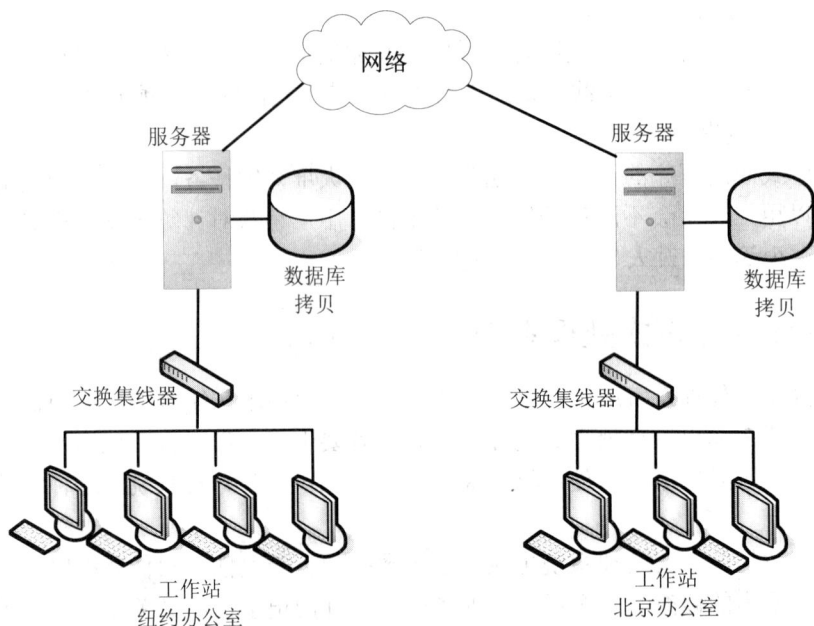

图 4-22　数据库的复制示意图

从计算机系统资源角度来看，数据库复制非常昂贵，而且保持每一数据项的一致性也非常困难，并且要有一定的开销。当然，在另一方面，复制数据库也提供了一种安全保证手段，当某一处的数据库毁坏时可以使用复制的数据库作为副本。

分散数据库的另一种方式是分解。数据库可以分解成几个部分，每一部分只适合于某些特定地点，因此只需把这一部分数据存放在这一地点。例如，财务、销售和管理的数据可以保留到总部，而与生产相关的数据及员工的数据可以存放在每一个生产厂和办公室。一些地理比较分散的组织还可以按层次来分解数据库。详细的数据，如工资表、销售数据保存在当地。这些数据按照组织层次向上传递，地区性和全国性的部门接受越来越概括的汇总数据。例如，在一个分店遍布全国的连锁店中，客户订单、销售人员佣金和产品库存状态等详细信息可以保存在每一个分店。总部办公室只保存销售总量、佣金总额和库存总量等这样的汇总数据。

2. 分布式数据库系统的体系结构

目前，分布式数据库系统的体系结构主要有两大类：客户/服务器(Client/Server，C/S)结构与浏览器/服务器(Browser/Server，B/S)结构。

1) C/S 结构

C/S 结构把数据库内容放在远程的服务器上，而在客户机上安装相应软件。C/S 软件一般采用两层结构，其分布结构如图 4-23 所示。它由两部分构成：前端是客户机(Client)，负责用户界面的显示与业务逻辑，接受用户的请求，并向数据库服务提出请求，通常是一个 PC；后端是负责管理数据库的数据库服务器(Server)，负责将请求的数据提交给客户端，同时还要提供完善的安全保护及对数据的完整性处理等操作，并允许多个客户同时访问同一个数据库。在这种结构中，由于客户端具有界面复杂、信息丰富、处理深刻以及较强的交互性等特点，所以俗称"胖客户端"。而相对来说，服务器只负责数据的存储和共享等较轻的任务。

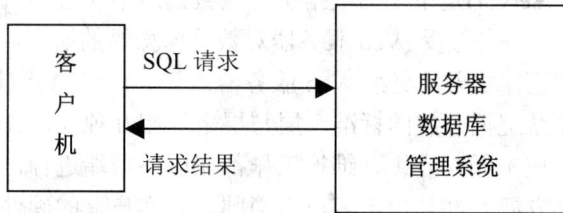

图 4-23　C/S 结构

2) B/S 结构

B/S 结构是随着 Internet 技术的兴起，对 C/S 结构的一种变化或者改进的结构。在这种结构下，用户界面完全通过 WWW 浏览器实现，一部分事务逻辑在前端实现，但是主要事务逻辑在 Web 服务器端实现，形成所谓的三层结构，如图 4-24 所示。B/S 结构，主要是利用了不断成熟的 WWW 浏览器技术，结合浏览器的多种 Script 语言(如 VBScript、JavaScript)和 ActiveX 技术，用通用浏览器就实现了原来需要复杂专用软件才能实现的强大功能，并节约了开发成本，是一种全新的软件系统构造技术。

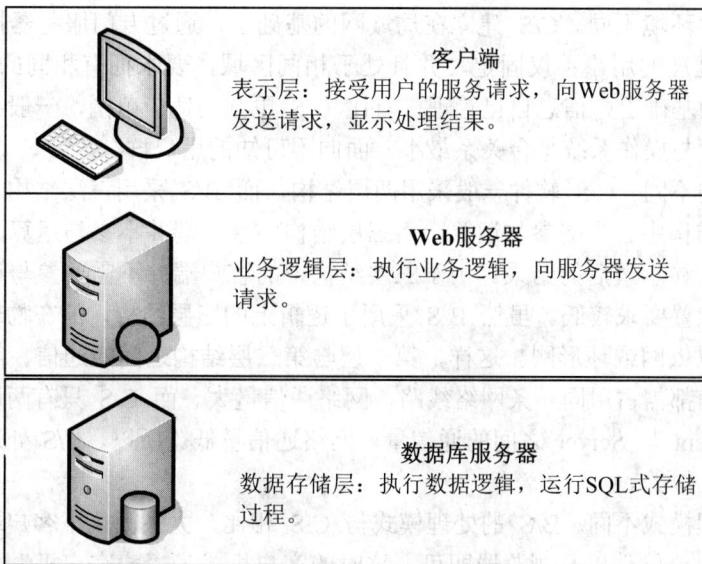

图 4-24　B/S 三层结构

Web 浏览器即系统的表示层，位于客户端。任务是由 Web 浏览器向网络上的某一 Web 服务器提出服务请求，Web 服务器对用户进行身份验证后用 HTTP 协议把所需要的主页传送给客户端，客户机接受传来的主页文件，并显示在浏览器上。

Web 服务器(Web Server)是系统的功能层，具有应用程序扩展功能。数据请求、加工、结果返回及动态网页生成、对数据库的访问和应用程序的执行等工作全部由 Web 服务器完成。Web 服务器接受用户的请求，首先需要执行相应的扩展应用程序与数据库的连接，通过 SQL 等方式向数据库服务器提出数据处理申请，而后等数据库服务器将数据处理的结果提交给 Web 服务器，再由 Web 服务器传送回客户端。

数据库服务器(DB Server)是系统的数据层。在数据层中包含系统的数据处理逻辑，位于数据库服务器端。其任务是接受 Web 服务器对数据库操纵的请求，实现对数据库查询、修改、更新等功能，把运行结果提交给 Web 服务器。

这种网络结构的系统遵循开放的标准，层与层之间相互独立，任何一层的改变不会影响其他层的功能；维护成本低，升级、维护工作都在服务器端进行，不需要对客户端进行改变；使用简单，界面友好；并且由于客户端消肿，对客户端的硬件配置要求降低，可由相对廉价的网络计算机承担。

B/S 结构的主要特点是分布性强、维护方便、开发简单且共享性强、总体拥有成本低。但数据安全性差、对服务器要求过高、数据传输速度慢、软件的个性化特点明显降低，这些缺点是有目共睹的，难以实现传统模式下的特殊功能要求。例如，通过浏览器进行大量的数据输入或进行报表的应答、专用性打印输出都比较困难和不便。此外，实现复杂的应用构造有较大的困难，虽然可以利用 ActiveX、Java 等技术开发较为复杂的应用，但是相对于发展已非常成熟的 C/S 的一系列应用工具来说，这些技术的开发复杂，并没有完全成熟的技术工具供使用。

3) C/S 结构与 B/S 结构的分析比较

第一，硬件环境不同。C/S 建立在局域网的基础上，通过专门服务器提供连接和数据交换服务。所处理的用户不仅固定，并且处于相同区域，要求拥有相同的操作系统。B/S 建立在广域网的基础上，信息自己管理，有比 C/S 更强的适应范围，一般只要有操作系统和浏览器就行。与操作系统平台关系最小，面向不可知的用户群。

第二，结构不同。C/S 软件一般采用两层结构，而 B/S 采用三层结构。这两种结构的不同点是两层结构中客户端参与运算，而三层结构中客户端并不参与运算，只是简单地接受用户的请求，显示最后的结果。由于三层结构中的客户端并不需要参与计算，所以对客户端的计算机配置要求较低。虽然 B/S 采用了逻辑上的三层结构，但在物理上的网络结构仍然是原来的以太网或环形网。这样，第一层与第二层结构之间的通信、第二层与第三层结构之间的通信都需占用同一条网络线路，网络通信量大。而 C/S 只有两层结构，网络通信量只包括 Client 与 Server 之间的通信量，网络通信量低。所以，C/S 处理大量信息的能力是 B/S 无法比拟的。

第三，处理模式不同。B/S 的处理模式与 C/S 相比，大大简化了客户端，只要装上操作系统、网络协议软件以及浏览器即可，这时的客户机成为"瘦客户机"，而服务器则集中了所有的应用逻辑。

第四，构件的重用性不同。在构件的重用性方面，C/S 程序从整体进行考虑，具有较低的重用性。而 B/S 对应的是多重结构，要求构件具有相对独立的功能，具有较好的重用性。

第五，系统维护不同。系统维护是在软件生命周期中开销最大的一部分。C/S 程序由于其本身的整体性，必须整体考察并处理出现的问题。而 B/S 结构，客户端不必安装及维护。B/S 结构在构件组成方面只变更个别构件，开发、维护等工作都集中在服务器端。当需要升级时，只需更新服务器端的软件，而不必更换客户端软件，实现系统的无缝升级。这样就减轻了系统维护与升级的成本和工作量，使用户的总体拥有成本大大降低。

第六，对安全的要求不同。由于 C/S 采用配对的点对点的结构模式，并采用适用于局域网、安全性比较好的网络协议(如 NT 的 NetBEUI 协议)，安全性可得到较好的保证。C/S 一般面向相对固定的用户群，程序更加注重流程，它可以对权限进行多层次校验，提供了更安全的存取模式，对信息安全的控制能力很强。一般高度机密的信息系统采用 C/S 结构适宜。而 B/S 采用点对多点、多点对多点这种开放的结构模式，并采用 TCP/IP 这一类运用于 Internet 的开放性协议，其安全性只能靠数据服务器上管理密码的数据库来保证。所以 B/S 对安全以及访问速度比 C/S 有更高的要求。而 Internet 技术中这些关键的安全问题仍未解决。

第七，速度不同。由于 C/S 在逻辑结构上比 B/S 少一层，对于相同的任务，C/S 完成的速度总比 B/S 快。使得 C/S 更利于处理大量数据。

第八，交互性与信息流不同。交互性强是 C/S 固有的一个优点。在 C/S 中，客户端有一套完整的应用程序，在出错提示、在线帮助等方面都有强大的功能，并且可以在子程序间自由切换。B/S 虽然由 JavaScript、VBScript 提供了一定的交互能力，但与 C/S 的一整套客户应用相比非常有限。C/S 的信息流单一，而 B/S 可处理如 BtoB、BtoC、BtoG 等信息并具有流向的变化。

第九，数据一致性程度不同。在 C/S 结构软件的解决方案里，对于异地经营的大型集团都采用各地安装区域级服务器，然后再进行数据同步的模式。这些服务器每天必须同步完毕之后，总部才可得到最终的数据。由于局部网络故障不仅造成个别数据库不能同步，即使同步上来，各服务器也不是一个时点上的数据，数据永远无法一致，不能用于决策。对于 B/S 结构的软件来说，其数据是集中存放的，客户端发生的每一笔业务单据都直接进入到中央数据库，不存在数据一致性的问题。

第十，数据溯源性不同。由于 B/S 结构的数据是集中存放的，所以总公司可以直接追溯到各级分支机构(分公司、门店)的原始业务单据，也就是说看到的结果可溯源。大部分 C/S 结构的软件则不同，为了减少数据通信量，仅仅上传中间报表数据，在总部不可能查到各分支机构(分公司、门店)的原始单据。

综上所述，可见 B/S 与 C/S 这两种技术是各有利弊的。C/S 技术是 20 年前的主流开发技术，它主要局限于内部局域网的需要。因而缺乏作为应用平台的一些特性，难以扩展到互联网这样的环境上去，而且要求开发者自己去处理事务管理、消息队列、数据的复制和同步、通信安全等系统级的问题。这对应用开发者提出了较高的要求，而且迫使应用开发者投入更多精力来解决应用程序以外的问题。这使得应用程序的维护、移植和互操作变得复杂，成了 C/S 的一大缺陷。

但是，与 B/S 结构相比，C/S 技术发展历史更为"悠久"。从技术成熟度及软件设计、开发人员的掌握水平来看，C/S 技术更成熟、更可靠。在某些情况下，采用 100％的 B/S 方式将造成系统响应速度慢、服务器开销大、通信带宽要求高、安全性差、总投资增加等问题。而且，对于一些复杂的应用，B/S 方式目前尚没有合适方式进行开发。

4.8 数据库管理系统的分类

数据库技术可以应用到不同领域或层面。例如，一些研究人员可能使用数据库技术来跟踪在实验室里执行的结果，这样的数据可能仅包含少量的表，并且每个表最多含有几百行记录。而研究人员自己就是该应用的唯一用户。在这种情况下，可以采用桌面数据库管理系统(Desktop Database System)。

桌面数据库管理系统主要是在单机环境下运行的数据库管理系统，无须网络操作系统的支持，如 Foxpro、Access 等，这类系统主要作为支持一般事务处理需要的数据库环境，是为满足日常小型办公的需要，强调使用的方便性和操作的简便性。

由于桌面数据库侧重于可操作性、易开发和简单管理等方面，所以提供的是较弱的数据库管理和较强的前端开发工具，同时充当了应用开发和数据库管理系统的角色，图 4-25所示。使用桌面数据库管理系统可以在数据库管理系统功能和应用功能之间来回切换，并且很难感觉到两者之间存在的差别。

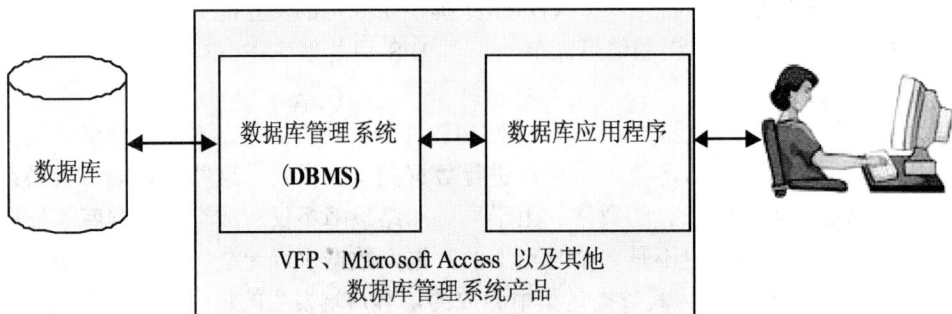

图 4-25 桌面数据库操作系统

但是，对于大型的国际组织，它们的数据库有上百个表和上百万条记录行，并且需要支持数千个并发用户，这些数据库都是全天候工作，从不间断。对这样的数据库就需要采用企业级的数据库管理系统(Enterprise Database System)。这类系统需要网络操作系统的支持，强调系统在理论上和实践上的完备性，具有更强大的数据存储和管理能力，以及网络功能和分布处理功能，提供了比桌面数据库系统更全面、完备的数据安全性方案，提供完善的数据备份和恢复手段。

这类产品包括 Oracle 公司的 Oracle、IBM 的 DB2 以及 Microsoft 公司的 SQL Server。一般来说，前端的开发工具和后台的数据库是分离的，如图 4-26 所示。

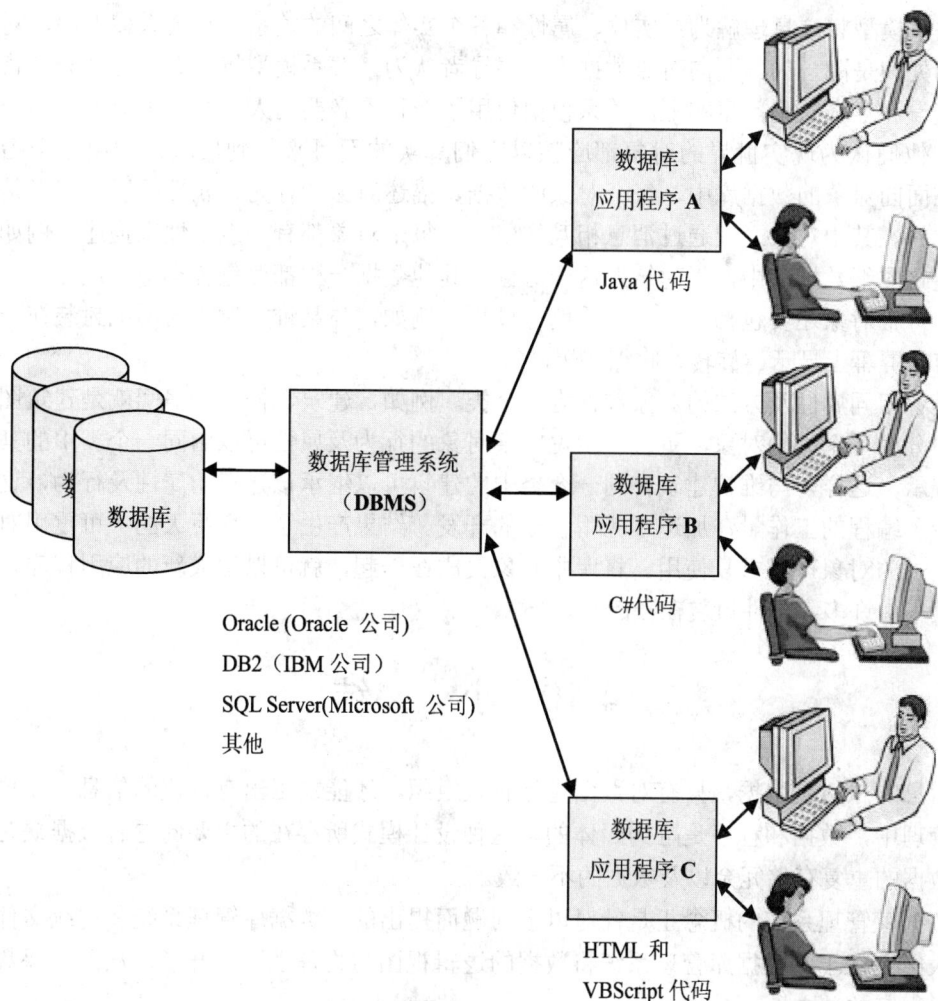

数据库
应用程序 A

Java 代码

数据库管理系统
（DBMS）

数据库

Oracle (Oracle 公司)
DB2（IBM 公司）
SQL Server(Microsoft 公司)
其他

数据库
应用程序 B

C#代码

数据库
应用程序 C

HTML 和
VBScript 代码

图 4-26 企业数据库系统

4.9 面向对象数据库系统

　　虽然前面所描述的关系数据库已经成为当今数据库发展的一种行业标准，但是面向对象的数据库也引起信息系统领域的广泛关注。关系数据库将数据以关系的形式存储，面向对象的数据库则将数据以对象集合的形式存储。

　　人们对面向对象的数据库具有强烈需求的原因在于：将来的数据库不再仅需要用来存储字符，而且要存储图形、声音、视频等非文本数据，传统的数据库管理系统很难实现这些处理。如服务于 CAD 的数据库是由多种类型数据间的复杂关系组成，而各种类型的数据又无法用行或表的方式存储。为了对这些数据对象进行操作，需要进行复杂的编程，从而使数据库管理系统可以解释各种数据之间的关系。在面向对象的数据库中，这样的数据都是以对象进行存储的，对象中既包含了数据，又包含了完成数据处理所需要的各种指令。通过面向对象的数据库管理系统(OODBMS)，可以检索和关联各个对象。

关系模型将信息理解为：实体、属性和各个实体之间的关系。在关系模型中，对那些数据的处理是隐含的。面向对象数据库的倡导者认为，关系模型将数据和处理分开将会导致系统设计存在缺陷。事实上，关系模型使用了一种不必要的人工假设来对物理系统进行建模，他们认为现实世界的对象都应该以它们真实的面目来得到反映，利用这个指导思想，在面向对象的数据库中，每个对象的数据、描述对象的行为、属性的说明三者是封装在一起的。其中对象之间通过消息相互作用，且每个对象都有一组属性来描述。例如，在一个建筑图纸数据库中，"建筑"这一对象与其他数据一样都要包含类型、尺寸、颜色等属性。每个对象还要包括一套方法或例行过程。例如，与某维护建筑的图纸封装在一起的方法有在屏幕上显示、旋转、收缩、爆破等。

具备相同属性及方法的对象被称为一个类。例如，建筑、楼层、房间就是建筑图纸数据库中分属三个类的对象，更进一步说，某对象的行为及属性可以由同一个类中的其他对象所继承。这样，与维护建筑在同一个类中的建筑可以继承该建筑的属性及行为，这种方式减少了编程的工作量，加速了应用程序的开发。结果产生了一个巨大的"可重用对象"库，其中的对象可以重复使用。将库中对象集成在一起，就可以生成新的应用程序，就如同一辆车由许多零部件组装在一起一样。

4.10 小   结

信息的原料是数据，只有对数据进行有效组织，才能加工出有价值的信息。在传统的数据管理中，数据和程序是融为一体的。这种设计模式所存在的主要问题有数据缺乏独立性、数据的重复存储冗余以及数据的不一致。

数据库管理系统的概念正是针对以上问题而提出的。数据库管理系统和传统文件系统的最大区别在于，数据库管理系统将数据的逻辑视图与物理视图分开了，从而确保数据不依赖于程序的独立性。

数据据管理系统中的数据被描述为三级抽象：概念模式、物理模式和外模式。其中概念模式是全局的数据逻辑结构的描述，外模式是每个用户的局部描述，物理模式则是数据在物理存储介质上实际的组织形式和结构。

先后出现了三种数据模型：层次模型、网状模型及关系模型。关系模型的数据库管理系统相对网状和层次模型有着固有的优势，是目前开发信息系统使用的主流数据库模型。

关系数据库将数据组织成二维表的形式。一个关系就是一个二维表格。关系之间通过外键建立关联。

关系的完整性规则是对关系的某种约束。一般包括两个方面：实体完整性规则和参照完整性规则。关系的规范化是对所建立的关系进行优化的过程。

在创建关系时一般遵循下面的步骤：

(1) 定义实体类和主键；

(2) 定义每个实体类之间的关联；

(3) 为每个关系定义字段(信息)；

(4) 用数据描述语言创建数据库。

高等学校应用型特色规划教材

我们把分散放置数据库的系统称为分布式数据库系统。对数据进行分布式处理的主要方式包括复制和分解。目前，分布式数据库系统的体系结构主要有 C/S 结构和 B/S 结构两大类。

思　考　题

1. 什么是数据库管理系统？它与文件系统有什么区别？
2. 理解数据库管理系统的抽象级别。
3. 数据库管理系统的优点是什么？
4. 什么是数据模型？理解数据模型的演变过程。
5. 理解和掌握关系数据库设计的一般思路。
6. 理解分布式数据库系统的体系结构。
7. 阅读以下案例，找出实体，画出实体关联图，并确定实体的属性。

Heather Sweeney 是一个室内装潢师，擅长厨房设计。她还在住宅、厨房用品商店和其他公共场所开设了一系列培训课。培训课是免费的，她通过这种免费方式来扩大自己的潜在客户群。她的收入主要来源于销售指导如何装修厨房的书籍和录像，以及提供与自行设计相关的咨询。

当人们参加她的培训课时，她会设法说服听众购买自己的产品(书籍和录像)或咨询服务。正因为如此，她希望通过数据库来跟踪她的客户，了解他们究竟参加过哪些培训课，她和他们有过哪些联系，他们购买产品的情况等。她希望利用这个数据库和她的客户保持联系，同时，及时向他们发布产品信息。

培训课的客户列表：

图 4-27 是 Heather 和她的助手在每次培训课上填写的客户列表。列表中包括培训课的基本信息以及所有参与者的姓名、电话及 E-mail 等信息。

Heather Sweeney Designs

培训客户列表

Date:Oct:11,2001　　Location: AA 会议中心

Time:11AM　　Title: 厨房预算

Name	Phone	E-mail
Nancy	2342	Ns102@163.com
Katie	3233	CJ@163.com
Ralph	3422	RA@163.com
…	…	…

总人数：27 人

图 4-27　客户列表

通过和 Heather 进行交流，确定了如下信息：客户可以任意参加所有的培训课，她还希望记录那些没有参加培训课的客户名单，这些都需要通过和她交流获得。此外，培训课的人数不可以少于 10 人。

给客户的信函模板：

图 4-28 展示了 Heather Sweeney Designs 公司的客户信函模板。Heather 还希望通过 E-mail 的形式发送给一些有潜力的客户。同时，Heather 准备了几种不同形式的套用信函，并通过编号区分：套用信函 1、套用信函 2 等。

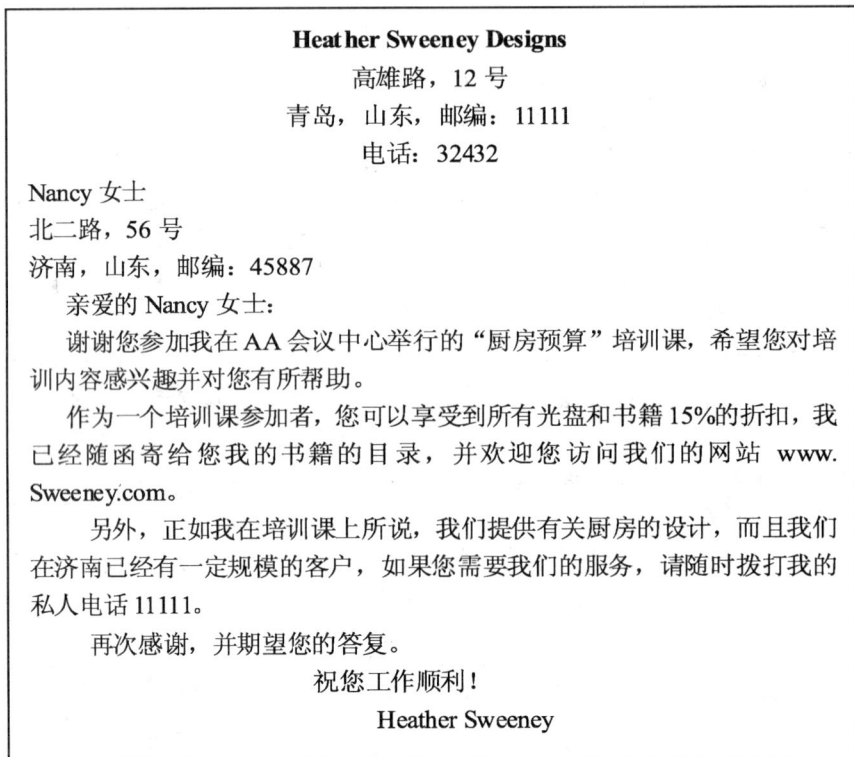

Heather Sweeney Designs

高雄路，12 号

青岛，山东，邮编：11111

电话：32432

Nancy 女士

北二路，56 号

济南，山东，邮编：45887

亲爱的 Nancy 女士：

谢谢您参加我在 AA 会议中心举行的"厨房预算"培训课，希望您对培训内容感兴趣并对您有所帮助。

作为一个培训课参加者，您可以享受到所有光盘和书籍15%的折扣，我已经随函寄给您我的书籍的目录，并欢迎您访问我们的网站 www. Sweeney.com。

另外，正如我在培训课上所说，我们提供有关厨房的设计，而且我们在济南已经有一定规模的客户，如果您需要我们的服务，请随时拨打我的私人电话11111。

再次感谢，并期望您的答复。

祝您工作顺利！

Heather Sweeney

图 4-28　信函样本

销售发货单：

图 4-29 是 Heather 售出书籍和录像时使用的销售发货单。由于 Heather 使用的计算机并无太多的安全保护措施，所以，她不希望在数据库中记录客户信用卡号码等信息，而是由 Heather 自己记录和收藏信用卡收据，并在收据上注明和数据库中对应的销售发货单号码。

```
        Heather Sweeney Designs        Invoice NO. (发票编号)：34687
           高雄路，12 号
     青岛，山东，邮编：11111
                                           Date：3/12/2006
           电话：32432

     客户信息
     Name:    Mark          Address:  青岛路 12 号
     City:    济南      （ZIP）邮编：23123
     Phone:    235644
```

Qty(数量)	Description(描述)	Unit price(单价)	Total(总额)
1	厨房改造光盘	$14.95	$14.95
1	厨房设计指南光盘	$7.8	$7.8

Subtotal(小计)	$22.75
Shipping(运费)	$5.00
Tax rate(税率)5%	$1.13
Total(总额)	$28.88

Payment type(付款方式)：credit(信用卡)

图 4-29　发票样本

8. 运用本章所学知识，完成以下练习。

假定你在你们单位负责管理技术培训课程，这些课程可以分成两大类：高级技术培训和终端用户培训。软件工程师参加前者，行政管理人员参加后者。你的主管以每种培训类型、每个小时的培训费用作为部分依据来评价你的业绩。一句话，你的主管希望以最低的费用提供最好的培训。

为了满足这一需要，你与一家高品质技术培训提供商 ABC 公司就专门的在线培训合同进行了协商。表 4-4 给出了你们单位要培训的课程清单。表 4-5 给出了你的协议价格。

表 4-4　课程表

课 程 号	课程名称	持续时间	技　　术
1	ASP 编程	5	是
2	XML 编程	5	是
3	PHP 编程	4	是
4	微软 Word 高级班	1	否
5	微软 Excel 高级班	1	否
⋮	⋮	⋮	⋮

(1) 使用报价表的数据，设计并创建一个包含培训价格信息的表，将其中的"技术"字段设为布尔类型。

(2) 使用课程表的数据，设计并创建一个课程表，将其中的课程号字段设置为主键，允许数据库自动生成该字段的值。将其中的技术字段设为布尔类型。

(3) 创建一个查询，要求列出每门课程的名称即每天的培训费用。

表 4-5　报价表

技　术	日价格/元	人数上限/人
是	2300	15
否	2000	30

④ 创建一个查询，要求列出每门课程、每个学生的费用。假定为了充分节省费用，按照 ABC 的日报价表，你每天安排两个半天的培训课程，且每门课程都按人数上限来安排培训。

表 4-6　课程进度表

进 度 号	课 程 号	培训地点	开始日期	日价格/元
1	1	101-A	08/03/01	2300
2	1	101-B	08/03/05	2300
3	1	101-B	08/03/10	2300
4	4	102-A	08/03/25	2000
5	5	102-A	08/04/01	2000
⋮	⋮	⋮	⋮	⋮

我们已经确定了每门课程、每个学生的培训费用，你现在必须仔细管理学生的注册。由于不管参加培训的学生是多少(不超过人数上限)，你要支付的费用都是相同的，因此你要想尽办法保证最多出席人数。如果需要重排课程时间的话，你的培训提供商——ABC 公司要求你提早两周通知它。你要确保在这一最终期限之前至少安排三分之二的学生。你还要确保向所有参加培训的人及时发出提醒信息，以免他们忘记参加培训。使用前面创建的数据库完成下述活动。

(1) 使用样本表(表 4-6)提供的信息，在你的培训数据库中增加一个课程进度表。将其中的进度号设为主键，允许数据库自动生成该字段的值。将课程号字段设为数值型，开始日期字段设为日期型。

(2) 使用样本表(表 4-7)中提供的信息，在你的培训数据库中增加一个学生登记表。将其中的进度号字段设置为数值型，提醒和确认字段设为布尔类型。

(3) 由于课程进度表与课程表相关，而课程表与报价表相关，为什么还要在课程进度表中设置"日价格"这一字段？

(4) 在学生登记表中加入参加者姓名和电子邮件地址有何优点和缺点？为了记录这些信息，你还有哪些其他的数据库设计方案？

(5) 编写一个查询来显示每门预定课程有多少人注册。查询结果包括：课程名称、人数上限、日期、参加人数。

表 4-7 学生登记表

进 度 号	参 加 者	电子邮件	提 醒	确 认
1	张三	Zhangsan@163.com	是	是
1	李思	lisi@163.com	是	是
1	王武	Wangwu@163.com	是	是
4	赵圆	zhaoyuan@163.com	是	是
4	刘涛	liutao@163.com	是	是
⋮	⋮	⋮	⋮	⋮

第5章 信息系统开发概述

【学习目标】

通过本章学习，你将能够：
- 阐述系统开发生命周期及各阶段的任务
- 描述系统开发的两种常用方法：传统方法和面向对象方法
- 描述生命周期方法的一些变体
- 了解支持系统开发的工具

5.1 引　　言

一个信息系统开发项目从提出到最终完成需要经历若干阶段，这一阶段我们称之为系统开发的生命周期。系统开发过程本身是非常复杂的。开发人员利用他们所熟悉的各种辅助工具来表达自己的思想，完成开发过程中的每一步。作为即将进入这一行业的学生，应该掌握许多概念，包括方法、模型、工具和技术。而所有这些概念，一方面需要我们有事先的接触，另一方面也需要通过实践有进一步的体会。

5.2 系统开发的生命周期

任何项目都必须有始、有终、有目标、有计划地进行。对一些较大的系统开发项目，需要许多人进行数千个小时的工作，并且可能会持续几年。这样的项目是否能成功，关键在于事前详细的计划方案。

大体来说，任何信息系统开发都必须经历三组重要的活动：分析活动、设计活动和实施活动。分析活动就是全面了解和定义商业的信息需求，即为实现企业的战略目标的信息需求。设计活动是针对这些信息需求的，进行面向实现的计算机系统方案的构思。实施活动则是指建立、测试和安装信息系统。

这三个阶段代表了系统开发工作的核心。但是对于系统开发还需要两组额外的活动。在项目开发初期应该有一个项目规划阶段，这一阶段主要任务是明确项目的总体目标和要解决的问题，虽然这一阶段可能很短，但对整个项目的成功却是非常重要的。在项目完成安装后，系统开发人员就必须在系统运行的一段时间内，对系统可能出现的一些问题进行必要的维护和修补，这个阶段可称之为支持阶段。

图 5-1 给出了系统开发的生命周期(SDLC)。系统开发的生命周期严格区分系统开发的各阶段，这些阶段依次完成。如果某个阶段所需要的工作没有全部完成，则项目就不应该进行到下一阶段。为了确保每一阶段的工作都圆满完成，需要在阶段结束时对该阶段成果进行检验和评估。应该说，所有成功的大型项目都是基于系统开发的生命周期的。即使是小型项目也需要分析、设计和实施，但可能不是那么严格、正式，或不一定包括非常周密

的计划。如果忽视系统开发的生命周期方法提供的结构和组织，那么，系统开发将存在延误工期、超出预算和最终开发出低质量系统的巨大风险。因此，系统开发的生命周期是系统开发的重要概念和方法论。

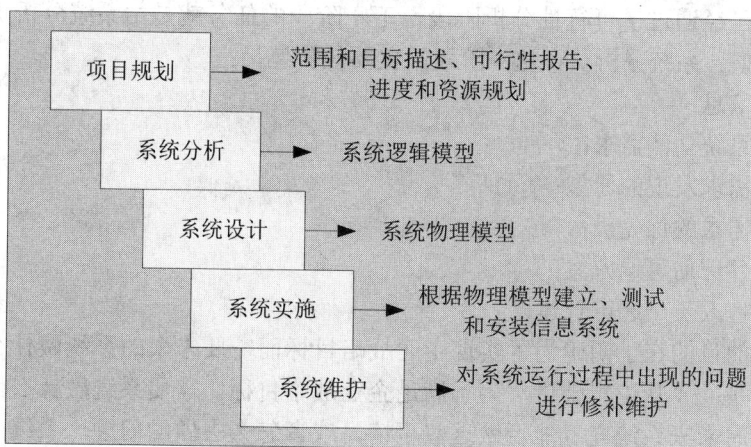

图 5-1　系统开发的生命周期(SDLC)

5.2.1　系统开发各阶段的任务描述

1) 项目规划

在开始有条理的系统分析和设计之前，必须首先确定整个项目的总体范围，进行项目可行性分析，制定进度表和资源分配计划。所以在这一阶段，需要解决的问题如下。

● 定义问题。

● 制定项目的进度表。

● 分析项目的可行性。

● 人员安排和资金安排。

定义问题是指确定要解决的商业问题。任何企业进行系统开发项目的初衷都是为了获取某些方面的竞争优势。问题不明确只能导致后面的开发工作无所适从，或盲目服从潮流而没有个性。虽然，在这一阶段，我们不可能详细地确定系统的所有功能和过程，但必须确定新系统的主要用途和要解决的商业问题。

举个例子，企业目前所面临的问题可能是销售订单处理速度比较慢，担心由此而失去客户。为此，企业提出要开发集成的订单处理系统。在这种情况下，未来的系统开发目标就比较明确。

制定项目进度表和安排项目人员显然密切相关，必须制定一个包括任务、活动和所需人员的详细项目进度表。一些大型项目需要具有明确的、可识别标志的详细进度表和控制程序。

每个项目都应该有自己的价值。可行性分析就是针对项目在经济、组织、技术、资源和进度等方面考察它的可行性。可行性分析后给出的是一份可行性报告，这份报告针对该阶段中的问题和目标，给出技术解决方案。所给出的技术方案有几套，这些方案都是以提纲要领的形式给出的。报告中还包括项目经费、项目所能带来的效益、项目的可行性，以及和这些问题相关的内容。这份可行性报告的目的在于：为高层管理人员决策提供有价值的建议和证据，以便于他们决定是否启动该项目。

2) 系统分析

假设项目已经通过了可行性分析阶段，下一阶段的任务就是由系统分析员来为系统建立一个逻辑模型。系统分析员在这一阶段的主要任务包括：

- 收集信息；
- 定义系统功能需求；
- 建立需求发现的原型；
- 划分需求的优先级；
- 产生并评估可选方案；
- 与管理人员一起审查建议。

这一阶段的目的在于明确为了实现企业战略目标而需要未来的系统做什么工作。需要问的关键问题是："从逻辑上讲，为了满足企业战略目标，需要系统做什么工作？"我们不用过早地考虑未来系统究竟能否做这些事情，或者怎么去做的问题。系统分析员在这一阶段应该尽可能多地了解企业所面临的问题领域，为了使这一工作做得充分，分析员可以通过观察用户的工作过程，与用户面谈，阅读有关过程的文件、规章制度和操作规则等方式来理解现有系统。总而言之，只要有助于分析员理解所面对问题的本质，任何方式都可以采纳，包括建立简单的原型系统。

在充分理解问题以及收集到相关信息后，分析员必须站在有助于后阶段工作进行的角度来对信息进行整理。主要是通过图表的方式来表达自己的分析结果，我们把这些图表称作系统的逻辑模型。

最后，分析员需要和管理人员进一步讨论模型，以确保自己表达的方案能真正反映对方的需求。

3) 系统设计

一旦完成系统分析阶段，系统设计人员就会接到关于新系统的逻辑模型。而将这个逻辑模型合并到物理设计中去的方法是多种多样的。举个例子，是否将数据存储为一系列的文件，或者存储在数据库里面？如果我们选择了数据库存储，是应该选择集中式数据库还是应该选择分布式数据库？针对数据流程图，有多少处理过程需要进入计算机系统，又有多少应该保存为人工系统？对于那些进入计算机系统的处理过程，是进行批处理呢还是进行在线交互处理？计算机系统是应该采取集中式还是应该采用分布式？

对于这些问题，都可能有不止一个的正确答案。相反，它可能有一系列的可选设计。每一种设计方案都有不同的经费投入、安全性、易于使用性、易于维护性和系统运转效率。某些方案可能比别的方案需要更多的计算机硬件设施。

所以，设计阶段的目的在于提出系统的解决方案，即系统的物理模型。顶层设计包括制定软件程序、数据库、用户界面和操作环境的体系结构。而低层的设计包括详细的算法和系统开发所需要的数据结构。该阶段的主要工作包括：

- 设计并集成网络；
- 设计应用程序结构；
- 设计用户界面；

- 设计系统界面；
- 设计数据库；
- 设计算法。

总之，在这一阶段，系统设计人员的注意力将从纯粹的逻辑思考转向不同的其他方面，考虑怎么将逻辑模型成功实现，这个阶段结束的交付结果是给管理层提供几种可选方案。

4) 系统实施

实施阶段是建立、测试和安装最后的系统。这个阶段的目标是不仅要有一个可靠、功能全面的信息系统，而且要确保培训所有的用户并使商业受益。所有之前的活动都集合在这一阶段达成一个有效的系统。该阶段主要包括以下活动：

- 构造软件部件；
- 检验与测试；
- 转换数据；
- 培训与文档；
- 安装系统并切换。

软件构造可以通过各种技术实现，常规的方法是用一种语言如 Visual Basic 或 Java 书写计算机程序。

任何企业都存在一个现有系统，该系统可能是一个手动的系统，也可能是早期的自动系统，不管是哪种系统，我们都需要将现有系统的数据格式转换为信息系统所能接受的格式。

系统完成安装后的一项重要任务就是培训用户，使他们能够充分理解系统的操作规则，并恰当使用系统。为此，必须同时为系统操作准备详细的操作手册。

最后，实现彻底的系统切换是必须的。包括安装新设备、安装新计算机程序、安装数据库并装入数据。目前通常的组织都是分散的，所以在许多地方都必须安装，并在整个组织中调试集成。

5) 系统维护

系统维护涉及硬件和软件的维护，通常我们将硬件设备的维护工作交给硬件生产商或者第三方服务组织来做。软件的维护主要是指对系统经过一段时间运行后所暴露出的问题进行纠正。最耗费时间的工作可能是：随着用户需要的改变而不断修补和开发现有程序。

通常在系统运行一段时间以后，我们需要撰写一份评价报告。这份报告是在系统已经完全投入日常使用后做出的。评价报告将系统的预期设计功能和运行显示情况进行对比，从而发现系统缺陷。如果这些缺陷能被轻松弥补，那么就可以在日常维护中进行。较大的改动则需要实质性的重新设计，或者可以将这些改动合并到将来的新系统中去。

5.2.2　系统开发的生命周期方法的实施

早在 20 世纪 70 年代和 80 年代，人们在开发系统时就试图严格遵循系统开发的生命周期的思想，将整个开发活动分成若干阶段，当一个阶段完成时，项目小组就移动到下一个阶段。一旦进入下一阶段，则不能再返回到上一阶段。当时，人们把这种严格的做法称为瀑布法。

而在实践中，这种做法却遇到了无法回避的难题。例如，在项目组成员分析需求的同时，就可能考虑并设计各种表格或报表。因此，为了帮助理解用户的需求，项目组成员可能要在分析阶段就设计最终系统的一部分，整个开发工作也由此具有了重叠的特征。

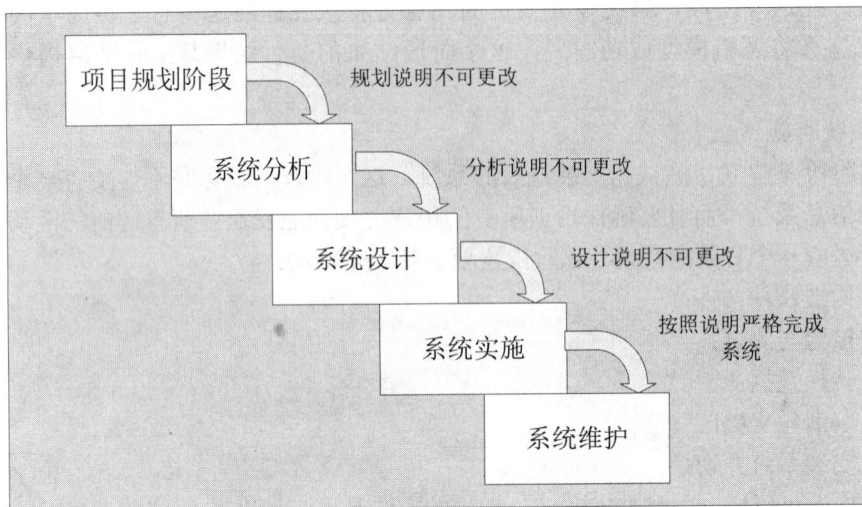

图 5-2　系统开发的生命周期的瀑布法

图 5-3 给出了迭代的一般思路。在系统开发中，我们很难第一次就能充分理解需求，因此，在开始设计之前就彻底完成分析是不现实的，类似的，在不知道(特别是采用不断变化的技术时)如何运作之前要完成设计是非常困难的。所以，我们可以首先完成一些简单的分析和设计工作，然后再做一些实施工作，最后根据开发人员和用户之间更加深入的沟通继续迭代。

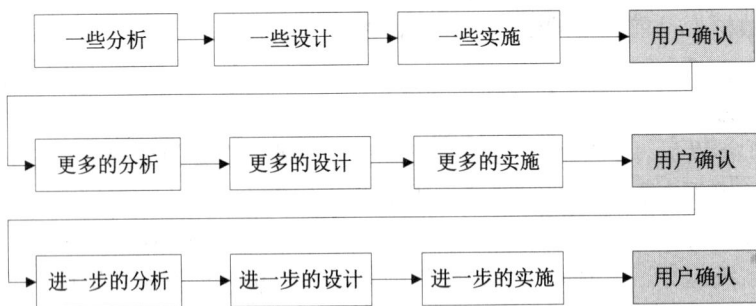

图 5-3　系统开发的生命周期的迭代应用

一个项目可以分成许多小项目，其中每个小项目都要进行分析、设计和实施的迭代过程。这样，我们就可以首先定义系统的一些关键功能，并在第一次迭代中实现这些关键功能。这些关键功能完成后，再去实现那些不太关键的系统功能。在最后一次迭代中实现那些可选的系统功能。

当我们把问题细化后，细化后的活动则应该也必须按照分析、设计和实施的基本步骤来做，这是因为，在分析人员对问题的基本情况还没有概念和想法之前，是不可能完成设计的。同样，在没有完成系统整体结构设计之前，编写程序代码也是无效的，因为这些代码极有可能被否定而浪费时间。

5.3 系统开发的两种方法

系统开发可以采用多种不同的方法，对于缺乏经验的开发人员来说，这让他们感到困惑，似乎每个公司甚至每个开发人员都有自己独特的方法。所以，我们必须清楚一点，所有的方法都可被看作是系统开发的生命周期的变体，人们事实上是在用不同的工具来表达自己的想法和思路，而思路本身是相同的。

在这里，我们主要介绍两个看起来区别较大的开发方法，一种是传统的结构化方法，另一种则是较新的面向对象开发方法。

5.3.1 结构化开发方法

结构化开发方法由结构化分析、结构化设计和结构化编程三种技术组成。最早出现的是结构化编程思想，那时，人们试图用这种技术来提高计算机编程的质量。

1. 结构化编程

高质量的程序不仅能产生正确的输出结果，而且容易使他人阅读和理解。之所以强调这一点，是因为程序一旦完成不会一成不变，而是要不断地修改。结构化编程由三种基本程序结构组成，如图 5-4 所示。

- 顺序程序结构；
- 判断结构；
- 循环结构。

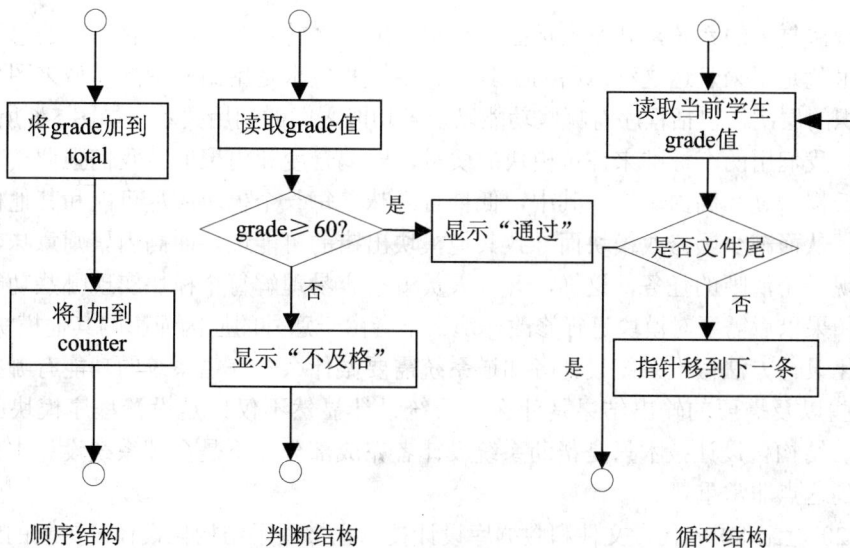

图 5-4　结构化编程的三种结构

在这三种结构中，每种结构都有两个小圆圈符号，一个是输入点，一个是输出点。这些单入单出的控制结构使编写程序变得很容易，只需连接一个控制结构的输出点与另一个结构的输入点。而在 20 世纪 60 年代，编程人员却可以随意使用诸如 goto 一类的语句随意转移程序的控制权，这种滥用使得编写出来的程序极易出错却很难找到错误根源，从而使得程序的维护非常困难。从这个意义上讲，结构化编程的含义就是"删除 goto 语句"。

和结构化编程有关的另一概念是自顶向下程序设计。自顶向下程序设计把复杂的程序分解为层次结构，如图 5-5 所示。顶层模块通过调用底层模块来控制程序执行。有时，这些模块是同一程序的一个部分。例如，在 Visual Basic 中，事件过程中的语句可以调用一个通用过程，而整个程序就由各种程序模块组成。

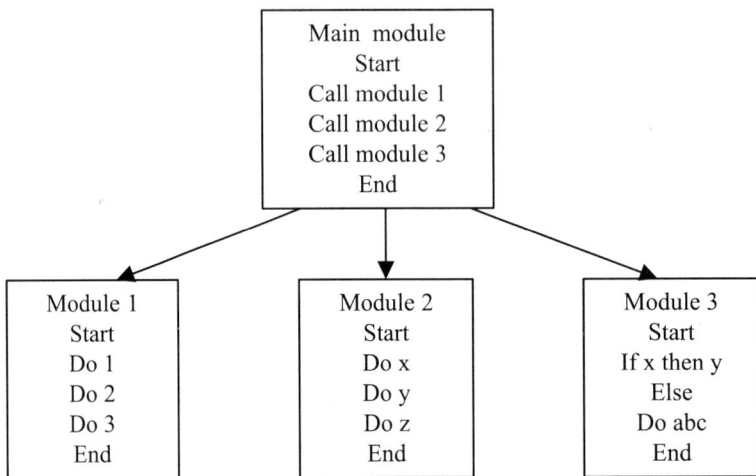

图 5-5　模块化程序设计

2. 结构化设计

面对日益复杂的系统，开发人员必须在实际编程之前对整个程序有清楚的思路。结构化设计技术就是用来表达这种思路的工具。其中核心技术是用结构图的模型来图形化地表示程序组织的层次，包括程序有哪些功能以及各功能之间的调用关系，如图 5-6 所示。

通常，我们用两个标准来评价模块的质量，即耦合度和内聚度。我们强调模块应该尽可能具有低耦合度和高内聚度。其中，低耦合意味着每一个模块应尽可能和其他模块保持相对独立，从而减少因修改模块而导致其他模块出错的可能性。而高内聚则意味着每一模块应该实现一个清晰的任务，这样，开发人员就很容易理解每个模块实现哪些功能，并且可以确保如果以后需要对模块进行修改，那么不会由于意外的原因而影响其他模块。

结构化设计方法假设系统设计者知道系统需要做什么——主系统的功能有哪些、需求数据有哪些以及需要的输出结果是什么。系统设计显然不仅仅是设计程序模块的组织结构。因此，结构化设计技术只是帮助系统设计者完成部分而不是全部系统设计生命周期阶段，认识到这点非常重要。

到了 20 世纪 80 年代，文件和数据库设计技术也被用于结构化设计。更新的结构化设计技术假设在系统中使用数据库管理系统，并设计程序模块来和数据库交互。此外，由于越来越多的非技术人员参与了信息系统的设计，因此用户界面的设计技术也相应的得到了发展。例如，交互系统中的菜单决定了调用层次图中的哪一个程序。因此，用户界面设计的一个关键方面是和结构化设计一起完成的。

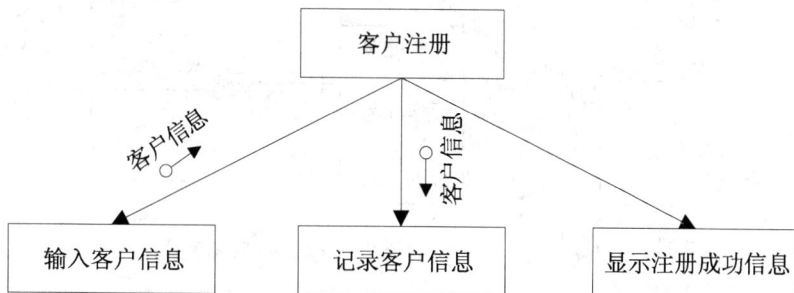

图 5-6　使用结构化技术生成的结构图

3. 结构化分析

结构化分析主要定义系统需要做什么(功能需求)，系统在做这些事情时需要存储和使用哪些数据(数据需求)，系统需要什么样的输入和输出以及如何把这些功能结合在一起来完成任务。在结构化分析中使用的表示系统需求的主要图形模型是数据流图(DFD)，它表明了系统的输入、处理、存储和输出以及它们如何在一起协调工作，如图 5-7 所示。

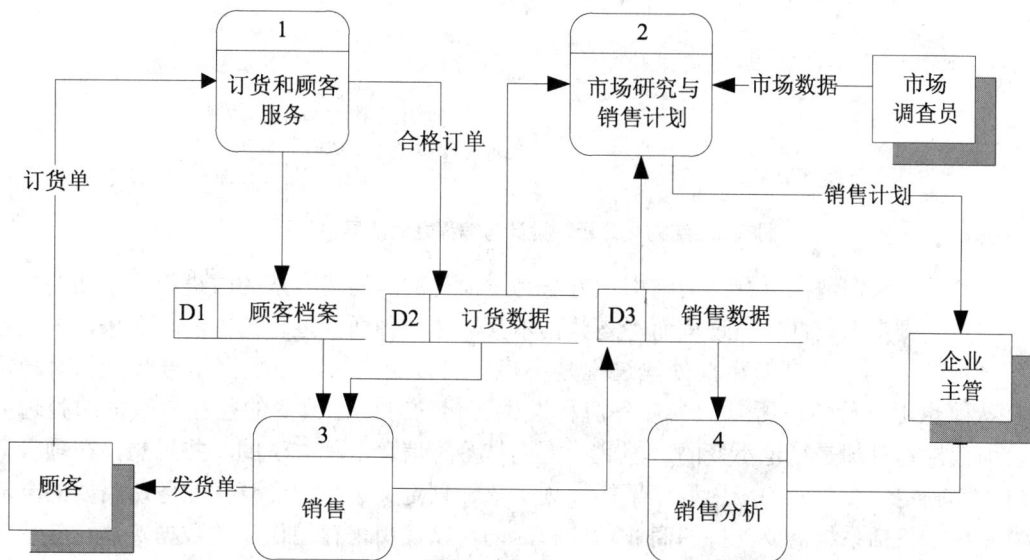

图 5-7　使用结构划分析技术生成的流程图

结构化分析首先需要识别系统要应对的事件，然后针对每一事件的处理流程建立模型。所以，结构化分析是否彻底，关键在于分析人员是否能完整地预料将来系统需要应对的事件，然后针对每一事件详细调查企业目前的处理流程。

处理每一事件的过程都伴随着信息的输入、处理和输出。例如，为了处理一张新的订单，系统需要知道客户、所需商品以及订单的细节。因此，我们需要对这些信息提前进行组织和规划，建立实体-联系图(ERD)。实体-联系图对应着数据流图中的数据存储。图 5-8 是实体-联系图的一个简单例子。

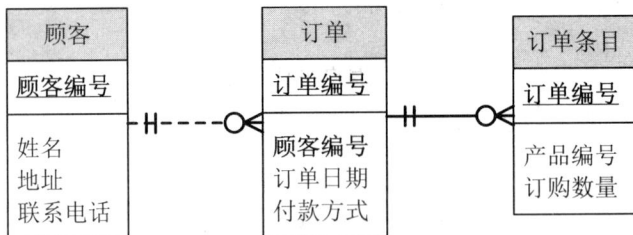

图 5-8　使用结构化技术生成的实体-联系图

图 5-9 给出了结构化分析、结构化设计以及结构化编程之间的导出关系。

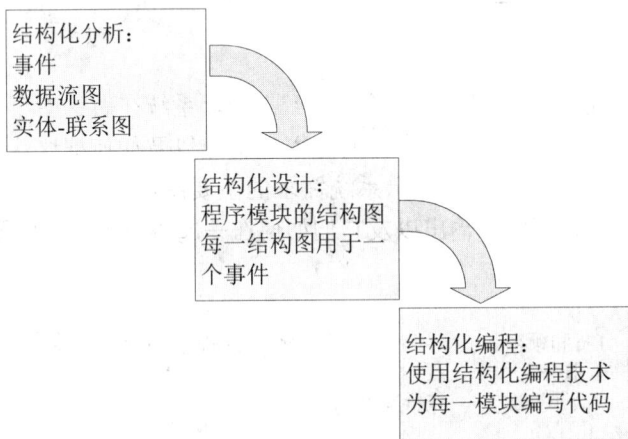

图 5-9　结构化分析、设计与编程之间的导出关系

　　事实上，我们现在所看到的结构化方法是对最初的结构化方法的改进版。早期的结构化开发方法侧重于数据转换过程而不是数据本身，是一种面向过程的方法。后来，人们越来越多地意识到，数据的转换处理过程是不稳定的、变化的，而数据本身却是相对稳定的，从而也更有价值。所以，当业务流程发生变化的时候，改变的往往是数据的处理方法，而数据本身却是稳定不变的。因此，人们借鉴了信息工程方法的一些思想，在项目开始阶段就制定一个全面的应用程序架构计划，该计划定义了组织经营其业务所需要的全部信息系统，包括系统需要支持的商业功能和活动，以及用来存储信息的数据实体，随着项目的进展，这些活动和数据也进一步得到细化。

　　完善后的结构化方法更加严谨、全面，它通过查看过程、数据以及两者之间的相互作用来定义信息系统需求、设计信息系统和构造信息系统。尽管许多人目前都在尝试使用面向对象的技术，但结构化方法的思想内涵仍然在系统开发中起着主要作用。

5.3.2　面向对象开发方法

　　过去几十年间，结构化分析和设计技术以及信息工程技术有意将数据和过程分别加以考虑。换句话说，数据模型和过程模型是独立的。但实际上它们又必须同步。对象技术是消除这种分离考虑的一次尝试。

　　面向对象(Object-Oriented，OO)的开发方法是从不同于传统方法的崭新角度来看待系统开发，它认为整个系统由为实现特定目标而相互协作的对象组成。在面向对象方法中，既没有过程和程序，也没有数据实体和文件，系统只由对象组成。对象是一个在计算机系统中能对消息做出响应的事物，对象中融合了数据和过程因素。

业务对象可以对应到企业中主要的真实事物，例如客户、客户订购产品的订单。每个对象既包括描述该对象的数据，也包括用来创建、读取、修改和删除该对象的过程。

因为面向对象方法把信息系统看作是相互作用的对象集合，因此面向对象分析(OOA)就是定义系统中所有的对象类型并显示对象之间是如何通过相互作用来完成任务的。面向对象设计(OOD)是对 OOA 结果进行改进和精化，以便用一种具体语言或环境来实现它。事实上，OOA 和 OOD 的边界划分一直存在争议。持有迭代观点的系统开发人员总是认为分析和设计可以交叉进行，不必做严格区分。

面向对象分析和设计极大地改变了信息系统构件的内容。"数据"和"过程"列本质上合并成了单一的"对象"列。模型也就专注于确定对象、构造对象以及将合适的对象装配成有用的信息系统。

对象模型也可以扩展到信息系统框架的"接口"构件。大多数现代计算机用户界面技术已经是基于对象技术的了。例如，微软公司的 Windows 界面和网景公司的 Navigator 界面都使用标准对象：窗口、窗体、下拉式菜单、单选按钮、复选框和滚动条等。例如一个窗口对象，它可以使用高度、宽度、颜色之类的数据来表示，并且具有极小化、极大化、调整大小等方法。对象编程技术(例如 C++，Java，Visual Basic)则用来构造和装配这类"接口"对象。

对象建模方法要求使用完全不同于结构化开发方法的图形记号。在 20 世纪 80 年代后期和 20 世纪 90 年代初期，出现了许多面向对象的方法，这些方法中最著名的有 Grady Booch 的 Booch 方法、James Rumbaugh 的对象建模技术(OMT)和 Ivar Jacobson 的面向对象软件工程(OOSE)。如此众多的方法和相关建模技术的存在使面向对象系统开发技术面临一个主要困境——开发人员不得不根据某个时候正在使用的技术而学习几种不同的对象建模技术，这种现象十分常见。使用不同的对象建模技术限制了项目和开发团队之间共享模型(降低了可复用性)，阻碍了团队成员和用户之间的沟通，导致项目中出现许多错误。这些问题和其他一些问题促使了设计一个标准建模语言的工作。

在 1994 年，Grady Booch 和 James Rumbaugh 合并了他们各自的面向对象开发方法，目标是为开发面向对象系统创建一个单一的标准过程。Ivar Jacobson 在 1995 年加入他们，这三人将他们的工作重点调整为构造一个标准的对象建模语言，而不是构造一个标准的面向对象方法。通过参考他们自己的工作以及面向对象行业中大量的其他工作，他们终于在 1997 年发布了统一建模语言(UML)版本 1.0。

因此，统一建模语言是一套建模规则，它使用对象说明或描述软件系统。

UML 没有强制使用某一种系统开发方法——它仅仅是一个目前被广泛接受作为对象建模标准的符号体系。OMG(Object Management Group)，一个工业标准组织，在 1997 年 11 月采用 UML。本书中所使用的符号也是参考这一标准。

现今开发的许多系统大多数是将传统方法和面向对象方法相结合使用。一些集成环境(IDEs)也在同一工具中结合了传统和面向对象技术。例如，面向对象编程用于用户界面，而过程化编程则用于其他部分。甚至也有许多系统项目在分析和设计阶段只用传统方法，而其他系统项目则只用面向对象方法。对于大学生来说，每个人都应该知道这两种方法的基本概念和原理，具体在教学中可以只强调其中一种方法。

5.4 其他系统开发路线

条条大路通罗马，要去一个地方，你可以走省际公路、高速公路或者小路，还可以坐飞机！走哪条路线主要取决于你的目的地和事情的轻重缓急。你想快点到还是想看看风景？你愿意花多少钱？你对旅行的方式是否感到舒服？与此类似，你也可以为实现系统开发的目标选择开发路线和方式。

前面介绍了两种基本的系统开发方法，这两种方法比较严格地遵循了 SDLC 的开发路线。但现实中，人们的开发方法很灵活，存在许多 SDLC 的变体路线。必须明确的是，这些开发路线并不是互斥的，任何给定的项目都可以使用基本开发路线的变种或者组合。

5.4.1 模型驱动开发路线

模型驱动开发路线强调通过绘制可视化的模型来分析问题、定义业务需求以及设计信息系统。"一幅图胜过千言万语"，所以，图形模型是一种强有力的交流技术。

前面所讲的结构化开发方法和面向对象开发方法就是遵循了模型驱动的开发路线。我们可以看出，模型驱动开发通常不会跳过 SDLC 的基本开发阶段。模型驱动开发路线的样子像一个瀑布，表明必须按顺序完成各个开发阶段。虽然开发过程中可能还需要倒退以改正错误或补充忽略的东西；但是，这种返工十分困难、耗时，而且费用高昂。所以，我们可以总结出模型驱动开发路线的以下特点。

(1) 模型驱动方法重视计划，因为项目往往很大，返工开销也很大。在初始研究阶段，简单的系统模型对于项目范围可视化将很有用。定义项目范围对估计完成模型驱动开发路线的时间和费用来说很关键。

(2) 某些系统建模技术提倡对现有系统详细地建模，以确定问题和改进机会。如果底层的业务过程被认为是低效的或官僚的，这一点就再正确不过了。如果系统很大且很复杂，这也会有用。

(3) 大多数模型驱动技术要求分析员用文档记录下"逻辑"系统模型和业务需求。逻辑模型仅仅展示了系统必须是"什么"，或者必须做什么。逻辑模型与实现无关，也就是说它们描述系统，而不考虑任何可能的技术实现方式。

(4) 许多模型驱动技术要求分析员用文档记录下多种技术方案及其"物理"系统模型。物理模型不仅展示了系统是什么或者做什么，而且展示了系统在技术上如何实现。它们是与实现相关的，因为它们反映了技术选择和所选技术的限制。

(5) 许多系统设计技术通常得到详细的物理模型，例如数据库模式、结构和数据流程图，它们是构造新系统的蓝图。

(6) 在实现阶段将物理系统模型转化成软件。系统模型可以加入到新系统的培训和用户手册中。

由此可见，系统模型基本上是每个阶段交付成果的一部分。模型一旦实现了，就成了运行和支持阶段所需的任何改变的记录文档。

模型驱动方法具有以下优点。

- 它最小化了计划的负担，因为所有的阶段都是事先计划好的；
- 在模型驱动方法中，需求分析往往更加全面而且被更好地文档化；
- 在模型驱动方法中，多种技术方案往往被更全面地分析；
- 系统设计更合理、更稳定、更具适应性、更灵活，因为它们是基于模型的，并且在建造前被更全面地分析过；
- 这个方法对于已经充分理解但太复杂而需要大型项目团队完成的系统有效；
- 当用户的预期和质量比开发费用和进度更重要时，这个方法很不错。

模型驱动开发也有缺点。常见的缺点是项目持续的时间很长，需要时间收集事实、绘制模型、验证模型；如果用户需求不确定或者不明确，这种情况就更明显；模型所能达到的需求理解程度最多只能与用户的理解程度一样。其次，图形不是软件，所以有人认为这种方法降低了用户在项目中的主动参与成分。大多数用户对图形不感兴趣，而是想看到可行的软件，并通过软件本身的存在(或不存在)评估项目的进展。最后，模型驱动方法被认为不够灵活，用户在设计之前必须完全说明需求，设计必须完全记录下技术说明才能构造程序系统等。所以，有人觉得这种呆板的方法是不现实的，但无论如何，模型驱动方法仍很流行。

5.4.2　快速应用开发路线

当今企业所面临的竞争环境复杂多变，为此，企业的信息需求也难以确定，为了响应经济快速发展的步伐，快速应用开发成了一种加速系统开发的流行开发路线。

快速应用开发(Rapid Application Development，RAD)技术强调用户深入地参与到一个系统工作原型的快速进化和构造过程中，以加速系统的开发过程。RAD 使用原型加速需求分析和系统设计。原型是一个小规模的、代表性的或者可工作的模型，这个模型反映了信息系统的用户需求或建议设计。RAD 有时也称为螺旋方法，如图 5-10 所示，这是因为你要反复地通过各个开发阶段，构造具有不同完整性和复杂性的系统。

图 5-10 给出了 RAD 的基本思想。不同于在现有的生命周期阶段的基础上顺序地添加一些迭代，RAD 用一个螺旋来描述生命周期，从中心开始，一遍一遍地反复向外扩张，直到项目完成。最初阶段的目标就是收集足够的信息以开发出一个原型，以便用户有机会同这个原型一起工作。在使用原型系统期间，用户将澄清需求、确定新需求并提供对设计的反馈(例如，易学性、易用性)，这些反馈信息可用于下一次迭代中的原型设计的改进。

对于每一个原型系统，开发过程都要遵循从分析、设计、实现、测试到与前面的原型系统组件集成并且为下一个原型系统做准备的过程。分析的重点是修订需求和确定用户对设计的考虑。下一个原型系统计划完成之后，活动的循环又重新开始。这种方法可适于任意数目的原型。

RAD 开发路线的一个关键概念就是集中处理风险。在每次迭代中，尽管有很多方法可供选择来进行集中处理，但 RAD 推荐确定那些必须进行研究和减轻的风险因素。第一次迭代应该确定系统中具有最大风险的部分。有时候，最大的风险并不是一个子系统或者系统功能的一个集合；相反，最大的风险常常是新技术的技术可行性。如果是这样，第一次迭代就应该重点建立一个原型系统,它可以保证技术能够如期运行。然后,第二次迭代的原型系统就可以集中在与系统需求或其他问题相关的风险问题上。还有的时候,最大的风险是用户能否接受变化。这时,第一次迭代必须集中构造一个原型系统,来向用户展示新系统将如何丰富他们的工作内容。

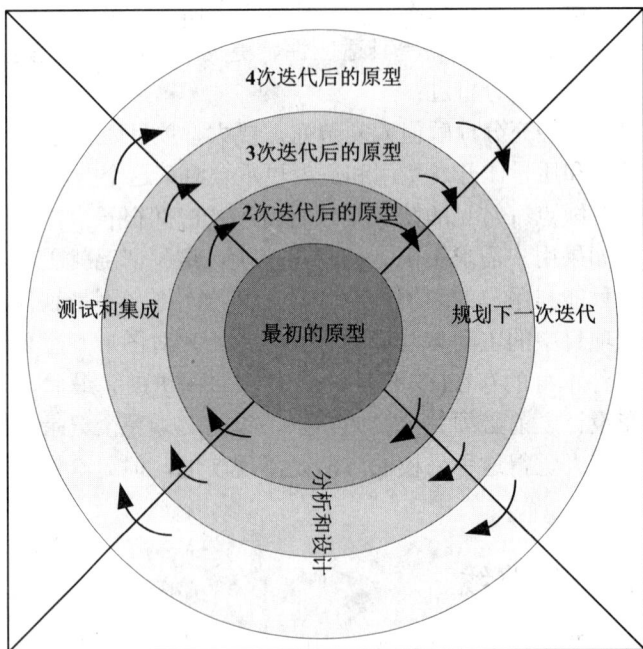

图 5-10　RAD 开发路线

RAD 的基本思想如下。

- 让系统用户更主动地参与到分析、设计和构造活动中来。
- 将系统开发组织成一系列重点突出的研讨会,研讨会要让系统所有者、设计人员和构造人员一同参与。
- 通过一种迭代的构造方法加速需求分析和设计阶段。
- 使用户尽快看到一个可工作的原型系统。

隐藏在构造原型之后的基本原理是:当用户看到系统工作时,他们才知道想要的是什么。在 RAD 中,原型最终会进化成信息系统。

RAD 方法有以下几个优点。

- 它适用于用户需求不确定或者不明确的项目。
- 它鼓励用户和管理层主动地参与(相对于不可工作的系统模型的被动式响应),增加了最终用户对项目的热情。
- 项目具有较高的可视性和支持程度,因为用户深入地参与到了整个开发过程中。
- 用户和管理层看到可工作的基于软件的方案比模型驱动开发要快得多。
- 在原型中错误和遗漏往往比在系统模型中更早地被发现。
- 测试和培训是基本原型方法的一个自然副产品。
- 迭代方法显得更"自然",因为开发过程中变化是必然的。

- 降低了风险，因为你会反复地测试技术方案，而不是对任何方案进行一次性的确认。

RAD 有其适用范围。对于一个大型的系统，如果我们不经过系统分析来进行整体性划分，想要直接用屏幕来一个一个地模拟是很困难的。对于大量运算的、逻辑性较强的程序模块，原型方法很难构造出模型来供人评价。因为这类问题没有那么多的交互方式(如果有现成的数据或逻辑计算软件包，则例外)，也不是三言两语就可以把问题说清楚的。对于基础管理不善、信息处理过程混乱的问题，使用起来就有一定的困难。首先是由于工作过程不清，构造原型有一定困难；其次是由于基础管理不好，没有科学合理的方法可依，系统开发容易走上机械地模拟原来手工系统的轨道。对于一个批处理系统，其大部分是内部处理过程，这时用原型方法有一定的困难。

有些人认为 RAD 鼓励了一种"编码、实现和修改"的心理，这增加了运行、支持和维护系统所需的费用。因为问题分析阶段被省略了，所以 RAD 原型一个易犯的错误是解决了错误的问题。RAD 原型可能不会鼓励分析员考虑其他更有价值的技术方案。最后，RAD 对速度的重视会对质量造成伤害，因为这种方法中充斥着大量不明智的捷径。

由此可见，原型法比较适合用于用户需求定义不清、管理决策方法不确定、需求经常发生变化的情况，当系统规模不大也不太复杂时采用这种方法效果还是比较好的。其实，在原型法的应用中，一旦在演进中得到明确的系统需求，即应采纳行之有效的结构化方法来完成最终产品的开发。

综上所述，我们得出结论：原型方法是在信息系统研制过程中的一种简单的模拟方法，与最早人们不经分析直接编程时代以及结构化系统开发时代相比，它是人类认识信息系统开发规律道路上的"否定之否定"。它站在前者的基础之上，借助于新一代的软件工具，螺旋式地上升到了一个新的、更高的起点，它"扬弃"了结构化系统开发方法的某些繁琐细节，继承了其合理的内核，是对结构化开发方法的发展和补充。这种相互补充、相互促进的系统开发方式将会是今后若干年信息系统或软件工程中所使用的主要方法。

5.4.3　现成商用软件包开发路线

目前，软件已经向专业化、商业化的方向发展。一批从事信息系统开发的公司已经开发出一批使用方便、功能强大的专项业务信息系统软件。应用软件包是预先编制好的、能完成一定功能的、供出售或出租的成套软件系统。现在市场上各种专用的软件包日益增多，利用软件包实现组织的信息系统已经成为一种可行的开发策略。因为软件包已经完成了设计、编码和测试工作，又有完整的文档供培训和维护使用，所以用它来开发信息系统，时间会大大缩短，且技术水平较高。大多数软件包都是用来完成许多组织都会用到的一些通用功能，销售量的增加使软件包的购买费用下降，一般都低于自行开发的费用。如今，许多组织只有在它们不能购买到能实现其大部分需求和预期的系统时才考虑内部开发，某些组织则不开发任何不能带来竞争优势的软件系统。

在下面三种情况下可以优先考虑选择使用软件包开发信息系统的策略。

1) 需要开发的系统功能是多数组织都要用到的一些通用功能

多数组织都要用到一些通用功能，如工资管理、人力资源管理、财务管理、会计管理、供销信息管理等。因为这类软件很多，有比较宽的选择余地，可以满足用户的需要，成本也不会很高。

2) 缺少组织内部的开发人员

不是每个组织都有足够的内部信息技术专业人员可以承担系统开发任务的，这时就可以考虑全部或部分地选用软件包来开发自己的信息系统。

3) 开发的系统属于微机系统

因为目前市场销售的绝大多数应用软件包都是运行在微机环境下的，所以要求选择软件包开发的系统环境尽量要属于微机系统。

最终的商业软件方案是企业资源规划。企业资源规划(Enterprise Resource Planning, ERP)是一个全面集成的信息系统，它涉及一个大型公司所需的大部分基本业务功能。这些系统包括财务、人力资源、销售和采购、库存管理、生产计划和控制等。

ERP 方案的例子有 SAP、People Soft 和 Oracle Applications，这些 ERP 方案为整个企业提供了所有核心信息系统功能。对许多企业来说，这些核心应用系统都是彼此类似的。因此，购买而不是通过内部开发这类系统是很有意义的。同时，ERP 实现和集成往往是那个组织曾经有过的最大的单一信息系统项目。它可能要花费上千万美元，并且需要一支由管理者、用户、分析员、技术专家、程序员和咨询顾问组成的队伍。而大多数 ERP 供应商提供了针对某企业的各自的解决方案和相关的咨询伙伴，来帮助客户实现这样一个大型软件方案。

购买现成商用软件开发路线的基本思想如下。

- 为了实现业务需求，必须仔细地选择封装式软件方案——"你得到你想要的，然后付费。"
- 封装式软件方案不仅需要花钱购买，而且也可能需要花钱实现。实际上，这种路线可能比内部实现的模型驱动开发路线或快速应用开发路线更贵。
- 软件包通常必须定制并集成到企业中。另外，软件包通常需要重新设计现有业务过程以适应该软件。
- 软件包很少能实现让用户完全满意的所有业务需求。这样，一定程度的内部系统并发对于满足那些没有实现的需求仍是必需的。

利用软件包开发系统的步骤如下。

(1) 所有的项目仍然需要确定范围和做计划。在初始研究阶段明确原系统的问题和需求，提出解决方案，比较不同的开发策略，确定是否应该利用软件包进行开发。

(2) 问题分析阶段通常包括一些初始的市场调研，以确定可用的商用软件方案和用来评价这些应用软件的准则。

(3) 定义了需求之后，必须同候选的技术供应商进行交流。业务需求以建议申报书的形式组织并发送给供应商征求意见。

(4) 供应商提交软件建议方案。这些建议方案按照适当的业务准则和技术准则进行评价，然后同获胜的供应商协商软件合同以及安装和维护软件可能需要的服务合同。

(5) 供应商提供软件以及基本软件的安装和实现服务，这可能包括软件的定制。

(6) 购买的软件必须集成到企业及其信息系统中。某些集成需求可以作为业务需求陈述的一部分确定下来，其他集成问题直到软件安装和定制的时候才会被发现。需要做出决策确定哪些业务过程需要重新设计以及需要开发哪些补充的内部软件。

(7) 设计说明既包括集成现有商用软件与现有信息系统，也包括内部实现现有商用软件没有涉及需求的补充软件。

(8) 对业务过程进行重构，以使它们能正确地与安装的软件互操作。

由此可见，利用软件包开发系统时也要经历与生命周期法类似的步骤，只是每个阶段的工作内容稍有不同。最大的不同是系统设计的指导思想，不能像传统的设计那样尽量地把系统设计得与组织匹配。相反，通常要重新设计组织和业务流程，让它们尽量与软件包的要求相吻合。

现成商用软件开发路线具有以下优点。

- 可以更快地实现新系统，因为不再需要大量的编程工作(这一点并不总是成立)。
- 许多企业没有能力提供人力和专业知识开发内部方案。
- 商用软件供应商将它们的开发费用平摊到购买软件的所有客户身上。这样，他们可以不断地投资以改进软件的特点、功能和可用性，这往往是单个企业无法做到的。
- 供应商对重大的系统改进和错误修改负有责任。例如，供应商一般对解决系统级问题(例如千年虫问题和欧元兼容性问题)负有责任。
- 在一个行业内部，许多企业的功能相似性多于差异性。例如，医疗行业中组织的业务功能就是相似多于差异。每个组织自己"重打锣另开张"没有意义。

同其他路线一样，购买现有软件也有缺点。成功的商用软件实现依赖于供应商的长期成功和生存能力——如果供应商不干了，你就会失去技术支持和未来的改进。购买的系统很少能反映理想方案，而企业可以通过内部开发实现理想方案。内部开发可以按照管理层和用户的精确期望进行定制。改变业务过程以适应软件几乎总是会遇到一些阻力，一些用户将不得不被解雇或者分配新工作；而有些人会抵制变化，他们认为这些变化是技术驱动的，而非业务驱动的。最后，如果你定制购买的软件，未来的升级版本可能不得不重新定制，这将是昂贵且枯燥的。

5.4.4　混合开发路线

各种开发路线之间并不是互斥的。任何一个项目都可以选择或者被要求使用多条开发路线或开发路线变种的组合。使用什么开发路线要在初始研究阶段进行选择。这个阶段可以产生一个新的混合开发路线(同该项目完美匹配的开发路线)；或以前的一个混合开发路线被用于这个项目，也可能经过调整后用于该项目。下面将简单地介绍一些常用混合开发路线。

1) 快速架构开发路线

快速架构开发路线中，使用 RAD 方法开始项目，然后切换到模型驱动方法。首先，要构造一个原型，然后使用原型构造系统模型。例如，开发者经常使用微软公司的 Access 构造一个数据库和应用系统原型，这个原型可以被转换成数据和对象模型，进行更全面、更严格的需求分析。然后使用模型构造最终系统，最终系统则使用 Access 以外的技术(例如 Visual Basic 和 Oracle)实现。这种方法既具有 RAD 中用户参与和原型的优点，又具有模型驱动中严格说明和质量检查的优点。

2）并行实现开发路线

在并行实现开发路线中，执行模型驱动方法直到决策分析阶段。在决策分析阶段将系统分解成处理不同子系统的子项目，每个子项目再按照各自的模型驱动瀑布路线进行设计、构造和实现。子系统最终必须被集成为单一且协调的大系统。

3）分阶段实现开发路线

在分阶段实现开发路线中，仍执行模型驱动方法直到决策分析阶段。在决策分析阶段，定义一系列分阶段的设计、构造和实现阶段，最终得到系统的一系列可运行版本。换句话说，你设计、构造和实现版本 1.0 提供的最小可用的系统功能和特性，每个后续版本都在其上增加功能和特性。

5.5　支持系统开发的工具

你可能听说过一个有关鞋匠的寓言故事：鞋匠的孩子没鞋穿。这种情况很像有些系统开发人员面临的情况。多年来，我们使用信息技术来解决用户的业务问题，但是，我们将同样的技术应用到开发信息系统本身的程度却很低。不久以前，系统分析员的主要工具仍是纸、笔和流程图模板。

如今，整套的自动化工具已经被开发出来，以提高系统开发工作的效率和质量。虽然系统开发方法学并不总是需要自动化工具，但大部分方法学都能从这些工具中获益。下面列举了一些常被引用的好处。

- 生产率提高——通过任务自动化。
- 质量改进——因为自动化工具检查了完整性、一致性和矛盾冲突。
- 更好、更一致的文档——因为工具使得编写和汇集一致且高质量的文档更加方便。
- 减少了生命期的维护——由于系统质量的提高以及产生了更优质的文档。
- 真正可用的方法学——通过使用强制性规则和内建的专业知识得以实现。

一般来说，有三类自动化工具用于系统开发：计算机辅助系统工程、应用开发环境、项目和过程管理器。下面我们就简单地介绍一下每类自动化工具。

5.5.1　CASE 工具

系统开发人员长期以来一直期望能将信息系统和软件开发转变成类似工程的学科。系统工程和软件工程这些词汇都基于一个基本构想：系统开发和软件开发能够也应该按照工程一样的精确性和严格性实施。这种精确性和严格性同模型驱动的系统开发方法是一致的。

为了帮助系统分析员更好地进行系统建模，工业界开发了称为计算机辅助系统工程的自动化工具(Computer-Aided Systems Engineering，CASE)———一种用来自动控制或者支持系统模型的绘制和分析，并提供系统模型到应用程序的转变的软件程序。

CASE 可以被看做是用来设计和构造其他软件的软件，这同计算机辅助设计(CAD)技术十分类似。大多数现代工程师使用计算机辅助设计技术设计其他产品，例如车辆、结构、机器等。

有代表性的 CASE 工具如下。

- 微软的 Visio。

- Oracle 公司的 Designer。
- Platinum 公司的 Erwin。
- Rational 公司的 ROSE。
- Popkin 公司的 System Architect。
- Sterling 公司的 COOL 产品系列。
- Visible Systems 公司的 Visible Analyst。

完善的 CASE 工具都必然包含一个关于模型信息的数据库，称为资料档案库。它是开发人员存储系统模型、详细描述和说明以及系统开发的其他产品的地方。资料库的同义词包括字典和百科全书。如图 5-11 所示，CASE 工具可以检查模型，从而确保这些模型是遵循完整的、正确的制图规则。CASE 工具也能够对照检查两个模型以确保它们之间是一致的。如果考虑到分析员需要花费大量的时间来创建、检查、修正模型，并确保所有这些模型能够有机的结合在一起，那么，一个 CASE 工具能够提供多少帮助是显而易见的。由图 5-11 可以看出，开发小组成员共享资料档案库，大幅度降低了开发信息的不一致性，而且，每当一个小组成员增加一些关于系统的信息时，小组中任何其他人员都可以立即使用该信息。

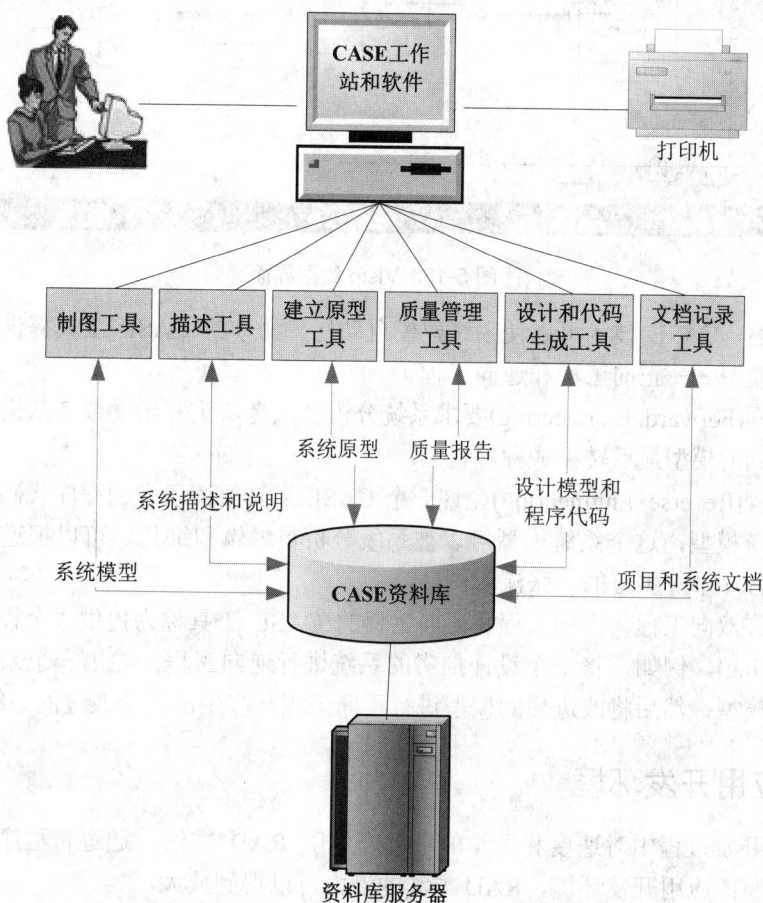

图 5-11 CASE 组件

图 5-12 所示是微软的 Visio 绘图界面。尽管 Visio 不是真正的 CASE 工具，但却是灵

活的绘图工具。Visio 的软件和系统开发模板提供了流程图、数据流图、实体-联系图、UML 图，以及其他书本中能够找到的绘图符号。

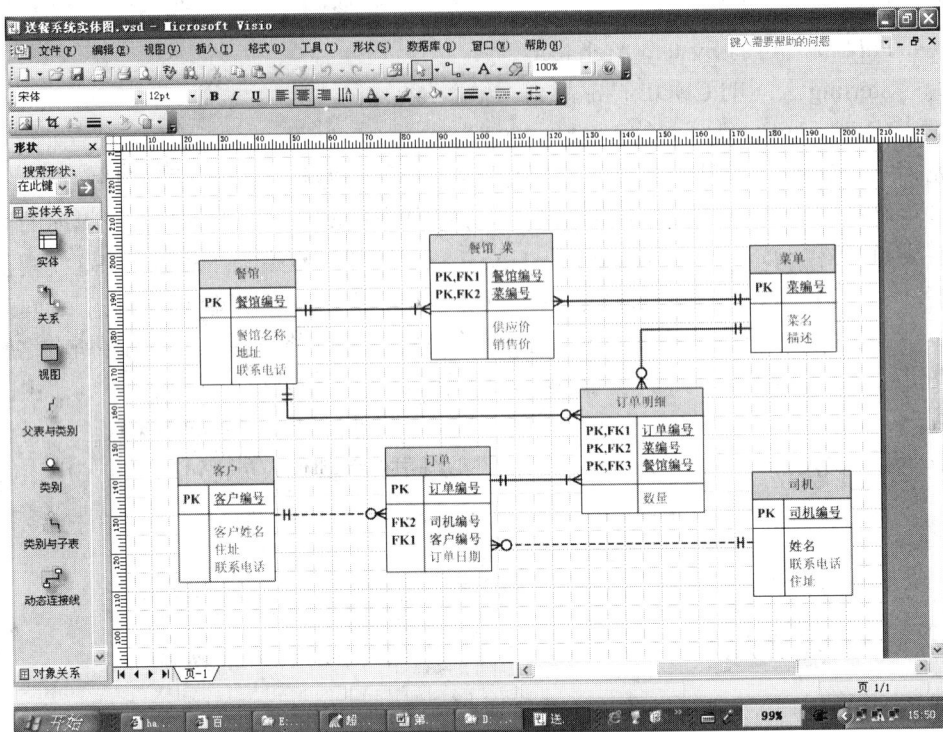

图 5-12　Visio 绘图界面

如前所述，CASE 技术可以使系统建模自动化。如今的 CASE 工具提供了两种不同方式开发系统模型——正向工程和逆向工程。

正向工程(Forward Engineering)要求系统分析员或者从头开始，或者从模板开始绘制系统模型，得到的模型最后转换成程序代码。

逆向工程(Reverse Engineering)允许一个 CASE 工具阅读现有的程序代码，并将其转换成相应的系统模型，这个系统模型可以被系统分析员编辑和细化。可以把逆向工程看作是从一个现有程序中产生出的一张流程图。

同时允许双向工程、正向工程和逆向工程的 CASE 工具称为提供"全程工程"(round-trip engineering)。例如，将一个设计拙劣的系统进行逆向工程，导出一个系统模型，编辑并改进这个模型，然后将改进后的模型进行正向工程，产生出一个改进的系统。

5.5.2　应用开发环境

在软件开发过程中对速度和质量的重视产生了 RAD 方法。通过将程序设计语言编译器转换成完整的应用开发环境，RAD 方法的潜力可以得到放大。

应用开发环境(Application Development Environment，ADE)是集成的软件开发工具，它提供了以最快速度和最高质量开发新的应用程序所需的全部工具。常用的同义词有集成开发环境(IDE)。

ADE 使得原型技术和 RAD 编程成为可能，但 ADE 并非专用于 RAD 技术，大多数程序设计语言编译器如今都集成到一个完整的 ADE 中，你可能熟悉大学课程中使用的几种最流行的 ADE，例如微软公司的 Visual Basic 和 Access(后者不仅仅是一个数据库管理系统)。表 5-1 给出了常见的 ADE 工具。

表 5-1　ADE 工具

ADE 工具	
Allaire 公司的 Cold Fusion (用于 Web 应用开发)	微软公司的 Visual Studio (Visual Basic、C++和 Java)
IBM 公司的 Visual Age 产品系列 (C++、Smalltalk、Java 等)	微软公司的 Access (SQL 和 Visual Basic for Applications)
Inprise 公司的 Delphi 和 Jbuilder(Java)	Sybase 公司的 PowerBuilder
Oracle 公司的 Designer	Symantec 公司的 Visual Caft(Java)

应用开发环境中包括一些生产率和质量管理工具，ADE 供应商提供了一些这类工具。第三方供应商则提供了其他许多可以集成到 ADE 中的工具。

- 程序设计语言或解释器是 ADE 的心脏，它们通常提供强大的调试特性和辅助工具，来帮助程序员快速确定并解决程序设计问题。
- 界面构造工具可以帮助程序员快速使用组件库构造用户界面。
- 中间件是一种软件，它帮助程序员集成正在开发的软件及各种数据库和计算机网络。
- 测试工具用于构造和执行测试脚本，测试脚本能够一致且全面地测试软件。
- 版本控制工具帮助由多个程序员构成的团队管理多版本的程序，既包括开发期间的管理也包括系统实现之后的管理。
- 帮助文件著作工具用于编写联机帮助系统、用户手册和联机培训。
- 资料库链接允许 ADE 同 CASE 工具产品以及其他 ADE 和开发工具集成。

5.6　小　　结

除了最简单、规模最小的项目外，其他所有系统开发项目都是按不同阶段进行的。这一系列阶段即系统开发生命周期(SDLC)。SDLC 阶段包括规划、分析、设计、实施及维护。系统开发者是基于瀑布法顺序地学习 SDLC 阶段及其活动的，然而事实上这些阶段是交叠的，项目本身包括很多分析、设计及实施活动的迭代。

开发系统有很多方法。而所有这些方法都是基于 SDLC 来管理项目。这些方法加上模型、技术和工具就构成了系统开发方法学。系统开发学为严格完成 SDLC 中的每一步提供指导。实际上，有许多不同的方法正在使用。大多数系统开发方法是基于两种信息系统开发方法之一的，这两种方法是传统方法和面向对象方法。

SDLC 也有很多变体路线，如快速应用开发路线、现有商用软件包开发路线以及混合路线。这些路线大多数都使用迭代开发方法，即一些分析、一些设计、一些实施，在实施中完善，再进入下一步的分析、设计和实施。依此类推，不断迭代，最终开发出完善的系统。

CASE 工具表示利用信息技术辅助进行系统开发过程。CASE 工具包括图形表示工具、界面和报表设计工具以及其他特殊用途的工具，其目的是为了帮助程序员和分析员提高工作效率和效益。应用开发环境是集成的软件开发工具，它提供了以最快速度和最高质量开发新的应用程序所需的全部工具。

思 考 题

1. 请阐述 SDLC 五个阶段的任务分别是什么？

2. 你认为传统结构化开发方法和面向对象方法的共同点及区别是什么？

3. 什么是模型驱动开发？

4. 什么是快速应用开发？它有什么优点？

5. 系统开发方法和系统生命周期是经常被混淆的词汇，你认为两者如何区别？

6. 一个用户要求你的软件公司开发一个订单处理系统。但是对新系统的最基本部分的发布时间要求很紧，并且用户的需求很模糊、不清楚。在此情况下，你认为这个项目使用哪种开发方法比较适合？

第 6 章　信息系统项目规划

【学习目标】

通过本章学习，你将能够：
- 解释信息系统开发项目成功的因素
- 识别项目的参与者
- 掌握如何启动一个项目

6.1　引　言

信息系统开发本身往往是投资巨大、历时很长的复杂的工程项目，规划不好不仅自身造成损失，由此而引起企业运行不好的间接损失更为巨大。因此，从总体来看，系统开发需要严格遵循项目管理的一些基本步骤。

由于项目管理在信息系统开发中的重要作用，所以，我们在这一章将从信息系统开发的角度来介绍项目管理的基本原则，以及项目规划的基本步骤。作为一个知识工作者，你需要具备技术技能和管理技能，成为系统开发小组的有用成员，成为问题的解决者。

我们将讨论信息系统如何启动。启动项目有两个原因：其一，因为新系统是实现战略目标的必要选择，是整个战略计划的一部分；其二，企业中出现了信息处理的难题，出现了一些新的信息处理需求。

系统规划过程包括几个重要部分，包括定义项目作用域、比较新系统的预计成本和收益，以及制定项目开发进度表。因为这些领域的问题都是非常大的主题，所以，我们在本章只作简单介绍，更详细的资料可以参考相关书籍。

6.2　系统开发项目成功因素

项目管理对系统开发项目的成功至关重要。1995 年 Standish Group 发表了系统开发项目成功的研究结果。结果表明，几乎 32%的开发项目在完成之前就被取消了，此外，一半以上的计算机系统项目花费了差不多两倍于最初预算费用，小于一半(大约 42%)的项目具有最初预期的规模和功能。事实上，许多系统的完成仅满足了最初需求的一部分。根据公司规模，完全成功的项目(按时、按预算、具有所有功能)只有 9%～16%。很明显，系统开发是一个十分困难的活动，需要仔细计划、控制和执行。

从项目管理角度来看，如果一个项目能够达到以下目标，就可以认为是成功的。
- 客户接受最后得到的信息系统。
- "及时"地交付了系统。

- "在预算内"交付了系统。
- 系统开发过程对正在进行的企业运营影响很小。

前面说过，并非所有的项目都是成功的，失败和部分成功项目的数量远远超过了成功的信息系统的数量。而所有的失败均可归结为不良的项目管理。例如，有些开发人员想走捷径绕开了系统开发方法学，而最终证明事实上是走了弯路。有些人过于乐观地估计了项目进度或预算，或过于草率的确定了项目范围，从而导致项目最终不能按计划进度和预算限额完成。

总体来讲，项目失败或只有部分成功的一些主要原因如下。

- 没有切实弄清楚系统需求。
- 用户参与不充分。
- 缺少高层领导的支持和协调。
- 项目计划不够充分。
- 目标不清楚。
- 缺少所需资源。

总之，项目失败的主要原因是——大部分项目经理没有接受过作为项目经理的教育或培训，正如优秀的程序员并不是优秀的系统分析员一样，优秀的系统分析员也并不会自动地成为优秀的项目经理。为了成为一名优秀的项目经理，必须接受"项目管理技术"的教育和技能培训。所以，以上问题大多数都可以通过加强项目管理来改正。相反，一些系统开发项目之所以能成功，是因为以下原因。

- 有清晰的系统需求定义。
- 充分的用户参与。
- 上层领导者的高度支持。
- 完整、详细的项目计划。
- 符合实际的工作进度表。

有意思的是，"技术复杂性"在大多数情况下并不是项目失败的根本原因。这表明，项目能否成功，关键在于组织计划以及严格的阶段评估。成功的项目来源于好的项目管理，好的项目管理确保了项目的顺利进展。

6.3 确定项目的参与者

大型信息系统开发涉及企业方方面面的管理领域，因此，也就与企业中大部分人的业务相关。系统开发项目必须将这些关联人员纳入其中，包括企业高层管理者、基层执行人员以及外部或内部的开发团队，一般来说，信息系统开发项目的参与者包括如图 6-1 所示的各类参与人员。详细解释如下。

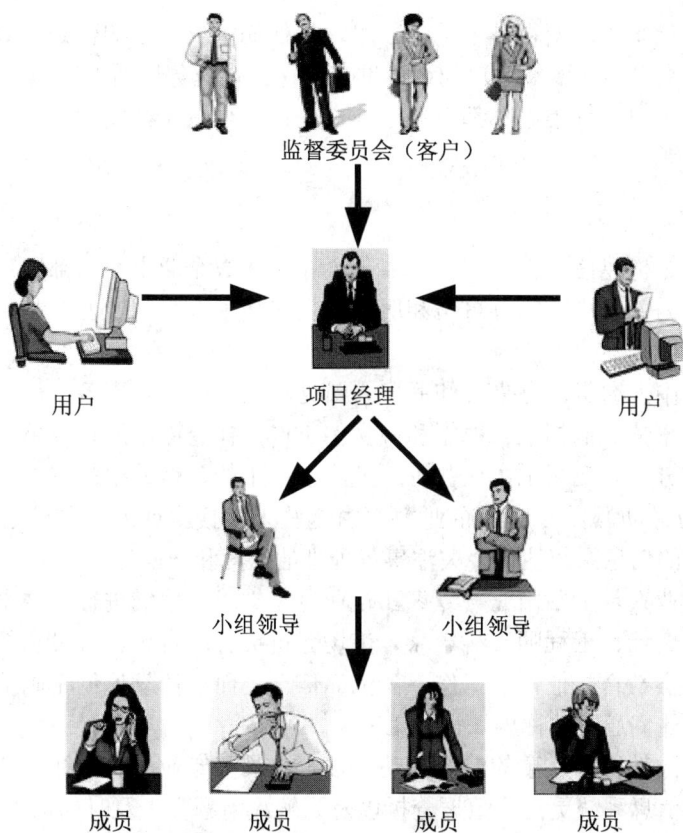

图 6-1　系统开发项目参加人员

6.3.1　系统客户

客户是指投资系统开发项目的人员，是系统所有者。对于大中型的信息系统，系统所有者通常是中层或高层经理；对于小型系统，系统所有者可能是中层经理或主管。

系统所有者往往对结果感兴趣——这个系统将给企业带来多少价值，或者这个系统将给企业带来多大好处？系统的用途是什么？系统的前景(目标和目的)如何？系统建设费用是多少？系统运转费用是多少？这些费用可否被可衡量的收益抵消？无形收益有多少？

对于大型的、至关重要的项目，可以成立一个监督委员会。这个委员会是由客户和其他关键的高级管理人员组成，这些高级管理人员具有该组织战略方向的远见卓识，他们强烈希望项目能够成功。

6.3.2　系统用户

系统用户是那些在通常意义上使用信息系统或者受到信息系统影响的人——如收集、验证、录入、响应、存储、交换数据和信息。在某些情况下，用户和客户是相同的人，但大多数情况下，他们是不同的。用户提供有关新系统需求的详细功能和操作的信息，而客户则提供商业结构和战略方面的信息。

因此，同系统所有者不同，系统用户很少关心系统的成本和收益。相反，他们关心业务需求。尽管这些年来用户变得越来越懂技术，但他们主要关心的仍是做好本职工作。也正因为如此，分析人员同大多数用户的讨论都需要保持在业务层面上，而不是技术层面。

有许多类系统用户，每类用户都直接参与在任何信息系统开发项目中，下面简单介绍这些系统用户。

1. 内部用户

内部用户是为之构建信息系统的企业雇员。在大多数企业中，内部用户占了信息系统用户的绝大多数。内部用户包括办事员和服务人员、技术人员和专业人员、主管、中层经理和高层经理。

在一般的企业中，通常由办事员和服务人员处理大部分日常事务。他们处理订单、发货单、付款之类的事情。他们录入数据和做文字工作，在仓库中履行订单，在商场中销售产品。企业中大部分基础数据是由这些工人搜集或产生的，他们中的许多人除了处理数据以外还要进行体力劳动。在一般的企业中，由这些工人搜集或产生的信息量大得令人吃惊。面向这些工人的信息系统往往会关注事务处理的速度和正确性。

技术人员和专业人员主要由业务专家和行业专家构成，他们进行高技术的和专业化的工作。例如律师、会计、工程师、科学家、市场分析员、广告设计人员和统计员。这类人员大部分接受过大学教育，他们的工作不仅依靠信息，而且依靠他们正确地使用和响应信息的能力。因此，他们通常被称为知识员工。

由于他们所受的教育和从事的专业活动，技术人员和专业人员往往是苛刻的用户。面向这些信息工人的信息系统更注重数据分析以及为解决问题产生及时的信息。

主管、中层经理和高层经理都是决策制定者。主管往往关心日常的管理问题；中层经理更关心战术的或短期的管理计划和问题；高层经理关心企业整体性能、战略或长期计划以及问题的解决。为管理人员提供的信息系统往往注重信息获取和分析能力。为了解决问题和做出决策，管理者需要在恰当的时候获得恰当的信息。

2. 远程和移动用户

需要特别关注一类相对来说较新的系统用户——远程和移动用户。同内部用户一样，他们也是为之构造信息系统的企业雇员。但不同之处在于，他们不在企业办公室内工作。

一个典型的例子是销售和服务代表。这些移动用户的职业生涯就在路上——从一个客户到另一个客户。以前，他们是次要的信息系统用户，从系统中仅获得很少的价值。但是，随着全球通信技术和竞争全球化的出现，这些被称为"路上游荡的人"必须被纳入到信息系统的用户群中。支持移动用户的信息系统是复杂的，但也为现代企业提供了巨大的潜在价值。能够直接访问数据库和订单系统的销售代表比不能这样做的代表更具有竞争力。

系统用户群中的新成员是远程用户。许多企业寻求通过远程办公以降低成本和提高员工的工作效率。简单地说，远程办公就是在家办公。有证据表明，如果能通过现代通信技术连接到公司的信息系统中，许多员工都可以在家中从事同样有效的工作。

3. 外部用户

现代信息系统如今超出了传统企业的界限，把客户和其他企业也作为系统用户包括了进来；企业正在重新设计它们的信息系统，以直接连接其他企业、贸易伙伴、供应商、客户甚至消费者，并同他们进行交互。例如，企业越来越多地将它们的采购系统直接连接到供应商的订单处理系统，以减少文书工作并更快地补充产品、原材料和库存。同样，在企业对企业的信息系统中，每个企业都成为了其他企业信息系统的外部用户。

这个概念被自然地扩展到了消费者。当你直接通过因特网购买产品时，你就成为零售商订单处理信息系统的外部用户。你不必打电话或邮寄订单，而零售商也省却了把你的订单输入到信息系统中的步骤。

6.3.3　系统分析员

在信息系统开发中有一类知识员工扮演着一个特殊的角色，这就是系统分析员。系统分析员推动信息系统和计算机应用系统的开发。对于系统所有者和用户来说，分析员确定并验证他们的业务问题和需求。对于系统设计人员和构造人员来说，分析员确保技术方案实现了业务需求，并将技术方案集成到业务中。作为工作的一部分，系统分析员要进行系统分析和系统设计。

1. 什么是系统分析员

简单地说，系统分析员是既懂业务又懂计算机技术的人。他们研究业务问题和机遇，然后把业务和信息需求转换成基于计算机的信息系统。而这个信息系统则由包括程序员在内的技术专家来实现。

系统分析员是一个解决业务问题的人。只有当计算机和信息系统有助于解决问题或影响改进时，它们对一个企业来说才是有价值的。相应来说，系统分析员通过使用系统知识和信息技术解决问题，从而对企业作出贡献。

系统分析员把信息技术服务销售给企业管理者和计算机用户，更重要的是，他们在销售变革。每个新的系统都会改变企业。渐渐地，优秀的系统分析员改变了他们企业的组织结构——提供信息以产生竞争优势、发现新的市场和服务，甚至极大地改变并改善组织运营方式。

系统分析员也有几个正式的但常被混淆的工作职称，程序员/分析员(或分析员/程序员)既有计算机程序员的职责，也有系统分析员的责任(大部分系统分析员编写程序，大多数程序员也做一些分析工作)。系统分析员的同义词包括系统顾问、系统架构师、系统工程师、信息工程师、信息分析师和系统集成师。

2. 解决问题的人

系统分析与设计是实践性较强的领域，要求分析员必须熟悉计算机和计算机程序，必须具备程序设计方面的专业技能。但这仅仅是必要条件。开发信息系统的目的就是为组织解决问题，系统分析员经常被看做是问题的解决者，而不是程序员。因此，作为一名合格的分析员，必须具备与商业运作或组织管理相关的知识以及较强的探索精神。

分析员一般面临的典型问题包括以下内容。

- 客户 24 小时随时需要订购产品，那么，在不增加销售成本的前提下如何实现这一目标。
- 供应商希望频繁和小批量地装卸用于制造过程中的部分物资，使库存费用最小化，降低成本，那么，如何确定最小订货量并接受每日运输，以获得供应商折扣。

- 生产计划需要十分仔细地确定每周生产的各种产品数量，那么，如何估计影响生产的众多因素，然后让计划员在提交一个特定计划之前可以研究不同的方案。
- 通过对顾客的购买模式和倾向的跟踪，市场部门需要较为准确地预见顾客需求，那么，如何收集和分析市场部门可以使用的客户行为信息。
- 管理人员要不断地了解公司目前的财务状况，包括盈亏账目、现金流转，那么，如何收集、分析所需要财务的信息并提交给管理人员。

信息系统开发者要处理类似这些以及更多的问题，其中，有些是大问题，并且具有战略意义，有些是十分小的问题，影响极少一些人，但对这些人而言却是重要的。

3. 必须具备的技能

系统分析员是综合技能的载体，他一方面必须具备过硬的计算机编程技能，同时也必须熟悉企业运作等相关知识。因此，一个合格的分析员必须具备以下技能。

1) 技术知识与技能

一个系统分析员需要技术性的专门知识，这并不奇怪。尽管一个分析员并没有编程的责任，但熟悉各种不同的技术仍然是十分重要的，如它们用来做什么？如何工作？如何改进？没有一个人可以成为精通所有技术的专家，但至少必须熟练掌握一两种开发语言，并明白编程的基本原理。系统分析员应该掌握下列有关基础知识。

- 计算机及其工作原理。
- 与计算机有关的设备，包括输入设备、存储设备和输出设备。
- 连接计算机的通信网。
- 数据库及数据库管理系统。
- 程序设计语言。
- 操作系统和各种应用程序。

系统分析员也需要了解许多开发系统的工具和技术。工具是帮助规划分析和设计的说明书并完成系统部件的软件产品。在系统开发中使用的一些工具包括 CASE 工具、集成开发环境(IDE)等。分析员需要过硬的技术包括以下内容。

- 项目计划技术。
- 系统分析技术。
- 系统设计技术。

2) 业务知识与技能

对于分析员很重要的知识与技能一般还包括用于熟悉商业组织方面的内容，因为所要解决的问题毕竟是一个商业问题。那么，分析员需要了解什么呢？举例如下。

- 组织要实现什么样的商业功能？秉承什么样的现代管理理念？
- 组织的结构如何？
- 组织是如何运作的？
- 在组织中有什么类型的工作(金融、制造、市场、客户服务等)？

一般来说，对商业的全面熟悉对一个分析员来说会大有裨益，所以，他们必须在大学里学习商业管理。事实上，工商学院为此经常开设计算机信息系统(CIS)或管理信息系统(MIS)主修课程。在 CIS 或 MIS 学位培养计划中选修会计、市场、管理、经营课程很重要的一个目的就是为了毕业后求职。

系统分析员也需要熟悉所研究的组织类型。有些分析员一生专门研究一个特定的行业，像制造业、零售业、金融服务业或航空航天业。原因很简单，熟悉一个特定行业需要花费大量时间。一个非常熟悉某特定行业的分析员能够创新性地为这个行业中的公司解决一些复杂的问题。

熟悉一个具体的公司，可对系统的需求与变化提供很重要的指导，对公司员工和公司文化的细微之处是否了解在很大程度上决定了一个分析员的工作成效。要真正了解一个公司，需要多年的工作经历。若一个分析员了解一个组织如何运作的信息越多，就越能做得出色。分析员需要了解公司以下一些细节。

- 这个组织是干什么的。
- 成功或失败的原因何在。
- 它的战略和计划如何。
- 它的企业文化与价值是什么。

6.3.4　系统设计与构造人员

系统设计人员是信息系统的技术专家，他们将系统用户的业务需求和约束条件转换成技术方案。他们设计满足系统用户需求的计算机文件、数据库、输入、输出、屏幕界面、网络和程序。

系统设计人员对信息技术的选择和在所选技术限制内设计系统感兴趣。如今的系统设计人员往往专注于某些技术专业，例如数据库、网络、用户界面或者软件。某些读者也可能自学过其中的某项专业技术。

系统构造人员代表了另一类信息系统开发角色。他们根据系统设计人员的设计说明构造信息系统构件。在许多情况下，系统设计人员和系统构造人员是同一个人。

应用程序员是典型的系统构造人员，然而，其他技术专家也可能会参与进来，例如系统程序员、数据库程序员、网络管理员和微机软件专家。

6.3.5　信息技术厂商和咨询顾问

大多数信息系统同各种信息技术相关，必须把这些技术选择、安装和定制、集成到业务中并得到技术支持，这些技术由信息技术厂商开发、销售和支持。越来越多的企业尽可能地购买软件应用程序，特别是用来支持那些不产生任何竞争优势的公共业务功能时(例如工资和财务管理)。信息技术厂商已经不仅仅是信息系统游戏中的参与者。他们已同购买他们的产品和服务的企业成为伙伴。

同样，许多企业依赖外部的咨询顾问来帮助他们开发或者获取信息系统和技术。利用咨询顾问可能是由于需要特殊的知识或技能，也可能是由于立即需要额外的分析员和程序员来完成项目。无论如何，外部咨询顾问是许多信息技术项目的关联人员。

6.4　开始启动项目

通常企业是由于三个原因启动项目：①应对机会；②解决问题；③依照指示。

大多数公司总在不断寻找方法以增加它们的市场份额或打开新的市场，他们创造机会的一种方法是通过短期和长期的决策计划。在许多方法中，计划是确定新项目的一种优选方法。这种方法的好处是它为开发新系统提供了一个更稳定一致的环境。随着决策计划的制订、项目确认、区分优先次序，在整个计划内安排进度也将逐步展开。以这种方式启动的项目有时称为自顶向下的项目。

为了区分这些项目的优先次序，许多公司采用一种称之为权重得分的技术。首先，由 IT 决策计划委员会确定一组评判新项目重要性的标准，例如以"以开放一个新市场"或"提供高净现值"来做评判标准。这些标准根据它们的重要性给以权重，每一个潜在项目都根据这组标准鉴定等级，最高分的项目优先启动。

项目也会因解决一个突发的商业问题而启动，这些项目要设法减少正确运行商业活动所需信息的处理和目前正使用的系统之间的差距。它们可以作为战略计划中的一部分启动，但更常见的做法是由中层管理人员为解决公司在运行中遇到的一些困难而提出。很明显，高级经理主管人员也知道内部问题，并启动项目解决这些问题。有时这些问题很严重，以致引起战略计划委员会的注意，把它们纳入整个商业战略中。有时一个突发的需求必须立即解决，如新的销售代理计划或生产力评估报告。在这种情况下，个别经理将请求个别开发项目的启动。

最后，为响应外界的动向而启动项目。常见的外界压力是立法的变化，如税法和劳动法的变化，这需要新的信息收集和外界需求的报告。

不管什么原因启动了项目，它总是需要一个初步的调查以确信这一项目收益超过开发成本和风险。因此，几乎每一个项目在批准后的首要活动都是精确地确定商业问题，确定项目的范围，完成包括一个成本/收益分析的可行性分析。

6.4.1　案例研究

经过前面关于系统生命周期的讨论，如果以案例研究的方式来解释阶段、工具和技术，必定有助于理解。虽然案例研究便于我们理解系统分析和设计的过程，但是决不能代替实际的系统分析和设计工作。这主要是因为所提供的案例往往是经过简要总结和良好组织的。而在实际工作中，分析人员需要过滤掉大量无关的信息，显然，这些工作是很耗时且非常辛苦的。

下面，我们给出了一家提供送餐服务公司的简单案例。在后面的章节，我们将结合该案例来讲解系统开发各阶段的任务。

【案例 6-1】送餐服务公司

电话订餐是饭店的一项送餐服务，由 Sue Brickford 和 Tom Brickford 于 1999 年首次使用。Brickford 兄弟在上大学期间都曾在餐馆打工，他们一直梦想着开一间自己的餐馆。但遗憾的是，最初的投资均以失败告终。Brickford 兄弟发现：许多餐馆都提供外卖，而且一些餐馆(主要是比萨饼店)还提供送货上门的服务。然而，他们认识的许多人好像希望有更全面的食品供选择的送货上门服务。

Brickford 兄弟认为电话订餐是最佳的选择——一项开始不需要很大投资的餐饮服务。他们的运作思路是这样的：Brickford 兄弟和全城各种知名的餐馆联系，得到客户订单并负责将全部饭菜送货上门。当饭店准备好了预定的饭菜后，按批发价交给 Waiters on Call，而饭菜送到后，客户按零售价支付，并付给他们服务费和小费。Waiters on Call 刚起步时规模很小，仅包括两家餐馆和一个在就餐时间工作的配送司机。随着生意越做越大，Brickford 兄弟意识到：必须有一套专门的计算机系统来支持业务运转。他们聘请了一个咨询员 Sam Wells 来帮助他们判断需要何种系统。

Sam 问道："在你们打理生意时，哪些时间促使你们决定采用计算机？告诉我通常这些业务是怎样进行的。"

Sue 回答道："哦，是这样，当客户打电话订餐时，我需要把它记下来，然后通知给相应的餐馆。我需要决定派哪一个司机去送货，因此要司机打电话告诉我他们什么时间有空。有时，客户又会打电话更改订单内容，因此我必须找到原始订单，然后通知餐馆做更改。"

"好的，那你又怎么管理现金呢？" Sam 问道。

Tom 插话道："司机从餐馆取菜时会从餐馆直接拿到账单的副本，账单和我们的计算应该是一致的，然后司机送货时收取相应的现金并加上服务费。在下班时，司机报账。我们把司机收到的钱汇总起来，和我们的记录进行比较。所有的司机都交完账后，我们需要开张银行存款单，存入当前的总收入。每周末，我们按提前约定的批发价来计算欠餐馆多少钱，把结算单和支票寄给他们。"

"那你们还想从这个系统中获取什么别的信息吗？" Sam 接着问。

"如果每周末能统计出每个餐馆有多少订单，城里每个区有多少订单，以及诸如此类的信息就更好了。" Sue 补充道，"这能帮助我们制定广告策略及与餐馆的合同，而且我们需要月财务状况统计结果。"

在 Sue 及 Tom 说话时，Sam 记下了几个要点，画了几张草图。之后，他花了一些时间仔细考虑，总结出了 Waiters on Call 的状况。他说道，"在我看来，你们需要一个系统，在发生如下事件时能进行一些处理：

- 客户打电话下订单；
- 司机完成一次送货；
- 客户打电话修改订单；
- 司机汇报工作情况；
- 司机上交一天的收入。

然后，你们需要系统在特定时间产生所需信息。例如，在以下情况时：

- 生成日结算存款单；
- 生成周末餐馆支付账单；
- 生成周销售报表；
- 生成月财务报表。

根据你们所描述的经营运转方式，我认为你们需要建立一个数据库来存储如下类型的

信息:

- 餐馆;
- 菜单;
- 客户;
- 订单;
- 订单支付账单;
- 司机。

而且我估计你们也需要维护数据库中关于餐馆和司机的信息。此外系统也需要处理如下情况:

- 新餐馆加入进来;
- 餐馆更改了菜单;
- 餐馆被删除;
- 雇佣了新司机;
- 司机离职。

我的设计正确吗?"

Sue 和 Tom 一致认为 Sam 所说的系统恰好满足了他们的需要。他们确信已经为自己的工作找到了所需要的顾问。

（资料来源: Systems Analysis and Design in a Changing World. 电子工业出版社，2006

作者: John W. Satzinger 等.)

6.4.2 定义问题

选择正确方式开发项目是非常重要的。将分析师找来，仅就系统需求做出口头指示，然后就让分析师去做，这是错误的工作方法。常规的方法是：在系统开发项目启动时，首先准确地定义要解决的商业问题，从而确定新系统的作用域，并要求分析师写一份书面报告。分析师的工作方式是这样的：首先从项目发起人那里得到一份大致的任务说明，通常是口头的，内容是关于项目发起人所觉察的问题和机遇之所在，然后深入分析问题和现行系统，并清楚定义问题。

定义了问题和作用域，即确定了系统开发要达到的目标。目标定义有误或不清晰，必然不会开发出合适的信息系统。我们可以从三个方面来确定开发项目的作用域：问题描述、预期收益和所期望的功能。

其中预期收益是指组织希望通过新系统实现的结果，通常以减少成本或增加收入等来描述。所期望的功能是对未来系统要做的事情的粗略描述。

表 6-1 是送餐服务公司的客户服务信息系统开发项目的问题陈述。其中需要注意的是项目的预期收益与期望功能间的差别。预期收益关注的是财务收益，而期望功能则关注系统本身需要做什么具体的事情。

表6-1　送餐服务公司客户服务系统作用域报告示意

客户服务信息系统作用域报告

问题描述

送餐服务公司的宗旨是为全城范围所有需要上门服务的用餐者以及所有提供外卖的餐馆提供完善的中介服务，目的是用餐者能方便地得到自己想要的菜肴。为此，公司需要开发客户支持信息系统来方便得到客户订单，并能迅速和全城知名餐馆联系，以便组织送餐业务，最终在这一领域取得领先地位。

预期的收益

所开发的信息系统应该能取得以下收益：

减少人工处理订单引起的错误；

实现快速订单履行；

方便用餐者通过高速交互式的网站获取产品；

能够跟踪消费动向以增加销售。

所期望的功能

为获取如上所列的商业收益，该系统应该具有以下功能：

能够方便实现在线客户的订单、订单撤销和反馈信息；

方便满足电话客户的订单处理业务；

保留历史记录，支持销售分析；

能满足客户的历史交易信息查询；

能方便管理人员随时掌握销售业绩。

6.5　制定项目进度表

在项目规划阶段，不可能对整个项目的每一个任务周密安排，因为在项目的早期不可能了解太多的任务细节。但是，在这一阶段必须对完成这个项目的时间和总成本进行估计。由于项目成本中主要成分之一是对项目组的成员支付工资，因此，完成项目的时间预算变得十分重要。指定项目进度表是规划阶段最难也是最重要的事。项目进度表的制订可以分为下列两个主要步骤。

(1) 制订工作分解结构。

(2) 建立 PERT/CPM 图。

工作分解结构(Work Breakdown Structure，WBS)是将项目层次化地分解成开发阶段、开发活动和开发任务。阶段是由一组有关的活动组成，而活动是由一组有关的任务组成。图 6-2 是一个图形化的工作任务分解结构。但在微软的 Project 中，WBS 使用简单的纲要风格描述，即项目的甘特图"视图"中的开发活动和开发任务的缩排。Project 提供一种标准编号方案，用来表示项目的层次分解，如下所示：

1　项目阶段 1

　　1.1　阶段 1 中的活动 1

        1.1.1   阶段 1 中活动 1 的任务 1

        1.1.2   阶段 1 中活动 1 的任务 2

    1.2   阶段 1 中的活动 2……

2   项目阶段 2……

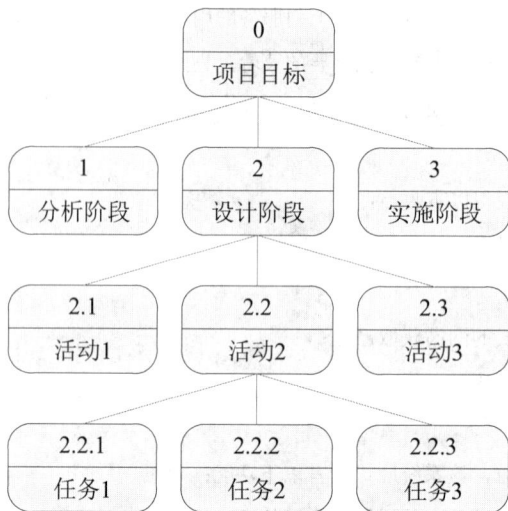

图 6-2　图形化的工作任务分解结构

给定一个详细程度合适的工作任务分解结构，项目经理必须估计每个开发任务的工期。工期是一个随机变量，其值取决于一些因素，例如：团队规模、用户数量、用户可用性、团队人员的经验、对其他项目投入的时间以及其他项目的经验等。

在 Project 中，一套方法学的所有开发阶段、开发活动和开发任务都简单地称为任务。工作分解结构则既包括总成型任务，也包括基本任务。总成型任务是包含其他任务(例如开发阶段和开发活动)的任务。基本任务是不包含任何其他任务的任务。我们必须估算工期的任务就是这些基本任务，像大多数项目管理软件一样，Project 将自动地根据基本任务的估计工期计算所有总成型任务的工期。

给定所有任务的工期估计后，就可以开始制定一个项目进度表了。图 6-3 是一张用 Project 生成的项目进度表。项目进度表不仅取决于任务工期，而且取决于任务之间的依赖关系。换句话说，某个任务的开始和结束可能依赖于其他任务的开始和结束。共有 4 类任务之间的依赖关系。

- 完成到开始(FS)：某个任务的完成触发另一个任务的开始。
- 开始到开始(SS)：某个任务的开始触发另一个任务的开始。
- 完成到完成(FF)：两个任务必须同时完成。
- 开始到完成(SF)：某个任务的开始标志另一个任务的完成。

任务之间的依赖关系既可以通过甘特图也可以通过 PERT 图建立和描述。

	❶	任务名称	工期	开始时间	完成时间
1		⊟ 1 项目规划阶段	7 工作日	2007年12月6日	2007年12月14日
2		1.1 定义问题	1 工作日	2007年12月6日	2007年12月6日
3		1.2 制定项目进度表	1 工作日	2007年12月7日	2007年12月7日
4		1.3 确认项目可行性	3 工作日	2007年12月7日	2007年12月11日
5		1.4 安排项目人员	4 工作日	2007年12月10日	2007年12月13日
6		1.5 启动项目	2 工作日	2007年12月13日	2007年12月14日
7		⊟ 2 分析阶段	44 工作日	2007年12月17日	2008年2月14日
8		2.1 收集信息	20 工作日	2007年12月17日	2008年1月11日
9		2.2 定义系统需求	20 工作日	2007年12月17日	2008年1月11日
10		2.3 需求优先级划分	5 工作日	2007年12月24日	2007年12月28日
11		2.4 可行性原型开发	30 工作日	2007年12月20日	2008年1月30日
12		2.5 产生逻辑方案	30 工作日	2007年12月31日	2008年2月8日
13		2.6 评估逻辑方案	5 工作日	2008年2月8日	2008年2月14日
14		⊟ 3 设计阶段	30 工作日	2008年1月16日	2008年2月26日
15		3.1 设计和集成网络	10 工作日	2008年1月16日	2008年1月29日
16		3.2 设计应用架构	15 工作日	2008年1月16日	2008年2月5日
17		3.3 设计用户界面	15 工作日	2008年1月16日	2008年2月5日
18		3.4 设计系统界面	10 工作日	2008年1月17日	2008年1月30日
19		3.5 设计并集成数据库	15 工作日	2008年1月18日	2008年2月8日
20		3.6 设计细节原型	20 工作日	2008年1月30日	2008年2月26日
21		3.7 设计并集成系统控制	10 工作日	2008年1月30日	2008年2月12日
22		⊟ 4 实现阶段	41 工作日	2008年2月6日	2008年4月2日
23		4.1 开发程序	30 工作日	2008年2月6日	2008年3月18日
24		4.2 验证和测试	20 工作日	2008年2月6日	2008年3月4日
25		4.3 导入数据	2 工作日	2008年3月4日	2008年3月5日
26		4.4 培训和文档	20 工作日	2008年3月6日	2008年4月2日
27		4.5 安装系统	10 工作日	2008年3月12日	2008年3月25日

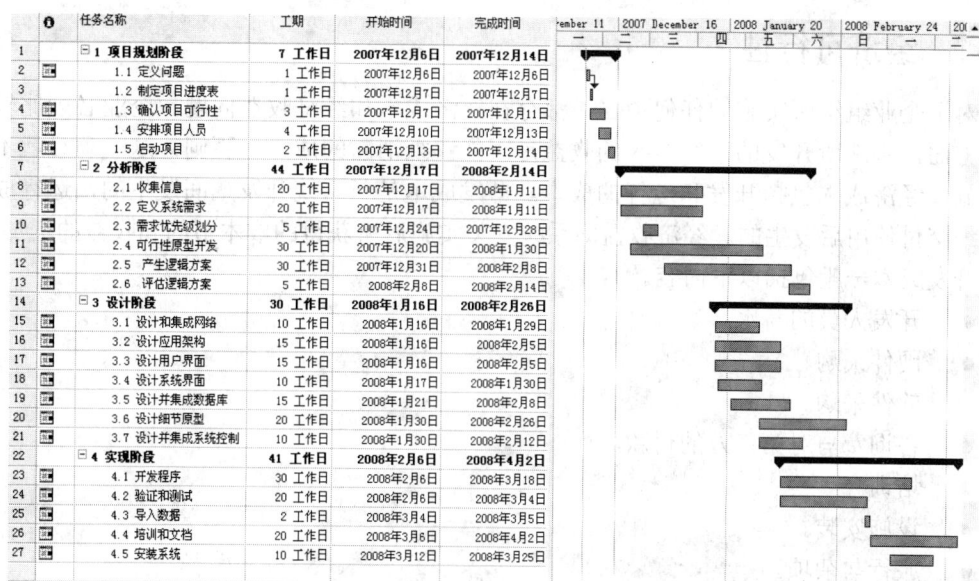

图 6-3　系统开发甘特图示意

6.6　确认项目的可行性

项目启动后的首要问题就是研究项目的可行性。相对于其他活动而言，可行性研究可以对目标系统的造价和可能带来的收益做出估计。之所以要进行可行性研究的原因在于：如果研究结果或方案后来被认为不可行的，那么所有花费在系统调查上的时间和金钱就会"付诸东流"。

这里存在着一个矛盾。一方面，可行性研究进行得越早，资金沉淀造成的损失就越少，但是那样的话，可行性研究所能提供的系统收益和成本预计也就越难以准确估计。另一方面，只有对可行性分析研究投入更多的经费，它所能提供的报告才会更准确。

这个难题没有令人彻底满意的解决办法。在实践中，对一些开创性项目，分析师往往会建议更广泛细致的可行性研究。这是因为对于这类项目，成功、造价和收益的不确定性因素更多。相反，许多分析师对那些通用性较强的项目，比如会计电算化系统，分析师可以进行快速的、精确的可行性研究评价。

可行性研究的本质是要确认项目所有潜在的失败的风险。制定潜在风险的列表是相当困难的，这是有经验的系统分析员参与计划的另一个原因。他们曾经遇到并处理过各种问题，知道很可能会有哪些风险。

一般来说，在可行性研究过程中，分析员主要考虑以下领域的可行性。

- 经济可行性。
- 组织可行性。
- 技术可行性。
- 进度表可行性。

6.6.1 经济可行性

对于企业组织所实施的任何项目，都存在经济成本和经济收益问题。企业必须比较这两个方面，判断所开发的系统带来的收益是否能够抵消它的成本。否则，这一项目就不应该实施。经济成本包括开发和运行的成本。开发成本是新系统开发期间发生的，运行成本是系统交付使用后发生的。经济收益即系统安装实施后所获得的成本节约和收益的增加。

开发成本一般包括以下内容。

- 开发人员的薪水。
- 硬件采购。
- 软件采购。
- 咨询费与对第三方的付款。
- 培训。
- 设施安装。
- 旅行与杂项。

运行费用一般包括以下内容。

- 硬件和软件的维护成本。
- 电力、纸张等成本。
- 运行新系统所需要的人力成本——例如，计算机中心的工作人员。

成本节约包括以下内容。

- 被系统自动化操作替代的员工。
- 业务处理速度的提高。
- 业务操作差错率的降低。
- 库存的降低。
- 批量采购所获得的折扣。

其中还有一些无形收益，举例如下。

- 服务水平和顾客满意度的提高。
- 生存能力。
- 士气。

企业需要从以上所列方面来全面预测和评价一个系统，这取决于高层决策人员的主观倾向。即：如果他对某些业务质量特别看重，可能就会对该方面的资金投入的价值给予更高的评价。

6.6.2 组织可行性

组织可行性有时也称为"操作可行性"。每个公司都有自己的文化，只有适应组织文化的系统才能被顺利接纳和实施。所以，组织可行性关系到新系统的存活能力。当新系统实施标准与原来的组织制度有较大反差时，往往会在实施中遇到较大的抵制，从而难以成功。这方面的问题可能包括以下内容。

- 担心增加自动化而失业。

- 担心工作职责的变化。
- 担心组织结构的调整。
- 难以适应透明、紧凑的工作作风。

事实上，员工的这些担心都是合理的。对于那些第一次接触计算机信息系统的组织来说，新系统的实施，必然会要求组织相应有较大的变革。比如，新系统可能需要员工接受新技术。如果不考虑员工接受了多少培训，而期望他们能够自觉舍弃以前长期习惯建立起来的工作经验，而准备接受新技术，这种期望是不现实的。又比如，一个高度集中化的组织结构通常很难接受一个分布式计算机信息系统。这是因为，分布式系统不可避免会导致局域自主性和计算机资源的自主管理，从而自然要求一些决策权下移。这些变革需要项目组和相关人员进行沟通和协调，甚至在事先做一些必要的培训。这样做的好处是让组织提前有一个准备和调整的过程，使整个开发工作不至于出现大起大落的局面，最大限度地降低项目开发的风险。

6.6.3　技术可行性

任何系统都可能涉及多方面的技术，有些可能是对原技术的扩展，有些则可能是市场上还没有的全新技术。不管是哪种情况，项目开发人员都应该认真对未来系统所涉及的各项技术进行界定，需要回答的问题可能包括以下内容。

- 该项技术能够实现吗？
- 自己开发需要的成本如何？
- 是否有现成的技术可以购买？
- 购买的成本如何？
- 能否集成现有系统的一些技术？
- 集成的成本如何？

技术可行性分析的目的就是在认真权衡成本和收益的情况下，选择最适合的技术。比方说，一些技术市场上没有，需要单独开发的。如果决策者认为这种技术对企业的战略实现至关重要，那么他可能会不惜成本。因此，许多建议并不是技术上不可行，而是企业准备投资多少钱来实现技术解决方案。

6.6.4　进度表可行性

项目进度表的制定事实上包含许多不确定因素，每一个进度表都需要许多假设和用不充分的信息来做估算。例如，当开发人员对系统需求和作用域把握不透，由此而估算的时间必然没有可信度。

很多情况下，项目开发组会被要求在某个时间之前必须完成系统开发，这通常是不合理的。建立进度表的目的并不在于表明项目会按部就班地完成，而在于使项目负责人对整个项目所涉及的业务领域以及各活动之间的时间关系能进行预先的协调和控制，尽可能降低项目超限的风险。因为任何复杂的项目都会有潜在的超出限度和进度延期的可能，识别这些风险的源头是困难的，但进度表的制定至少可以降低这些风险。

6.6.5　可行性分析结果

　　并不是每个项目都是可行的。任何项目都必须通过所有可行性测试。项目组必须认真检查项目的各个领域并根据相关数据做出决定。如果发现任何一点不可行，项目就必须被调整。如果调整后，项目的可行性仍然没有改观，则项目必须停止。对于一个风险巨大的项目的最好方案就是暂时什么也不要做。项目目前不可行(例如技术困难、成本较高或缺乏专门人才)，在今后条件具备后有可能变为可行。所以，可行性分析必须完全从企业整体利益的角度来客观评价各方面的问题。当然，这通常是非常困难的，因为其中难免会有大量的主观因素。最好的办法就是在可行性分析时尽可能纳入一些有经验的各领域专家和技术人员，综合各方面意见来尽可能降低风险。

　　可行性分析之后需要撰写报告，这可以由分析员来担当。对于大型企业来说，报告将由项目指导委员会审批；而对于小型企业来说，报告可能直接交由高级管理层来评审。图 6-4 给出了典型可行性包括的框架内容。

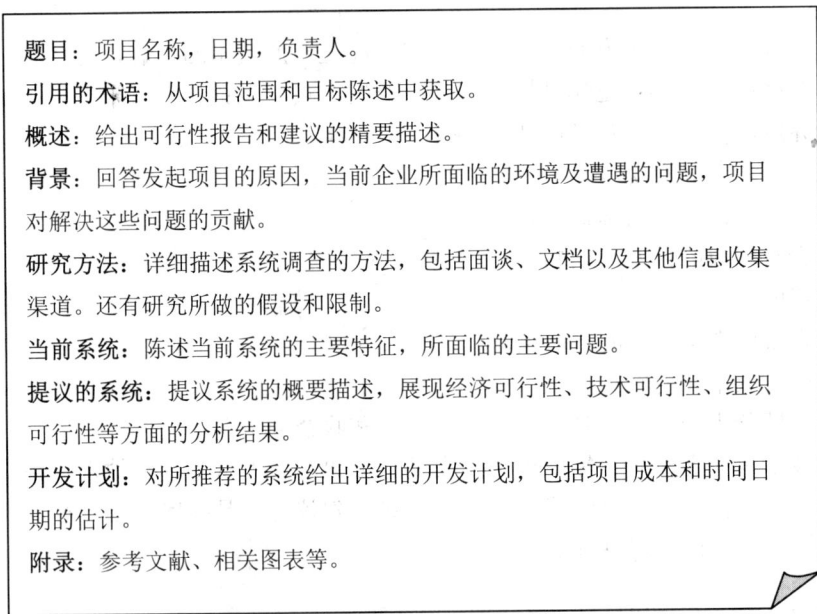

题目：项目名称，日期，负责人。

引用的术语：从项目范围和目标陈述中获取。

概述：给出可行性报告和建议的精要描述。

背景：回答发起项目的原因，当前企业所面临的环境及遭遇的问题，项目对解决这些问题的贡献。

研究方法：详细描述系统调查的方法，包括面谈、文档以及其他信息收集渠道。还有研究所做的假设和限制。

当前系统：陈述当前系统的主要特征，所面临的主要问题。

提议的系统：提议系统的概要描述，展现经济可行性、技术可行性、组织可行性等方面的分析结果。

开发计划：对所推荐的系统给出详细的开发计划，包括项目成本和时间日期的估计。

附录：参考文献、相关图表等。

图 6-4　可行性报告框架

6.7　小　　结

　　项目失败的主要原因往往是因为项目经理没有接受过"项目管理技术"的教育和技能培训。大型信息系统开发涉及企业方方面面的管理领域，因此，也就与企业中大部分人的业务相关。系统开发项目必须将这些关联人员纳入其中，包括企业高层管理者、基层执行人员以及外部或内部的开发团队。其中，系统分析员是系统开发中的核心人员，他们需要运用信息系统技术来解决业务问题。解决问题意味着要调查问题的大量细节，理解有关这个问题的每一件事，产生多种解决这个问题的可选方案并挑选出最好的理解方案。

项目真正启动之前，需要定义问题、制定项目进度表、确认项目的可行性并安排项目人员。定义问题是界定项目要解决的商业问题及作用域。制定进度表是为了在时间上对项目的各项任务做初步的安排。同时，项目进度表也可以用来估算劳动成本，因为劳动是由项目成员消耗在项目开发中的时间所决定的。

系统分析员需要提交系统项目的可行性报告。这份报告要对当前和目标系统给予描述，对目标系统进行可行性评估。这个可行性评估不仅仅包含经济方面的——成本和收益，还包括技术、组织和进度方面的。可行性研究报告对合理的项目管理是至关重要的，它使得高层主管对项目是否继续进行做出理智的决策。

思　考　题

1. 你认为问题定义的目的是什么？应该由谁来做？
2. 列举分析人员应该熟悉的基本技术？
3. 根据自身实践体会或查阅资料，论述业务技能和技术技能之间的区别？
4. 你认为可行性研究的目的是什么？解释经济、技术、组织以及进度可行性术语？
5. 阅读以下案例，并思考问题。

张先生是一家电器销售公司的 IT 经理，在一次招聘会上，他和几个同行在一起谈招聘中所遇到的现象。张先生说："我想，我们应该关注的是学生解决问题的创意。当我会见一个学生时，我首先问他：'你认为你们这个专业应该具备什么样的能力？'他们总是回答他们熟悉 Java、Visual Basic、Dreamweaver 等一些软件包。我一般会打断他们，我想他们可能不明白我所问的问题。所以，我就直接问他们：'你们认为电器销售行业应该如何利用 IT 来展开业务呢？'"

同行的一位本地医院数据库管理员李先生接过话茬说："对，我想刚毕业的大学生可能对一些实践缺乏体会。他们认为最重要的是技术，但是如果他们能够通过自己平时去医院看病而意识到一个医院是如何运作的，所面临的问题是什么，信息技术如何帮助我们解决一些问题，就会给我留下深刻的印象，这说明他善于观察和捕捉问题。"

万先生，一个连锁超市市场系统的经理，插话说："确实，我不太看重学生的专业技术技能，有一定的基础就行。我假设他们都很聪明，能够通过以后自学很快掌握这些技能。我所看重的是他们是否能够对我们的业务提出问题，并具备用 IT 解决这些问题的基本想法。"

① 你认为什么是解决问题的能力？
② 你认为作为一名 IT 人员，向不同行业的信息系统部门求职有差别吗？

第7章 信息系统分析

【学习目标】

通过本章学习，你将能够：

- 描述系统分析阶段的活动和最终结果
- 策划和执行面谈的方案
- 设计、分发和分析调查表以确定系统需求
- 参与并协助组织一个联合应用设计(JAD)会议
- 掌握过程建模的概念及步骤

7.1 引　言

我们可以将要开发的信息系统看作一面镜子，它是对现实组织系统的映射。因此，要准确地将现实系统的运作映射在所开发的信息系统中，必须要对现实系统进行深入剖析、调查，掌握商业过程和日常事务的一些细节。作为一个分析员，在这一阶段的目标就是尽可能的了解商业活动的细节，使自己能像用户一样熟悉业务流程。只有这样，分析员才有可能站在用户角度来考虑问题的解决办法，也才有可能灵活运用手中的技术。

作为用户，可能并不熟悉信息技术所能发挥的作用。他们也可能认为自己目前从事工作的方式是最好的，因为他们想不出更好的方法。所以，作为分析员，当他们熟悉了现实系统运作细节之后，就可以以自己为中介，将信息技术以用户可理解的方式展现给用户，同时，也能顺利地将用户的意图转换为系统开发人员理解的方式。这种交互过程中有可能激发更好的解决问题的方案。

要进行沟通，必然要有沟通语言。用画图的方式来表达各自的思想，不仅容易理解，而且精确简练。因此在这一章，我们将讲述一些用图形表达思想的方法、工具和技术，即图形建模方法。

7.2 什么是系统分析

前面我们已经提及系统分析的概念。在这一章，我们将更加详细的介绍系统分析的概念、方法以及过程。

系统分析是一种解决问题的技术，它将一个系统分解成各个组成部分，目的是研究各个部分是如何工作、如何交互以实现整个系统目标。实际上，并不存在一个被广泛接受的信息系统分析定义，也从来没有就什么时候系统分析结束和什么时候系统设计开始达成广泛一致的意见。本书认为，系统分析的目的在于准确定义业务问题和需求，而为了达到这个目的，必然要求有相应适合的建模技术，这些技术主要是用来沟通。图 7-1 给出了系统分析的主要过程。项目组成员和用户一起来讨论和定义系统需求，并采用图形建模的方式来表示讨论结果，最终的模型事实上给出了系统的逻辑方案，并存入文档资料库中，以便

后期的设计人员使用以及未来的系统再次开发。

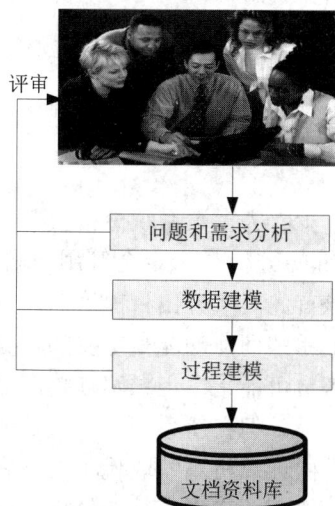

图 7-1　系统分析过程

7.3　系统需求调查方法

　　一旦系统确定要被开发，第一步要做的工作就是确定系统应该干什么。要把这方面的问题搞清楚，最好的办法是自顶向下，逐步细化。即首先粗略地、大范围确定研究问题领域；其次针对每个领域来分析其业务过程中所存在的问题和改进机会，对各领域问题同样遵循自顶向下的原则建立逻辑模型；最后形成整个系统的逻辑方案。以上步骤必须从系统调查入手。

　　传统的系统调查需要系统分析员首先对现有系统进行详细描述，然后从现有系统的描述中推断出新系统的系统需求，这种做法的缺点是需要花费大量的时间。在生活节奏越来越快的今天，人们既没有时间也没有资金来总结所有的老系统，记录全部的低效程序。所以，目前人们往往是在对现有系统进行初步调查的基础上，直接提出新系统的逻辑方案，并和用户进行讨论，如图 7-2 所示。

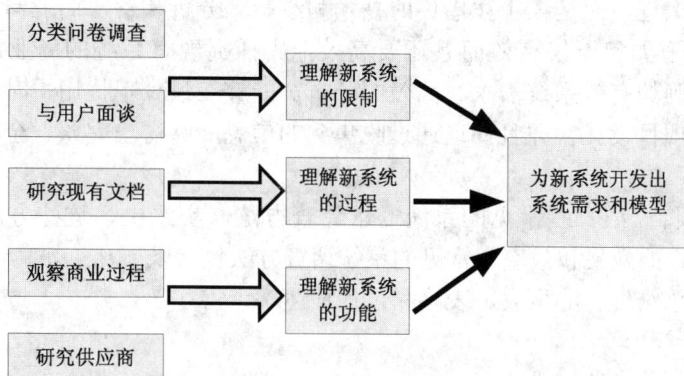

图 7-2　信息收集与建模

7.3.1 调查的主要问题

系统调查需要回答三个方面的问题：对于任何一项业务，现在怎样做？应该怎样做？完成它需要哪些方面的信息？

1. 现在怎样做

这是分析员理解系统的第一步。大多数系统分析员在没有真正理解目前系统之前就想直接提出解决方案。而真正老练的分析员一定会等用户将他的真实情况陈述完后再作决定。对于每一项业务，用户应该首先真实说出目前这项业务如何进行。分析员在记录的同时，会根据自己的经验来识别出哪些商业功能是重要的，哪些应该由员工来完成，哪些应该由计算机来完成。例如，销售员可能指出当顾客订购产品时，他们需要做的第一件事可能是需要检查顾客的历史信用记录。但在新系统中，该功能可以由系统自动完成。这时，系统保留了这项功能，只不过是由计算机系统取代了员工来进行。又例如，当顾客进行询价时，服务人员必须查阅文档，整理所咨询产品的价格。而在新系统中，这项工作可以由顾客自己通过网站来进行，从而完全取代服务人员。

2. 应该怎样做

当用户谈自己业务的现有操作流程时，分析员应该根据自己的经验和技术马上意识到目前系统所存在的主要问题，以及对现有的操作流程进行什么样的改革，并将这一改革方案用易于理解的方式表示出来，和用户进行讨论。对于系统分析员来说，超越现有处理流程才是最关键的，这也是他们存在的价值之一。

3. 需要什么样的信息

一些新的分析员往往会忽略这一点。他们只简单定义了系统应该做哪些方面的事情，但对系统在做这些事情时所需要的信息却定义不详，这样，他们在后面的过程建模中就会发现许多难以理解的地方，导致一些调查工作还要重新来做，浪费了大量的精力。因此，用户在调查前两个问题时，一定要详细、再详细地了解用户在开展业务时需要处理什么样的信息。

对于分析员来说，你的价值并不在于你知道如何去建立一个具体模型或如何用一种具体的语言去实现编程，而是在于凭借你的技术和经验来分析和解决商业问题的能力。至关重要的是，你知道如何不仅有效而且还要高效地去捕捉现有系统的商业规则，确定完整的、全面的和正确的有效系统需求。高效的分析员能够在最少干扰用户时间内利用最少的资源很快地进行项目设计，并且保证通过收集到的信息能够得出完整、全面和正确的需求说明。

下面，我们将介绍一些常见的系统需求调查方法，实践中，这些方法往往被组合使用，从而提高调查的效果和效率。常见的系统调查方法包括以下几点。

- 整理并总结现有的报表、表格和过程描述。
- 面谈。
- 观察并记录商业过程。
- 建立原型。

- 调查表。
- 召开会议。

7.3.2 整理并总结现有报表、表格和过程描述

任何企业都有各种商业文档，这是企业日常活动的记录。收集和整理这些文档，有利于分析员对商业功能的理解，也使得进一步的面谈有了针对性，从而提高调查的效率。要收集的文档资料可能包括：组织结构图、组织任务报告书、商业计划、操作手册、作业描述、商业表单与报表、内外信函等。从这些文档中，我们有可能总结出下面的信息。

- 该组织目前所存在的问题。
- 对相关信息感兴趣的人。
- 特殊事件的处理。
- 信息需求的细节。
- 信息处理的规则。

例如，图 7-3 是一张订单样本，它显式地表明了系统输入和输出的数据流。从中可以看出，要完成一张订单输出，系统必须有相应的客户、产品、订购等方面信息的记录。图 7-4 是一张资产负债报表。你可以从报表上的信息来倒推生成这张报表所需要的数据，从图上可以看出，每一项数据实际上是基于上百万商业交易的总金额。通过分析这张报表，你可以确定哪些数据需要在什么时间获取，以及为了产生报表上的每个字段必须对这些原始数据执行什么样的操作。

如果当前系统是基于计算机的，那么，当前系统的相关文档则非常重要，包括从流程图到数据词典以及用户手册的一切文档。

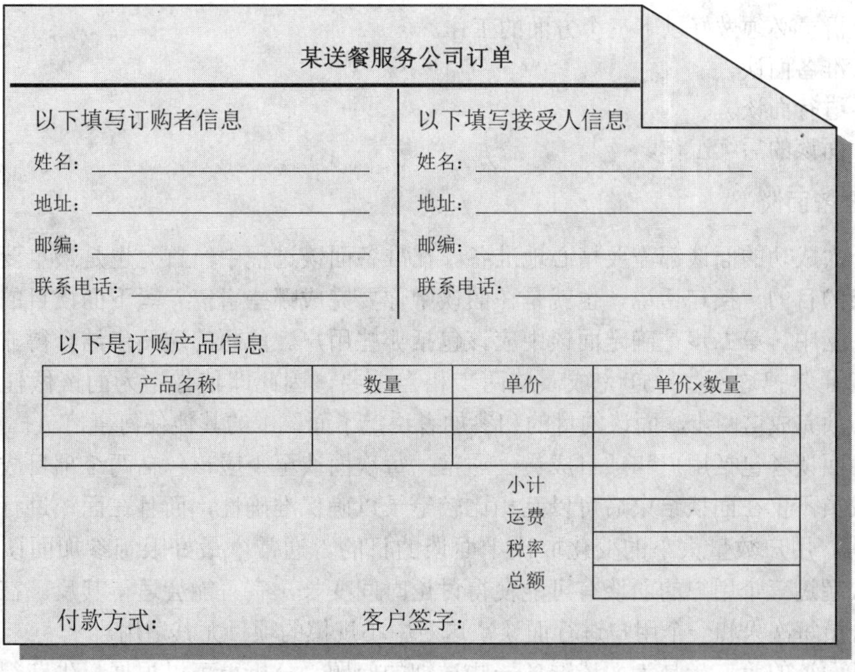

某送餐服务公司订单

以下填写订购者信息	以下填写接受人信息
姓名：_____	姓名：_____
地址：_____	地址：_____
邮编：_____	邮编：_____
联系电话：_____	联系电话：_____

以下是订购产品信息

产品名称	数量	单价	单价×数量
		小计	
		运费	
		税率	
		总额	

付款方式：   客户签字：

图 7-3 订单样本

资产负债表		
7 月 30 日	2007	2008
当前资产		
现金和设备	4800	3922
短期投资	16532	25252
现金和短期投资小计	21332	29174
应收款	2500	3500
递延所得税	1340	1500
其他	2100	1800
当前资产小计	27272	35974
当前负债		
应付款	1000	1200
应付未付补偿	200	300
所得税	100	100
未实现收益	3000	2000
其他	1000	1000
当前负债小计	5300	4600

图 7-4　资产负债表

7.3.3　面谈

　　和一些重要的用户进行面谈是最重要的和最常用的系统调查技术，也是理解商业功能和商业规则的最有效方法。同时，这也是最耗时的调查方法。为了使一次面谈能收到期望效果，分析员必须做好以下三个方面的工作。

- 准备面谈。
- 进行面谈。
- 面谈的后续工作。

1. 准备面谈

　　每一次成功的面谈都需要精心地准备。在准备面谈过程中，首先也是最重要的步骤是确定面谈的目的。换句话说，也就是在面谈中你要完成哪些事情？写下面谈目的以便牢固地记在头脑中。第二步是确定面谈中应该包括哪些用户。前面的这两步结合得非常紧密，因此我们通常把这两步一起完成。这两步相当重要，因此即使你不为面谈做任何其他准备，也必须完成这两步。面谈的目的和参加者决定了面谈中的其他任何事情。

　　参加面谈者包括用户和项目成员。通常，每次面谈至少应该包括两个项目成员。这两个项目成员不仅在面谈结束后可以互相比较笔录以确保准确性，而且在面谈进行当中可以互相帮助。用户数量大小的变化取决于面谈的目的。通常，最好限制参加面谈会议的人数。一次超过三个用户的面谈有可能使得讨论时间变长，有可能会适得其反。在很多情况下，分析员每次只和一个用户进行面谈，这对中小规模的项目尤其适用。

　　准备面谈的第三步是为面谈准备一些详细的问题。分析员可以根据早先获得的表格和报表写出一些具体的问题，并做好笔记。通常，建议准备一些和面谈目的相一致的问题。

无限制问题和有限制问题都是准备面谈的合适问题。无限制问题，例如"你如何完成这项功能"，鼓励分析员和用户对问题进行讨论和说明。有限制问题，例如"你每天处理多少张表格"，可以用来获得具体的事实。一般而言，无限制问题有助于开始对问题进行讨论，并且鼓励用户说明所有的商业过程和商业规则细节。

准备面谈的最后一步是做出最终的面谈安排并把这些安排通知所有参加者。具体的时间和地点应该和用户确定。如果可能的话，尽量选择一个安静的地点以避免外界干扰。每一个参加者都应该知道会议的目的，而且在适当的时候，参加者也应该有机会预览一下将要面谈的问题或材料。面谈需要花费大量的时间，但如果每一个参加者都预先知道将要完成什么的话，那么面谈就可以非常高效地进行。

例如，一个关于现有信用检查策略的面谈可以准备以下问题。

- 什么条件决定了一个客户的订单是否通过信用认可？
- 一旦已经评估了这些条件，最可能采取的决策或行动是什么？
- 当客户订单的信用没有得到认可时，如何通知客户？
- 当一个新订单获得了信用认可并放在准备履行的订单文件中后，客户可能会请求修改订单。如果新的订单总额超过了原先的总额，订单要再次进行信用认可吗？
- 进行信用检查的人是谁？

2. 进行面谈

对于新系统分析员来说面谈通常会让他感到非常紧张。然而，在大多数情况下，用户对能得到一个可以帮助他们完成工作的更好系统感到很兴奋。所以，保持良好的礼貌通常能确保面谈顺利进行下去，以下是一些具体方法。

(1) 衣着得体。得体的着装至少会给用户留下好的第一印象。分析员的衣着打扮应该随环境而变或和面谈对象相配。在许多公司的工作环境下，例如在银行或保险公司的管理人员出席的情况下，那么穿着西装是合适的。而在工厂或生产车间环境下，也许工作服好于严肃的西装。衣着的目的是要使用户感到分析员不仅具有分析能力，而且具有专业精神，而不是使用户感到紧张。

(2) 按时到达。可能的话，尽量早到一点。如果是在会议室举行会议，那么分析员应该确保会议室适时开放。如果参加会议的人员很多或者会议时间很长，那么可以计划在中间休息时适当准备一些点心。

(3) 严格限制面谈时间。准备面谈的过程和面谈本身影响面谈所需的时间。当你确定了面谈目的并准备好了问题之后，面谈的时间应该控制在一个半小时左右，较长的面谈时间容易使人疲劳而影响效果。如果面谈需要更多的时间来覆盖一些其他的问题，那么中断本次讨论并安排另一次面谈会议通常是比较好的方法。通常，举行几次比较短的面谈要比举行一次马拉松式面谈会议的效果要好得多。

(4) 善于发现异常和错误情况。找机会问一些"如果……，那么会怎么样"等这样的问题，例如："如果用户下订单后想修改订单怎么办？如果结余发生错误该怎么办？如果产品不在库存会发生什么？如果两张订单表格完全一样该怎么办？"。优秀的系统分析员的长处就在于能够善于发现异常情况，从而使未来系统的灵活性更强。仅仅依靠书本来掌握这项技能是不够的，还需要日后的经验来完善它。

(5) 彻底调查细节。除了寻找意外情况外，分析员必须进行深入调查以确保获得对过程和规则的完全理解。作为一个系统分析员，最难掌握的一项技能就是获得足够的细节知识。通常，获得对过程运转方式的一般了解是很容易的。但在你彻底理解了过程的工作方式和使用的信息之前要不厌其烦地问一些细节性的问题。忽略了细节，你是不可能对系统做出有效的分析。

(6) 认真做好笔记。做手写笔记是一个好主意。如果可能，可以用录音机记录面谈(一定要事先征得同意！)，但这会使用户感到紧张。然而，做笔记表明你认为你正在获得的信息是重要的，因而使得用户感到他们受到了称赞。如果两个分析员分别主持面谈，那么以后他们就可以比较所做的笔记。在你的笔记中找出和记录下任何未回答或仍未解决的重要问题。一组好的笔记不仅为下一次面谈会议的成功打下了基础，而且也为建立分析模型提供了基础。

3. 面谈后的资料整理

面谈后的资料整理是对每一次面谈成果的巩固。整理的首要任务是吸收、理解和记录面谈所获得的信息。整理工作应该在面谈后 48 小时内进行，因为 48 小时后，面谈的记忆会迅速消失。通常，分析员通过构造商业过程的模型记录面谈的细节。在整理过程中，一些因笔记中的笔误或者二义信息而引起的附加问题，可以打电话给面谈过的人员，以验证笔记的正确性。一些遗留的需要再次详细了解的问题，可以作为下次面谈的内容。

7.3.4 观察并记录商业过程

俗话说，一张图表胜过千句话。图表是对文字抽象后的结果，因而，用图表而不是文字来进行沟通可以免去大脑再次对文字抽象的过程，从而提高沟通效率。系统开发亦是如此，分析员应该培养自己用图表来描述事件的能力。

在调查活动的早期，应该计划用一段时间来观察新系统将要支持的商业过程。要掌握用户如何实际使用一个系统以及用户到底需要哪些信息，最好的方法是亲自观察用户是如何完成实际工作的。通过观察用户在工作环境中的行为，可以更好地补充说明用户面谈中的陈述。

分析员可以使用多种方法来观察用户的工作：对办公室进行快速浏览或者自己亲身实践用户的工作。快速浏览可以获得对办公室布局、计算机设备的要求和使用以及工作流总体情况的大致了解。安排几个小时观察用户是如何实际完成他们的工作的，这种方法提供了对实际使用计算机系统和处理商业事务的细节的理解。通过像用户一样接受训练和做实际工作，分析员可以发现学习新系统的困难之处、系统易于使用的重要性以及现有过程和信息源的绊脚石和瓶颈。

对所有过程以同样的仔细程度进行观察是不必要的。快速浏览对于某个过程来说也许就足够了，但对另一个更加重要、更加难于理解的过程来说也许需要更长的观察时间。要记住，你的目标是获得对商业过程和规则的全面理解，那么你就应该计划好把时间花在什么地方以获得对系统的彻底了解。

就像面谈一样，如果两个人在观察过程时一起努力，那么通常是比较好的。通常情况下，观察使用户感到紧张，因此你要尽可能的小心谨慎。有好多方法，例如和用户一起工作或同时观察几个用户，可以使用户避免紧张。理解并关心用户的需要和感情，通常可以带来积极的效果。

虽然亲身实践商业过程是最可靠的信息收集手段，但这种方式也有不可避免的缺点。比如，在特定时间内，分析员观察到的流程可能只是一种常规情况。举一个具体的例子，系统分析员可能已经观察了一个公司如何履行几张客户订单，但是观察到的工作流程可能只是用来履行常规客户订单的步骤。而那些特殊订单(如延期订单)的处理流程，则可能被错过。而且，有些系统活动可能要在特别的时间发生，不便于观察。因此，这种方式仅仅可以作为系统调查的一种补充手段。

7.3.5　建立原型

系统原型是未来系统的最低版本以及最初的可运行的模型。在分析阶段，原型是用来测试系统的可行性和帮助定义过程需求。这些原型也许是以简单的屏幕或报表的形式出现的。在设计阶段，可以建立原型来测试各种设计和界面方案。甚至在实施阶段，也可以通过建立原型来测试各种编程技术的效果和效率。原型是一个强有力的工具，你可以发现它几乎应用在每一个项目开发中。

分析阶段的原型主要用来获取系统需求，其原理是，当用户看到需求时他们就能意识到自己的需求。通常指对那些没有被理解透彻的需求建立原型，这意味着大量期望的功能没有被包括在原型中，而且可以忽略质量保证。一些非功能性需求(例如性能和可靠性)可能没有最终产品那样严格要求。通常，可能使用不同于最终软件所使用的技术来构造原型。在这种情况下，当系统完成时，原型可能被丢弃。

原型应该具有以下特征。

- 可操作性：通常，一个原型应该是一个能运转的模型，而重点是可运行性。开始的简单原型被称为实体模型，这个实体模型是一个仅显示其外观而不提供执行能力的电子表格(例如屏幕)。一个原型能够实际执行并且提供"外观和感觉"的特性，但也许缺少某些功能。

- 集中性：为了测试一个具体概念或者验证一种方法，一个原型应该集中于单一的目标。额外的执行能力，不是具体目标的一部分，应该被排除在外。尽管有可能把几种简单的原型结合为一个更大的原型，但是目标集中性的原则仍然适用。以后，可以把原型组合起来，以测试几个组件的集成性。

- 快速性：我们需要一些诸如 CASE 的工具以便快速地建立和更改原型。因为原型的目的是验证一种方法，因此如果方法是错误的，那么就必须有一些工具对原型进行快速地修改和测试，以便确定正确的方法。

7.3.6　调查表

分析员也可以使用调查表的方式，在较短的时间内从很多人那里收集信息。这是因为，虽然面谈是非常有效的获取信息的方法，但面谈的费用很高，也很耗时，只能讨论有限的问题和联系有限的人。所以，调查表可以作为一个很好的补充手段。

在设计调查表时，通常会涉及两类问题：有限制问题和无限制问题。前者限制回答范围，通过提供特定问题的限制答案，让人评价一些事情。它引导回答问题的人只提供对该问题的直接回答。比如，"你每天输入多少条订单"，"输入一条订单需要花费多少时间"。如果要求对问题进行讨论而不是必须对问题做出简短的回答时，可以采用无限制问题方式。比如，"你认为该项工作的最好处理方式是什么"，"你认为新系统还应该增加什么样的功能"等。通常，有限制问题是应该优先考虑的，因为它更容易完成，花费时间不多。而适当地包含少数几个无限制问题，可以使被调查的人有机会提供问题解决的洞察力。

制作合适的调查表的能力是一种靠实践和经验来提高的技能。分析员应该尽量避免一些有歧义的问题。例如，下面的提问就欠妥当：

您多久备份一次计算机文件？

① 经常备份

② 有时备份

③ 几乎从不备份

④ 从来不备份

常见的调查表包括：标题、简单的目的说明、姓名和联系人的电话、完成时间以及表格如何收回等。因为设计调查表的最重要的尺度就是确保你的问题能够收集合适的数据，所以设计时可以考虑下面一些标准。

- 问题简单友好。
- 提供与回答问题相应的解释或说明。
- 按照一定逻辑顺序安排问题。
- 问题表达避免歧义。
- 限制无限制问题的数量。
- 尽量不要用诱导性语句。

图 7-5 是针对某送餐服务公司订单处理业务的调查表。问题分两种类型：第一部分用有限制的问题来确定定量信息，第二部分则是非限制性的讨论性问题。

某送餐服务公司调查表

本调查主要针对您公司的电话订单处理业务。您的回答对我们的后续工作具有非常大的价值，如果您能在 5 月 23 号之前完成这些问题，我们将非常感激。

A. 根据您每天工作时段内的粗略统计，回答以下问题

1. 在您所接的电话中，询问饭菜信息的电话占多少比例？

2. 顾客的一次订餐需要多少个电话？

3. 顾客的订餐能被完全满足的比例是多少？

4. 顾客完全取消订单的比例是多少？

5. 顾客修改订单的比例是多少？

6. 你认为顾客喜欢的付款方式是什么？占多少比例？

B. 您的建议（具体，最好举例）

1. 您认为目前的工作哪些方面应该改善？

2. 您希望和我们进一步讨论您的工作吗？如果希望，请填写下面信息：

姓名_____ 部门_____

电话_____ E-mail_____

图 7-5　调查表样例

7.3.7　召开会议

分析员也可以通过召开会议的方式来调查信息，通常这样的会议被称作是 JAD(Joint Application Design)会议，起源于 20 世纪 70 年代末的 IBM，是一种把参加当前系统分析的关键用户、经理和系统分析员召集在一起的方法。

在前面所述的方法中，分析员首先要和用户进行会晤，然后通过做笔记和建立原型记录下讨论结果，再对模型进行复查和修正。那些未解决的问题放置在一个未解决条目表中，这些问题也许需要举行另外几次会议和复查才能形成最后的解决方案。这个过程可能持续几周甚至几个月，取决于系统规模的大小。

1. JAD 的参加者

JAD 的目的是把所有上述活动压缩为用户和项目小组成员一起参加的简短的会议来代替大量的独立的面谈，以获取关于问题、目标和需求的一致意见。单独的 JAD 会议也许会持续一天或一周。在会议进行期间，要完成系统的某一个具体功能的详细界定、建立模型、政策决定和校验等活动。如果系统规模较小，那么整个分析工作在 JAD 会议期间也许就可以完成。举行一个成功的 JAD 会议的关键因素是重要的系统相关者都能出席会议，从而促成和做出决定。实际参加者的人数取决于具体的 JAD 会议的目的。需要包括在 JAD 会议中的人员如下。

- JAD 会议的负责人：会议负责人是小组中最重要的成员之一，他们经验丰富，且受过专门训练。通常，一次 JAD 会议包括的人相当多。每次会议都要有一个必须实现某个具体目标的详细日程，而且讨论必须按照这些目标的方向进行。保持议题的集中要求具有熟练技巧和经验的人能够巧妙地使参加者专注于各自的工作。因此，会议负责人应该具有出色的沟通、协商和解决小组矛盾的能力，拥有丰富的业务知识，并具有出色的组织能力。要找到具有所有这些优点的人是困难的。因此，公司必须经过大量的 JAD 培训或者从组织外部雇用一个专家来充当这个角色。多数情况下，我们习惯于将系统分析员作为培养对象。
- 用户：我们在前面的章节中定义了各种类型的用户。使所有适当的用户参与到 JAD 会议是很重要的。通常，当发现了需求时，就需要做出政策决定。如果经理没有出席会议，从而不能做出决定时，项目就停下来了。由于商业上的压力，很难使高级管理人员在整个会议期间一直出席。在这种情况下，应该安排管理人员每天参观一次或两次会议，从而使得管理人员对政策讨论发挥作用。JAD 会议期间用户的角色是用来有效地沟通业务规则和需求、评审设计原型并作出是否接受的决策，而管理人员是用来批准项目目标、设置项目优先权以及审核资源配置计划。
- IT 技术人员：来自 IT 技术支持人员的代表也应该出席 JAD 会议。这是因为，总是有一些技术方面的问题和决定需要技术人员做出回答。例如，参加者也许需要获得计算机和网络配置、操作环境和安全性等问题的细节知识。通常，除非被邀请发言，否则 IT 人员一般不发言。
- 其他项目小组成员：JAD 会议应该包括来自项目小组的系统分析员和用户专家。

这些成员帮助进行讨论、阐明要点、控制所需的细节水平、建立模型、记录结果以及大致查看系统需求的定义是否达到了必要的细节水平。会议负责人是一个推动者，但通常这个负责人并不是细节和需求方面的专家。项目小组成员是确保完全实现系统目标的专家。

2. JAD 会议布置

JAD 会议通常在专用的房间进行，参与者绕着马蹄形会议桌坐开，如图 7-6 所示。首先，由于这个过程非常集中，所以重要的是要避免通常的日常干扰。有时也许需要一个相对隔绝的环境，或者张贴通知"请勿打扰"。另一方面，利用电话访问管理人员或技术人员通常是有帮助的，这些人虽然未曾出席会议，但是可以不时地邀请他们完成最后的决策或技术决定。

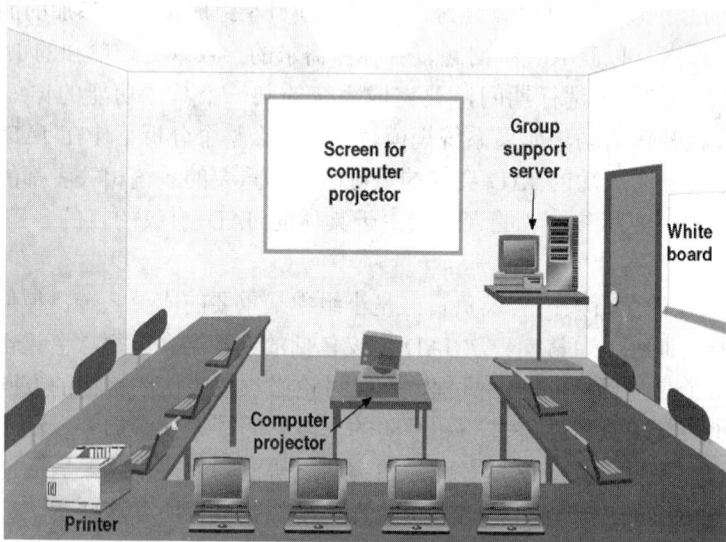

图 7-6　JAD 会议布局示意图

资料来源：http://www.course.com/irc/

在 JAD 会议室中的资源应该包括高架投影仪、一块黑板或白板、活动挂图以及为参加者提供足够的空间。JAD 会议是工作会议，因此应该提供所有工作上必需的零星用品。近来，JAD 会议开始充分利用电子设备来提高效率。如果参加者把个人计算机或笔记本电脑连接到网络上，那么就可以增强分析能力和文件处理能力。

3. JAD 会议场景

下面我们来设想一下 JAD 会议的场面。你是第一次参加 JAD 会议的分析员。在会议的第一个早上，你和你的同事们走进会议室。这时会议主持人已经在那儿等候了，他刚刚在一幅挂图上写完当前的议事议程。记录员带着一个笔记本坐在一个角落里，准备会议记录。用户和经理开始进入并坐下。会议开始，主持人首先介绍了会议议程。第一天将致力于当前系统的简要总结和与它相关的主要问题；接下来两天时间将致力于当前系统的界面分析；最后两天将致力于报表的分析。

　　主持人首先让高级分析员介绍系统中已识别的关键问题。介绍完毕后，会议领导开始与用户和经理展开讨论。讨论过程中，两个来自公司不同部门的用户开始了激烈争论。一个用户代表原始系统设计建模的办公室，他认为，发现系统缺乏可行性实际上是一种财富，而不是问题。另一个用户代表合并前的另一个公司的某办公室，他认为当前系统不太灵活，实际上毫无用处。

　　关于这个争论的症结在于无法理解原始开发人员之所以这样做的原因。但由于这次会议没有原始设计人员出席，也没有可用的原始设计文档，所以会议领导决定把这个争论记录在"争论"列表中，并由你去调查原始设计人员的设计意图。会议继续进行，而在 JAD 会议结束之前，你必须得到此问题的答案。

　　JAD 会议就这样继续进行下去。分析员将引导大家对当前系统的界面和报表所存在的问题进行讨论，回答用户和经理的问题，记录会议上所说的内容。每次会议结束后，项目开发组成员会集合起来讨论当前发生的事情，巩固他们了解的信息。在会议期间，用户将不断提出问题，而会议领导将推动会议，调停矛盾，查看会议议程。当 JAD 会议结束时，会议领导及其助理必须准备一份记录 JAD 研究结果的报告，并向用户和分析员详细说明它。

7.4　系统建模概述

　　系统模型在系统分析中扮演着重要角色。作为系统分析员，你经常遇到的是非结构化需求，而你的任务就是使这些需求尽可能结构化，其中最常用的技术就是绘制模型。

　　模型是对现实的一种表示方法。就像一幅图胜过千言万语，大多数系统模型都是现实的图形化表示。在系统建模中，有逻辑模型和物理模型两种类型。逻辑模型展示了系统是什么或者系统做什么，而与实现无关。换句话说，他们是独立于任何技术实现来描述系统。因此，逻辑模型说明了系统的本质，是对现实的一种抽象。而物理模型不仅展示了系统是什么或者系统做什么，而且还展示了系统在技术上如何实现，是与实现相关的，反映了技术选择和所选技术的限制。

　　在系统分析阶段主要研究的是系统的逻辑模型，而极少考虑物理模型。这是因为，在系统分析阶段，最重要的是尽可能多地发现系统需求信息，而过早考虑技术细节会限制思维，甚至抑制创新。同时，逻辑模型使用了非技术性或者较少技术性语言，这有助于与最终用户进行充分沟通。这样，我们就不会将业务需求迷失于计算机原理的技术行话之中。

7.4.1　模型的作用

　　系统开发中的模型主要有以下方面的作用。

1. 作为存档资料保存

　　完整的建模文档事实上是企业的一笔财富，这笔财富是系统各类相关人员共同协作、花费巨大资源整理的结果。系统总是要不断更新的，在以后的系统升级或维护过程中，这些完整的资料可以节省后来者大量的时间和资金投入，避免无谓的重复劳动。

2. 便于理解系统

信息系统十分复杂，而且系统的某些部分难以明了。对系统各个部分建立模型有助于问题的简化，并能够使分析员的精力一次只集中在系统的几个方面上。分析员使用如此多的模型，就是因为每种模型都侧重于系统的不同方面。实际上，分析员建立的模型就是为了把这些不同方面集成起来——以显示其他模块如何彼此结合。

由于收集和处理的信息数量庞大，并且每个分析员都要耗费大量的时间，所以分析员需要经常回顾这些模型，以便于回忆前面所完成的工作细节。人的大脑仅能记住有限的信息，因此我们需要一些能帮助记忆的工具。模型提供了以一种容易理解的形式为后期使用存储信息的方法。

同时，建立模型的过程能帮助分析员澄清和改良设计。分析员可以在建模完成之后学习并研究一部分模型，也可以在建立模型时提出问题，并且随着建模过程的进行回答这些问题。新模型增加进来后，改变后的结果可以估计并且再次提问。从这一点来看，建模过程本身对分析员有直接的帮助。

3. 便于沟通

沟通是建模的另一个目的。不但分析员在建模过程中能掌握信息，而且使用模型也能降低信息系统的复杂性，此外，模型在支持项目小组成员之间和与系统用户的交流过程中也起着非常重要的作用。如果一个项目组成员负责建立输入和输出模型，另一个项目组成员负责建立将输入转化为输出的处理过程模型，那么要保证这两个模型相互匹配，两个人就必须进行交流。第二个人在开发处理模块前，必须要知道需要哪些输出结果。这两个成员都要知道存储了哪些数据(数据模型)，这样他们才知道需要什么样的输入以及需要什么样的处理所需数据的过程。模型正好可以帮助项目小组成员之间进行交流。

同时，模型也有助于和系统用户之间进行交流。通常分析员和多个用户一起讨论模型，使分析员获得用户系统需求的理解反馈。用户需要看到清晰、完整的模型来理解分析员提出的系统框架。此外，分析员有时也和用户一起开发模型，因此建模过程可以使用户更好地理解新系统所能提供的各种可能的功能。用户在使用模型时也需要相互交流，而且，分析员和用户可以一起使用模型向负责系统审核的管理人员汇报系统性能。

7.4.2　结构化的建模过程

前面讲过，系统建模事实上是对非结构化系统需求进行结构化的过程。这里所谓的结构化，就是指自顶向下、逐级分解的过程。即从抽象的高层向具体的底层逐层展开。所谓"结构化"实质是把复杂的事务和活动分解成一系列小的步骤，每一步都建立在上一步的基础上。

结构化的另外一个内涵是指用一组标准的准则与工具从事某项工作。这是因为建立模型的目的之一是为了沟通，而沟通是否有效取决于各方是否使用共同的语言。因此，有必要对整个建模过程所使用的符号进行规范和统一，这样既便于对问题进行讨论，也便于将分解之后的模块迅速集成起来。

在结构化分析方法学鼎盛时期，分析员首先应构建当前物理系统的逻辑模型，然后再构建目标系统的逻辑模型。每个模型都是自顶向下的构造——从最概括的模型到最细节的模型。这种方法导致了过度建模和项目进展迟缓。所以，正如图 7-2 所示，现在大多数结构化分析策略的重点是正在被开发的目标系统的逻辑模型。这些模型往往是遵循基于事件驱动的结构化建模思想。图 7-7 展现了这样的思想。初步的解释如下。

- 系统关联图：显示系统与环境的主要接口，也界定了系统的范围。
- 分解图：将系统分解为各方面的子系统或功能。
- 事件清单：列举系统需要响应的所有业务事件。
- 事件图：显示每个事件的输入和输出的数据流程图。
- 系统图：将各个事件图合并后的数据流程图，是系统的整体视图。
- 基本图：显示了单个事件的处理细节的数据流程图。

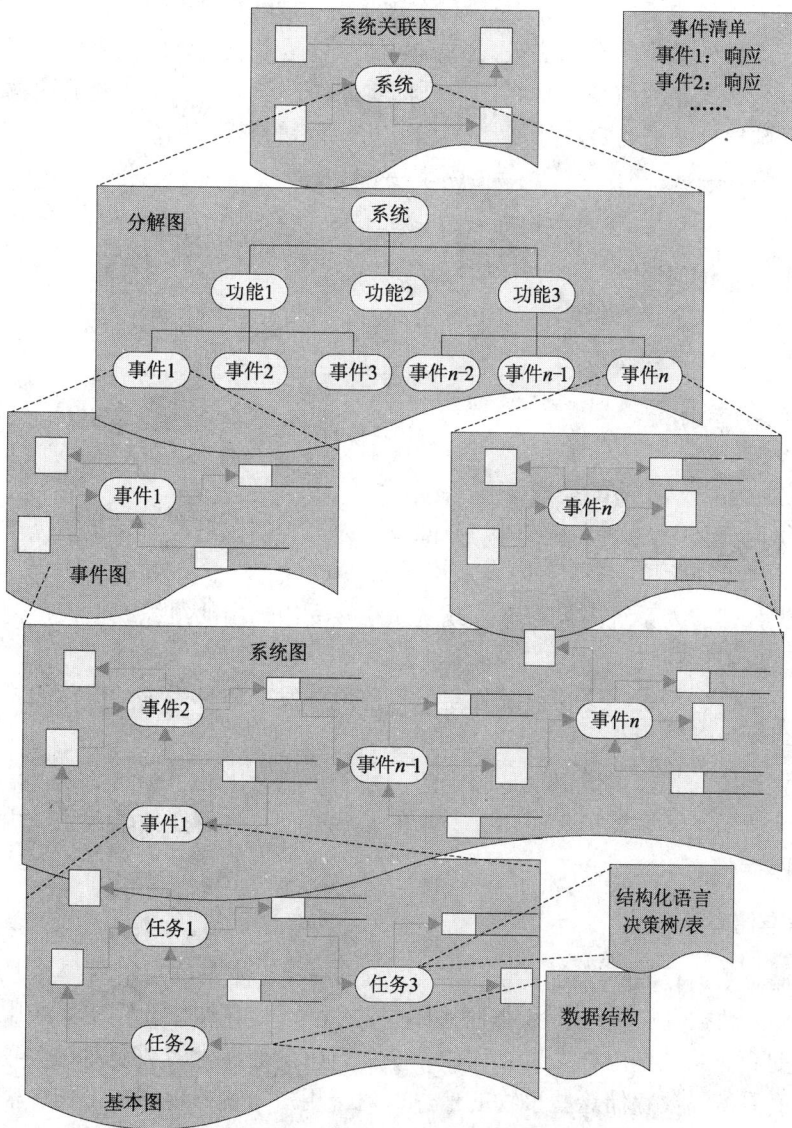

图 7-7　基于事件的结构化建模思路

7.4.3 过程建模的符号解释

传统的过程模型主要用数据流图来表示。数据流图(Data Flow Diagram，DFD)是一种图形化建模工具。它在一张图中展示信息系统的主要信息需求：输入、输出、处理和数据存储。任何从事项目开发的人都能从 DFD 中很快看出系统一起工作的各组成部分。DFD 容易理解，因为它只有 4 个符号需要学习，容易被用户所掌握，因此，DFD 成为系统分析中较为普及的一种工具。下面，我们逐一介绍 DFD 中的各符号含义。

1. 外部实体

任何企业都是在响应外部事件的过程中来体现自己的存在价值，因此，针对企业活动进行映射的信息系统也必然是用来响应环境中的事件的。外部实体就是信息系统的外部环境，它代表了系统的数据来源与去处。外部实体可以是系统之外的但需要与系统进行交互的人、组织部门、其他系统或其他组织。外部实体提供了进入一个系统的净输入，并从一个系统接受净输出。本书约定，外部实体用图 7-8 所示的形状表示。

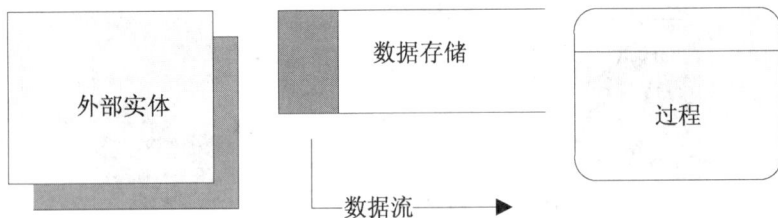

图 7-8 过程建模的符号

外部实体一般属于下面的类型。

- 组织内部某个办公室、部门、分部或个人，它们在组织内为系统提供净输入，从系统接受净输出。
- 组织外部的为系统提供净输入或从系统接受净输出的组织或个人，例如客户、供应商、银行或政府。
- 另一个信息系统。这个系统独立于目前所开发的信息系统，但你的系统必须与它进行交互。

一个信息系统的外部实体很少是固定的。随着项目范围和目标的变化，信息系统的范围也可能扩大或缩小。如果扩大，那么原来的某些外部实体可能被融入系统内部，作为其中的一个过程存在。

2. 数据存储

数据存储是数据存放的地方，也是数据处理的对象。本书约定用图 7-8 所示的符号来表示数据存储。数据存储对应于实体-联系图中的实体，是用来表示现实系统中的事物。

现实中的企业系统是由许多事物构成，企业日常的业务大多数是对相关事物的信息进行处理。因而系统需要存储这些事物的信息。对于用户来说，他们在工作中需要处理的诸如产品、订单、发票和顾客等都可以看做是事物，这些事物也必须是信息系统的一部分。例如，一个信息系统需要存储顾客和产品信息，分析员就有必要考察清楚有关的信息。通常，这些事物类似于与系统交互的外部实体。例如顾客(外部实体)发送了订单，系统就需要存储有关这个顾客的信息。但在其他情况下，这些事物也可能不属于外部实体。又例如产品不可能是外部实体，但系统却同样需要存储关于产品的信息。

因此，在系统分析阶段，识别和理解相关事物是非常关键的工作。图 7-9 给出了常见的事物类型。由于数据存储对应于实体-联系图中的各个实体，因此，建议在过程建模之前首先进行数据建模，这样，在绘制数据流程图时才有所依据。

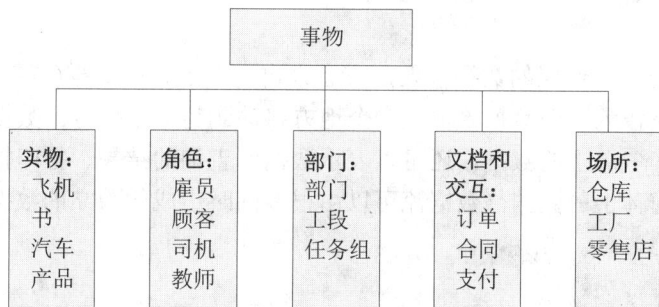

图 7-9　事物的类型

3. 过程

过程反映了系统的行为，即系统未来要做的事情。如果把一个企业看作是一个系统，那么这个系统就可以概括为一个过程。这个过程的目标就是把进入企业的各种输入(包括原材料、资金、雇员、订单等)转换为各种输出(包括产品、服务、收益等)。如果我们把这个系统看作一个黑箱，那么，图 7-10 就是一个最简单的过程模型。因为环境总在变化，系统必须有反馈和控制环路，以使系统可以自我调整来适应环境。如图 7-8 所示，本书中的过程用圆角的矩形来表示。

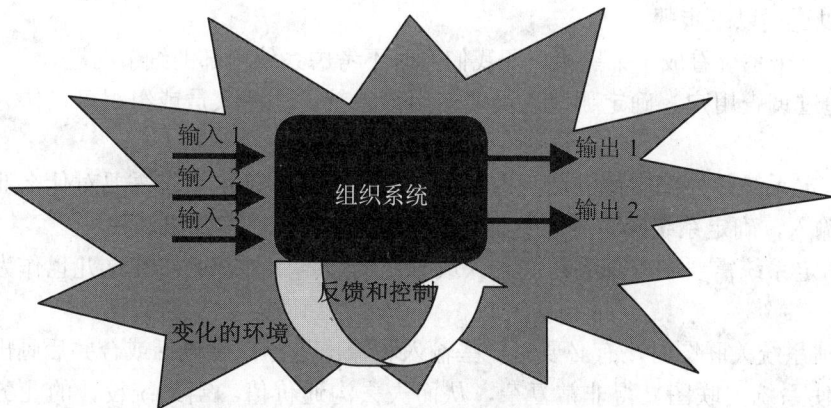

图 7-10　最简单的过程模型

在我们把一个复杂的系统逐步分解的过程中，会依次接触到三种类型的过程：功能过程、事件过程和基本过程。

功能过程是对企业所进行的活动在不同领域的概括。例如对一个生产系统可以概括为这样几个功能：生产计划、生产调度、材料管理、生产控制、质量管理和库存控制等。

事件过程是针对某件事件发生后的一组完整响应活动。例如，处理客户订单、处理客户订单修改、响应订单查询、生成发票等都是事件过程。事件过程意味着为了响应某事件的所有活动要么完全进行，要么不进行，但不能进行一半。

基本过程是组成某事件过程中的一些离散环节或任务。它们是在过程模型中最低层次活动的细节过程，有时也称为原子过程，意味着基本过程不可再分。例如，验证顾客身份、计算订单费用、检查产品现有量等都属于基本过程。

4. 数据流

数据流表示到一个过程的数据输入，或者来自一个过程的数据(或信息)输出。数据流是运动中的数据，作为一个数据单位从一个地方移动到另一个地方。数据流可以表示客户订单或者员工的工资单上的数据；还可以表示数据库查询的结果、打印报表的内容，或者计算机数据输入窗体上的数据。数据流可以由很多同时生成的独立的数据块组成，并且一起流向共同的目的地。

7.5 过程建模步骤

在下面的过程建模中，我们将以送餐服务公司案例为示范，来讲解过程建模的步骤。假定项目的初期研究阶段和问题分析已经完成，我们将侧重围绕客户服务系统来讲解这一过程。

7.5.1 步骤一：系统关联图

针对送餐服务公司的客户服务系统，我们首先应该界定这一系统的边界和范围。所有的系统都有范围，它定义了一个系统或应用程序准备支持哪些业务领域。在绘制系统关联图时，可以遵循以下步骤。

(1) 将整个系统看成一个黑箱。即我们暂时不考虑系统内部的细节问题。

(2) 通过调查用户，确定哪些人员要使用该系统。这些人员或组织可以作为外部实体存在。

(3) 确定系统和外部实体的交互内容。包括两方面：确定系统需要对什么业务进行响应——净输入，确定系统应该对这些业务做出什么响应——净输出。

(4) 确定系统需要和外部系统间导入或导出的数据。外部系统在这儿也作为外部实体存在。

在绘制系统关联图时，有必要对一些输入和输出进行高度概括或合并后画出，过早涉及细节会使系统关联图显得非常复杂，从而失去沟通价值。当系统设计的业务非常多的话，画出来的关联图必然也会非常复杂。所以，我们建议对一些大的系统首先应该分解为不同的子系统，然后针对各子系统来画出系统关联图。

系统关联图只能包含一个过程。为了绘制它，可以首先在纸的中央放置一个单独的过程符号。这个符号即代表了整个信息系统，把这个过程当作过程 0。然后在纸的周边一圈放置实体，用数据流连接实体和中央过程。在系统关联图中没有数据存储，因为数据存储位于系统的内部，如图 7-11 所示。

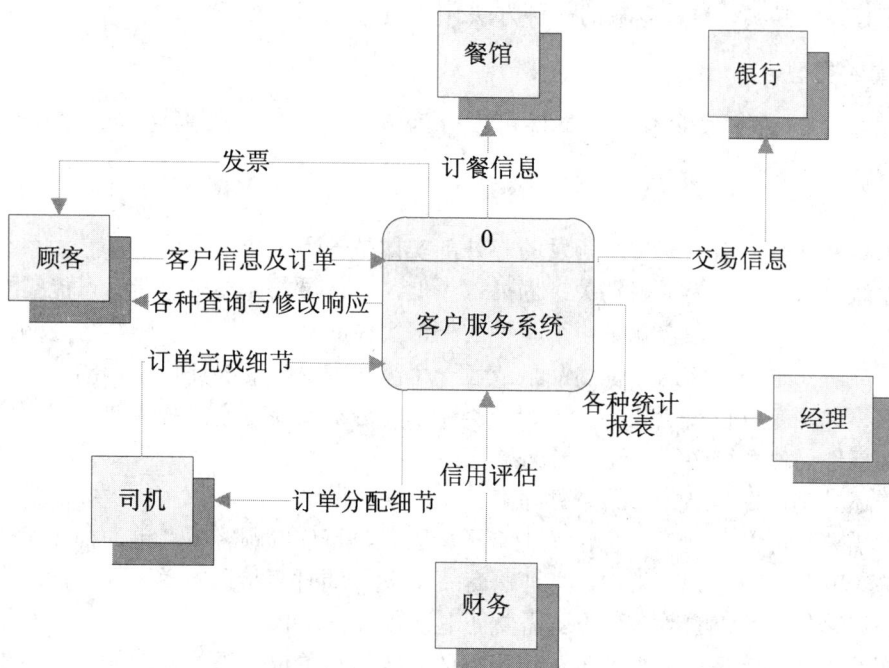

图 7-11　系统关联图

在图 7-11 中，我们对一些数据流进行了概括，例如系统和经理之间的交互。对经理来说，他主要取用系统提供的信息——输出，而且这种输出可能多种多样，在这里我们不可能一下子把这些需要输出的报表一一列出，因此需要对输出进行概括。又例如，系统和司机之间的交互主要是订单的任务分配信息。除此之外，也必须对司机的信息进行管理，但在此它不是最主要的。还有，系统和餐馆之间的数据流在这里只显示订餐信息，而没有标示出和餐馆之间的账务结算信息。这是因为，在客户服务系统中，系统最关心的是如何快速的满足顾客需求，因此及时将订餐信息反馈给餐馆是至关重要的。

7.5.2　步骤二：列举事件

实际上，所有的系统开发方法都是以事件概念开始建模的。事件发生在某一特定的时间和地点、可描述并且应该被系统记录下来。系统的所有处理过程都是由事件驱动或触发的，因此当你定义系统需求时把所有事件罗列出来并加以分析是很有意义的。

当为一个系统定义需求时，先调查清楚能对该系统产生影响的事件是十分有用的。准确地说，什么事件发生时需要系统做出响应？通过询问对系统产生影响的事件，你可以把注意力集中在外部环境上，并把整个系统看成一个黑箱。这最初的调查帮助你主要从高层次上全面考察系统，而不是集中在系统内部工作上。这也使你把注意力集中在系统和外界用户及其他系统的接口上。最终用户，即真正使用系统的人，也习惯于按照那些影响他们工作的事件来描述系统需求。因此，当用户使用系统时，把重点集中在事件上也是非常恰当的。最后，把重点集中在事件上也提供了一种划分(或分解)系统需求的方法，这样你就可以分别研究各个部分了。复杂的系统需要分解成易处理并能更好理解的小单元，而按照事件来划分系统是实现这种分解的一种方法。

1. 事件类型

根据事件的触发主体不同，事件可以分为三种类型：外部事件、时序事件和状态事件。

1) 外部事件

外部事件通常是由外部实体触发的。外部实体是一个人或组织单位，它为系统提供数据或从系统获取数据。为了识别关键的外部事件，分析员首先要确定所有可能需要从系统获取信息的外部实体。顾客就是一个典型的外部实体的例子。比如，顾客想订购一种或多种商品，或者想退掉订购的一件商品，或者一个客户需要按发票支付订货的费用。诸如此类的外部事件正是分析员所要寻找的那一类，因为分析员要定义系统需要完成哪些功能。这些外部事件促使系统必须处理重要的事务。

当描述外部事件时，必须给事件命名，这样事件所涉及的外部实体才能清楚。同时，外部实体需要进行的处理工作也包括进来了。因此，事件"顾客下订单"描述了一个外部实体(顾客)以及这个顾客想做的事情(订购商品)，这一事件直接影响着系统。此外，如果系统是一个订单处理系统的话，系统还需要处理该客户的订单。

重要的外部事件还可能来自于公司内部的人或组织单位的需求，例如，管理部门请求得到一些信息。在订单处理系统中一个典型的事件可能是"管理部门检查订单状态"。也许管理者想跟踪一个关键客户的订货情况，那么系统就需要定期提供该信息。

2) 时序事件

时序事件是由于达到某一时刻所发生的事件。许多信息系统在预定的时间点上会产生一些输出结果，例如工资系统每两周(或每月)生成工资支票。有时输出结果是管理部门需要定期获取的报表，例如业绩报表或异常报表等。这些事件和外部事件不同，因为系统是自动产生所需要的输出结果而不需要用户进行操作。换句话说，没有外部实体下达命令，而是系统自己在需要的时候产生所需的信息。

时序事件不一定非要在确定的日期发生。它们可以在预先定义的一段时间过后发生。例如在商品售出之后给顾客发账单。如果 15 天之后顾客还没有支付账单，那么就发出一个过期通知。时序事件可能在账单发出的 15 天之后被定义为"该发过期通知了"。

3) 状态事件

状态事件是当系统内部发生了需要处理的情况时所引发的事件。例如，产品的销售导致了库存记录的变化，当库存降到了需要重新订货点之下时，就有必要重新订货。该状态事件可以被命名为"到达订货点"。通常状态事件作为外部事件的结果而发生。有时，状态事件和时序事件相似，唯一不同的地方在于，状态事件无法定义事件发生的时刻。订货事件也可以被命名为"库存该重新订货了"，这样听起来就像是时序事件。

2. 制定事件表

事件表一般包括五个部分：参与者/外部实体、事件/用例、触发器、响应及去处。其中"参与者"和"用例"是面向对象分析技术中使用的术语，它们分别与"外部实体"、"事件"相对应，表达的基本上是一个意思。触发器是用来通知系统必须处理的数据已经到达了。对于时序事件，触发器是某个时间点。响应是系统的输出结果。一个事件的发生可能触发多个响应。例如，当系统生成一张新订单时，系统需要把订单确认信息发给顾客，把订单细节内容发给司机，而把交易信息发给银行。去处是系统的响应发送的目的地，也就是外部实体。

在系统关联图中虽然确定了一些用例，但也仅仅是一些主要的输入和输出，例如"各种统计报表"。因此，我们必须在事件表中对系统关联图进行扩展。扩展的一个方法就是通过面谈，让用户来列举系统可能需要响应的事件。而另外一种有效的方法就是追踪实体联系图中每个实体的生命周期。所有这些实体都必须经过创建、修改、删除等阶段。

我们也可以通过跟踪某个外部实体和系统的全过程来确定事件。例如，在送餐服务公司的客户服务系统中，首先，顾客可能想要一本关于送餐业务服务的明细菜单以方便订餐，这一事件导致数据库中首先必须增加顾客姓名、地址、联系方式等信息，以及对现有饭菜记录提供方便的查询功能。接着，顾客也许想发送订单。由于某种原因，顾客可能会修改或取消订单。再下来，客户也许想查询订单的状态，以获得送餐实时信息。也许顾客搬家了，想修改一下以前登记的地址以方便以后的订餐。最后，顾客也可能不满意某道菜而想退回。研究此类过程有助于识别事件。表 7-1 演示了送餐服务公司的客户服务系统所涉及的相关事件。

表 7-1　客户服务系统事件列表(部分)

外部实体/参与者	事件/用例	触 发 器	响　应	去　处
顾客	查询菜单目录，挑选饭菜	菜单目录查	提供可选饭菜信息	顾客
顾客	下达订单	订单登记	订单确认 订单细节 交易处理	顾客 顾客、司机 银行
顾客	修改或取消订单	订单变更	修改确认 订单修改细节 交易处理	顾客 司机 银行
顾客	因不满意而退回某些饭菜	退货处理	退货确认 交易处理	顾客 银行
管理人员	需要将订单分配给司机	订单执行	订单分配通知单	司机

7.5.3　步骤三：功能分解图

系统是可以再分的。这是因为，当把一个系统当成一个整体来看待的话，通常很难全面地理解它。所以我们可以将一个系统分解为各子系统或功能模块。就像我们写一篇论文，需要首先写个提纲，以便把论题分解为若干部分来分别讨论一样，对系统的再分也是对绘制数据流程图制定一个提纲。由此看来，功能分解图事实上是一种规划工具，以便于逐渐深入系统的内部细节，这种规划方法是遵循"自顶向下"的思路。

另一方面，功能分解图也可以看作是对掌握的信息需求的总结，是遵循"自底向上"的思路。例如，我们可以针对事件列表，将一些相似的事件归结到同一功能模块。从这个角度来讲，功能分解就像是对大量离散的事件进行编组。这时可以设想一下，我们将所有系统要处理的事件(比如"下达订单"、"订单分配")都写在小纸条上，一个活动对应一张小纸条。这样在一个企业就会产生成千上万张小纸条。然后我们把这些小纸条按照功能相关性类聚起来，形成系统的不同组件。

图 7-12 给出了送餐服务公司的功能分解图，图中的根过程对应整个系统。我们只列出了部分功能。在现实中，当一页难以完整给出整个功能分解图时，可以另加附页。

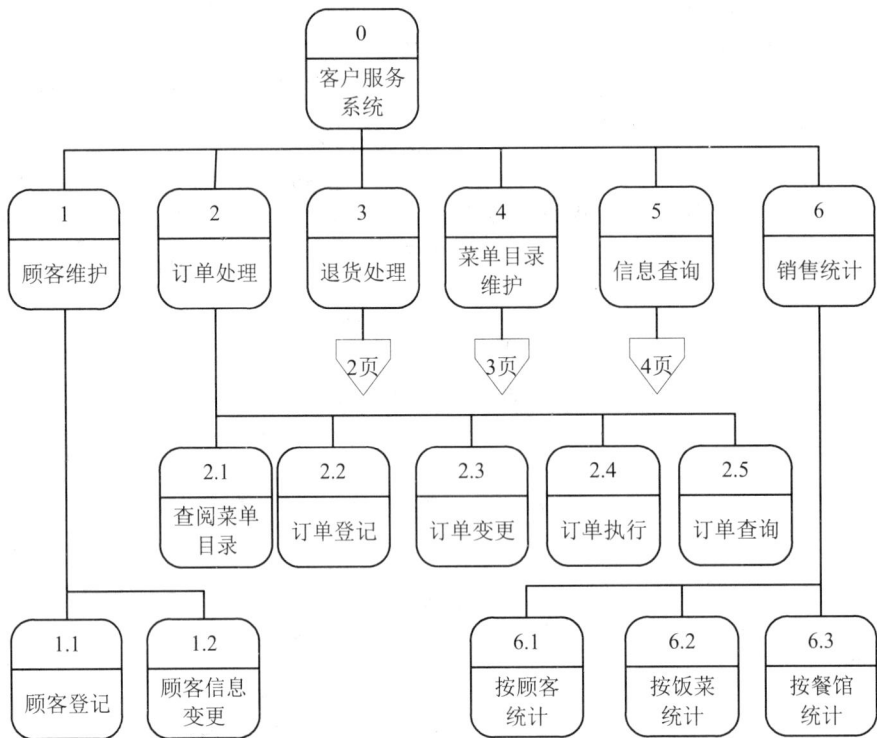

图 7-12　功能分解示意图

7.5.4　步骤四：DFD 片段

DFD 片段是为事件列表中的每个事件创建的。每个 DFD 片段是一个显示系统如何响应某个事件的上下文图，它显示了事件的输入、输出和数据的存储交互。通过为每个事件单独绘制一个事件图，用户就不会被系统的整体规模所吓倒，从而可以单独针对一个事件来检查模型的正确性。

在绘制 DFD 片段之前，列出所有可用的数据存储是有益的。在这里，我们假设送餐服务公司已经根据第 4 章的数据建模技术建立了数据模型，如图 7-13 所示，这样在画 DFD 片段时只需要根据实体-关系图创建一个同名的数据存储即可。

大多数 DFD 片段只包含单一的过程，其中过程的命名应该与功能分解图中的事件命名相对应。每个 DFD 片段应该说明以下内容。

- 输入以及输入的来源(外部实体)。
- 输出以及输出的去处(外部实体)。

- 所有读取、修改、删除操作都要涉及数据存储，因此相关数据存储必须被添加进来。
- 所有的数据流应该命名。为了保持命名的一致性，应该由一个数据词典来对所有的数据流、数据存储以及数据元素进行详细的定义。在一个较小的项目中，数据词典可以是一个简单活页记事本或者按次查找的文件。在较大型项目中，通常所使用的 CASE 工具一般都具有这样的数据词典功能。

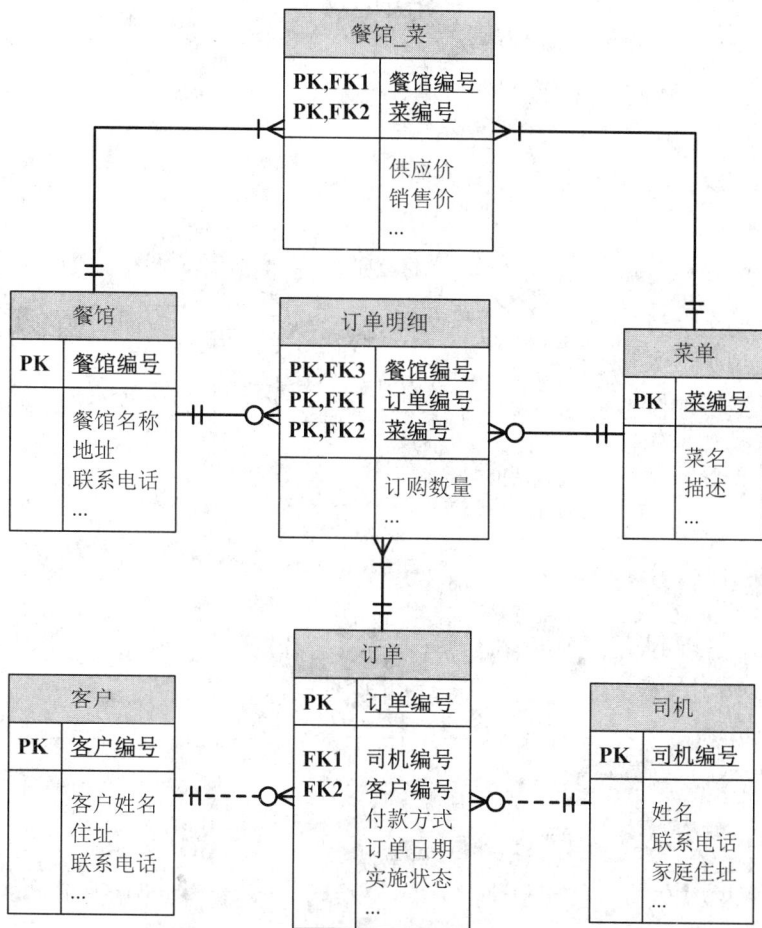

图 7-13　客户服务系统实体-关系图

下面，我们以图 7-12 中的"订单处理"功能为例，来介绍 DFD 片段的绘制过程。图 7-14 显示了"订单处理"的系统关联图，图 7-15 和图 7-16 给出了两个事件图。图 7-16 相对来说比较复杂，因为它涉及了较多的数据存储和外部实体。根据经验，大多数事件图只有一个过程，偶尔有一个事件图可能具有两个或三个过程，这是因为有些过程可能会触发其他过程，这时可以将这些连续的过程作为一个组合画到一个事件图中。如果过程数量超过三个，那可能是由于过早地深入了细节，这时画的是基本图，而不是事件图。大多数事件过程不直接相互沟通，相反，它们通过共享数据存储进行沟通。这使得每个事件过程只需关注自己的工作，而不用担心其他过程的进行。

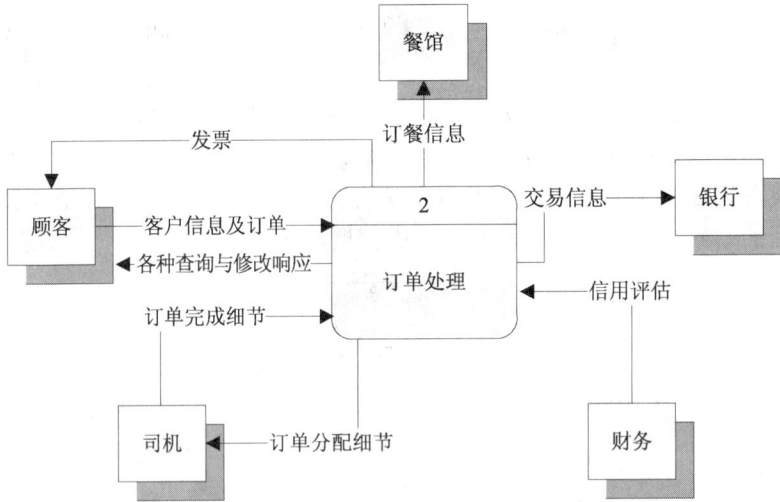

图 7-14 "订单处理"关联图

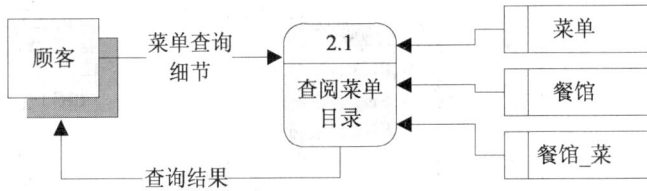

图 7-15 一个简单的事件图

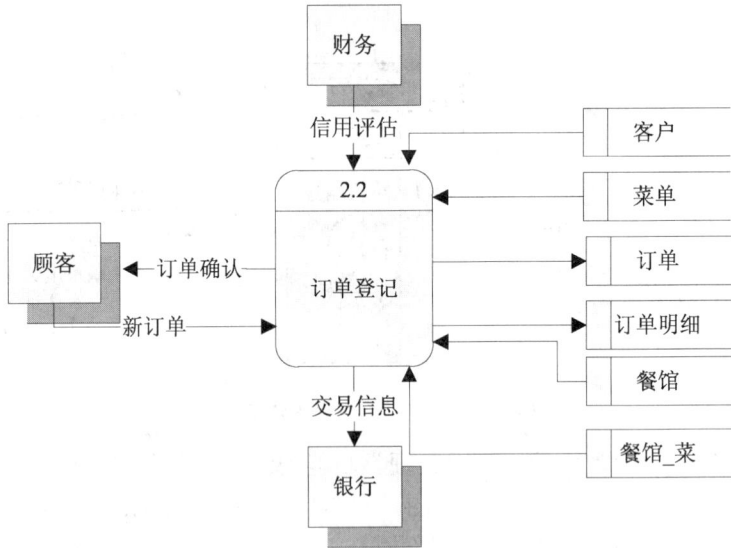

图 7-16 一个较复杂的事件图

7.5.5 步骤五：系统图

在为每个事件分别绘制了 DFD 片段图之后，为了反映所有事件之间通过共享数据存储来进行沟通的整体系统视图，可以把所有的事件图合并为一张大的系统图。但是，如果系统规模很大，那么这个系统图将非常复杂以至于使许多人对其存在价值提出质疑。所以，有没有必要合并，取决于合并工作本身对理解系统的贡献。

因此，我们可以只为系统的每个子系统或功能来绘制一个系统图，以便相关开发人员理解系统各组成部分之间是如何进行沟通的。在画图过程中，为了减少线条的交叉，可以在不同位置重复画出同一个数据存储或实体。如图 7-17 是针对图 7-12 的"订单处理"功能而画出的系统图。

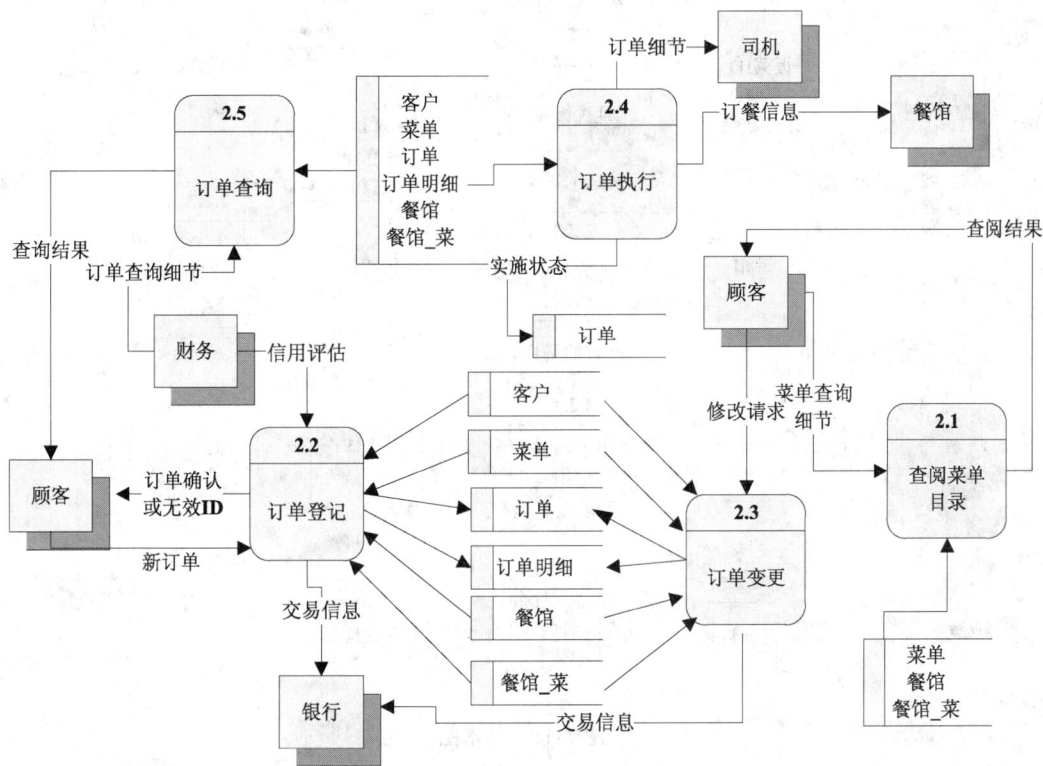

图 7-17　订单处理系统图

7.5.6　步骤六：基本图

可以将事件图进一步扩展成一个基本图，以揭示更多的细节，这对一些复杂的事件处理流程的理解特别有必要。当然，如果有些事件已经足够简单，就可以不再扩展。图 7-18 是将图 7-16 中的"订单登记"事件图进一步分解后的基本图。该图把图 7-16 分解为 7 个基本处理过程："验证顾客身份"、"挑选饭菜"、"计算订单费用"、"检查顾客信用"、"记录订单"、"处理订单交易"和"产生确认信息"。由于不同人对事件处理的流程可能有不同的设想，所以，两个分析员针对同一个事件图所画的基本图可能是不同的。

"订单登记"事务首先由顾客提供自己的 ID，由过程 2.2.1 来验证顾客身份，如果所提供的 ID 不存在，则返回"无效顾客 ID"信息，这时可以提示顾客首先进行登记。顾客信息登记功能可放在"顾客维护"事件里。如果 ID 合法，则将"合格顾客 ID"数据流传递给过程 2.2.2，由顾客通过该过程挑选饭菜。这时，过程 2.2.2 需要访问"菜单"、"餐馆_菜"和"餐馆"三个数据存储,根据"饭菜 ID"、"餐馆 ID"来读取相应的饭菜信息,并由顾客输入订购数量。

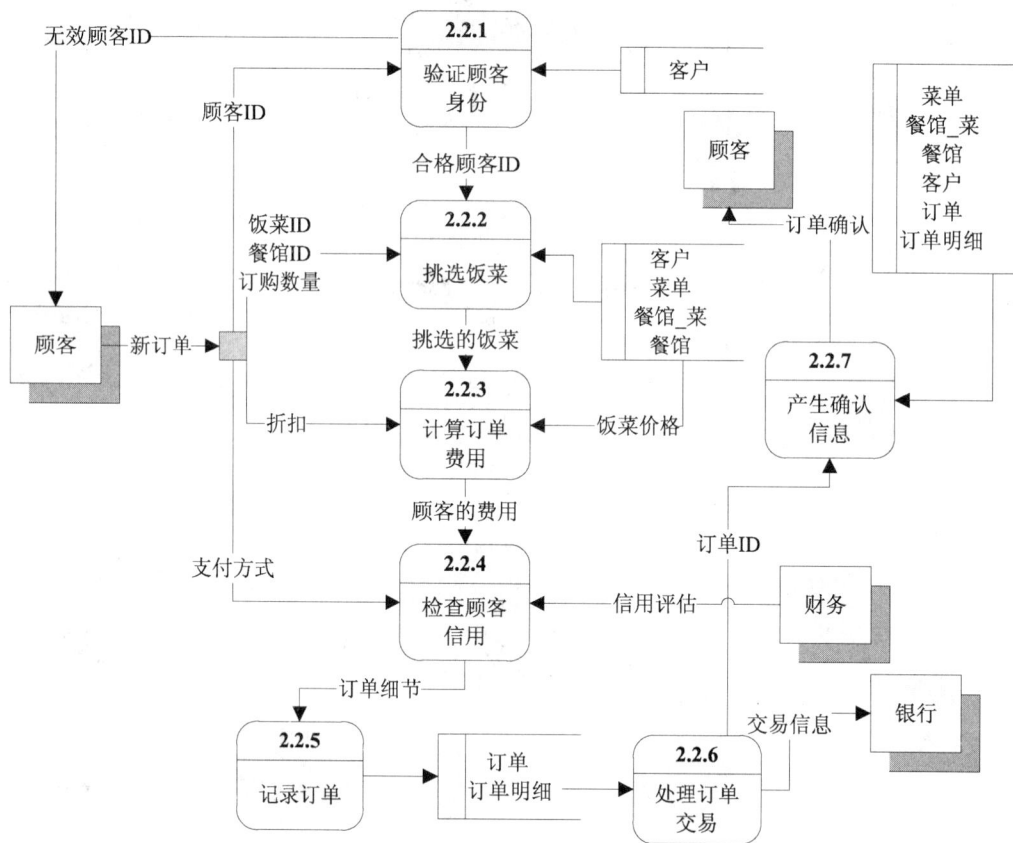

图 7-18 基本图

接下来由过程 2.2.3 计算订单费用,这时要用到该顾客所应享受的折扣信息,并根据"饭菜价格"信息来计算订单费用。计算完费用之后,顾客就需要选择付款方式,如果使用信用卡付款,这时还要调用过程 2.2.4 来检验顾客的信用情况。

上面的步骤进行完后,就需要通过过程 2.2.5 来向数据存储"订单、订单明细"里写入订单细节,并为该订单指定一个 ID。将此订单 ID 传递给过程 2.2.7,由该过程从相关数据存储中读取该顾客本次订单详细信息,呈现给顾客,表示对这次交易的一个总结和确认。

7.5.7 步骤七:过程逻辑的描述

虽然经过以上的步骤,我们把一个系统从整体逐步分解为子功能、事件和任务(活动)。但是,对基本图中的每一项任务,仍然需要进一步描述其细节,我们最终需要用一些工具说明基本过程的详细指令。只有这样,后面的系统设计工作才不会显得过于费力。对基本过程进行描述的工具大体有三类:结构化语言、决策树和决策表。下面我们逐一介绍这三种建模技术。

1. 结构化语言

结构化语言是一种将结构化编程和自然语言相结合的建模技术，主要用来说明基本图中的基本过程的内部逻辑。我们没有结构化语言的既成标准，但是所有的惯用语法都有许多共同的特征。比如说，祈使句中要用准确的动词短语，避免使用形容词、副词和含义模糊不清的词；句子精炼简单，尽量用简单句，避免较长的从句。图 7-19 显示了一个简单结构化语言的例子，该图是针对图 7-18 中的"验证顾客身份"基本过程来描述的。

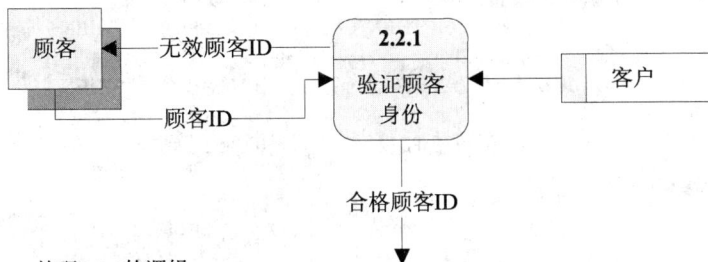

处理**2.2.1**的逻辑：
　　询问顾客的账号或ID，检查数据存储"客户"。
　　如果：该客户不存在，
　　　则：提醒客户首先注册或登记。
　　否则：将顾客ID传递给过程2.2.2。

图 7-19　结构化语言示意

结构化语言不是伪码，它不包含声明、初始化、链接之类的技术问题。但它确实借鉴了结构化编程的逻辑结构。这些基本结构如下。

1) 顺序结构

这种结构不鼓励使用复合句，每个句子都使用动作动词，例如获得、创建、读取、修改、删除等用户容易理解的动词。也可以将计算公式作为句子的一部分(例如，计算薪金总额=工作小时×小时工资)。下面是一个计算订单消费总额的顺序结构逻辑。

(1) 计算消费总额；

(2) 税额=消费总额×税率；

(3) 订单金额=消费总额-税额；

(4) 计算折扣；

(5) 实际订单金额=订单金额-折扣；

(6) 写出实际订单金额。

2) 条件结构

在这样的逻辑中必须依照不同的条件来执行不同的任务。这种结构有两个变种：一种是 IF-THEN-ELSE 双路径结构，另一种是 CASE 多路径结构。图 7-20 是一个计算运费的 IF 判断结构。下面是一段 CASE 结构语言的例子：

```
读取库存数量
SELECT CASE
    CASE  库存数量>最小订货数量
        什么也不做
    CASE  库存数量=最小订货数量
```

```
        什么也不做
    CASE  库存数量<最小订货数量
        准备新订单
    CASE  缺货
        准备加急订单
END CASE
```

IF 消费总额>500元 THEN	ELSE

IF 货物个数<5 THEN
  IF 运到天数=1 THEN
    运费=20元
  IF 运到天数=2 THEN
    运费=10元
  IF 运到天数>2 THEN
    运费=每件2元
IF 货物个数>5 THEN
  IF 运到天数=1 THEN
    运费=每件10元
  IF 运到天数=2 THEN
    运费=每件5元
  IF 运到天数>2 THEN
    运费=0元
	IF 货物个数<5 THEN
	  IF 运到天数=1 THEN
	    运费=35元
	  IF 运到天数=2 THEN
	    运费=25元
	  IF 运到天数>2 THEN
	    运费=10元
	IF 货物个数>5 THEN
	  IF 运到天数=1 THEN
	    运费=每件25元
	  IF 运到天数=2 THEN
	    运费=每件15元
	  IF 运到天数>2 THEN
	    运费=每件8元

图 7-20　判断结构

3) 循环结构

在这样的逻辑中执行动作应该依据某种条件重复进行。这种结构也有两种变种：一种是 DO-WHILE，即当条件为真时一直执行；另一种是 REPEAT-UNTIL，即一直执行某动作，直到条件为真。图 7-21 是一个典型的库存控制事件的基本图，下面内容是各个过程的结构化语言。

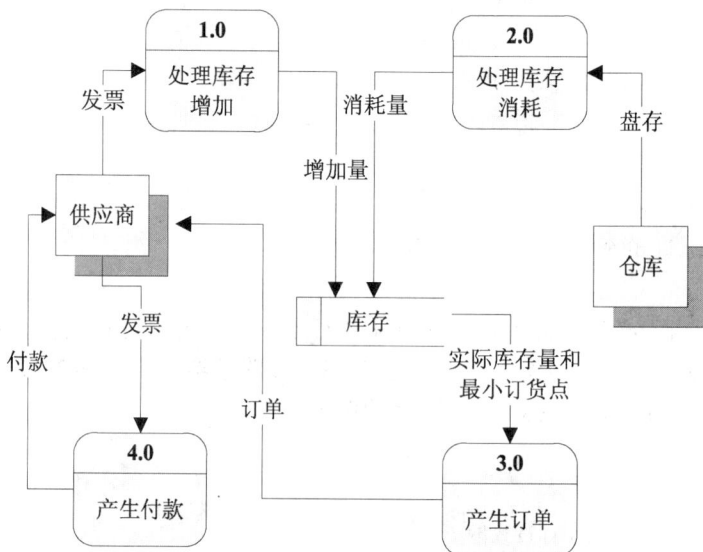

图 7-21　"库存控制"基本图

- 过程 1.0：处理库存增加

  ```
  REPEAT
        读下一条发票项目记录
        查找匹配的库存项目记录
        根据发票修改项目当前库存数量
  UNTIL 发票被读完
  ```

- 过程 2.0：处理库存消耗

  ```
  REPEAT
        读下一条出库单项目
        查找匹配的库存项目记录
        根据出库单修改项目当前库存数量
  UNTIL 出库单被读完
  ```

- 过程 3.0：产生订单

  ```
  DO WHILE 库存文件没有结束
      IF 当前库存数量<最小订货数量 THEN
          产生新订单
          ENDIF
          读下一条库存记录
  ENDDO
  ```

- 过程 4.0：产生付款

  ```
          读今天的日期
          将发票按日期排序
          REPEAT
          读下一条发票记录
          IF 今天日期-发票日期>30 THEN
                  付款
          ENDIF
      UNTIL 所有发票被处理完
  ```

2. 决策树和决策表

决策树是用树状的图形来表述逻辑结构的一项技术，它比结构化语言更加直观和易懂。而决策表是用表格方式来表示过程的逻辑结构，它比决策树更加严密，能表示一些较复杂的过程。图 7-22 是一个用决策树来表示给顾客优惠程度的逻辑判断结构。图 7-23 是一个决策表的布局介绍。

下面我们给出一个火车订票系统的例子来讲述决策表的画法。假设火车票的选择只有软席和硬席两种。另外，对两种选择的回答也只有两种：有空席和没空席，因此，火车票预定的必要条件可列举如下。

(1) 第一希望是否软席。

(2) 软席有无空席。

(3) 有无第二希望。

(4) 硬席有无空席。

可能采取的行动如下。

(1) 保证软席。

(2) 保证硬席。

(3) 要求提供其他列车。

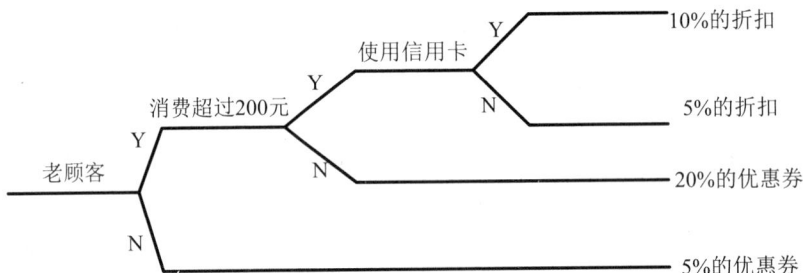

图 7-22　决策树的例子

图 7-23　决策表的例子(1)

由于我们要对各种情况分别做出判断和采取相应行动，所以首先列出所有的情况。目前有 4 个判断依据，而每个判断只可能有两种选择(有或没有)，所以总共有 2×2×2×2=16 种情况，图 7-24 中列举了这 16 种情况。接着我们根据条件选择对应的行动，这些行动是对应条件必然的选择。仔细观察图 7-24，我们发现一些规则可以合并。比如前 4 种情况，只要第一希望是软席，而且软席有空席的情况下，不必再判断其他两种情况，而所采取的行动都是"保证软席"。这样，这四种规则就可以合并。依此类推，图 7-25 是合并后的决策表。

由此可见，结构化语言、决策树和决策表事实上都是在表达企业中的一些业务策略，即约束业务处理的规则。在大多数公司中，策略是决策的基础，策略由规则构成。如果用户和系统分析员能够正确地向编程人员揭示这些规则，那么就能将规则转换为计算机程序，也才能保证所开发的程序反映企业的商业规则。

	1	2	3	4	5	6	7	8	9	10	11	12	13	14	15	16
第一希望是否软席	Y								N							
软席有无空席	Y				N				Y				N			
有无第二希望	Y		N		Y		N		Y		N		Y		N	
硬席有无空席	Y	N	Y	N	Y	N	Y	N	Y	N	Y	N	Y	N	Y	N
保证软席	×	×	×	×						×						
保证硬席					×				×		×		×		×	
要求提供其他列车						×	×	×				×		×		×

图 7-24　决策表的例子(2)

	1	2	3	4	5	6	7
第一希望是否软席	Y			Y	N		N
软席有无空席	Y	N	N			Y	
有无第二希望				Y	N	Y	N
硬席有无空席		Y	N	Y	Y	N	N
保证软席	×					×	
保证硬席		×		×			
要求提供其他列车			×		×		×

图 7-25　合并后的决策表

是否选择结构化语言、决策树或决策表来对过程进行描述取决于问题的本质和个人的爱好。决策表通常是描述一组复杂条件最好的方法。对于简单的逻辑判断，我们建议使用决策树或结构化语言，因为它们更易表达和理解。

7.6　数据流程图的画图规则

现在让我们再回过头来介绍 DFD 的画图规则。在画 DFD 时，必须遵守一定的规则，这样才不会使后面阶段的设计人员对模型产生歧义理解。

1. 关于过程的规则

(1) 任何过程都应该做一定的事情，这些事情可能包括以下各项。

- 执行计算(计算订单金额)。
- 做出判断或决策(判断某客户是否存在)。
- 排序、过滤或总结数据(显示可以进行修改的订单)。
- 组织数据成为有用的信息(月销售统计报表)。
- 使用存储的数据(创建、读取、修改或删除记录)。

因此，一个过程输入应该不同于该过程的输出。一个过程存在的价值在于它能把输入转化为输出，而不是只传递数据而不对数据做任何处理。相同的输入可以进出同一个过程，但是作为输入处理的结果，过程还会产生其他新的数据流。例如图 7-26(a)就不正确，因为顾客 ID 经过"验证顾客身份"过程没有被做任何处理。而图 7-26(b)则体现了该过程的存在价值。

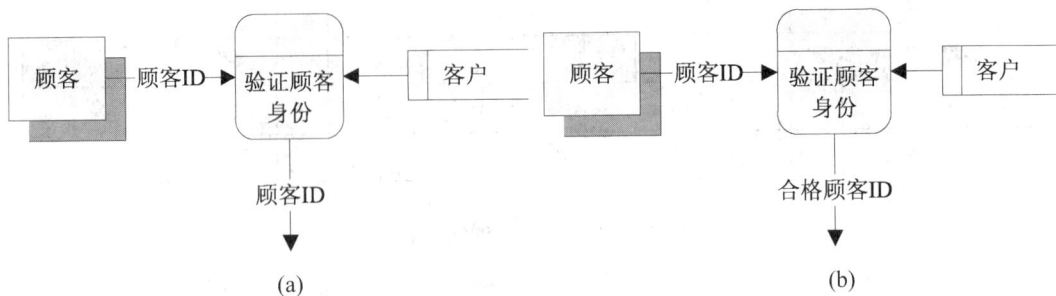

图 7-26   过程必须做事情

(2) 任何过程都不可能只有输出，因为它不可能从虚无中产生数据。如果一个对象只有输出(一个奇迹)，那么它必定是源点(外部实体)。这里的奇迹是指过程所提供的输出找不到任何可见的数据来源就出现了。图 7-27 中需要计算客户订单的费用，这时如果不考虑折扣的话，至少还应该访问数据存储"餐馆_菜"，因为只有它里面才有饭菜价格信息。

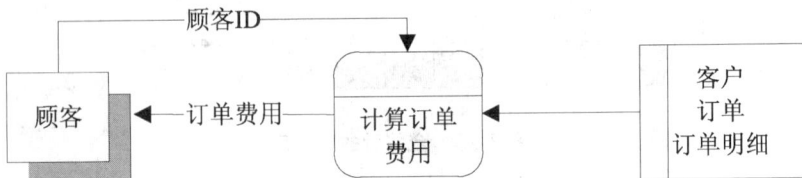

图 7-27   有不可能数据输出的过程

(3) 任何过程都不能只有输入(一个黑洞)。如果一个对象只有输入，那么它必定是汇点(外部实体)。这里的黑洞是指一些过程使用了不必要的输入。图 7-28 中当顾客需要挑选饭菜时，数据存储"客户"、"订单"和"订单明细"并不涉及，所以在图中不用列出。

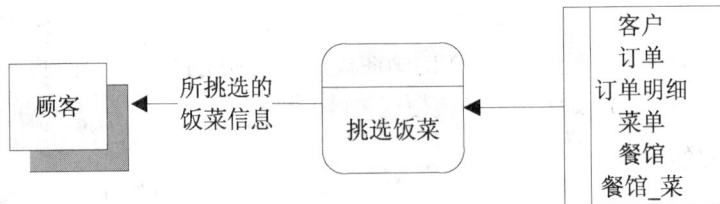

图 7-28   有不必要的数据输入

(4) 过程由一个动词短语标识。

2. 关于数据流的规则

(1) 数据流在符号间只有一个流动方向。它在一个过程和一个数据存储之间可以沿两个方向移动，表示在更新前进行一次读取。然而，后者通常用两个不同的箭头指出，因为这些数据流是在不同的时间发生。如图 7-29(a)给出了这种情况，图 7-29(b)是对这种错误的更正。

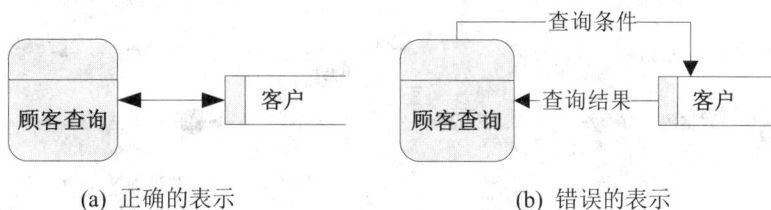

(a) 正确的表示　　　　　　　　　　　　(b) 错误的表示

图 7-29　数据流不应该用双箭头

(2) 数据流的分支表示完全相同的数据从一个公共地方进入两个或多个不同的过程、数据存储或者外部实体(这通常表示相同数据的不同副本进入不同的位置)。正确的表示方法如图 7-30(b)所示。数据的合并表示完全相同的数据从两个不同的过程、数据存储或外部实体移到一个共同的位置。这种情况正确的表示方法如图 7-31(b)所示。

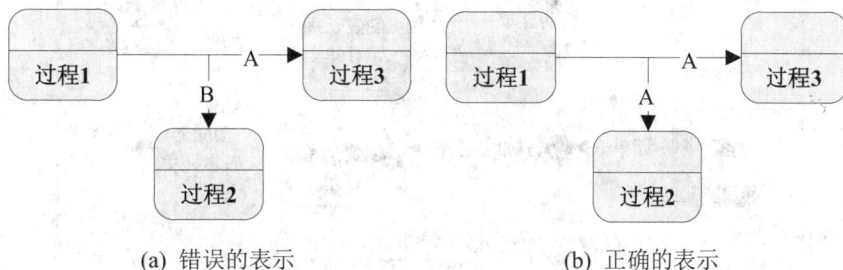

(a) 错误的表示　　　　　　　　　　　　(b) 正确的表示

图 7-30　数据流的分支

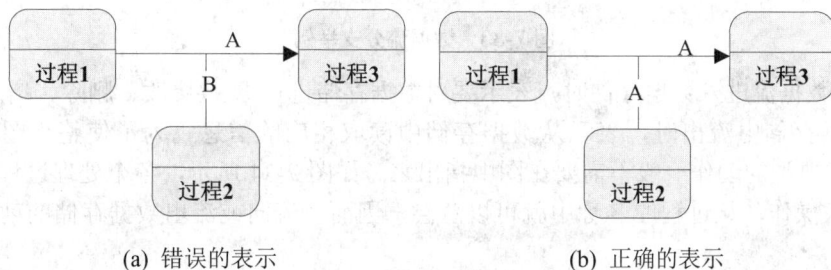

(a) 错误的表示　　　　　　　　　　　　(b) 正确的表示

图 7-31　数据流的合并

也有一些比较复杂的情况，就是数据流在分支的过程中，各个分支流并不一定是源数据流的整体复制，而是将一个数据流进行分解后流向不同的地方，这种情况需要两个特殊的符号来表示。如图 7-32 所示，小方块表示“与”。意味着每次执行过程时，必须输入(输出)所有分支数据流或合并数据流。黑圆点表示“互斥或”，意味着每次执行过程时，必须只输入(输出)分支数据流或合并数据流中的一个。

在图 7-33 中，一个高层的 DFD 中将所有类型的订单合并为“订单”数据流，这是一个概括的描述。而在更详细的底层 DFD 中，“订单”将被具体化为“长期订单”、“加急订单”和“常规订单”。对这种情况的处理，就用到了上述的“或”符号。

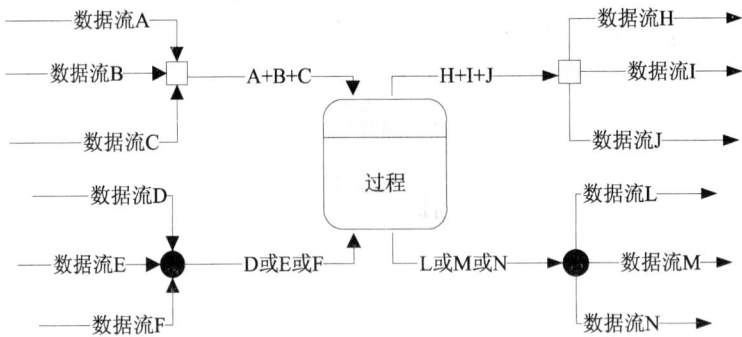

图 7-32　复杂的数据流表示

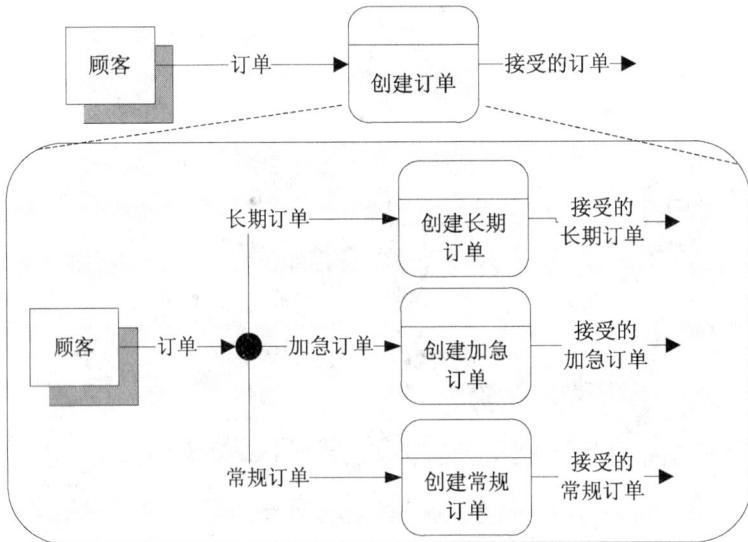

图 7-33　数据流分支举例

(3) 当数据流进入数据存储时，表示要对数据存储进行更新(修改、删除、增加)。当数据流从数据存储中流出时，表示从数据存储中读取相应的信息。为了使整个图形保持整洁，对这样典型的动作一般不需要在图中指出来。如图 7-34 所示，各个处理过程要对数据存储做什么操作，从过程的名称中就可以意会，因而，流向或流出数据存储的动作就可以省略了。

3. 关于外部实体和数据存储的规则

还有一些琐碎的规则，这些规则都是对常见错误的归纳。如图 7-35 所示，外部实体之间、外部实体与数据存储之间以及数据存储之间都不能直接沟通，他们之间的数据流必须经过过程来移动。

4. 关于数据流守恒规则

从前面的讲述中可以看出，为了逐步理解一个复杂的系统，必须对系统进行分层。一个系统可能由许多甚至数以百计的单独过程组成。使用分层技术，可以使得系统分析员从概括到具体逐渐遍历系统的所有功能。

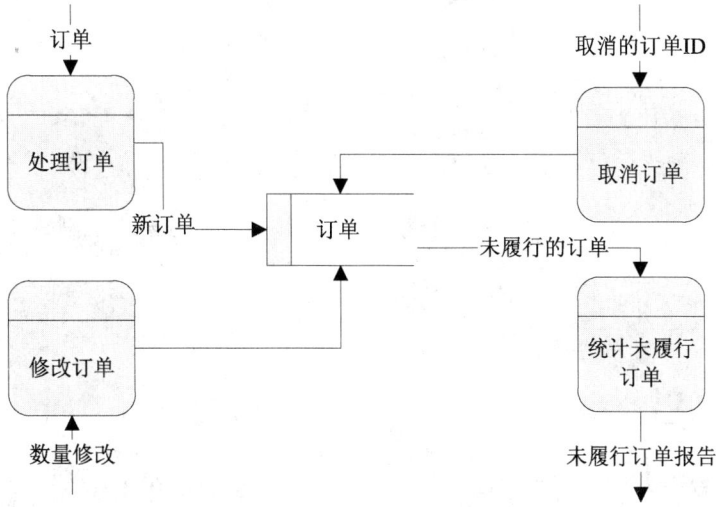

图 7-34　往返于数据存储的数据流

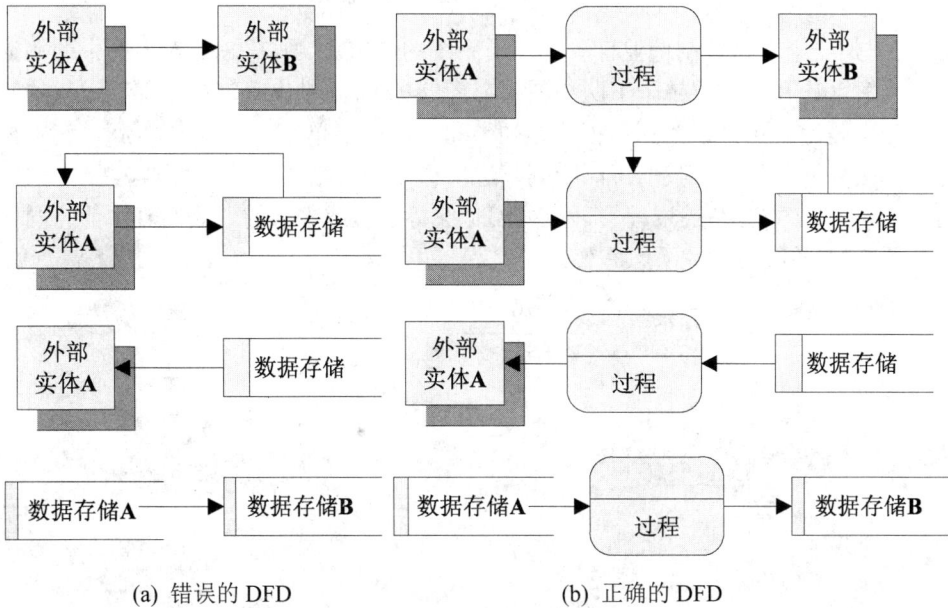

(a) 错误的 DFD　　　　　　　　　　(b) 正确的 DFD

图 7-35　正确与错误的数据流表示

　　但是在分解的过程中，最容易出现的问题就是数据流的不守恒。所谓的数据流守恒是指：当把一个过程分解为更低级的过程时，分解前后的数据流保持不变。这种规则也称为"平衡"。

　　图 7-36 举例说明了一个不平衡的 DFD 图例。在上层图中，系统有一个输入(A)和输出(B)。然而在下面的分解图中，增加了一个输入 C，并且数据流 A 和 C 起源于不同的外部实体，所以这两个 DFD 是不平衡的。如果输入出现在底层图上，它也必须出现在上层图中。出现这种情况可能是因为分析员在画分解图时，发现为了计算 B，必须输入 C。所以就增加了新的数据流 C，但同时却忘了更新顶层图。这种疏忽造成了上下层 DFD 的数据流

不再守恒。

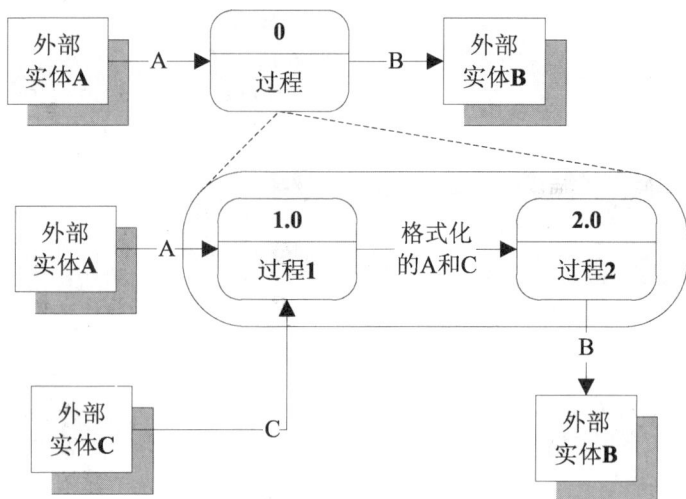

图 7-36　不平衡的数据流图

　　图 7-37 是一个典型的制造业订单处理子系统的 DFD，图 7-38 是对该图中的"订单处理"过程分解。让我们来对照一下两个图：在图 7-37 中，进出"订单处理"过程的数据流有三个，分别是"订单"、"订单拒绝通知"和"分拣清单"。检查图 7-38，其中被圈起来的部分是被分解的过程，我们可以看到，进出该过程的数据流仍然是图 7-37 中的三个。这说明，图 7-37 在本分解的过程中，数据流是保持守恒或平衡的。我们可以依照同样的思路来检查图 7-17 和图 7-18，看看它们是不是保持平衡。

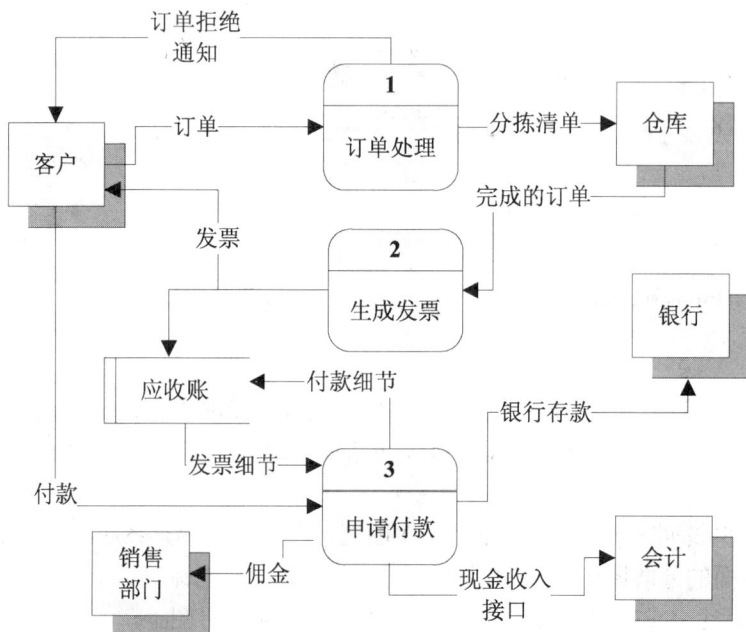

图 7-37　订单系统的 0 层图

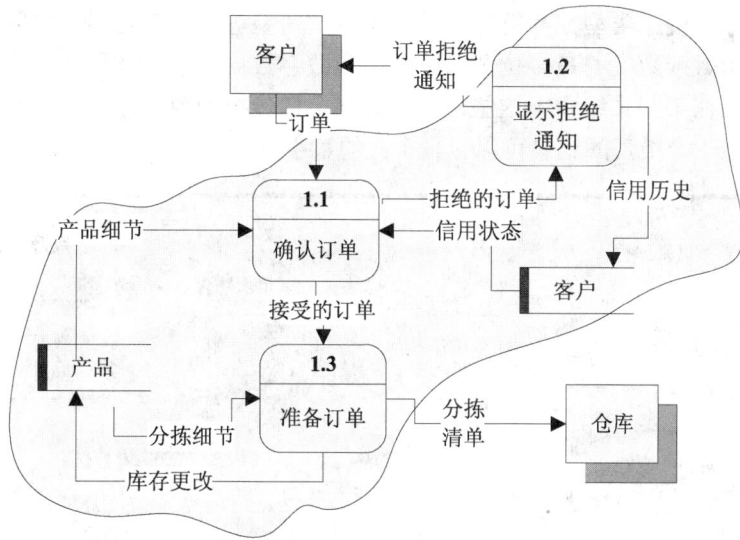

图 7-38 订单系统的 1 层图

7.7 数 据 字 典

当一套数据流图完成了，接下来的工作就是使用数据字典来对数据流图中的细节进行定义或者规范。

数据字典是关于系统数据的重要信息仓库。分析员使用数据字典收集、编写、组织关于系统的具体事实。包括数据流、数据存储、外部实体和过程的内容。数据字典也定义和描述了所有的数据元素及其组合。我们可以将数据字典想象为一个带活页卡片的记事本，在其中对上述各部分都有详细的定义，分析员以此作为一个项目的参考和保证一致性。当用 CASE 工具来创建过程模型时，关于其中细节的定义信息可能会被自动收集并检错。这样，数据字典的编写任务就可以省略了。编写数据字典的另一个好处就是便于后面的详细设计和编程过程。因为参照字典，数据结构上的任何问题都可以找到答案。

图 7-39 列示了一个数据字典需要定义的条目，其中的数据项中，数据存储和数据流是基于数据结构的，而数据结构是由数据元素组成。数据流与数据存储、外部实体和过程连接。在数据字典中所有关于数据流的定义应该与数据流图相对应。

1. 数据元素的定义

在数据流图中，数据流最终由数据元素组成。所以，必须清楚地在数据字典中表明每一个元素是什么。有一些系统分析员喜欢在线记录注解或者手工画表格，而有些分析员则喜欢直接将信息输入 CASE 工具中。不管哪种途径，目标都是相同的：提供关于组成系统的数据和过程的信息，这些信息应该是条理清楚的、全面的和一致的。关于数据元素的定义一般包括下面项目。

- 数据元素名或标识。
- 别名：即数据元素可选的名字。例如，顾客 ID 也可以称为顾客编号或顾客账号，是对顾客身份的标识。

- 类型和长度：类型如字符型、数值型或逻辑型等。长度是指数据元素包含字符的最大个数或数字的最多位数。除文本和数字数据外，声音和图像也是数据元素的类型。在某些系统中，这些二进制数据会像传统的数据元素一样被管理和处理。例如，一个员工的记录可以包含个人的数字图片。

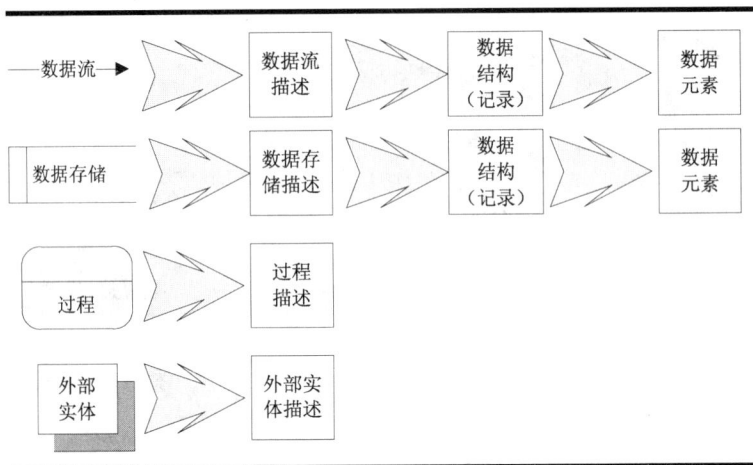

图 7-39　数据字典要描述的内容

- 默认值：数据元素初始有一个值，但是这个值不是输入的。例如，在一个顾客下订单时，订单也可以"实施状态"的最初默认值是"未实施"。
- 可接受的值：这是对数据元素域的说明，是数据元素允许取值的集合。这些值可以在一张表中明确列出或指出，也可以从一个具体的取值范围中选择。例如，图 7-40 中的"实施状态"的取值范围有两个："未实施"和"已完成"。如果分析员认为必要，还可以多增加一些状态值。例如一些长途运输的产品订单，由于送货日期较长，就可以将状态细化为诸如"某城市至某城市的途中"这样的值。
- 来源：这是指数据元素的最初发源地。可以是一个部门、个人和过程等。
- 安全：这是对有权访问或更新该数据元素的人或部门的识别。例如，只有信用部的经理才有权改变信用限额，而销售员只能被授权以只读的方式来访问数据。
- 描述：这是对数据元素的详细注释。

数据元素：实施状态	
别名：执行状态	类型及长度：字符型、15
默认值：未实施	来源：订单执行
可接受的值：未实施、已完成	安全：订单执行部门
描述：用来标识订单的执行情况，以便顾客查询或管理人员对业务进展的掌握。	

图 7-40　数据字典中数据元素的定义

2. 数据流的定义

数据流是数据元素的集合，所以数据流的定义将列出所有的数据元素。例如，一个简化的"新订单"可能包括顾客信息、产品信息以及订货信息三部分内容，如图 7-41 所示。其中用{}括号括起来的"产品信息"是表示重复的出现。

数据流：新订单

别名：订单	来源：顾客
描述：用来收集顾客订货的详细信息	
组成：　新订单=顾客信息+订货信息+{产品信息} 　　　　顾客信息=姓名+地址+联系电话 　　　　订货信息=订货日期+付款方式 　　　　产品信息=饭菜名称+餐馆名称+订货数量	

图 7-41　数据字典中的数据流定义

3. 数据存储、外部实体和过程的定义

由于在数据流图中的数据存储是与实体-联系图相对应的，所以无须特别的定义。如果两者不相关联，分析员可以用定义数据流的方法把数据存储定义为一个元素集合(数据结构)。

对于外部实体，可以重点描述外部实体名称、别名、输入数据流和输出数据流。

数据字典定义的过程都是针对基本过程。可以用前面所讲的结构化语言、决策树和决策表来描述过程，在此不再赘述。

7.8　小　　结

系统分析阶段的主要任务是确定系统的逻辑模型，其中包括数据模型和过程模型。为此，分析员需要通过面谈、文档收集、观察、问卷调查、召开会议等途径来了解和确定企业的信息处理需求。

在企业建模中，一个系统分析员开发图形模型来显示系统是如何将数据转化为有用的信息。企业建模的最终产品是逻辑模型，该模型支持企业运行，并满足客户的需求。企业建模包括四个主要的工具：实体-联系图、数据流图、数据字典和过程描述。

数据流图(DFD)由图形表示信息系统中的数据流的移动和转换。数据流图使用四种符号：过程符号表示数据转换或处理，数据流符号表示数据的移动，数据存储符号表示存储数据的仓库，外部实体表示信息系统的外部环境，代表了系统的数据来源与去处。各种规则和技术用于命名、编号、排列和注释一组数据流图，使得它们保持一致性并且易于理解。

绘制数据流图需要遵循自顶而下、逐步分解的原则。上下文图在最顶部，代表了信息系统的范围和它的外部连接，而不是它的内部工作机制。底层的数据流图是对上层图的进一步细化。数据流图一直分解直到基本图为止。而基本图需要用结构化语言、决策树和决

策表进一步说明。数据词典是结构化分析的重要文档工具，它为所有的数据元素、数据流、数据存储、过程等编写文档。文档的统一性使得检验信息系统的准确性和一致性更容易。

思 考 题

1. 系统需求调查方法和途径包括哪些？
2. 为什么分析需求是必须的？
3. 什么是逻辑模型，它常见的同义词是什么？
4. 为什么一个系统被看做一个过程？
5. 什么是数据守恒？为什么需要它？
6. 以下是一个负责货物盘点的员工的日常操作规程。

在每天开始的时候提取并处理销售订单，包括与其相关的发送记录，对比相关客户的账户细节，检查每张订单的细节，并且计算出折扣值。商业客户允许在清单价格上打 15% 的折扣。定期订货两年以上的任何客户都可以享受 5% 的折扣。任何超过 1000 美元的订单除了其他种类的折扣外，还可以享受到在清单价格基础上再打 10% 的折扣。如果开具票据的时候，总额超过了客户的信用限度，则须在发送发货清单前给经理发送该记录，并得到他的确认。当所有的发货清单都发送了，就要给经理发送一份清单总额记录。

(1) 绘制数据流图来说明一天的工作。

(2) 用结构化语言来描述上述内容。

7. 一家公司对其产品实施以下打折政策(所有的折扣都是以销售价格的百分比来表示)。阅读后请使用决策表来整理这些规则，并消除冗余规定。

(1) 订货超过 10 项的客户享受至少 1% 的折扣。

(2) 非定期订货的客户享受最多不超过 2% 的折扣。

(3) 所有订货超过 10 项的定期客户享受 2% 的折扣，如果客户用现金支付的话，可以享受另外 1% 的折扣。

(4) 任何定期客户或者订货超过 10 项的客户，只要现金支付，则可以享受 2% 的折扣。

(5) 所有满足以下条件之一的客户：订货超过 10 项、现金支付、定期客户，都可以享受 1% 的折扣，要求不与①～④规则有所冲突。

(6) 任何不满足以上条件的客户不享受折扣。

8. 阅读以下案例，并回答问题。

(一)

阿明和阿君是在校大三学生。他们一直梦想能拥有自己的企业。一天，他们在上街时，看到有家风味快餐馆的窗户上贴有"出售"标语。他们就萌生了收购该餐馆的想法，因为他们一直想开一家特色快餐店。经过商量，他们最终决定购买此餐馆，更名为"美味快餐"。

接收餐馆后，他们马上研究了该餐馆目前的运作情况。他们了解到，这是一个中等规模的餐馆，有厨房、饭厅、柜台、储藏室和办公室。该餐馆部分食物是向一些个人供应商购买，如牛肉馅饼、熟牛肉，购买到后自己再加工，目前，所有的信息登录工作都是手工完成。餐馆的基本运作情况是：易腐烂的食物，诸如包子、烧饼、面包和蔬菜等，每天送到餐馆。其他物品，诸如餐巾、塑料吸管和消毒碗杯筷勺之类，是根据需要订购和送货。阿君需要每天在餐馆的后门接收送来的货物，然后填写更新库存表格。阿明根据这些库存记录来跟踪库存物品。每当收到发来的货物时都要更新库存记录表格，并且每晚结算时也要更新它。

客户在柜台点菜，柜台服务员记录点菜信息并填写订菜单，然后将它的副本传递给厨房。厨房按照订菜单，每完成一道菜，会在订菜单上的那道菜旁做个记号。专职的服务人员会按照订菜单上的座位号或房间号将饭菜送到指定位置。当一个客户用完餐后，到服务柜台前结账。柜台服务员会用计算器算出总消费额。完成的订菜单放在一个订菜单箱中。每天晚上由阿明核对这些订菜单，并对库存做出调整。

在运转了几个月后，阿明和阿君注意到了一些问题，比如，客户订单和库存记录都是写在纸上，很容易出现不一致的问题，而且，对一些用餐的统计根本无法实现，更不要说对库存消耗做提前的预测了。所有的问题主要集中在三个方面：库存控制、客户订单处理和管理报告，这些问题严重影响了餐馆的日常运营。

经过商量，两人决定聘请某知名咨询公司——ABC 咨询公司来负责餐馆信息系统的开发咨询业务。假设你是刚毕业的，并被聘为 ABC 咨询公司初级系统分析员的信息管理专业的大学生。ABC 公司主管希望你参与这个项目，并同几个高级系统分析员并肩工作。

在一次有用户参加的会议上，阿明强调了库存控制、客户订单处理以及管理报告生成的重要性。"美味快餐"现在生意兴隆，但也同时给职员提出了难题，会经常出现库存中断的问题，进而影响了销售量。在高峰时期，客户有时要等上 15 分钟才能下单，并且可能还要等上 25 分钟才能拿到自己所订的食物。低库存量存货通常不能及时再订购，从而造成食品准备延迟问题。例如，"美味快餐"通常会用各种冰淇淋加上各种水果制作精致美味的水果冰淇淋，非常受欢迎。但上个星期，阿明没有订购足够的草莓冰淇淋，导致最后匆忙去附近的小百货店购买。

所以，阿明他们认为，应该有一个信息系统能够协助他们解决这些日常运作中的问题，包括库存控制、销售、客户服务以及食品准备各个领域。

现在，ABC 咨询公司将调查和确定客户信息需求的任务交给你。一些有经验的分析员建议你与阿明和阿君他们做一次深入的面谈，必要时还应该观察他们如何执行日常业务。你自己也确定从餐馆服务员和厨师那里收集需求最好的办法是和他们面谈并观察他们的工作。你认识到，同服务员讨论上菜过程，并观察他们的行为，可以更好地了解哪里可以做出潜在的改进。你还决定发一份调查表给部分用餐者。

① 你认为发给用餐者的调查表应该包括哪些问题？

② 你将向服务员问什么问题？向厨师问什么问题？分别准备 5 个问题。

③ 你认为应该对餐馆的哪些文档进行研究？哪些文档最有可能不存在？为什么？

（二）

到目前为止，你已经花了大量时间分析了"美味快餐"的信息需求。但是，在一次交谈中，阿明他们又谈了自己新的想法。他们购买"美味快餐"旁的一片空地，作为停车场，以便为那些匆忙的司机提供"免下车服务"。这样，餐馆的就餐区域事实上就扩大了。为此，他们需要另外提供食物配送服务。另外，"美味快餐"的许多客户在商业区工作，如果这种配送服务也能扩展至这些客户(特别是午餐的配送)，那么将会在大大增加餐馆的销售量的同时为客户提供了便利。

后来，阿明他们仔细思考了这种业务扩展的运作流程：客户打电话下订单时，餐馆服务员在多联单据上记录订单。服务员需要记录客户姓名、住址、电话号码、下单时间、所点的食物和价格等细节。多联单据送给厨房，在准备配送订单时把多联单据分开。两份单据随快餐一起送出，第三份放在对账盒中。当快餐准备就绪时，配送人员把快餐送给客户，收取付款，客户在单据上签字。其中一份单据留给客户，另一份单据带回。回到餐馆后，服务员将单据和付款交给阿明。每晚，阿明核对对账盒中的单据与配送人员交回的款项和对应的单据。在每晚营业结束时，阿明用单据上的数据更新已售货物文件和库存文件。

"美味快餐"在提供普通点菜服务方式的同时，也提供各种套餐。这些套餐的主菜包括红烧排骨、牛肉炖土豆、烧鸡翅、烧兔腿等。此外，客户可任选两个副菜，如凉拌黄瓜、凉拌菜心、凉拌豆芽等。套餐的价格只取决于主菜。这些套餐非常受一些商业区公司的欢迎，这些客户可以订购 5、10、15 或 20 个人的套餐。为了方便客户，阿明允许企业客户记账。并在每个月末生成账单，寄给这些记账的企业客户。阿明发现许多企业客户都是老顾客，通常也订购相同的套餐。阿明问你是否可以跟踪客户订单历史。

① 请识别出该系统的实体，并画出 E-R 实体图。

② 请设想一下顾客打电话订购食品的场景，并画出对应的数据流程图。

③ 以下是阿明和供应商交互的人工系统场景，请参考该场景画出对应的数据流程图。

当货物送达时，阿君首先接受供应商的发票，将发票信息登记到发票登记表上，并根据发票信息将收到的库存量记录到库存日志中，这是一种张贴在每件库存项存储点附近的纸表格。库存日志包括最小订购数量以及用于记录每件商品的原数量、已收到数量和已使用数量。做完这些工作后把实际的发票放在折叠式文件夹中。厨房每次有人来领货物时，阿君都会更新库存日志。每天营业完后，阿君会准备库存报表，以反映每种货物的目前库存状态。对那些实际库存量小于最小订购数量的货物明显标识，以便下订单。

④ 与你的同学交换所画的数据流程图，并指出各自的错误。

9. 阅读以下案例，并思考问题。

在国外，经常会有一些人喜欢养宠物，但是由于紧张的生活节奏，宠物主人也会遇到各种各样的难题。比如，有些人可能需要短暂出游，且不宜携带宠物，这时他们就需要有人能够为他们短期照顾宠物。一些生病的宠物可能还需要特殊的饮食和用药，以及日常的锻炼，这些事情对于那些忙碌的人来说可谓是一个繁重的负担，需要专门有人能做这些事情。认识到这样一些需求后，Katie 决定开一家宠物俱乐部，主要向繁忙的宠物主人提供各种特殊的宠物看护服务。Katie 决定提供的服务包括：宠物健身(包括散步或室内健身等)、毛发梳理、按摩、日托、家庭护理、熏香疗法、提供膳食、用药和接送等。

俱乐部成立后不久，Katie 就发现随着业务量的与日俱增，问题也增加了。比如，经常会发生一些宠物应得的服务项目被遗漏了，或者统计第二天的接送服务非常困难，等等。

这些问题的出现严重影响了俱乐部的形象。你是 Katie 的好朋友，且擅长信息技术应用方面的技能。所以，Katie 聘请你来为她好好规划一下未来利用信息系统来开展业务的方案。

① 你认为，Katie 要顺利开展各项业务，她应该需要哪些方面的信息？请列举出来。

② 为了得到这些信息，你需要首先建立数据模型，请画出 E-R 实体图。

③ 你认为未来的信息系统应该提供什么功能？请列举出来。

10. 图 7-42 是一所大学的课程注册系统的上下两层数据流程图，对照两图，找出其中不合理的地方。

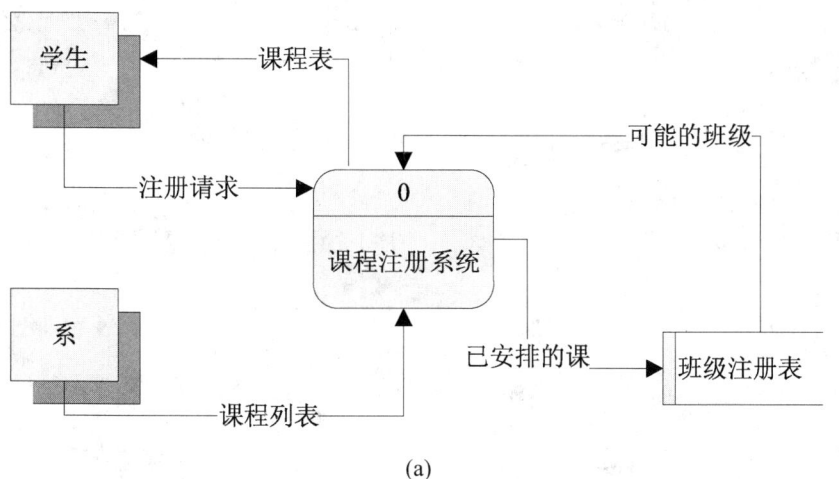

(a)

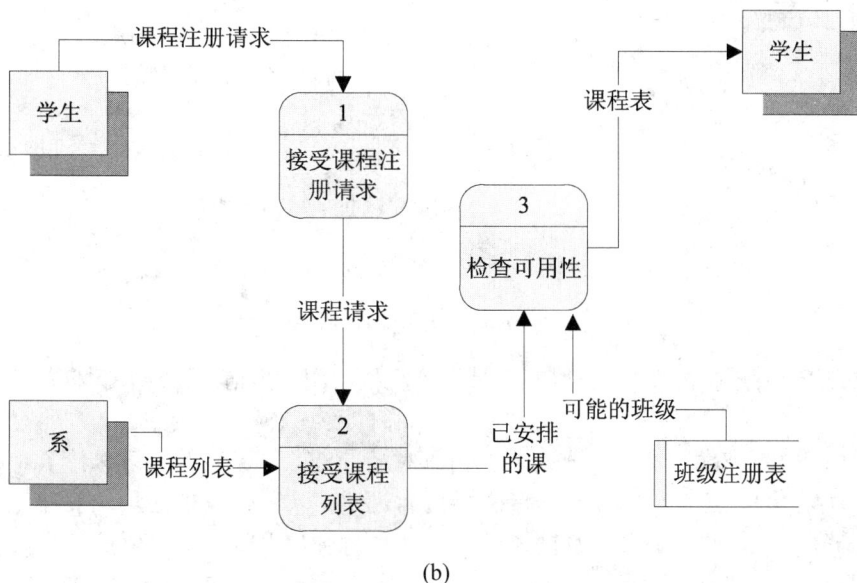

(b)

图 7-42　课程注册系统数据流程图

11. 图 7-43 是一组数据流程图，请找出图中的不合理之处。

0级

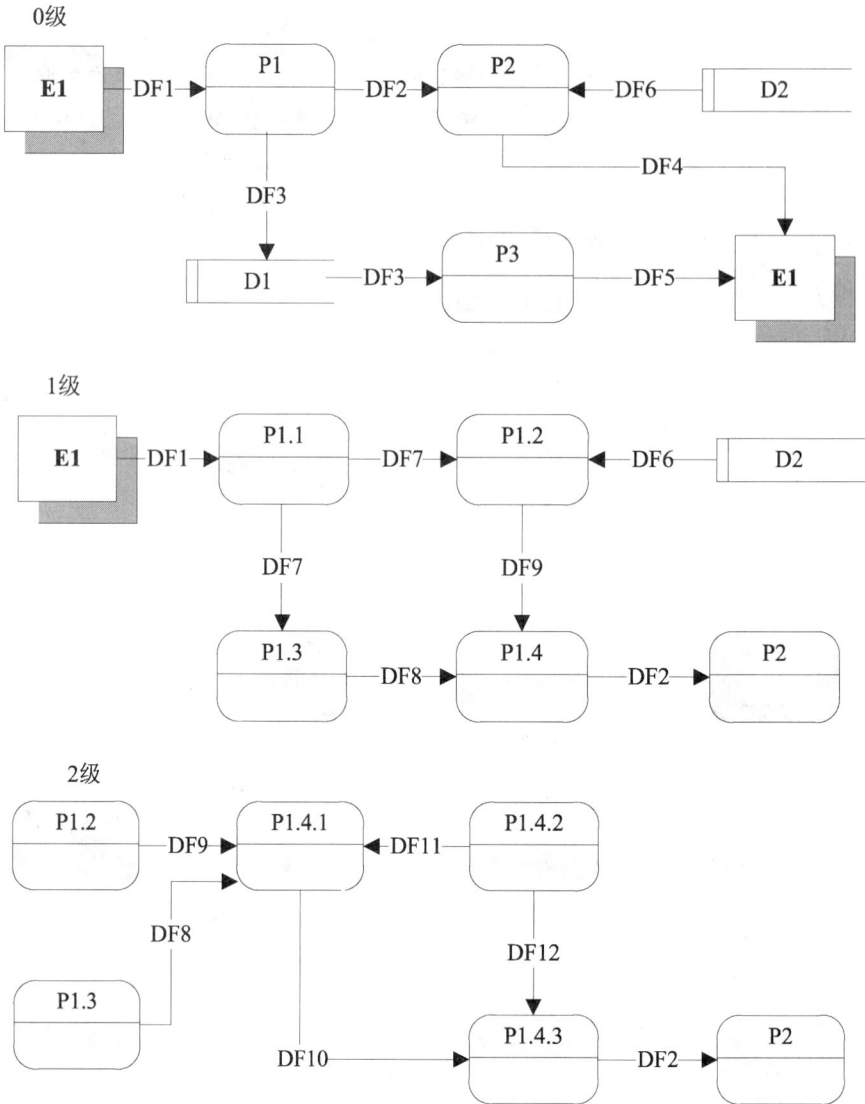

图 7-43 数据流程图

12. 以下案例描述了 ABC 公司的人员招聘流程，阅读后请画出 ABC 的人员招聘数据流程图。

ABC 公司是一家工程公司，大约有不同工种的 500 名工程师。公司保持了所有员工以及他们的技能、分配给他们的项目和所在部门的记录。人事经理根据申请书和其他经理交谈时得出的评价来招聘新员工。应聘人员可以在任何时候申请。工程经理通知人事经理何时某个职位空缺，并列出职位候选人所需的应聘条件。人事经理将现有所有应聘人员与空缺职位所需条件进行比较，然后安排负责该空缺职位的经理与三个最佳候选人进行面谈。在接到经理对每个人的面谈评价后，人事经理根据经理的评价、候选人的申请和职位应聘条件做出招聘决策，然后将决策通知给被接见者和工程经理。不合格申请人的申请书保留一年，一年后清除申请书。被录用以后，新的工程师将签订一份不泄密协议，该协议与被招聘的员工的其他信息归档在一起。

13. 以下案例描述了某软件公司的客户服务流程，阅读后请回答问题。

ABC软件公司为了解决客户购买软件后所遇到的各种问题，专门设立了上百个客服电话。当电话打进来时，接线员询问电话的性质。如果不是客服电话，则接线员会把电话转接到公司的其他单位(如订单处理或财务单位)。因为很多客户问题需要全面而深入的技术知识，所以客户人员会将电话按技术进行分类后，再将电话转接到对应技术领域的咨询人员那里。因为并非总是能马上找到这些咨询人员，一些电话必须放在队列中，以等待下一个空闲的咨询人员。在咨询人员接了电话以后，他会判断这个客户是否第一次咨询该问题。如果是，就创建一个新的电话报告，以跟踪有关这个问题的所有信息。如果不是，就要求该客户提供以往电话报告编号，并在电话报表中检索该电话报告的解决状态。如果客户不知道电话报告编号，咨询人员会收集其他标识信息，诸如客户的姓名、涉及的软件或者以前在电话中处理该问题的咨询人员的名字，以便找到合适的电话报告。如果发现客户问题的解决方案，咨询人员就会告诉客户，并在报告上指出已经通知客户，然后关闭报告。如果没有发现解决方案，则咨询人员查明负责该问题的咨询人员有没有上班。如果在上班，他把电话转给其他咨询人员(或者把电话放入电话队列，等待那个咨询人员的处理)。一旦合适的咨询人员接了电话，他记录客户可能有的任何最新细节。对于重复问题或者新的电话报告，咨询员通过使用相关的软件和查找手册中的资料，试图发现问题的答案。如果能解决这个问题，他就告诉客户如何解决这个问题，并关闭电话报告。否则，咨询员用文件记录该报告供以后研究，并告诉客户公司某个人将会回复他，如果客户发现有关该问题的新信息，回电时用指定的电话报告号码识别该问题。

(1) 根据以上叙述，请画出该公司客户服务的数据流程图。

(2) 你能否对该公司的客户服务流程提出改进建议，并画出新的数据流程图。

第8章 信息系统设计

【学习目标】

通过本章学习，你将能够：

- 描述系统设计阶段的活动和最终结果
- 设计系统结构
- 开发系统结构图
- 设计用户界面
- 掌握输入设计的原则
- 设计各种类型的打印报告

8.1 引 言

在系统分析阶段结束后，分析员建立了系统的过程模型，明确了系统的任务，即未来系统应该做什么。从需求结构化的过程中，分析员在独立于任何物理实现的逻辑层面上知道了未来系统的过程流程和数据应该采取什么样的形式。然而，关于新系统的功能仍有可能存在某些不确定性，这是因为实现同一种功能有很多方式。比如说是购买成品软件还是外包给软件开发公司？无论是谁进行开发，接下来还要考虑有关硬件和系统软件的基本问题：新系统将在大型机计算平台上，还是独立的个人计算机上，亦或在客户/服务器平台上运行？新系统可以在现有的硬件上运行吗？诸如此类一些问题，我们必须在系统详细设计之前确定下来。

而系统设计就是研究基于所选择的开发策略下的具体实现问题。其着眼点是系统如何构建，即定义系统的结构化部件。很显然，像定义系统范围和确定需求活动应该在分析阶段就完成，而定义应用程序配置环境和自动化程度等活动则应在分析阶段就开始，并在设计阶段结束。

8.2 系统设计概述

前面我们已经提及系统设计的概念。在这一章，我们将更加详细地介绍系统设计的概念、方法以及过程。系统设计也称为物理设计，是对系统分析阶段形成的逻辑模型提出计算机系统解决方案的过程。系统分析强调了业务问题，而系统设计则专注于系统的技术实现。

对于系统设计概念，许多人的理解只局限于内部开发。他们想象由自己绘制计算机系统的蓝图，然后由自己或者程序员编程和开发，所以必须设计输入、输出、文件、数据库及其他计算机组件。而实际上，许多公司购买的软件比他们内部编写的多。这是因为，许多商业过程都是通用的，软件供应商因此已经编写了很多软件包，这些软件包可以很容易地买到，并能够被修改。这样我们就不需要再重新做那些已经被实现的功能了。但作为教学，我们还是侧重于讲解系统设计的全过程，虽然有些事情实际上并不需要去做。

系统设计过程可以分为两个层次：一是结构设计 (或被称为架构设计)，二是细节设计。之所以需要分层次进行设计，是因为一次设计出整个信息系统是很复杂的。图 8-1 是一个现实中能看到的硬件系统，而系统设计大部分内容是看不到的内部软件逻辑的设计。在实际设计中，我们并不需要严格区分哪些是结构设计，哪些是细节设计，重要的是要认识到设计应该以自顶向下的方式展开。

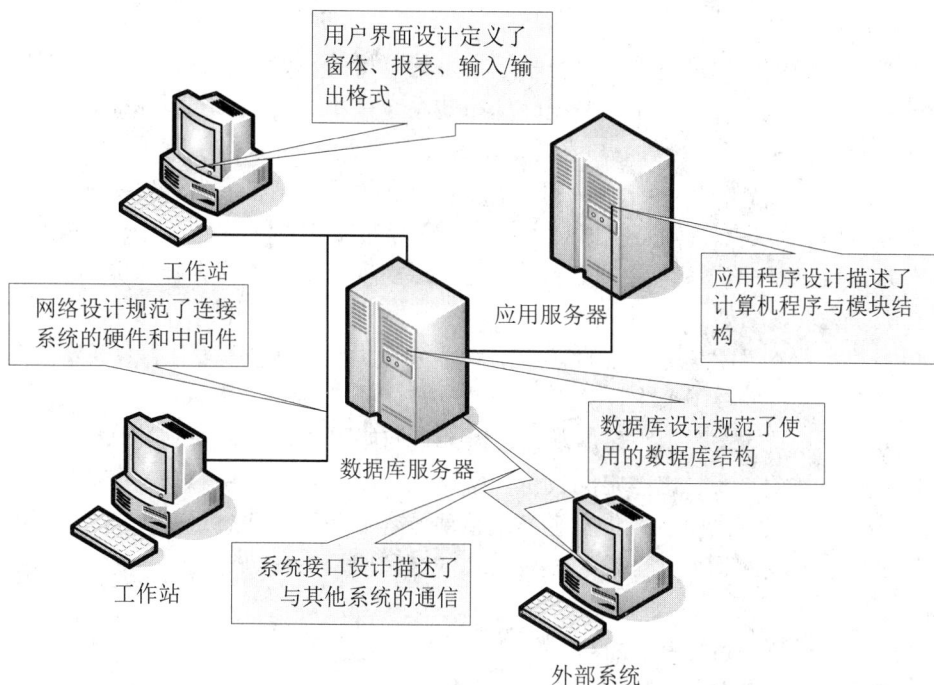

图 8-1　系统统计的内容

系统设计阶段的基础是分析阶段形成的文档和模型，这些文档和模型详细地说明了用户的需求和要解决的问题。面对这些需求，设计阶段仍然要进行一系列的建模活动，它使用分析阶段得出信息(即需求模型)，并把这些信息转换为称作解决方案的模型。一般认为设计是一种技术工作，所以不要求涉及太多的用户，但要求有更多的系统分析员和其他的技术员加入。比如，设计和编码很有可能同时进行，当设计任务确定下来后，即可进行编程了，因此，程序员应该在设计阶段就加入进来。再比如，一些技术问题如网络配置、数据库设计、分布式处理以及通信等都需要相关的技术专家介入。

总之，系统设计阶段所涉及的主要活动包括以下方面。我们也将遵循这个顺序来讲解系统设计的各部分技术。

- 系统结构(架构)设计。
- 应用程序的结构设计。
- 用户界面的设计。
- 系统接口的设计。

● 数据库的设计。

8.3 系统结构设计

每个信息系统都包括三个功能：我们能感觉到的用户界面以及我们感觉不到的负责内部处理逻辑的应用程序和提供数据资源的数据库控制。而在设计阶段的开始，就必须决定这些功能如何分布，即他们是在服务器端执行还是在客户端执行，或者分别在服务器和客户机上执行。

众所周知，如今的信息系统不再是基于大型计算机的单一系统。相反，它们是构建在网络的某种组合上，以形成分布式系统。分布式系统是相对于集中式系统而言的。在集中式系统中，一个集中的多用户计算机(通常是大型主机)运行了系统所有构件。用户通过终端(或者目前的 PC 仿真终端)与主计算机进行交互，但几乎所有的实际处理和工作都在主计算机上进行。而分布式系统则是将信息系统的构建分布在计算机网络中的多个地点。

分布式系统比集中式系统更加复杂，也更难以实现。那么现在为什么分布式系统成为必然趋势呢？主要原因如下。

● 多数企业本身就是跨区域的分布式布局，所以对应的也需要分布式系统方案。

● 分布式系统发挥了个人计算机的最大潜能。

● 分布式系统方案对用户更加友好，因为它们使用 PC 作为用户界面处理器。

实现分布式系统需要付出一定的代价。网络数据流量可能会引起网络拥堵，从而降低性能。在一个分布式方案中，数据安全和完整性更容易受到威胁。尽管如此，分布式系统架构仍然是以后的发展趋势。虽然许多集中式的遗留应用系统仍然存在，但它们将逐渐被分布式系统所取代。

大体来说，分布式系统有下面两种典型的架构。

● 客户/服务器架构。

● 三层客户/服务器架构。

8.3.1 客户/服务器架构

定义客户/服务器(C/S)架构这一术语通常是指将处理操作分散在一个或多个联网的客户机和一个中央服务器上的系统。在典型的客户/服务器系统中，客户机负责处理用户界面，包括数据的输入、查询以及屏幕显示逻辑。服务器用来存放数据并提供数据访问和数据库管理功能。

图 8-2 给出了一个简单的客户/服务器架构例子。其中，客户机上运行的应用程序能够与在另一台大型机上运行的数据库系统之间进行交互。应用程序通过网络向服务器发送数据访问请求，服务器按照请求在数据库中收集数据，并将数据返回给客户机。其中的数据收集过程对客户机来说是透明的。而客户机拿到数据后，要进一步做显示的格式化处理，而进行这一处理的应用程序是运行在客户机上的。图 8-2 也被称为两层客户/服务器架构。

在典型的客户/服务器架构中，所有的数据处理命令(包括用于创建、读取、修改和删除记录的 SQL 指令)都在服务器端运行。这样做的好处是：一方面，因为实际上只有数据库中被请求的数据库记录才在客户机和服务器之间来回传输，所以网络流量被降低到了最低限度；另一方面，数据库完整性更容易维护，一般只需锁定客户端使用的记录，其他客户端可以同时使用同一个表或数据库中的其他记录。图 8-3 进一步详细演示了两层的客户/服务器系统的数据访问过程。

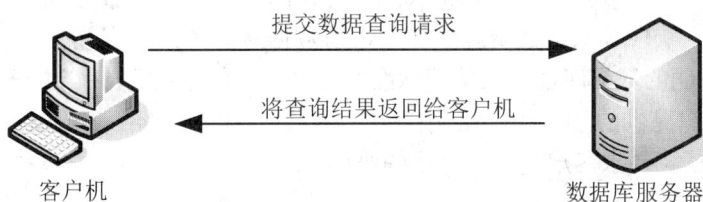

图 8-2　一个简单的客户/服务器架构

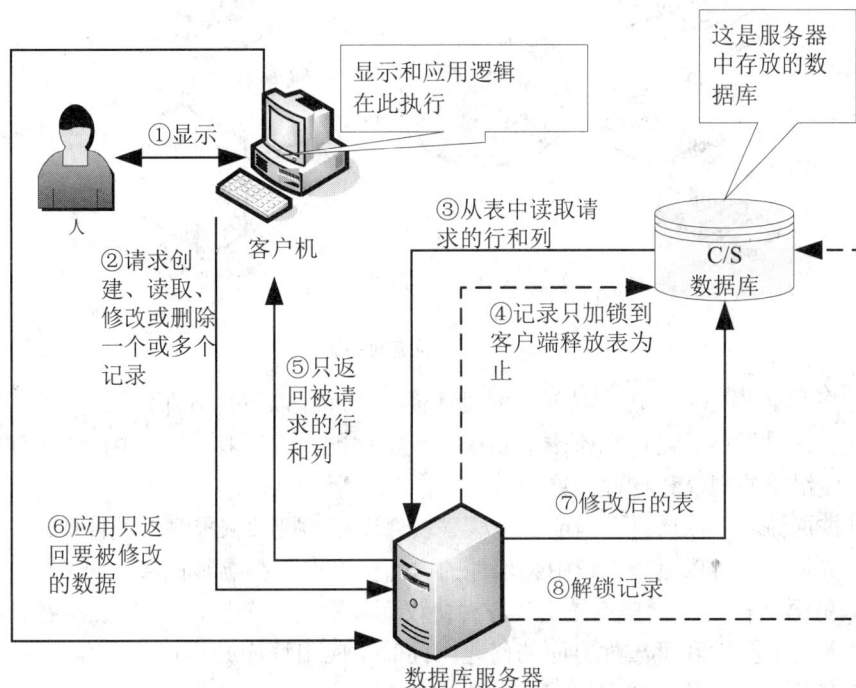

图 8-3　客户/服务器数据访问过程

为了处理应用逻辑层，客户机必须相当的健壮("胖")。应用逻辑通常用一种客户/服务器编程语言编写，例如 Sybase 公司的 PowerBuilder、微软公司的 Visual Basic .NET 或 C#。这些程序必须为客户端编译并在客户端执行。为了提高应用系统的效率并减少网络流量，有些业务逻辑可以以存储过程的形式分布到数据库服务器上。

数据库服务器存储了数据库，但它们也直接在服务器上执行数据库指令。客户机仅仅发送数据库指令到服务器，服务器仅仅返回数据库命令处理的结果——并非完整的数据库或表，所有高端数据库引擎(例如 Oracle 和 SQL Server)都使用这种方法。分布式架构可能包含多个数据库服务器，数据可以在几个数据库服务器之间分布，或者在几个数据库服务器上复制。

如图 8-4 所示可以作为典型的订单处理应用程序的部署模式。其中，信用验证、订单登记、订单执行等动作分布在各客户机上执行，数据处理分布在服务器上运行。各客户机上运行的是客户端应用程序的多份复制。客户与服务器之间在物理网络上通过定义好的通信协议相连接。在图 8-4 中，网络是局域网，并通过底层的 TCP/IP 协议来提供通信服务。但是，设计者同时还必须指明上层的协议或语言，因为客户机与服务器将通过这些协议或语言来进行请求、响应和数据的交互。例如，与数据库管理系统交互时，一般要通过开放数据库互联(ODBC)的数据库连接来使用标准的协议和软件(如结构化查询语言 SQL)；如果服务是由其他组织提供的(如信用验证服务)，并且这些组织已经设计了相应的协议，这时应用程序设计者就会要求客户端也安装这些协议。

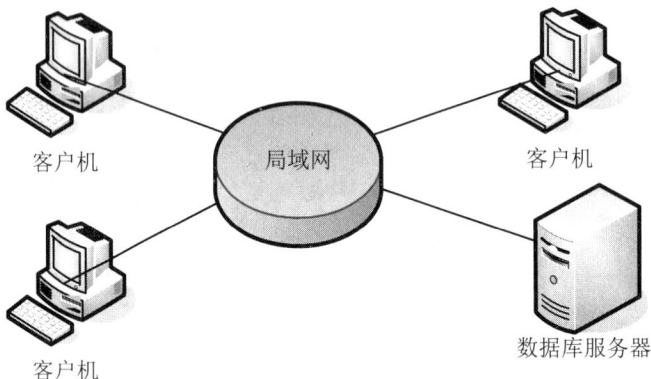

图 8-4　一个局域网系统

客户/服务器架构的主要优点是开发的灵活性，表现在以下几方面。

- 位置的灵活性。可以在不影响系统其他部件的情况下移动系统的特定部件，从而改变组织的规模和物理位置。
- 可扩展性。可以通过升级或更换核心软件运行的硬件来提高系统性能。
- 可维护性。可以更新系统中某部件的内部实现而不影响其他部件的工作。

客户/服务器架构的主要缺点是安装各种协议而导致的复杂性，以及通过网络连接所造成的潜在性能、安全性和可靠性方面的问题。同时，应用程序必须在所有客户端上复制和维护，可能有几百个或几千个客户端。设计人员必须为版本升级作计划，提供控制以确保每个客户端都运行着业务逻辑的最新版本。并确保 PC 上其他软件(购买的或内部开发的)不会干扰业务逻辑。

8.3.2　三层客户/服务器架构

当客户端的数量增加时，两层系统经常产生性能问题。所以目前三层结构系统正逐渐流行起来。三层结构是客户/服务器架构的一种变体，它将应用程序软件划分成一系列独立于硬件环境和地理位置的客户与服务器进程。既可以由一个处理器来承担所有层的计算，也可以将多个层的计算分配到多个处理器上。最常见的结构包括以下几层。

- 数据层：负责管理存储的数据，这些数据通常存储在一个或多个数据库中。
- 业务逻辑层：负责实现业务处理的规则和逻辑。
- 可视层：负责接受用户的输入，并将处理结果格式化显示。

在三层设计中，用户界面运行在客户机上，数据存储在服务器上，这与两层设计是相同的。除此之外，在三层设计中，客户机和服务器之间有一个中间层，它负责处理客户机的请求并将这些请求转换成可以被服务器理解并执行的数据访问命令。这个中间层被称为应用服务器，因为它提供了系统所需的应用逻辑或业务逻辑。三层设计也可以叫做 N 层设计，这表明有些设计可以采用更多的中间层。通过将应用逻辑转移到服务器上，使得应用逻辑只需在服务器上维护，而无须在所有客户机上维护。图 8-5 详细演示了三层的客户/服务器系统的数据访问过程。

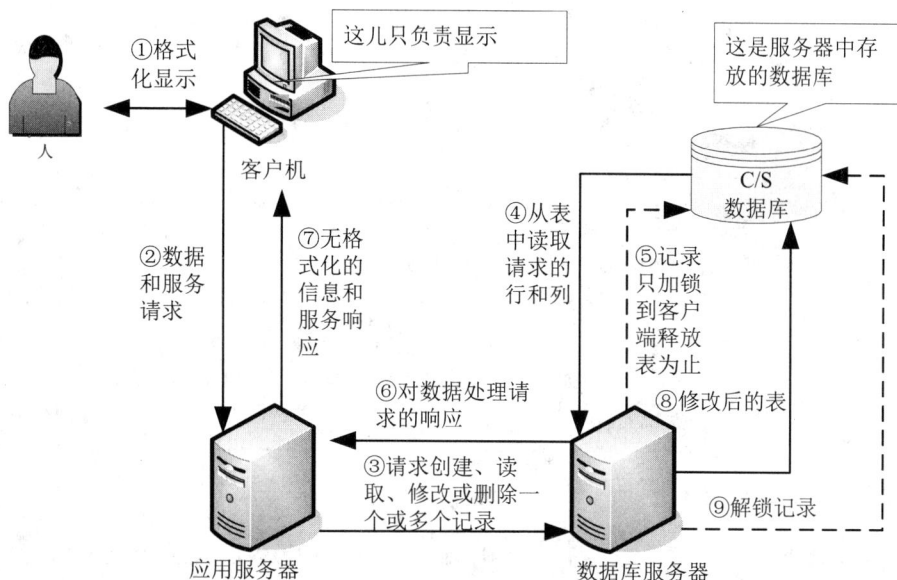

图 8-5　三层客户/服务器数据访问过程

与前面的两层客户/服务器架构一样，三层架构也有与生俱来的灵活性。各层之间通常都是请求与响应的交互方式，这使得层与层之间相对独立，各层之间的实现细节互不影响。它们之间唯一需要一致的就是请求与响应的通用语言和一个可靠的网络环境。

在三层架构中，独立的应用逻辑层把客户机从复杂的处理任务中解放出来。客户机执行整个系统组件中最小的部分，只有用户界面和一些相对稳定的或个人的应用逻辑需要在客户端执行，这简化了客户端的配置和管理。同时，通过把应用逻辑转移到自己的服务器上，使得应用逻辑只需在服务器上维护，而无须在所有客户端上维护。而且在复杂的多层架构中，可以通过将某层的功能分配给多台计算机或者在冗余计算机之间实现负载均衡来提高系统的处理能力。在出现故障时，如果服务器负载可以从一台计算机转移到另一台计算机上的话，这种冗余将增强系统的可靠性。

三层架构的最大缺点就是设计和开发上的复杂性，其设计中最困难的部分是分割，即确定如何在网络中最优地分布或复制应用构件的行为。

8.3.3　基于因特网的浏览器/服务器架构

浏览器/服务器(B/S)架构是随着 Internet 技术的兴起，对客户/服务器架构的一种变化或者改进的架构，是一种特殊形式的三层客户/服务器架构。在这种架构下，用户界面完全通过 WWW 浏览器实现，一部分事务逻辑在前端实现，但是主要事务逻辑在 Web 服务器端实现，形成所谓的三层架构，如图 8-6 所示。可见，浏览器/服务器架构，是利用不断成熟的 WWW 浏览器技术，结合浏览器的多种 Script 语言（如 VBScript、JavaScript）和 ActiveX 技术，利用通用浏览器就实现了原来需要复杂专用软件才能实现的强大功能，并节约了开发成本，是一种全新的软件系统构造技术。

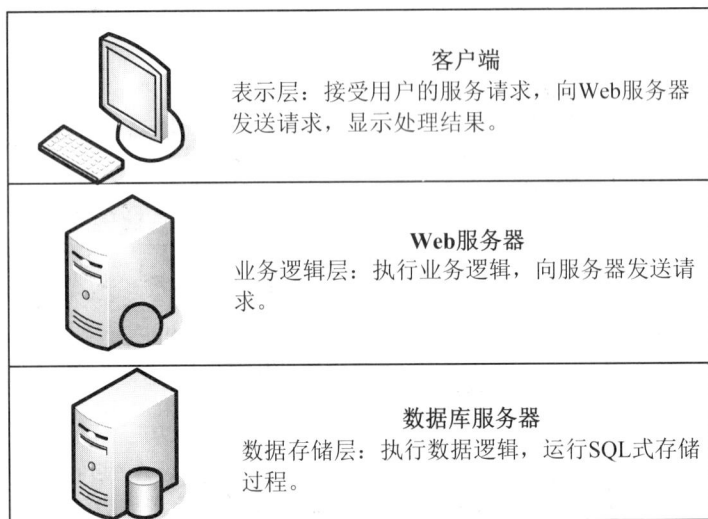

客户端
表示层：接受用户的服务请求，向Web服务器发送请求，显示处理结果。

Web服务器
业务逻辑层：执行业务逻辑，向服务器发送请求。

数据库服务器
数据存储层：执行数据逻辑，运行SQL式存储过程。

图 8-6 浏览器/服务器三层架构

Web 浏览器即系统的表示层，位于客户端。任务是由 Web 浏览器向网络上的某一 Web 服务器提出服务请求，Web 服务器对用户进行身份验证后用 HTTP 协议把所需要的主页传送给客户端，客户机接受传来的主页文件，并显示在浏览器上。

Web 服务器(Web Server)是系统的功能层，具有应用程序扩展功能。数据请求、加工、结果返回以及动态网页生成、对数据库的访问和应用程序的执行等工作全部由 Web 服务器完成。Web 服务器接受用户的请求，首先需要执行相应的扩展应用程序与数据库的连接，通过 SQL 等方式向数据库服务器提出数据处理申请，然后等待数据库服务器将数据处理的结果提交给 Web 服务器，再由 Web 服务器传送回客户端。

数据库服务器(DB Server)是系统的数据层。在数据层中包含系统的数据处理逻辑，位于数据库服务器端。其任务是接受 Web 服务器对数据库操纵的请求，实现对数据库查询、修改、更新等功能，把运行结果提交给 Web 服务器。

这种网络结构的系统遵循开放的标准，层与层之间相互独立，任何一层的改变都不会影响其他层的功能；维护成本低，升级、维护工作都在服务器端进行，不需要对客户端进行改变；使用简单，界面友好；并且由于客户端消肿，对客户端的硬件配置要求降低，可由相对廉价的网络计算机承担。

B/S 架构的主要特点是分布性强、维护方便、开发简单且共享性强、总体拥有成本低，但数据安全性差、对服务器要求过高、数据传输速度慢、软件的个性化特点明显降低，这些缺点是有目共睹的，难以实现传统模式下的特殊功能要求。例如通过浏览器进行大量的数据输入或进行报表的应答、专用性打印输出都比较困难和不便。此外，实现复杂的应用构造有较大的困难。虽然可以用 ActiveX、Java 等技术开发较为复杂的应用，但是相对于发展已非常成熟的 C/S 的一系列应用工具来说，这些技术的开发复杂，并没有完全成熟的技术工具可供使用。

8.4　应用程序的结构设计

前面讲过，每个信息系统都可以分为三个层次来理解：表示层(用户界面)、应用逻辑层和数据访问层。所以，我们在设计过程中也可以遵循这样一种思路分别对每一层进行设计。而应用程序结构设计就是从软件角度对整个系统的体系结构进行设计，这个设计过程也是建模的过程，所使用的模型主要是结构图。下面让我们来了解一下结构图的概念。

8.4.1　结构图的概念

结构图是用来展示一个计算机程序模块间关系的层次图。这是因为传统的第三代语言是以模块的形式来组织的，这些模块在层次上的安排就像一棵树，最顶端的模块叫做总模块或主模块，中层模块叫做控制模块，叶子模块(位于端点上的模块)是详细模块，它包括了程序的大多数算法和逻辑。模块是执行某个功能的一小段程序代码。计算机程序是一个为了完成某个特定功能而组织起来的一系列模块。

图 8-7 是一个简单的结构图，从中可以看出结构图的基本组成部分是模块，模块用来标识一个功能。这是一个工资系统的简单结构图。矩形所表示的模块都是些简单、独立且相关的部分，高层模块是"控制"模块，它控制执行模块的数据流，底层模块是"工作"模块，它包含执行功能的逻辑程序。

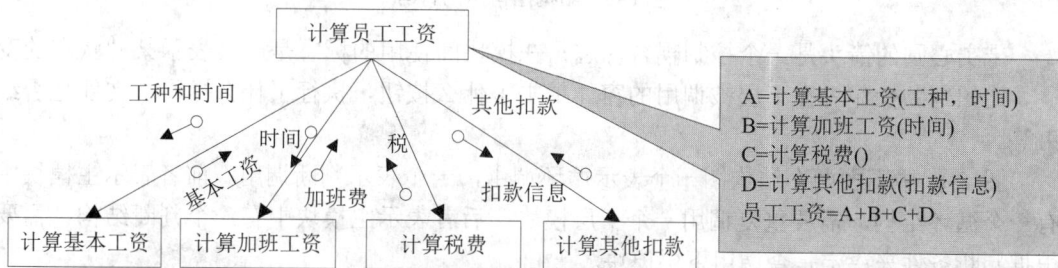

A=计算基本工资(工种，时间)
B=计算加班工资(时间)
C=计算税费()
D=计算其他扣款(扣款信息)
员工工资=A+B+C+D

图 8-7　一个简单的结构图

我们可以将图 8-7 中的上层控制模块想象为类似于右边注释框中的代码行，这些代码行依次调用了 4 个函数，同时传递了参数，并各有返回值。在控制模块中最后将各返回值A、B、C、D 加总，得出员工工资。这个过程类似于模块化程序设计，易于接受、理解和维护。结构图的建立有一定的规则和方针，其重点是：程序是分层的，且模块按高内聚、低耦合的方式组织在一起。

模块之间的连线表示高层模块对底层模块的调用结构关系。其上的小箭头表示数据在模块间传递以及各个模块的输入和输出。仅结构图而言，还不能了解模块内部的机制，但我们想知道的只是模块以何种方式实现其名称所表示的功能，如何使用输入数据以及如何产生输出数据。

图 8-8 给出了结构图的常用符号。结构图中的一个矩形表示一个模块，一个模块可以表示为一段代码、一个函数或一个子过程。带双竖线的矩形代表已存在的模块或者被多处调用的通用模块。带空心圆的箭头叫数据耦合，表示传递给和传递出模块的数据。一个数据耦合可以是一个单独的数据项(如一个客户的账号)，也可以是更高层次的数据结构(如一个数组、记录或其他数据结构)。结构图中每一层所用耦合类型，往往与细节分层的有关原则相一致。也就是说，靠近结构图顶端的模块，它们的耦合往往使用高度聚合的数据结构，结构图底端的耦合往往是一些单独的数据项、标志和相对较小的数据结构。

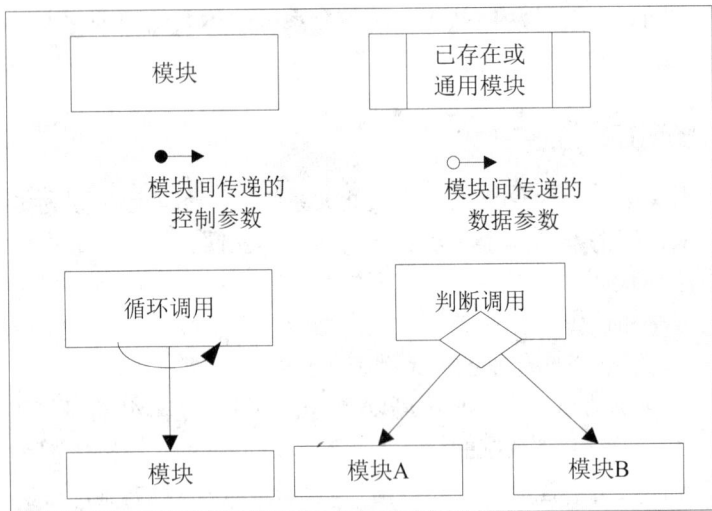

图 8-8　结构图常用的符号

带实心圆的箭头是一个控制耦合标志，在模块间使用的标志是一个表示某种状态的变量。比如判断操作者在下层被调用的窗体单击了什么按钮，执行了什么操作，文件是否结束等。

图 8-8 中下面两个结构图一个表示循环调用，一个表示判断调用。前者表示主模块中有一个循环结构，需要重复调用一个下层模块；后者表示主模块中有一个判断结构，需要根据判断条件来决定是否调用下层模块。

8.4.2　结构图设计的一般思路

结构图的设计根据是分析阶段的数据流图。但是由数据流图导出结构图的精确方法目前还不存在，换句话说，这种导出大多是建立在经验基础上的。因为目前大多数编程人员所接触的是可视化编程环境(如微软的 Visual Basic，Visual J++等)，因此，我们的设计过程自然要与这些开发环境相结合。

前面讲过，数据流图是根据自顶向下的思路建立的。处于顶层的数据流图只笼统地说明系统要做哪些事情，而底层的基本图则详细地说明了每一件事情按照怎样的步骤去做。因此，根据经验，我们可以将顶层的数据流图分别对应于编程环境中的菜单、主调用窗体等。而把底层的基本数据流图对应为被调用的最底层窗体以及该窗体中某个按钮内的程序代码段。

首先把图 7-12 复制到本章，如图 8-9 所示。这个图对整个客户服务系统要做的事情进行了归类，事实上是给出了整个系统的逻辑框架。根据经验，我们可以很自然、很容易地将图 8-9 与我们常见的屏幕菜单对应起来，如图 8-10 就是针对图 8-9 而设计的一个窗体，该窗体根据图 8-9 中的内容框架显示了菜单项。图 8-10 事实上是针对图 8-9 的原型化实现，但它不是结构图。如果设计人员打算在实际编程之前先建立整个系统的物理实现模型，那么，可以对应于图 8-9 而画出如图 8-11 所示的结构图。

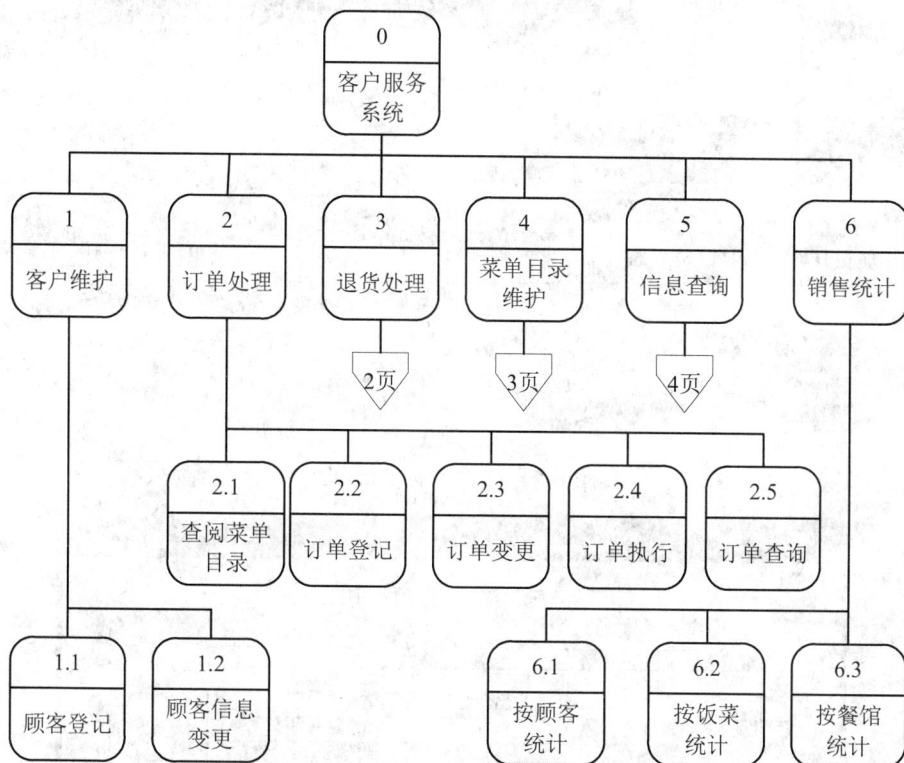

图 8-9　功能分解示意图

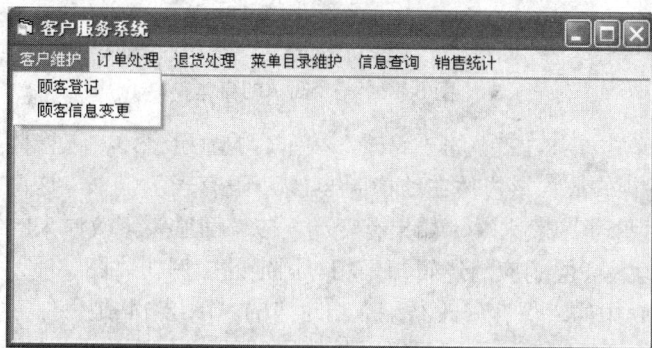

图 8-10　对应于图 8-9 的窗体设计界面

图 8-12 是针对图 8-11 中的顾客维护而开发的一个简单窗体。虽然这个窗体在表示层

不完全与设计方案相同(它将顾客登记和信息变更融为一个窗体)，但在应用逻辑层却基本上与设计方案相对应。可以从图 8-12 中右边的按钮的命名看出这种对应关系。

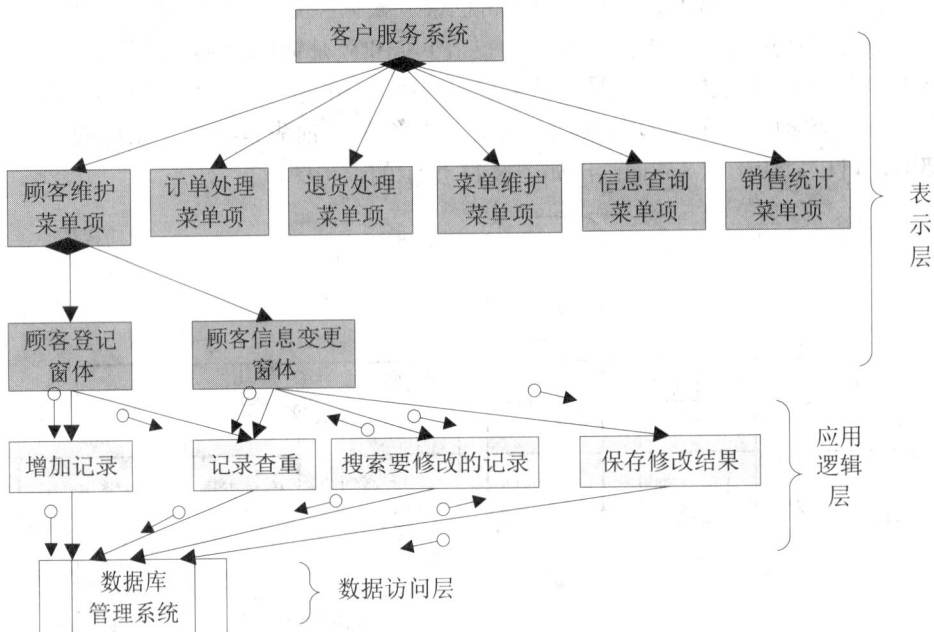

图 8-11　三层结构的结构图

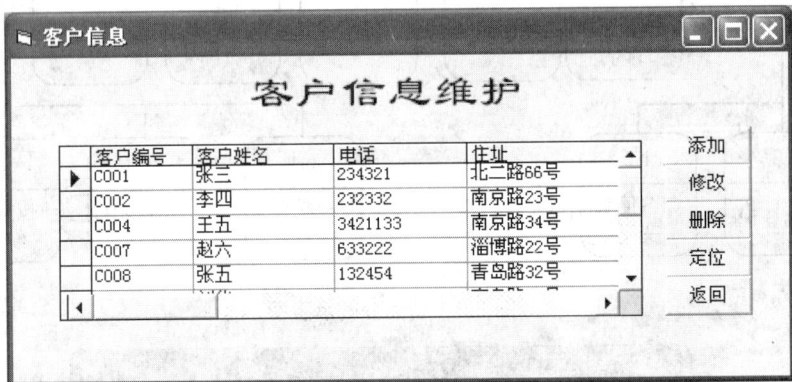

图 8-12　一个简单的窗体

图 8-13 是当单击图 8-12 中的"修改"按钮后的显示窗体，该窗体显示目前定位的记录，并允许用户进行修改。该窗体在结构图 8-11 中没有表示出来。这说明设计方案在具体实现时可能会有所变动(一般来说，如果有变动，应该回过头修改原来的结构图，以反映最新的设计方案)，但最底层的应用逻辑却是相对固定的。例如，图 8-13 中的"保存"按钮事实上是与图 8-11 中的"保存修改结果"相对应的。图 8-14 是"保存"按钮中的 Visual Basic 程序代码，该代码展示了应用逻辑。其中的代码"Set rs = TransactSQL(sql)"就是针对数据访问的操作。"TransactSQL()"是一个专为数据访问而编写的函数，因此，该函数的逻辑如何设计，就属于数据访问层的范围了。

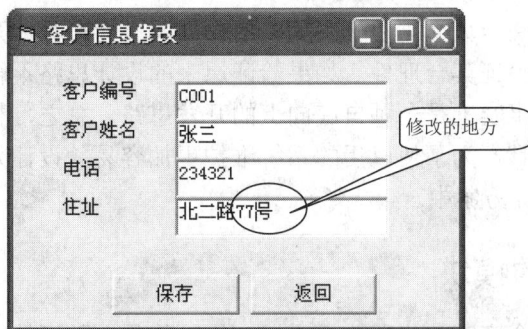

图 8-13　客户信息修改窗体

```
Private Sub Save_Click()
        Dim intcount As Integer
        Dim smeg As String
        Dim rs As New ADODB.Recordset
        Dim sql As String
        sql = "update  客户  set  客户姓名='" & Text1(1).Text & "',电话='" & Text1(2).Text
        sql = sql & "',住址='" & Text1(3).Text & "' where  客户编号='" & Text1(0).Text & "'"
        For intcount =1 To 3
            If Trim(Text1(intcount).Text) = "" Then
            Select Case intcount
                Case 0
                    smeg = "客户姓名"
                Case 1
                    smeg = "电话"
                Case 2
                    smeg = "住址"
             End Select
            smeg = smeg & "不能为空！"
            MsgBox smeg, vbOKOnly + vbExclamation, "警告"
            Text1(intcount).SetFocus
            Exit Sub
        End If
    Next intcount
    Set rs = TransactSQL(sql)
    MsgBox "修改成功！", vbOKOnly
End Sub
```

该函数是专为访问
数据库而编写的，属
于数据访问层

图 8-14　保存修改信息的 Visual Basic 代码

　　以上我们概括地讲述了结构化设计的大体思路，即从表示层、应用逻辑层和数据访问层依次对系统进行设计。对于顶层的数据流图，一般处于表示层，它们只给出了系统的外貌。而对于基本图中的过程，则多数处于应用逻辑层和数据访问层，是用户看不到的系统内部属性。对于一些通用的数据访问动作，可以单独为它设计通用数据访问逻辑，而这方面的工作则属于数据访问层的设计。除此之外，数据访问层还包括数据库系统的设计。在整个设计过程中，应该结合使用自顶向下和自底向上的方法。采用自顶向下的思路可以帮助我们针对数据流图来确定大体需要开发哪些用户界面。而在具体开发某个界面时，我们需要原型化一些设计来验证其合理性。如果验证原来的设计思路不合理，那么就要回过头重新修改设计方案，这事实上是一种自底向上的开发思路。总之，整个设计过程事实上是与编程紧密相关的。而且，为了使以后的系统维护更加容易，设计人员需要随时将自己编程思路的改变反映在设计方案中。

8.4.3 结构图中的模块

当大型产品是由单个庞大的代码块组成时，维护将是一件可怕的事情。即使是构建这种"怪物"的程序员本人，试图调试代码也相当困难，而让另一个程序员去读懂它几乎不可能。解决办法是将该产品分成较小的块，称之为"模块"。因此，结构图最终是由模块组成的。模块是为实现某一处理的一系列可执行指令。例如，图 8-15 所示的一段代码就可以看作是一个模块。虽然在现代可视化编程环境中，一些通用模块已被封装，从而形成组件或控件，但它们仍然是模块。

结构化程序设计的一个基本思想是每个模块需完成某一特定功能。最顶端的模块是主模块，它的功能是调用下一层模块，把信息传递给它们并得到返回信息。每一个中间层模块的功能是控制它下层模块的处理过程，这些中间层模块均有控制逻辑和错误处理逻辑(这些逻辑不是由更底层的模块处理)。在端点或叶节点上的模块包含执行程序功能的确切算法。这种程序设计方式可以将程序控制逻辑从业务算法逻辑中分离出来，使编程更为容易。

设计结构图是为了给一个程序建立模块层次结构。树型结构的结构图有根模块和分支模块。一个子树是从整个树中分割开的简单分支。当子树重新放回到原来的树上时，子树的根仅仅是整个树的另一分支。因此，我们能一块块地建立结构图，最后把它们组成一个完整的结构图。

一个设计良好的系统看起来如图 8-15 所示，我们可以根据需要很容易地将模块重新组合成新的形状。而能否实现这一目标取决于模块的设计质量，而评价模块的质量主要从两方面来考察：内聚与耦合。

图 8-15 系统由模块组成

耦合是用于度量程序中一个模块如何与其他模块间相连接的。我们的目标是使模块尽可能地相互独立。一个独立的模块几乎可以在任何环境下执行。它有一个定义得很好的接口，包括一些预先定义好的数据域。模块会在这些预先定义好的数据域中传回结果。模块不需要知道有哪个模块会调用它，实际上，它可由任何其他模块调用，只要其他模块与这个模块的输入输出数据结构相符合。仅有简单的数据耦合是最好的。换句话说，当调用模块时，有一个特定的数据项传递过去，然后执行这个模块并返回一个输出数据项。这类模块可以在需要执行该功能的其他结构图中重复使用。

内聚是指在一个模块中的所有代码的凝聚程度，即这个模块是否在集中精力完成一个定义良好的任务。具有高度内聚的模块只执行一个单一功能，模块中的所有指令都是这个功能的一部分，都是为这个功能服务的。低内聚的模块执行多个相关的、松散的功能。

值得注意的是，耦合及传递的特定数据项的个数很好地表示了模块的内聚程度。执行一个单一任务的模块往往是低耦合的，因为所有的内部代码作用于同样的数据项。低内聚的模块往往有高耦合，因为相互有松散关系的任务经常是对不同的数据项进行操作。因而，低内聚的模块经常由上层模块传递一些相互联系不大的数据项。

在底层模块结构图中传递标识参数也是低内聚的一种表现，如图 8-16 所示。通常使用传递给模块的标识来选择将要执行模块的哪部分代码。如图 8-16 所示是低内聚的一个例子。项目组可以通过将模块分成几个小模块来提高内聚程度。如图 8-17 所示是一个改进后的例子。

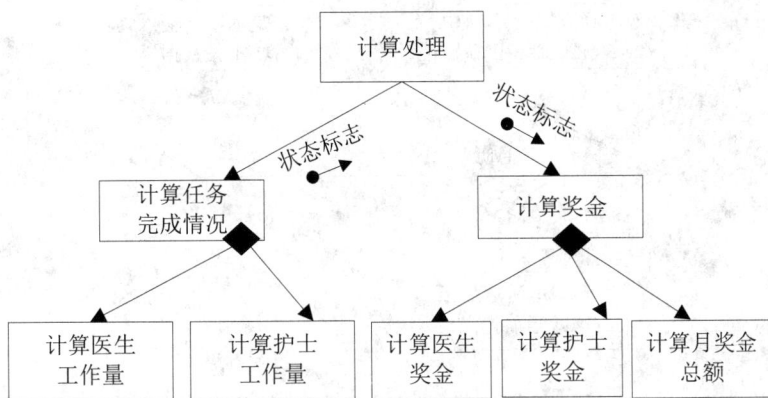

图 8-16　传递标识参数的例子

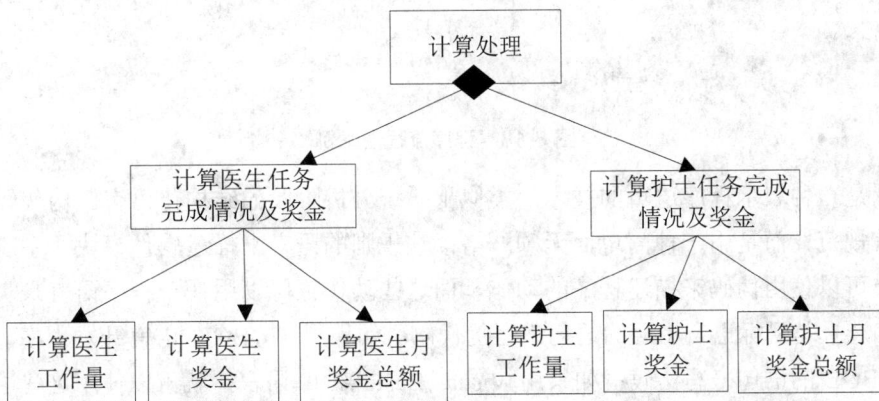

图 8-17　改进后的例子

总之，模块的设计原则是模块功能尽可能单一，模块间相互关系(依赖程度)尽可能简单。只有这样，在进行程序维护时，才可能不至于造成"牵一发则动全身"的波及效应。

8.4.4　模块的算法设计

结构图只描述了整体的应用逻辑结构，这个结构反映了整个系统要做哪些方面的事情以及这些事情是如何被分配给各个模块完成的。但这些事情最终是如何实现的，在结构图中没有表现出来。所以，为了形成一个完整的设计方案，我们还需对结构图中最底层模块的内部逻辑进一步设计。在这里，我们将介绍两种设计工具：程序流程图和伪码。

程序流程图就是借助于一系列以箭头连接的符号，以图形的方式来表现程序的逻辑。图 8-18 是针对图 8-14 所示的程序代码而设计的程序流程图，其中的矩形表示进程，菱形表示判断，平行四边形表示输入或输出。

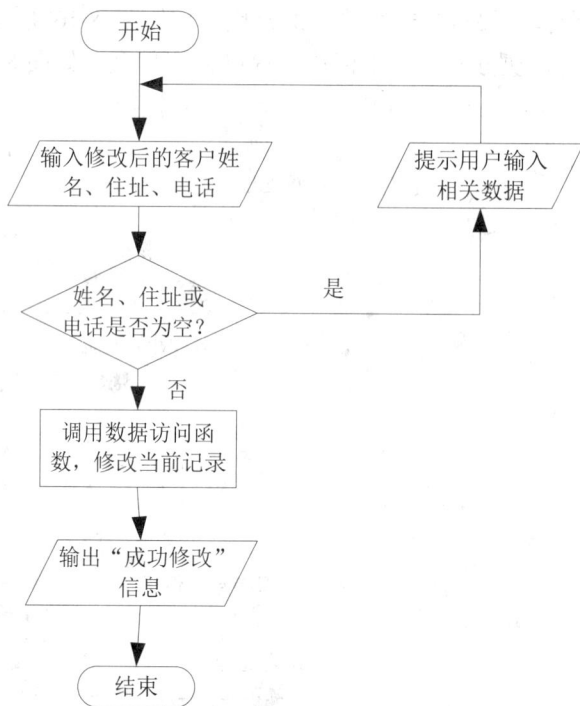

图 8-18　程序流程图举例

伪码是一种表示程序逻辑的技术，类似于系统分析阶段的结构化语言。伪代码并不是一种语言规范，而是用一种简单而无须严格语法规则的语言来描述软件模块。系统分析员和程序员可以使用伪码来描述程序的动作，而这些动作也可以用任一程序语言来实现。通常，我们选择与目标语言相近的语句来写伪代码。如果用 COBOL 语言开发程序，就用类似于 COBOL 的语句来写伪码；如果用 Visual Basic 或 C 语言，就可以使用这些语言的语法来写伪码。图 8-19 是接近于图 8-15 中代码的伪码。

```
"保存"按钮的 click 事件
    sql = "update 客户 set 姓名= text2,电话= Text3,住址=Text4 where 编号=Text1"
    Select Case
        Case    text2=" "
                smeg = "客户姓名"
        Case    text3=" "
                smeg = "电话"
        Case    text4=" "
                smeg = "住址"
    End Select
    MsgBox smeg & "不能为空！"
    对应的 Text1 获得焦点，重新输入
    执行 TransactSQL(sql)———一个数据访问函数
    MsgBox "修改成功！"
End Sub
```

图 8-19 保存修改信息的 VB 伪码

8.4.5 结构图举例

为了进一步帮助大家理解结构图的画法，我们下面再以第 7 章中的图 7-17 和图 7-18 为例来演示结构图的绘制过程。为了讲解方便，我们再次把两个图复制过来。

首先，检查数据流图 8-20，其中列示了这样一些功能：菜单目录查询、订单登记、订单变更、订单执行以及订单查询。这些功能在未来是通过一系列的用户界面和操作者接触的。而针对不同用户的系统界面也应该不同。例如对于最终的消费者来说，它可能用到的功能只包括订单登记、变更以及历史订单的查询。当然他们需要在登记订单的过程中能方便地搜索到自己想要的饭菜，因此也包括菜单目录查询。但消费者可能对订单如何执行不太关心。而对于公司内部的管理人员来说，他们可能不仅仅要使用订单登记、修改以及查询(例如，他们可能要对电话订单的消费者服务)，同时他们还要进行订单的分配以及执行工作。因此，在我们制定设计方案、绘制结构图时，首先应该明确该方案的适用对象。在这里，我们假设要绘制一张针对公司内部用户的结构图。图 8-21 是所设计的结构示意图。对照图 8-20，可以发现我们没有将"查询菜单目录"这一功能列入结构图，这是因为我们希望将这一功能融入订单登记以及订单变更中，作为它们的下层模块在后面画出。这种决定依赖于设计人员的经验。事实上，设计人员在绘制结构图时，心中已经有了未来界面的样子。由此也可以看出，作为系统设计人员，必须具有熟练的编程经验。

接下来，我们将图 7-18 复制过来，如图 8-22 所示。图 8-23 是对应的结构示意图，由于篇幅所限，我们对图中部分细节进行了简化，在该图中的"挑选饭菜窗体"可以取代图 8-21 中没有画出的"查询菜单目录"。当然，如果是电话用户，那么它可能在家已经备有公司的菜单目录，这时的查询工作是手工过程。但为了方便管理人员的操作，我们仍然将这一功能列入未来的系统用户界面中。

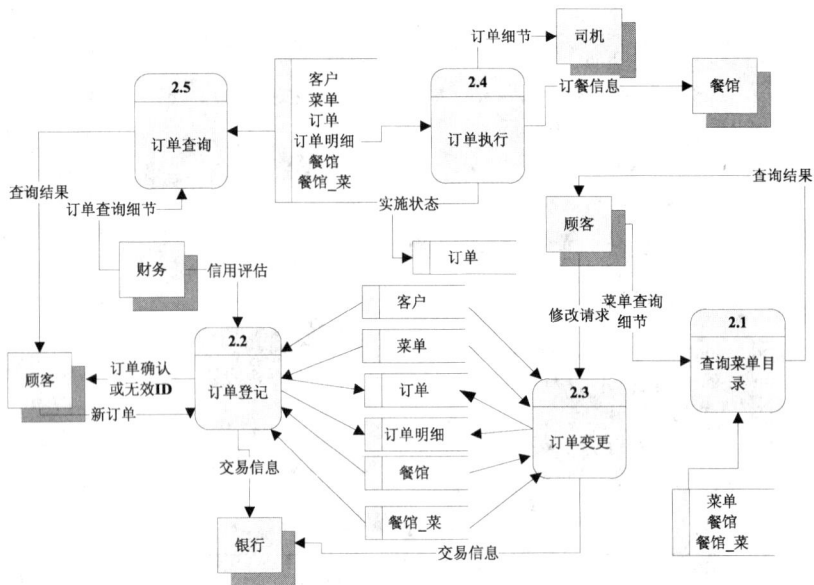

图 8-20 订单处理系统图

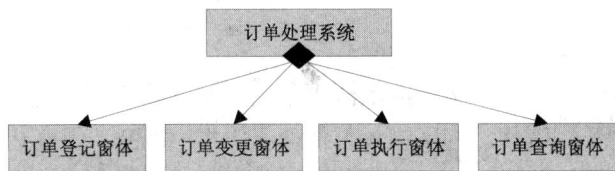

图 8-21 订单处理系统的结构图

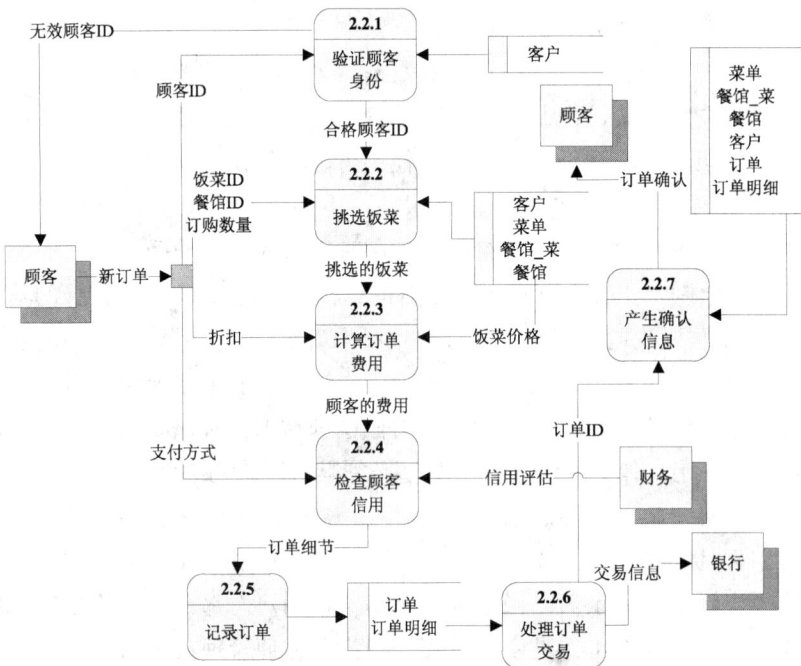

图 8-22 基本图

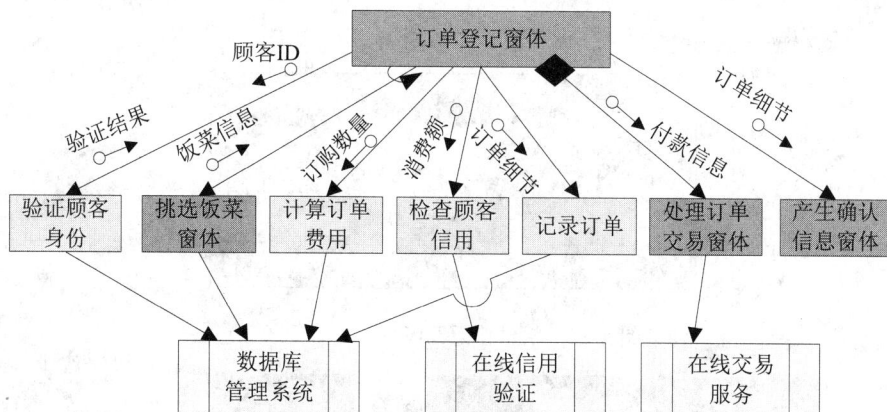

图 8-23　订单登记的结构图

还可以进一步对图 8-22 的界面或过程进行设计，其中的界面设计我们在稍后的内容中讲解。而过程设计中可以将较大过程分解为小过程，其中的小过程可以用伪码来描述，这些内容前面已经涉及，在此不再赘述。

8.5　用户界面及输出设计

8.5.1　用户界面设计

用户界面是用户和系统对话的通道，是设计阶段重要的工作之一。用户界面设计的核心任务是关注如何把信息提供给用户以及如何从用户那里获取信息。对话类似于两个人之间的谈话。谈话时每个人遵守的文法规则类似于人机界面。无论从物理意义，还是从感知意义来讲，用户界面都是当最终用户使用系统时所接触的全部内容。对用户来讲，用户界面就代表了系统本身。因此，许多系统开发人员认为，设计用户界面就是设计系统，设计过程中应该及早考虑用户界面。

用户界面简单、美观和高效是很重要的。根据经验，在设计用户界面时应该遵循以下方面的指导方针。

- 关注基本目标。
- 为用户提供反馈。
- 友好的错误提示。
- 设计完整的对话过程。

1. 关注基本目标

用户界面的基本目标就是友好、简洁、容易操作和学习。下面举一些例子来说明这个问题。

(1) 我们应该给界面上的按钮和图表加上明确的标签。如果使用图片来标识图标或控件，就应该选择用户容易理解的图片。如图 8-24 中显示了四个按钮，其中存盘、打印、搜索等几个按钮有明显的含义，但是最后一个按钮如果不作解释用户就很难理解。

(2) 在设计界面时，界面中的提示应该尽可能具体和友好。比如图 8-25 中的提示就比较具体，而上面的提示则让用户不知所措。

图 8-24　控件按钮应该有明显的含义

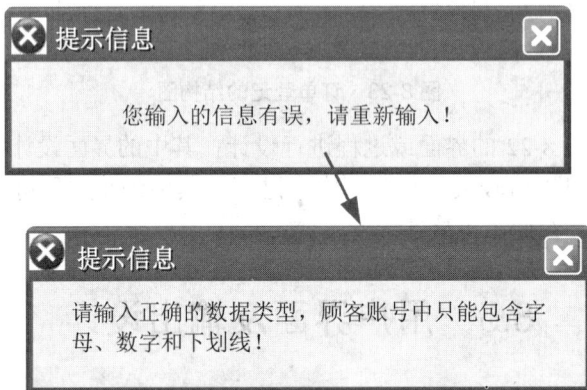

图 8-25　具体的提示

(3) 在显示菜单项时，为了防止不合逻辑的操作，需要"灰化"那些暂时不可用的命令。

(4) 提供符合逻辑的界面组织结构。例如，设计人员应当将功能和子菜单形成一个菜单层次结构，这种结构应该符合逻辑并能反映用户通常的操作习惯。图 8-26 给出了某个订单处理系统的菜单层次结构。

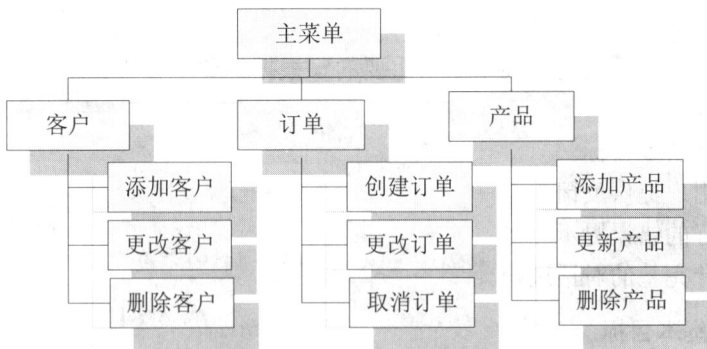

图 8-26　按日常操作习惯组织菜单

(5) 允许撤销动作。友好的界面系统不会让用户担心因为误操作而造成无法挽回的损失。在数据被删除时，请用户确认。当数据不小心被删除后，应该提供数据恢复的方法，同时应该提供安全措施防止重要数据被误删除和改变。设计者应该在所有的对话框中都包含取消按钮，允许用户在任一步骤都可以回退。

2. 为用户提供反馈

当与朋友交谈时，我们希望对方对自己的话有所反应：点头、微笑或应答。如果毫无反应，我们会怀疑对方根本没有在听自己说话。同样，在设计系统界面时，也要适当地对用户的操作予以反馈。不提供反馈会使用户感到茫然不知所措。

例如，当用户单击一个按钮，按钮要可视化地改变形态并且可能会发出声音。如果顾客通过电话订购产品，当工作人员在订单输入屏幕上输入某一个顾客的 ID 号时，系统应该进行相应查询以确保该顾客 ID 号的有效性，并且系统应显示该顾客的名字和地址，使业务员确信该顾客 ID 号是正确的。同样，当业务员输入产品 ID 号时，系统应显示该产品的相应描述。当业务员的注意力在邮购订单和计算机屏幕之间不断转移切换的过程中，他需要把系统提供的产品名及其描述信息与信函信息进行比较并保证使其完全一致。这种确认方式与相应的自信感觉对于用户来说是非常关键的，特别是在他们整天与这一系统打交道的情况下。

当系统的内部处理需要较长时间(超过一两秒钟)时，应该给用户以提示。诸如"正在存盘，请稍候……"这样的提示会让用户放心，他们知道系统已经接受了自己的输入，并且输入是正确的。

各种反馈信息会使用户放心没有出现任何错误，并使他们感到在指挥系统，而不是被系统指挥。但是系统也不能显示太多的对话框并要求用户做出回应，这样会降低用户的工作效率。

3. 友好的错误提示

设计用户界面的重要目标之一就是防止出错，因为一旦出现错误，其代价可能是严重的。例如送餐服务公司为顾客多送或少送甚至送错了饭菜，这种情况都会使顾客对公司的服务印象大打折扣。因此，系统应该尽最大可能杜绝错误。

一方面，当用户操作出现错误时，错误提示语应该让用户感到亲切而不陌生，避免使用错误代码、行话或计算机术语。尽量做到错误消息每次以大致相同的格式或布局来表示。这样用户会清楚地意识到出错了，而不会误当作其他某种信息。表 8-1 列举了改进前和改进后的错误提示。

表 8-1 错误提示的改进

改进前的错误提示	改进后的错误提示
错误：56 打开文件	您输入的文件名找不到，请按 F2 键列出合法的文件名
错误的选择	请至少从菜单里选择一个选项
数据输入错误	前一次输入包含一个在可接受值范围之外的值，请按 F9 键列出可接受值
文件创建错误	所输入的文件名已经存在。如果您想重写它，请按 F10 键。如果您想用一个新名称保存它，请按 F2 键

另一方面，系统还应该简化错误处理。例如，用户输入了无效的顾客 ID，系统在提示错误后，不应该将错误的输入抹去，而应该继续显示在文本框中以供用户编辑。这样，用户看到错误并编辑修改而不用完全重新输入。

4. 设计完整的对话过程

系统的每一次对话都应该有明确的次序：开始、中间处理过程、结束。任何定义完好的任务都应有开始、中间处理和结束三部分，计算机上的用户任务也应该让用户有相同的感觉。如果用户正想着"我要查一查消息"，那么对话过程将以此询问开始，接下来是信息交换，然后结束。如果任务的开始和结束不明确的话，那么用户可能会很迷惑。另外，用户常常会专注于某一特定任务，所以如果能确认该任务已完成，那么用户就会理清思路并转向下一项任务。

我们可以想象一下这样的场景：一个顾客来到一家影碟租借店，她想为自己的孩子租借影碟。她和店内的职员会有下面的对话。

职员：有什么可以帮助？

顾客：我想租一些影碟。

职员：您以前来过吗，有账号吗？

顾客：有，Katie1569。

职员：您稍等……，噢，您是 July 女士，你的小孩叫 Katie，他只能租 PG-13 级影碟，对吗？

顾客：对。

职员：那么您这次想租借什么影碟。

顾客：我看看……，噢对了，我要租借两张，一张是 1988 版的《白雪公主》……

职员：每天 2 元。

顾客：另一张是 1980 版的《哪吒闹海》。

职员：这个每天 1 元。就这些吗？

顾客：对。

职员：租借几天？

顾客：两天。

职员：好的，一共 6 元，外加 1 元税，共 7 元。

顾客确认后付款。

职员提醒顾客，第三天上午 9 点之前必须归还。

同样，我们所设计的界面要完成上面的完整对话过程。这时计算机扮演的是职员角色，而职员本人则代替顾客完成租借任务。系统允许职员验证顾客身份，采用扫描或输入的形式输入影碟识别码，结算租借费用，并最后提示归还日期。图 8-27(a～f)给出了这一过程的简化交互界面设计方案。

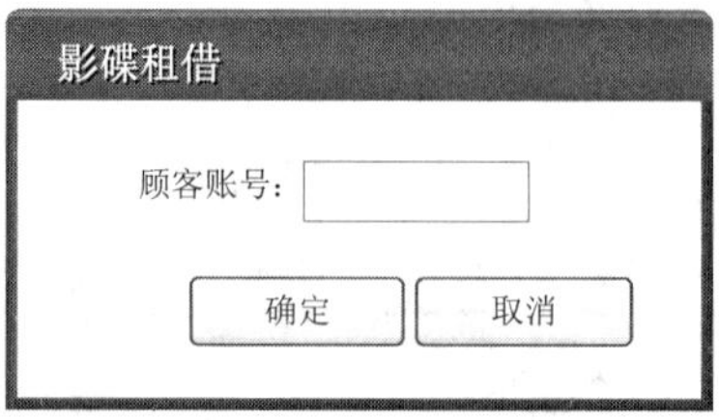

(a)

图 8-27　完整对话的交互界面

影碟租借
顾客信息
姓名：July　孩子：Katie，适合PG-13
2008年1月注册，电话：1111111111
5012
白雪公主（88版） PG-13　每天2元
确定
取消

(b)

影碟租借
顾客信息
姓名：July　孩子：Katie，适合PG-13
2008年1月注册，电话：1111111111
5012
白雪公主（88版） PG-13　每天2元
5023
哪吒闹海（80版） PG-13　每天1元
确定
取消

(c)

影碟租借
租借天数
2天
确定
取消

(d)

影碟租借
顾客信息
姓名：July　孩子：Katie，适合PG-13
2008年1月注册，电话：1111111111
5012
白雪公主（88版） PG-13　每天2元
5023
哪吒闹海（80版） PG-13　每天1元
租借2天，归还日期为2008/05/02，租借费6元，税1
元，共7元。
确定
取消

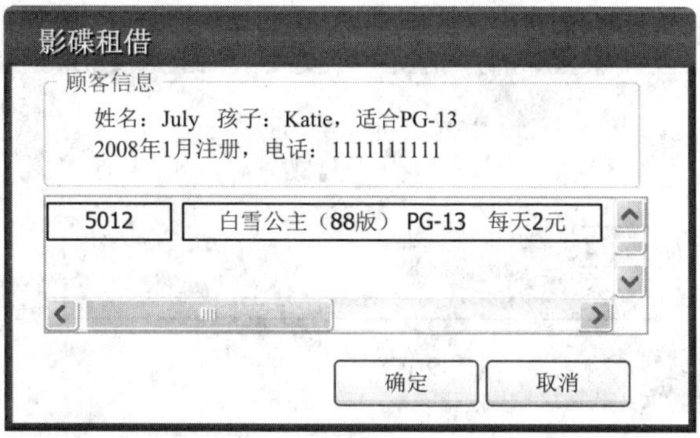

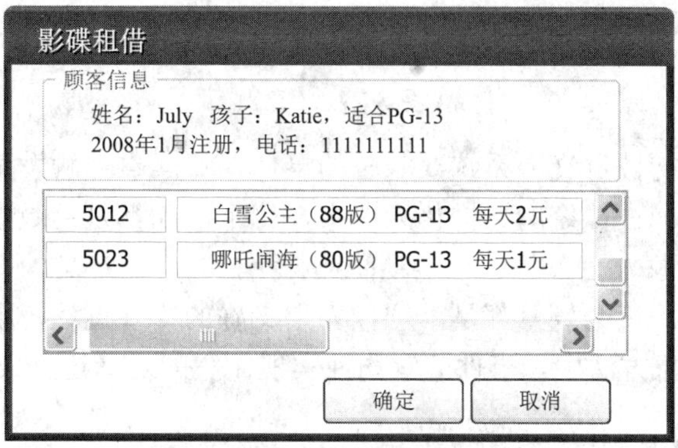

(e)

图 8-27　(续 1)

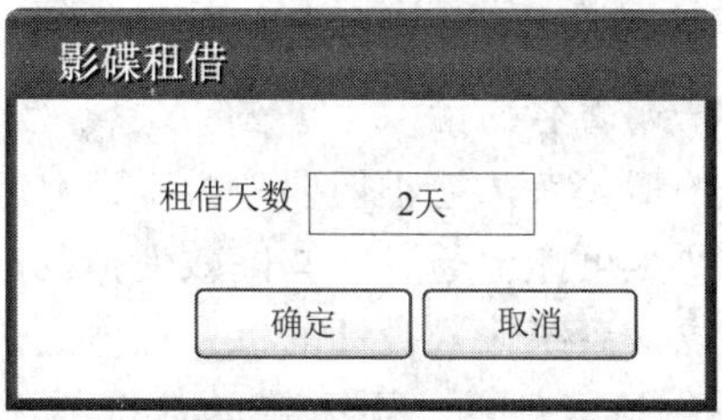

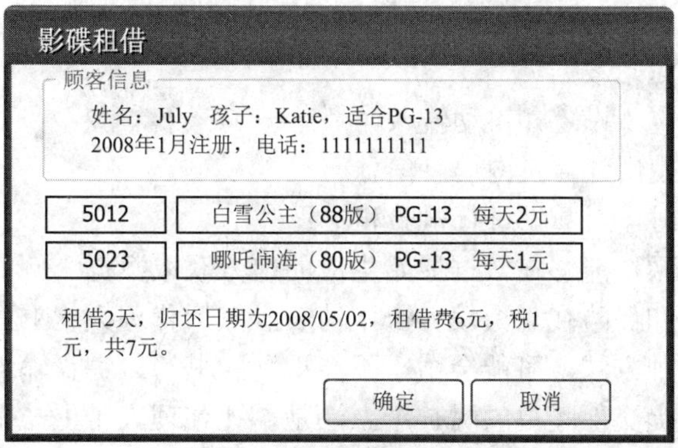

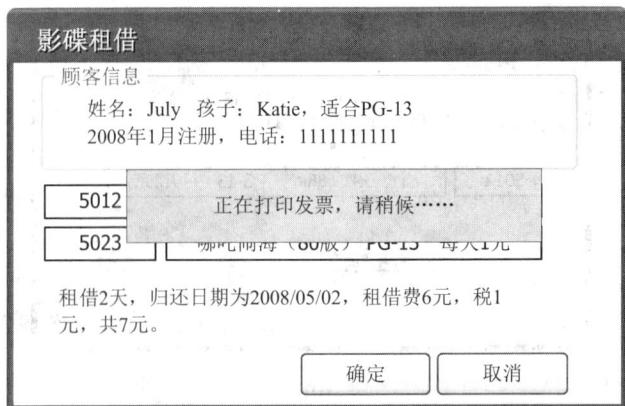

(f)

图 8-27 （续 2）

如果系统需求最初被定义为系统要响应的事件，每一事件触发某一特定处理过程，即为预先定义好的活动。在传统的结构化方法中，每个活动都是由数据流程图和结构化语言定义的。对于面向对象方法，每一项活动(用例)可能进一步定义为多个场景，每个场景都与一个事件流相联系。每个场景都是一项预先定义好的交互过程，因此，不管是在传统方法中，还是在面向对象方法中，事件分解均使实现完整的对话过程成为可能。

8.5.2　输入设计

1. 输入的正确性控制设计

系统开发人员中流行着一句著名的话，"进去的是垃圾，出来的必然是垃圾"。这说明用户界面是一个数据质量的把关者，它不但要睁大眼睛盯着用户的每一步操作，并作细心检查和过滤，而且，它还要尽可能地通过一些高效便捷的方法来减少用户的输入量，以此来减少错误发生概率。所以，系统输入设计的首要任务之一就是评价向系统输入信息的各种方法，确保用户能向系统输入新的、无差错的数据或无差错地更新数据信息。在这里，最重要的不是如何纠正差错，而是不要出现差错。下面是有助于减少输入错误的几点经验。

- 尽可能获取原始数据。
- 尽可能使用电子设备和自动输入。
- 尽可能重复使用计算机内已有信息。
- 在输入信息时，对数据进行检验和更正。

许多公司设计的系统能够在数据原始生成的地方获取数据。例如，销售人寿保险单的一个方法是让申请人和保险代理人填一个申请表，然后代理人将书面申请送到中心办公室并输入系统，使用这种方法，可能会由于不能识别的书写、键盘输入错误、丢失字段等原因而发生许多错误。提交保险单的另一个方法是，让代理人带上一个装有易于操作的电子表单的笔记本电脑，让申请人自己填写数据。或者从销售技术的观点来讲，更好的方法是让代理人输入数据而由申请人查看并确认信息是否准确完全。在最后的例子中，申请人的信息是在申请人在场的时候被输入和确认的。事实上，甚至可以将一个便携的打印机连到笔记本电脑上，从而打印出完整的表单让申请人立即检查，这种方法明显降低了出错率，加速了整个商业过程和新保单数据的输入。

减少错误的另一个有效办法就是尽量采取数据自动输入和避免人工干预。数据输入的最常见的错误来源之一就是用户在输入字段和数字时易犯错误，许多方法和设备可以不通过人工输入获取数据。下面列出了几个较普遍的输入设备。

- 磁卡片阅读器。
- 条形码阅读器。
- 光电字符识别阅读器和扫描仪。
- 触摸屏设备。

日常生活中，我们经常看到包含电子设备的新系统。在小百货店，使用电子扫描仪扫描通用产品代码来识别每一个物品并找到产品价格，自动称重机给产品称重并标价，收银机读取支票，包括金额、客户和银行信息。新的自助服务检查站几乎完全依靠自动数据输入设备。

在以前，有法律约束力的契约要求书面合同和亲笔签名的副本。而如今，新的法律允许书面文档数字化，包括签名。现在的信用卡购物记录数字签名减少了对书面信用卡单据的需要。这种技术符合上述原则，信息以电子表单的形式作为数据源被获取，这种方式减少了许多错误来源。图 8-28 给出了条形码阅读器的基本原理。

> 　　条码阅读器是用于读取条码所包含信息的设备，条码阅读器的结构通常为以下几部分：光源、接收装置、光电转换部件、译码电路、计算机接口。它们的基本工作原理为：由光源发出的光线经过光学系统照射到条码符号上面，在有条形码经过的时候，它会识别条形码的初始端，当遇到条形码上黑色的时候就会被吸收，遇到白色的时候就会反射到感光元件上，被反射回来的光经过光学系统成像在光电转换器上，使之产生电信号，信号经过电路放大后产生一模拟电压，它与照射到条码符号上被反射回来的光成正比，再经过滤波、整形，形成与模拟信号对应的方波信号，经译码器解释为计算机可以直接接受的数字信号。这种工作一直持续到条形码结束。它能识别条形码结束的原因是条形码的开头和结尾的条形是一样的，当然这些工作是一瞬间就完成的，我们看到条形码有多条激光，其实它只有一个激光发射器，只是由棱镜反射而成。

图 8-28　条形码的工作原理

在进行输入设计时，应该尽可能地使用计算机中已有的信息。例如，如果订单数据可以从数据库中获取，则不要让客户重复输入这样的数据，也不要让他们输入可以通过销售量和单价计算出来的最终价格，如图 8-29 所示。一些系统经常要求多次输入相同的信息，这不仅容易产生错误，而且相同信息会产生多个副本，并且要求额外的控制和程序来确保各个副本是同步的。当发生错误时，很难知道哪一个副本是正确的。此外，当要求对数据进行修改时，必须对数据的所有副本同时进行修改。使用现有信息和其他高技术解决方案的一个有趣的例子是在汽车出租系统中所采用的方案。当出租一辆汽车时，要记录顾客、信用卡、汽车里程和油料信息。而当汽车被归还时，停车场的工作人员仅仅需要扫描合同号和输入返回的里程数和油料量的多少，就可以凭借这些信息来自动计算费用并当场为用户打印信用卡收据。这种解决方案主要是为提供一种高级的客户服务而设计的，但是它也减少了许多数据输入过程中的问题和错误。

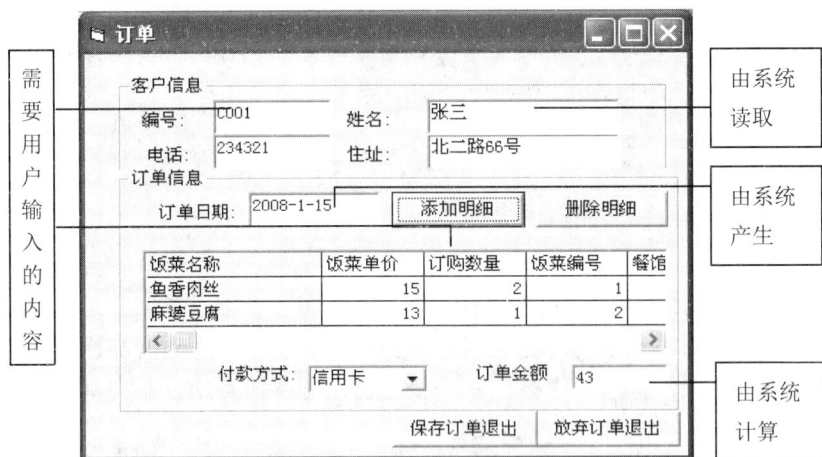

图 8-29　订单信息录入的例子

系统输入的另一种机制是通过直接连接到其他系统的接口实现的。电子数据交换(EDI)是减少对用户输入的需要的一种方法，通常使用扫描设备或键盘。所有的输入信息，如购货订单、发票、库存更新和支付情况，都通过 EDI 将交易由一个系统发送到另一个系统来完成。使用 EDI，不同组织的系统之间常常发生这样的数据传递，而同样的规则也适用于同一组织内部的系统。事实上，企业资源计划(ERP)系统由于使得公司范围内的系统集成成为可能而受到普遍欢迎。

以上各种措施的主要目的是尽量减少数据输入的人工干预，但总有一些数据需要人工输入。这时，就需要相应的输入校验措施来保证进入系统的数据是有效的数据。为了保证正确输入，在过去最普遍使用的方法是将数据输入两次，这种技术称为验证，最早是为成批输入大量数据而开发的。一个人输入数据，第二个人再次输入这个数据，系统会验证这两个数据是否一致。如今，这种方法用得不是很多，因为许多高容量的交易会审核它的数据。联机系统也会在数据输入时对其进行验证。下面给出了一些现在广泛使用的控制技术。

- 字段组合控制：检查所有字段的组合以保证输入的数据是正确的。例如，在保险公司的规则里，保险日期必须早于生效日期。
- 限值控制：审核数字字段，确保输入数据是合理的。例如，销售额或提成的数目必须在某一具体范围内。
- 完全控制：确保所有必需的字段是完备的。这种审核在输入时进行，以便依赖于输入的字段，控制额外所需的字段也被输入。例如，在一个保险单中输入一个投保人，那么，这个人的生日也必须输入。
- 数据有效性控制：确保包含代码的数字字段是正确的。例如，银行账号必须是由 7 位数字和一个后缀校验位组成的 8 位号码。校验数字是在前面 7 位的基础上计算出来的。数据输入人员输入带有校验位的账号，系统对所输入的 7 位数字重新计算校验位，如果与输入的数据不匹配，那么说明输入有误。图 8-30 是检验位计算方法的例子。对于内部的表格和文件也需要进行联机验证。例如，当输入一个新订单时会检验一下客户文件中的客户账号。系统设计者可以通过将系统设计成从已经存在于系统中的其他信息的某个特定字段获取数据的方式来减少对这类控制的需要。

描述	在一个字段中加入额外的数位以帮助验证数据正确性的技术
方法	1．将一个数字字段的每个数位乘以加权因素(例如，1、3、5、…) 2．把加权数位的结果加总 3．把总和除以模数(例如，10) 4．将模数减去除法的余数得到校验位 5．把校验位添加在字段中
实例	假定一个数值型银行账号为：42881 1~2．按从左到右，将账号的每个数位乘以加权因素，并加总 　　　　4　　2　　8　　8　　1 　　　　×1　×3　×5　×7　×9 　　　　4　+　6＋40＋56＋9=115 3．把总和除以模数(例如，10)：　115/10 余数为 5 4．将模数减去除法的余数得到校验位：校验位=10-5=5 5．把校验位添加在字段中，银行账号为：428815

图 8-30　检验位的计算方法

2. 输入的方便性设计

方便性设计的大多数原则是基于界面设计的基本准则的，其目标是使用户能方便、容易地完成输入工作。以下是这方面的经验总结。

(1) 限制用户访问进行数据输入的光标位置。如图 8-31 所示是一个简单的客户信息添加界面。当该界面出现时，系统光标应该定位在第一个数据输入点。在操作员输入完客户编号后，光标应该自动移位到下一个字段的输入位置。用户应该能够对插入点进行定位，但仅能定位到需要输入数据的地方。

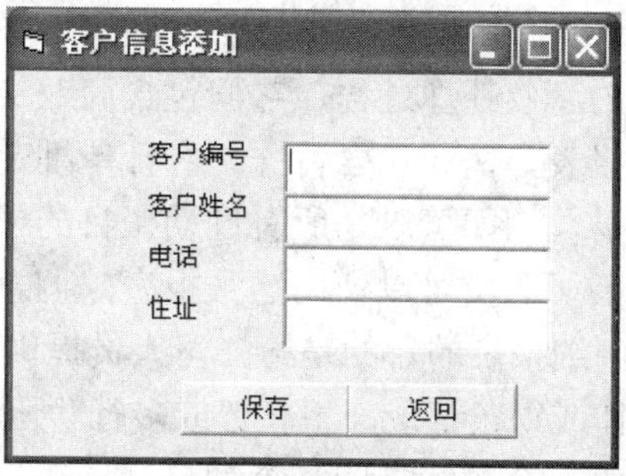

图 8-31　一个简单的输入界面

(2) 如果用户必须以指定的格式输入一个字段值，应该给出相应的样板格式。例如提供屏幕显示说明，让用户知道日期的格式为 MMDDYY 还是 YYYY-MM-DD。如果用户必须输入分隔符如斜线，应该给出一个相应的例子。最好使用输入掩码，使用户能简单地输入 080912 来表示 2008 年 9 月 12 号。

(3) 避免让用户输入一些意义不大的字段。例如，订单编号可以设置为自动增加。这时的订单编号仅仅作为唯一性标识，编号本身没有特别意义。

(4) 显示所维护字段可接受值的列表。如果用户输入不可接受的值时，提示有意义的错误信息。更好的办法是提供一个下拉列表框，允许用户通过单击选择一个值。

8.5.3 输出设计

系统输出的主要目的是在适当的时间和地点为适当的人提供适当的信息。提供输出信息最普遍的方法有两种：一种是以打印文字的方式提供信息；另一种是以图和图表的形式提供信息。

在设计输出时，应该考虑下面的问题。

- 输出的目的是什么？
- 谁需要这些信息？
- 需要包含什么信息？
- 输出是打印、在屏幕显示还是两者都要？
- 何时需要？
- 存在安全和机密问题吗？

回答这些问题的过程就是输出设计的过程。其中一些信息可能在系统分析阶段已经收集了，而在设计阶段一些最终的实现细节问题必须确定下来。

1．打印报表输出

虽然很多企业在努力减少纸张流动和打印报告，但几乎没有一家能成功地取消打印输出。因为便于携带，所以打印报表非常方便，在某些情况下甚至是非常必要的。只有那些包含用户需要信息的报表才是有效的报表。从用户观点来看，信息太少的报表是没有价值的，但信息过载同样会使用户感到困惑。所以，设计报表时应该针对不同用户的特点，提供有针对性的信息。一般来说，报表类型包括明细报表、汇总报表、异常报表和决策报表。

1）明细报表

明细报表用来记录每天的商业处理过程，它们包含商业交易中的详细信息。有时，一个单一交易也许就需要一张报表，例如包含特殊顾客订单细节信息的订单确认表格。其他明细报表也许列出了一组交易，例如可以是所有过期账目的一个列表。这张报表的每一行包含某一特定账单的信息，公司职员可以使用这张报表来调查这些过期账目，并采取行动收集这些过期账目的款项。明细报表的目的是给公司人员提供工作文档。

明细报表一般对每个个体或每条记录产生一行或多行输出。图 8-32 是一张关于顾客消费方面的报表信息，其中为每一个顾客打印一个细节行。在打印时，没必要打印出所有的字段信息，这取决于使用报表的人员的关注点。设计良好的明细报表应该为数字字段提供汇总。在图 8-32 中，"消费量"和"消费额"是被汇总字段，而"区域编号"是汇总依据字段。所以，该报表的主题就是"根据区域编号来汇总消费额，并且能具体到每个顾客的消费额"。

2008 年顾客消费报表

区域编号	顾客编号	姓名	消费量	消费额
01	C001	张三	20	1200 元
01	C003	李云	100	1000 元
01	C004	李静	3	1500 元
		小计	123	3700 元
02	C010	张五	43	4500 元
02	C013	赵留	12	2300 元
02	C007	刘影	10	3400 元
		小计	65	10 200 元
⋮	⋮	⋮	⋮	⋮

图 8-32　一个详细报表的例子

2) 汇总报表

汇总报表通常用来对周期性活动进行扼要综述。处于企业中高层的管理者通常关注的是总体数据而不需要知道细节，如图 8-33 所示。例如，销售经理可能需要知道每个销售代表的总体销售数据，但不想知道他们每次销售的细节报告；人事主管需要知道雇员在每个商店总的工作时间和加班时间，但对每个雇员的具体工作时间并不感兴趣。

2008 年消费汇总报表

区域编号	消费量	消费额
01	123	3 700 元
02	65	10 200 元
03	70	3 400 元
⋮	⋮	⋮

图 8-33　一个汇总报表的例子

3) 异常报表

异常报表也用于监视部门业绩。只有在超出给定值的正常范围时才生成异常报表。业务正常进行时，不需要异常报表。但是，当某些值超出期望值时，就生成异常报表向工作人员报警。例如生产线上用来列出不合格零件的报表，如果不合格率高于设定的阈值，那么就会生成一张报表。有时，异常报表定期生成，但只是着重说明其中超出范围的项目。

因此，如果经常生产一些不合格零件，那么也许每天都将生成不合格零件报表。典型的应收老账报表也许每月都要生成，其中列出了过期账目。不幸的是，总是有一些账目需要在这些报表中列出，因此这些应收老账规律性地出现在该报表上。信用卡管理人员可能使用异常报表来确定那些账户过期的客户。UPS 的用户服务管理员可能想知道哪些包裹没有在指定时间内派送到。图 8-34 所提供的报表对图 8-33 中的报表做了修改，只显示了那些消费额低于目标消费额的区域，以提醒管理人员对这些区域销售加强管理。

2008 年消费额对比报表				
区域编号	消费量	消费额	目标消费额	差异
01	123	3 700 元	4 500 元	-800 元
03	70	3 400 元	5 000 元	-1 600 元
05	30	1 200 元	4 000 元	-2 800 元
⋮	⋮	⋮	⋮	⋮

图 8-34　一个异常报表的例子

4) 决策报表

组织中的高层管理人员通常使用决策报表来评估组织的整体健康状况和运行情况。同样，这些报表包括根据公司内部活动得到的汇总信息，它们也可能包括与全行业范围内平均水平的业绩比较。通过这种方法，管理人员可以评估自己公司的竞争力和弱点。

2. 屏幕报表输出

屏幕报表是模拟打印报表的格式，只不过是屏幕显示。屏幕报表有自己的优点，即它是动态的，用户可以实时地交互。例如，屏幕报表可以链接到更进一步的信息。即所谓的"下钻"技术，用户激活报表上的热点链接来告诉系统显示下一层，提供更详细的信息。例如，图 8-35 首先给出了某个月各个餐馆的销售情况统计。如果用户单击任意一行都将弹出带有该餐馆每种饭菜的销售统计情况。

另一种技术是链接，即将一个报表中的信息与另一个报表中的信息相关联。大多数经常浏览 Internet 网页的人非常熟悉这个概念。同样的功能在商业报表上也非常有用，例如用来链接某个特定行业内主要公司的年度结算。

屏幕报表的另一个动态的方面是从不同的角度来观察数据。例如，按照地区、销售经理、生产线、时间段或与上一个季度的数据比较，来查看奖金数据可能是很有益的。如果需要，屏幕报表可以生成不同的视图，而不是打印出这些报表。有时候，很长或很复杂的报表包括热点链接表，这些热点链接可以链接到报表的不同部分。一些报表生成程序提供了屏幕报表能力，它包括所有 Internet 网页上提供的功能，包括帧、热点链接、图形甚至动画。

虽然屏幕报表为系统用户提供了信息访问的便利性，但所提供的信息只是暂时的。当信息离开屏幕时，信息就消失了，除非重新显示。因此，打印输出功能通常会被添加到屏幕输出设计中。

8 月销售额汇总报表

餐馆编号	销售量	电话销售	Web 销售	销售总额
01	3 000	4 500 元	2 300 元	6 800 元
02	1 500	3 400 元	5 000 元	8 400 元
03	8...			
⋮				

8 月销售额明细报表

饭菜名称	销售量	电话销售	Web 销售	销售总额
A 饭菜	1 000	1 500 元	800 元	2 300 元
B 饭菜	800	2 000 元	1 200 元	3 200 元
C 饭菜	1 200	1 000 元	300 元	1 300 元
⋮	⋮	⋮	⋮	⋮

图 8-35　一个屏幕报表的例子

3. 图形和多媒体输出

图形和多媒体演示数据的图形化表示是信息时代最大的优势。对于系统用户而言，一幅图比文字更有价值。允许数据以图形和图表的方式表示使得打印和电子格式的信息报表用户界面更加友好。信息通过使商界人士能够寻找趋势和变化而越来越多地用于战略决策的制定。另外，如今的系统通常维护的是海量数据，远远超出了人们能够想象的程度。使用这些数据的唯一有效的方法是对他们进行总结并以图形表格的形式表示出来。各种类型的图表包括饼状图、环形图、线条图、面积图、雷达图、散点图、柱状图，等等。图 8-36 举例说明用柱状图来表示汇总数据的界面。

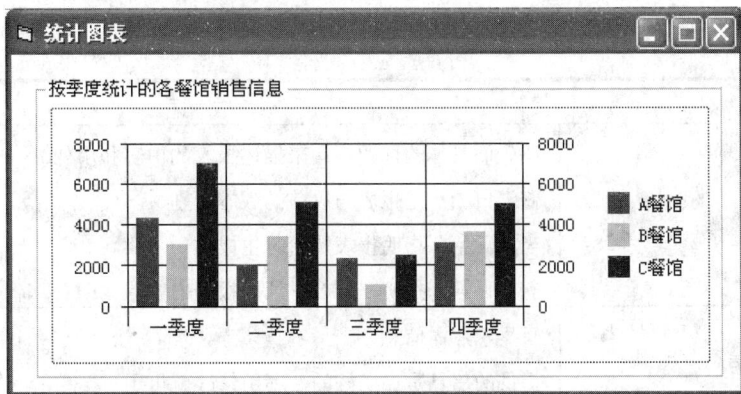

图 8-36　一个简单的图表输出

多媒体描述了传统的数字、编码和文字以外的信息表现，它包括图像、声音、图片和动画，通常是对屏幕输出的扩展。随着多媒体工具能力的提高，多媒体输出在近几年才成为可能。如今，在屏幕上看到用图形和动画表示信息并对突出部分伴有声音描述已成为可能。许多信息系统提供电影和动画作为输出内容的一部分。将视觉和声音输出结合起来成为表示信息的一种强大的方法(当然，视频游戏正将虚拟现实技术推向包含视觉、声音、触觉和嗅觉输出的前沿)。

随着系统输出设计的进行，对各种演示方式进行评价是有益的。在系统中设计报表，能够提供各种报表定制方案。设计者应仔细分析每一个输出报表以确定输出的目标并选择最适合信息及其使用的报表格式。

4. 报表设计应该注重的原则

作为系统设计者，必须首先确定报表的使用者以及这些用户的使用目的。报表的内容和格式应该基于报表的使用者，否则，所设计的报表可能会忽略关键因素或所设计的报表格式不通用。设计者必须确定细节程度和报表的格式。只有当他们知道报表的目的——即报表如何使用时，他们才能正确地做出这些决定。

生成反映数据库中数据的结构和格式是很让人感兴趣的。然而，较新的系统需要维护数据库中大量的详细资料，如果没有周密地考虑，设计人员很容易生成信息过载的报表。当提供的数据过量而没有集中到重要的信息时，就发生了信息过载。许多人在搜索 Internet 网页的时候都会出现这个问题。当用户搜索一条特殊信息的时候，搜索引擎常常会返回大量的结果。因此，我们需要仔细设计和表示输出报表，以防止发生类似的事情。

报表的格式也是很重要的。每个报表都应该有一个有意义的标题以说明报表的内容。其中既应包含报表生成日期还要包含基本信息的有效日期，有时这两个日期可能不同。报表还应该标明页数。在早期的系统中，当报表用连续的格式打印时，页码并不是很重要。然而，使用今天的自动进纸打印机，很容易放错页而造成对结果的曲解。

为了确保正确地解释报表数据，应该使用适当的标记和标题。图表应该用坐标、度量单位和图例清楚地标记。我们在图 8-36 中所使用的标题和标记，是用以确保数据不被曲解。通过使用直线、黑体字和不同大小的字体，可以使报表容易读懂。只要记住任何报表的目的是提供有意义的信息而不仅仅是数据，同时记住要以一种易于阅读的格式来提供报表，那么报表设计并不困难。表 8-2 给出了报表设计的一般指南。

表 8-2　报表设计原则

原　　则	描　　述
使用有意义的标题	明确而具体的标题：用来描述报表的内容和用处
	修订日期：是报表与以前的版本区别
	当前日期：指明报表是何时生成的
	有效日期：指明在什么时期内报表内容有效
包含有意义的信息	只显示所需信息
	提供的信息是加工好的，不用修改就可用
布局合理	布局清晰、匀称
	足够的间隔和页边距
	必要时有小节
有明确的导航	明确如何向前移动和向后移动
	明确当前所处位置

8.6 小 结

信息系统的系统结构包含了硬件、软件、数据、过程和人。系统设计是要将系统分析阶段形成的逻辑模型转换成包括硬件、软件和处理方案的物理结构。

系统设计阶段所涉及的主要活动包括系统结构(架构)设计、应用程序的结构设计、用户界面的设计、系统接口的设计、数据库的设计。其中系统结构的设计主要针对系统总体的网络架构。现代应用程序软件多数采用分布式结构，常见的有客户/服务器架构和三层客户/服务器架构。应用程序的结构设计则是针对软件内部处理的详细设计，通常采用结构图来完成。通过结构图和单个模块指令说明定义程序，由此保证能在控制之内以可靠的方式执行程序任务。在当今，结构图一般采用三层设计：表示层(用户界面)、应用逻辑层和数据访问层。

对用户而言，用户界面就是系统。用户界面设计主要包括输入设计和输出设计两大部分。其中输入设计的核心问题是方便性和准确性。许多方法可以加快输入的速度，并且降低输入出错的概率。输出设计主要是对输出结果形式的确定，以便用户理解和接受。

思 考 题

1. 怎样区分系统分析与系统设计？
2. 系统设计的主要内容包括哪些？
3. 解释集中式和分布式结构的区别？
4. 列举并描述三层结构中每一层的功能？
5. 解释模块耦合和模块内聚，为什么这些概念很重要？
6. 用户界面设计应该遵循什么原则？
7. 回顾第 7 章中的第 8 题，接着阅读下面内容，并回答问题。

现在，作为分析员的你，已经对"美味快餐"的业务流程及信息需求有了详细而深入的了解，正着手准备设计该信息系统。现在需要你设计未来系统需要输出的各种重要表单(表格)和报表。其中包括：

● 配送客户订单——用来获取那些下配送单的客户的详细信息；
● 客户账户余额表单——用来查看客户当前账户余额；
● 低库存报表——用来显示每天营业结束后的库存量低的所有食品项目或供应；
● 每日配送总结报表——按销售的菜单项总结每天的配售销售情况。

(1) 请设计一张配送客户订单。
(2) 请设计一张客户账户余额表单。
(3) 请设计一张低库存报表。
(4) 请设计一张每日配送总结报表。

(5) 请根据前面所分析的流程图画出对应的结构图。

(6) 请设计一些典型的用户界面，如订单登记界面。

8. 回顾第 7 章中的第 9 题。你认为未来的信息系统应该为 Katie 提供哪些报表和表格？请列举并设计其格式。

第9章　系 统 实 施

【学习目标】

通过本章学习，你将能够：
- 描述系统实施阶段活动
- 解释系统测试的方式
- 熟悉三种系统安装策略
- 描述系统开发完成后需交付的文档
- 组织用户培训方案

9.1　引　　言

系统实施是整个系统开发生命周期中最昂贵和耗时的阶段。因为这一阶段的参与者众多，而且一些硬件投资也要实际进行，因此，这一阶段是昂贵的。同时这一阶段的工作重点在于实现和调整，因此也是很耗时的。在这一阶段，必须把物理设计规范转变为可实际运行的计算机代码；然后对代码进行调试、检测和改正；接着进行安装，并着手培训用户；在使用过程中，还可能根据所发现的缺陷对系统进行修正或改进。这些变更有可能起到连锁反应，导致很多系统开发阶段要返工。

实施阶段的工作通常被认为是简单而枯燥的工作，不像分析和设计阶段那样具有创造性而吸引人。这种情况类似于建筑学和建筑物之间的关系，一个建筑师因为设计了一个新的建筑而获得了许多荣誉，尽管他的工作结果最终只是一张蓝图。然而，在建筑蓝图勾画好以后，要将蓝图变为现实的建筑物还需要大量辛苦的工作。从这个意义上来讲，系统实施是辛苦而枯燥的。

在本章我们将介绍系统实施方面的各项活动以及应该注意的问题。目的不在于解释如何对系统进行编程和测试，我们假设这方面的技能大家已经基本具备。我们的目的在于说明编程和测试应该在系统开发过程的哪里进行，并强调系统实施并不总能带来组织变革的成功。

9.2　系统实施阶段的工作内容

系统实施阶段的目的是开发和测试一个实现了业务需求和设计需求的功能系统，并实现新系统和现有生产系统的接口以及新系统和旧系统的切换。一般认为编程是这一阶段的主要内容，但越来越多的系统采用购买现成软件方案，所以，软件组件的实现和集成正变成实施阶段中同等重要的内容。总的来说，系统实施阶段包括以下方面的工作内容。
- 编码、测试和安装。
- 编档。

- 培训。
- 支持和维护。

这些活动的最终目的是：将分析阶段和设计阶段的方案变成有效而可靠的软件和硬件，用文档记录已经完成的工作，以及为系统当前和将来的用户与系统管理人员提供帮助。系统的使用会导致组织变更，因此在维护期间，用户和其他人将提交维护申请，把申请转变为具体的系统变更，并针对变更重新设计系统并实现。

整个实施阶段所涉及的人员包括系统分析员、系统设计员和应用程序编程人员，以及项目经理。系统分析员一般澄清程序要实现的业务需求，设计人员可能要澄清用在编写和测试程序中的程序设计、集成需求和程序文档，而程序员则负责具体的编码，项目经理主要负责系统切换过程中的组织工作。

9.3 编码、测试和安装

9.3.1 程序编码

编码是编程团队将设计人员的物理模型进行实现、转变为有效的计算机代码的过程。对一个复杂的系统来说，这个过程是一个困难和辛苦的过程。来看一下汽车制造的复杂性，必须制造和购买成千上万种零部件，一部分零件装配成小的子系统(如仪表装置、刹车系统等)，这些子系统又组装成大的子系统，最终组装成一个完整的汽车。零部件和子系统必须经过制造、测试，接着交给后续的装配工序。每一步的努力、按期完工、花费和产品的质量取决于所有的处理步骤。

程序编码在许多方面类似于汽车的制造过程。要求和设计说明书早已确定，剩下的是复杂的生产和装配过程，这个过程必须确保有效地利用资源，确保最短的工期和最好的产品质量。但是不同于汽车制造的是，这个过程不能只设计一次，然后根据它制造成千上万的相似的产品。对每一个新的工程而言，软件制造过程都是一个重新开发的过程，以便适应这个工程的独有特点。

每个 IT 部门都有自己的编程环境和标准。Visual C++、Visual Basic 和 SQL 都是常见的编程语言，许多商业软件包都有自己的一套命令。由于越来越多的公司使用网络应用程序和协议，HTML、Java 以及其他网络语言都有着广阔的应用前景。

在具体编程的过程中所遇到的一个最基本的问题就是模块的开发顺序。一般来说，程序开发顺序可以借鉴下面的思路。

- 输入、处理和输出的顺序。
- 自顶向下的顺序。
- 自底向上的顺序。

在实际中，程序开发员可以根据需要采取其中一种或几种策略的组合。

1. 输入、处理和输出的顺序

采用这种开发思路的程序员会首先开发包含外部输入的程序或模块，再开发处理这些输入数据的程序或模块，最后开发产生输出结果的程序或模块。例如，对于第 8 章的图 8-21

来说，是一个关于"订单处理"的结构图。此图把订单处理分为订单登记、订单变更、订单执行和订单查询四项工作。其中订单登记和订单变更是偏重于输入的环节，订单执行是侧重于处理的环节，而订单查询是侧重于输出的环节。这样，按照输入、处理和输出的顺序，程序员就可以首先集中精力针对图 8-22，来开发订单登记的输入模块。在这一模块测试过关后，再继续开发其他模块。

输入、处理和输出的开发顺序的主要优点是简化了测试。因为输入模块和程序最先开发，它们可以用来为处理模块和输出模块输入测试数据，从而减少了编写专门程序来生成测试数据的必要性，加快了开发进程。

同时，这种开发顺序还有一个优点，就是重要的用户界面部分能在早期阶段被开发。由于用户界面部分比起系统的其他部分而言，更容易按要求修改。所以，尽早进行这方面的工作可以使测试活动提前，用户也可以尽早对系统做出评估，一旦需求有改动，仍然有充足的时间来完成。而且，尽早开发用户界面也对其他相关活动具有促进作用，如用户培训和编写文档等。

但这种开发顺序的一个缺点是输出部分的滞后实现。输出程序对于测试面向过程的模块和程序十分有用，分析员可以通过人工检查打印的报告和显示的输出结果来发现处理过程的错误。而这种开发方法直到系统开发后期才进行这样的测试。当然，分析员可以经常使用查询程序来产生替代的输出结果或是报告一个数据库管理系统的写入能力。如果这样的输出能够尽早、尽快定义出来，那么将大大抵消这种策略输出部分滞后实现的缺憾。

2. 自顶向下和自底向上的开发策略

自顶向下和自底向上是结构化设计和编程领域中的基本术语。这两个术语表明模块的实施顺序与其在结构图中的位置有关。自顶向下的开发方法开始于结构图中的最上层模块；而自底向上的开发方法开始于结构图中的最底层模块。

自顶向下开发方法主要的优点在于总是保持正在工作的程序的完整版本。在具体实施时，程序员可以首先给出顶层模块的一些界面，在这个界面上放置一些调用底层模块的按钮。这一套完整的模块可以被编译、链接和执行，虽然这时程序还并不能实现什么功能，按钮仅是一种布局。一旦顶层的模块被实现了，实施活动就转移到结构图中的下一个层次。这些模块都被实现后，下一个更低层次的剩余的模块将被加入。开发过程每一阶段的程序都应该是完整的(就是说它应该能够被编译、连接和执行)。随着开发的深入，程序也越来越复杂性，功能越来越完善。

自顶向下开发顺序的主要缺点是在系统构造初期不能很有效地利用程序员的人力资源。在大量的模块和方法被同时开发之前，开发工作只是通过两三个重复性的活动在进行着。但是，如果能够快速地完成开始阶段的重复性编程，那么此方法的不利因素将减至最小。

自底向上开发方法的主要优点是，许多相关程序员可以立即投入开发工作。另外，底层模块的编写是最复杂和最困难的，所以，尽早开发那些底层模块可以为开发和测试活动争取到更多时间。不幸的是自底向上开发方法要求编写大量的驱动程序来测试底层模块，这给开发和测试程序增添了许多麻烦，而且，整个系统直到最顶层模块被实现后才算完整。系统整体测试也相应的被推迟了。

9.3.2 程序测试

在完成程序代码编写以后，程序员要对每一段程序进行测试，以保证它能正确执行。测试是一个对产品进行检验以确定其存在哪些缺陷的过程。程序员必须已经完成了此软件，并且明确缺陷的标准，才能对软件进行测试。一个信息系统是软件各个组成部分的综合体。各组成部分可单独测试，也可进行集成测试，或者整个系统进行系统测试。对组成部分单独进行的测试叫做单元测试，包含多个单元模块的测试叫做集成测试，对整个系统进行的测试叫做系统测试。

系统测试是检查整个系统的性能，涉及技术和用户需求方面的问题。这些需求是在设计阶段就已经制定好了。在高层设计过程中，系统被分割为几个高层模块，而且每个模块的结构设计也已经被确定了。集成测试是测试软件相关联组成部分的性能。低层次设计只需关注单个模块的内部结构。单元测试就是对软件的每一个组成部分进行单独的测试。

1. 单元测试

单元测试是在与其他模块进行集成测试之前，对单个代码模块进行测试的过程。单元测试有时也叫做模块测试。单元测试时，单独测试每个模块(一般是单独执行一个功能的代码段)，以期发现模块的代码中可能存在的任何错误。事实上单元测试可以用在结构化或面向对象的软件中，称之为"单元"的可能为函数、子程序、过程或方法。单元还可以是相联系的模块组成的较小的"组"，它们通常作为一个"组"来执行。单元测试的目的是在单个模块组成大的软件单元(如程序、类和子系统等)之前，尽可能地找出并改正其中的错误。当许多的模块组成大的软件单元后，再进行检错和纠错就变得非常困难和代价昂贵了。

由于底层模块一般需要被上层模块调用。当采用自底向上的开发顺序时，必须开发驱动程序来模仿模块的调用行为。驱动程序能实现以下功能。

- 为测试的函数设置输入参数值。
- 调用要测试的模块，并按要求把输入参数传递给它。
- 接收被测试模块的返回参数，并打印或显示它们。

例如，程序员编写了最底层的数据访问函数 TransactSQL，该函数主要用来执行 SQL、Update 以及 Delete 等对数据表进行查询、更改以及删除的命令。为了测试这个函数是否能被正确的调用，图 9-1 是所开发的一个驱动模块的简单界面。其中"顾客编号"和"请输入新地址"所对应的文本框是被测试模块的输入。而"顾客原地址"和"修改后的地址"所对应的文本框是被测试模块的返回值。

当采用自顶向下的开发顺序时，用于完成单元测试的测试模块叫做占位程序，可模仿一个尚未开发的被调用模块的行为。占位程序是相对简单的模块，通常只有一行或两行的可执行代码。每一个用于测试模块的占位程序可以作为一个声明来实现，无论输入什么参数，它都返回一个常数值。

```
Private Sub Text1_KeyPress(KeyAscii As Integer)
    sql = "select * from 客户 where 客户编号='" & Text1.Text & "'"
    Set rs = TransactSQL(sql)
    Text2.Text = rs.Fields(3)
End Sub
```

```
Dim rs As New ADODB.Recordset
Dim sql As String
```

驱动模块

顾客编号	C001
顾客原地址	北二路88号
请输入新地址	北二路99号
修改后的地址	北二路99号

```
Private Sub Text3_KeyPress(KeyAscii As Integer)
    sql = "update 客户 set 住址='" & Text3.Text & "' where 客户编号='"
    sql = sql & Text1.Text & "'"
    Set rs = TransactSQL(sql)
    sql = "select * from 客户 where 客户编号='" & Text1.Text & "'"
    Set rs = TransactSQL(sql)
    Text4.Text = rs.Fields(3)
End Sub
```

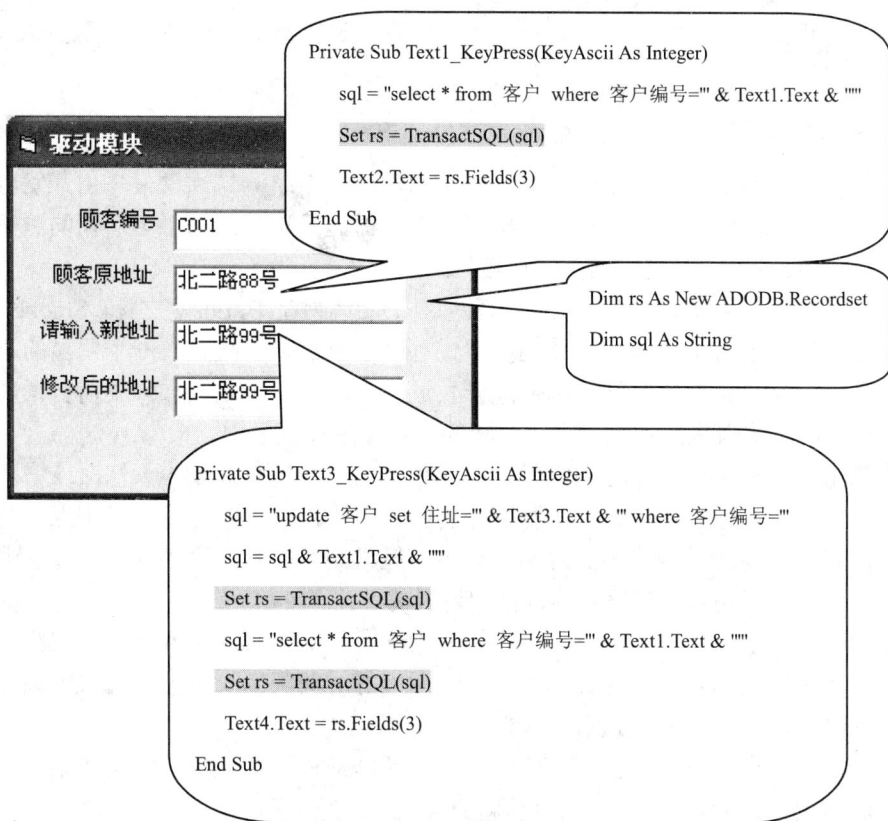

图 9-1　测试中的驱动模块

2. 集成测试

因为模块与程序和系统中的其他模块共存和合作，所以，必须在更大的分组中测试它们。因此，对两个以上的相互依赖的程序进行的测试叫做集成测试。例如系统中有一段程序负责验证客户的信用卡状态，另一个独立的程序对客户主文件进行更新。验证程序的输出将成为更新程序的输入。对这两段程序进行独立测试并不能保证在它们之间数据传输的正确性。只有通过集成测试才能保证它们在一起正常工作。

集成测试的目的是要发现单元测试不能发现的错误，错误可能来源于以下一些问题。

- 接口不匹配：例如，一个调用模块传递给子模块一个数据类型错误的变量。
- 参数值不合法：模块传入或返回的值是不符合要求的(如价格的值是负数)。
- 运行例外：因为资源需求冲突，模块产生诸如"内存空间不够"或"文件正在使用"的错误提示。

集成测试一般是逐步进行的。首先测试最高级模块和它的一个(且只有一个)从属模块。该过程假定程序有一个典型的结构：一个最高级模块(或主模块)和各种被引用的从属模块。每个从属模块也有自己的从属模块，以此类推，类似于组织结构图。接着，继续测试同一级上的其他从属模块，直到最高级模块的所有从属模块都被一起成功的测试过。在成功的测试了最高级模块和它的所有从属模块以后，每次增加一个下一级模块。再一次强调，只有成功完成一个模块的测试后才能继续下一模块的测试。如果发现一个错误，则测试过程停止，识别出错误并改正它，然后重新执行测试。重复该过程，直到整个系统能够正常、正确运行。

3. 系统测试

系统测试用来测试整个系统或独立子系统的性能。系统测试通常最先由开发者和测试人员来操作，以确保没有明显的故障，确保系统能够满足用户的需求。后期的测试由用户来完成，以确定此系统的确能够满足他们的要求。

系统测试包括日常测试、性能测试和验收测试。其中，Build(建立)和 Smoke(故障)测试属于日常测试，系统被完全编译和连接后进行一组测试，以检查在一个明显的路径上是否存在故障。日常测试通常与迭代和快速开发过程相联系。但是，如果采用自顶向下的开发模式，日常测试也可以用在更为传统方式的项目开发过程之中。

日常测试是很有价值的，因为它们能够对重大问题做出快速反应。修改或增加代码所引起的任何问题和现象，都将在日常测试过程中表现出来。日常测试可以确保迅速发现错误，并且能够很容易地找到错误的源头。如果不经常测试，那么这种好处就逐渐消失，因为更多代码发生了变化，就越来越难以找到错误的源头。

性能测试是来确定系统能否满足一些效率指标，如响应时间和吞吐量。响应时间需求规定了对查询和更新的响应所允许的预期的和最大的时间限制。吞吐量需求则规定了每小时和每分钟内必须处理的预期的或最少的查询和交易数目。

性能测试可以作为单元测试或集成测试的一部分来执行，但更多的是在系统测试中进行。性能测试通常比较复杂，一方面是因为它涉及多个程序、子系统、计算机系统和网络结构，另一方面，它要求大量的测试数据来模拟正常的负载或最大负载下的系统运作。而且，诊断和纠正性能测试故障的技术也非常复杂，必须首先找到瓶颈或运作不佳的组件，而这方面的监测本身比较复杂。

验收测试是一种系统测试，以确定系统是否满足用户需求。验收测试是在系统移交给用户之前进行的最后一轮测试。在大多数的开发工程中，验收测试是一种非常正式的活动。当一个新系统建立或从外部引进时，验收测试的细节有时存在于 RFP 和采购合同之中。在验收测试中，用户输入数据(包括实际的样本和现场数据)，执行查询并生成报表来模拟实际的运作条件。所有的处理方法和输出结果都要经过用户验证以确保系统是运行正常的。

商业软件一般不进行单元测试和集成测试，但和内部开发的程序一样，要对它进行系统测试。

总之，系统测试包括以下目标。

- 对所有程序进行最终的测试。
- 向 IT 部门提供能够让系统正常运行所需的文档、说明，并保证系统有足够的备份和重新启动的能力。
- 证明用户可以和系统进行正常的交互。
- 验证所有的系统部件都已经被很好的集成，实际业务流程都能被正确处理。
- 保证系统可以及时、高效地处理预知容量的数据。

那么，到底要进行多少测试呢？这个问题取决于具体的情况以及从其他 IT 部门成员、用户和管理层那里获得的好评和建议。但是，IT 项目经理通常希望尽早结束测试以便能将系统交付给用户。一般来说，草率仓促的测试都是源于用户的要求、紧张的开发预算以及高层管理者的命令。这些因素阻碍了正常的测试过程，并对最终的产品产生有害的影响。然而，也没有百分之百没有错误的系统，直到系统投入运行以后才发现错误也是很正常的。而那些影响数据完整性和准确性的错误必须及时得到纠正，次要的错误(如屏幕标题的错误)则可以放在以后再修改。

9.3.3　安装

新系统开发和测试完毕后，必须安装、转换及运行。这一过程也是一个复杂的问题，因为存在着许多冲突限制，包括费用、客户关系、雇员关系、复杂的后勤和所冒的全部风险。当计划安装时，有以下方案可以考虑。

* 直接安装。
* 并行安装。
* 分阶段安装。

每一种途径有不同的优点与缺点，但没有一种途径是适用于所有的系统的。一个组织决定使用的安装方案将依赖于与新系统相关的变更范围和复杂度以及组织的风险规避。组织很少只选择一种策略而排斥其他策略，大多数安装过程将采用两种或多种方案的组合。下面，我们将描述每一种方案。

1. 直接安装

在新系统投入使用时，用新系统直接取代现有系统的做法称为直接安装。直接安装通常是最经济的一种系统切换方法。因为这时 IT 部门只需要运行和维护一个系统。

直接安装有时也叫做立即接入，当新系统安装测试完成后，新旧两个系统只同时运行较短一段时间(通常是几天或者几周)。图 9-2 显示了直接安装的时间进程。

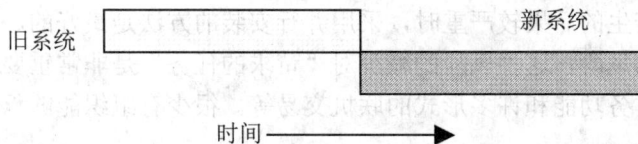

图 9-2　系统的直接安装

直接安装的主要优点是它的简单性。既然新旧两个系统不能并行运行，那么就没有太多的后勤管理问题，耗费的资源也少得多。直接安装的缺点是它的风险性。不论你进行了多么仔细、周密的测试和培训，在新系统投入使用时总会出现一些问题。而且，在直接安装中，发现小错误也会变得异常困难，因为用户无法将现有的输出和原系统的输出进行比较。直接安装中出现的大错误可能会导致系统异常瘫痪，这时，因为旧系统不能并行运行，那么在新系统运行失败的情况下就没有备份。

在进行商业软件包的安装时，公司通常会采用直接切换的方法，因为商业软件的可靠性很好。对于那些内部开发的系统，大部分公司仅在那些并不很重要的地方采用直接切换的方法。如果运行环境不能同时支持原系统和新系统，或原系统不能兼容新系统，那么直接安装也就成为必然选择了。

在采用直接安装的策略时，时间因素非常重要。大部分系统以周、月、季度或年为运行周期。以工资系统为例，员工一个月领一次工资，则系统也要一个月运行一次。按月、按季度、按年产生报表同样需要系统在每月末、每季度末、每年末进行输出。当一个具有周期性信息系统在任意周期过程中被安装使用时，完整的周期处理就需要从两套系统中获取数据。所以，通常在一个季度或者年度开始采用直接安装的方法进行系统切换。

2. 并行安装

并行安装可以使新旧两个系统在很长的一段时间内同时运行(数周或数月)，图 9-3 说明了并行安装的时间进度。旧系统将一直运行到新系统被全面测试、确信无错和可以独立运行为止。从实践看来，并行运行的时间通常是预先确定好的并且是有限制的，以便尽量减少双系统运行带来的耗费。

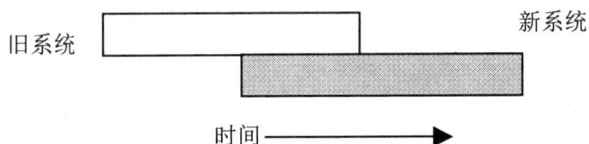

图 9-3　系统的并行安装

并行安装的主要优点是系统失败带来的风险和副作用较小，如果两个系统同时运行的话，那么旧系统可以作为新系统的备份，新系统的任何失败所造成的损失都可以从旧系统中得到恢复。

并行安装的主要缺点是资源耗费大。在两个系统同时运行时，要为两个系统都分配资源，公司要为两套系统支付相关费用，用户也必须在两套系统下工作，公司可能需要找一些兼职人员来处理额外的工作。在并行运行中，会带来许多与之相关的额外开销。并行安装也增加了管理和后勤工作的复杂度。

当系统失败产生的后果较严重时，采用并行安装的方法是最好的。并行安装确实降低了系统失败带来的风险，这种风险的减少对"苛求的任务"是非常重要的，如客户服务、生产控制、基本财务功能和许多形式的联机交易等。很少有组织能够承担重要系统停止运作所造成的损失。

对于一些情况来说，实行系统完全并行运行也许是不切实际的，原因如下。

- 一个系统的输入数据对另外一个系统可能是不可用的。
- 新系统可能与旧系统使用同样的设备(如计算机、输入/输出设备、网络)，这样有可能造成新旧两个系统都得不到足够的运行资源。
- 没有足够的操作和管理人员来同时运行两个系统。
- 两套系统执行不同的功能或新系统包含新的业务处理方法。

3. 分阶段安装

分阶段安装可以分为试点安装和分次安装两种方式。

试点安装是指在公司的某一选定部门中首先安装全新的系统进行试点。这时，组织可能是一个跨区域的联合组织，每个分公司或分支机构处理的业务具有可复制性。所以，可

高等学校应用型特色规划教材

以首先在一个分支机构引入某系统(例如网上订购和库存管理系统)，如果证明是满意的，就可以进行整个系统的转换。这样做的好处如下。

- 通过专注于一个站点，不仅能够学习，而且可以修复问题。
- 因系统错误或故障而产生的损害和成本只限于所选的试验地点。
- 能够运用早期的成功说服其他人转换到新系统。

但是，缺点也是比较明显的。比如如果不同位置要求数据共享，则需要编写额外的程序联结两个系统。

在分次安装中，系统的功能组件是分阶段、增量式、逐渐地进行安装。每一阶段都为运行的系统增加一些组件或功能。在每一阶段中，系统都要经过测试以确保为下一阶段做好准备。比如，不必立刻完全安装一个新的生产系统，你可以首先安装它的原料管理子系统，然后是生产控制子系统，接着是工资子系统，等等。分次安装可以和并行安装结合使用，尤其是在新系统将要取代现有系统的运行阶段。

分析员常常混淆试点安装和分次安装这两种方式。他们都将直接安装和并行安装相结合从而降低风险和费用。然而，后者是将部分系统功能向所有用户开放，而前者是将所有系统功能向部分用户开放。

分次安装的主要优点是降低了风险。风险降低的原因是单个阶段的失败带来的问题要比整个系统失败所带来的问题少。阶段安装的主要缺点是增加了复杂度，将安装分为几个阶段会产生更多的工作和里程碑，从而使得整个过程更加复杂，每一个单独的阶段又存在许多更小的问题需要解决。如果系统是因为太大或太复杂而不能一次完成安装，那么采用分次安装降低风险的意义就显得更为重大，尽管这种安装方法会使得管理和协调多个阶段的复杂度有所增加。

当一个系统很大、很复杂并且由一些相对独立的子系统组成时，分次安装的方法是非常有用的。但如果子系统不是相对独立的，系统无法轻易区分出一些逻辑模块，那么定义一些独立的安装阶段就会很困难甚至是不可能的。系统的规模和复杂程度可能太大以至于不能够"立即完全"安装，在这种情况下，别无选择就只能使用分次安装的方法了。

图 9-4 显示了分阶段安装的时间进度。

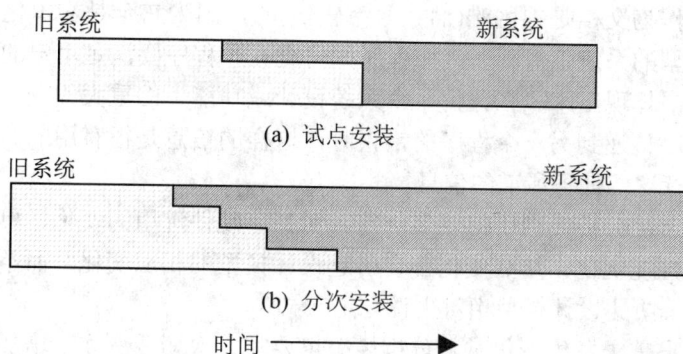

(a) 试点安装

(b) 分次安装

时间　——→

图 9-4　系统分阶段安装的时间进度

9.4 编 写 文 档

伴随着任何系统的开发，都会产生一系列的文档。整理文档的工作很重要，但也经常被忽略。文档告诉用户如何操作和维护一个系统，文档还提供了关于未来改进与重新实施所需的信息。

通常把文档分为两种基本类型，即系统文档和用户文档。系统文档是描述系统功能、结构及构建细节；用户文档则描述用户如何使用和维护系统。

系统文档产生于整个 SDLC，是每个生命周期阶段和活动的结果。用户文档产生于SDLC 的实施阶段。开发小组不可能很早就制定出用户文档，因为用户界面和系统操作的许多细节还不确定，而且这些细节在开发的过程中还可能发生变化。

9.4.1 系统文档

系统文档的一个主要作用是：为设计和开发人员提供相关信息来维护系统或对系统进行重新实施。由于这个原因，多数或者所有文档都是随着分析、设计和实施的活动产生的。在系统分析和设计阶段，分析员将完成大部分系统文档。系统文档包括数据流图、实体-联系图、过程描述、数据词典、对象模型、结构图、屏幕设计、伪码、源代码等。在系统实施阶段，分析员要复查系统文档来验证完整性、准确性，并要保证它总是最新的，实施阶段所作的任何改动都应立刻反映在文档中。例如，如果对屏幕和报表进行了修改，分析员必须对文档立刻进行更新，以免过后遗漏。虽然后期文档要比早期文档的使用频率高，但是每个阶段的文档对未来的维护和升级都是十分有用的。

源代码是经常使用的文档，因为它与系统的可执行软件直接相关。直接对二进制代码进行改动是非常困难和代价昂贵的，所以为了改变系统的功能，修改源代码并进行重新编译是唯一比较现实的方法。系统改变后，需要测试数据对其进行测试，系统的一部分发生改变后，用旧的测试数据重新进行测试，有助于确定这些改变是否会损害系统的其他部分。

使用源代码作为文档是很困难(而且效率较低)的，因为它全是文本化的，并且不好评定。一些重要类型的系统信息——诸如程序如何交互和程序要满足用户的什么需求——通常无法在源代码中体现出来。在评价一个系统设计或功能上的重大改变，以及跟踪经过共享数据从一个程序传递到另一个程序的错误时，这样的信息是很有用的。在分析和设计模型中可以得到执行这些任务所需的信息。

设计模型通常比分析模型用得要多一些。例如，硬件选用的变化、单个程序的纠错以及分布式处理的性能优化，这些变化都会引起设计模型的相应变化，而不会影响分析阶段的模型。因此，分析比设计模型相对来说稳定。

但是，当用户需求发生变化时，分析模型也要随之改变。例如，增加一个新的事务或新的子系统，将会改变数据流图和类图。其他的分析阶段的模型诸如实体-联系图、事件列表、用例和状态图也会发生变化。当然，这种变化又会引起后续文档的一系列变化。

系统文档需要进行积极的管理，它必须以易于访问的位置和形式进行存储，以便在需要进行系统维护时可以方便地检索到，或者一旦发生变化易于更新。在一个有许多大型信

高等学校应用型特色规划教材

息系统的组织中，文档管理是一个非常正式的过程。在大的组织当中，有专门的人员负责文档的管理与恢复以及加强文档标准化的工作。系统文档维护失败会使系统的价值遭受损失。文档不充足的系统是难以维护的，进而会增加系统过早老化和需要重新实施的可能性。

系统文档对于系统本身来说是多余的，即任何系统文档所包含的内容在对系统的检查中都能得到或者反推出来。例如，程序员通过检查描述数据库的 SQL 语句来确定关系型数据库的实体和联系。程序员通过检查程序源代码，可以确定传统程序中的模块结构或面向对象程序中的类。如果得不到程序源代码，那么也可从可执行代码中确定程序结构，尽管这个过程是非常复杂的。

对于数据库而言，数据库的冗余会造成维护时可能不一致性的问题。随着系统的变化，其文档也必须随之更新。如果文档不更新，那么系统就会出现不一致，而且这些文档对将来的设计者和维护程序员来说就没有什么用处了。将文档集成到系统的安装之中，可以减少这种不一致性，因为当系统升级后，系统能够自动地更新这些文档。

有两种方法可以生成自存档系统。第一种是使用完全生命周期 CASE 工具来建立系统。使用 CASE 工具，系统可以从设计模型中自动建立系统，并且由 CASE 工具来保存，设计模型在分析模型的基础之上也会自动建立。若要对一个系统做出修改，程序员需修改分析和设计模型，然后重新生成已安装的系统。CASE 工具会自动维护这种存在于已安装系统和修改后模型之间的一致性。因此，如果只是模型发生了改变(而不是源代码或可执行代码)，模型和系统总能保持一致。

第二种生成自存档系统的方法是使用反向工程工具，反向工程工具可以从源代码中产生系统模型。例如，这样的工具可以从面向对象的程序中生成类图，也可以利用过程化语言编写的程序生成结构图。如果反向工程工具功能强大和具有高可靠性，足以产生所有类型的系统文档，那么就没有必要维护一个分离存储的文档了。

然而，因为 CASE 工具和反向工程工具是高度专业化的工具，对操作环境(例如，编程语言、数据库管理系统和操作系统)有专门的要求。它们一般价格昂贵，并需要一段时间的学习，导致了它们并不像想象中那样常用。因此，对于许多系统来说，还是必须单独维护系统文档。

9.4.2 用户文档

用户文档是对最终的用户如何使用系统提供了详细描述，包括用户手册、帮助界面或文档以及用户指南。包含完整用户文档的系统才是真正成功的项目。

制作一份有效清晰的用户文档需要有专门技术的人，就像需要有专门技术的人来开发程序一样。你不可能在几天内完成一个系统，同样，也不可能在项目的最后才开始添加文档。在项目结束的时候制作文档是一个错误的观念。例如，现在用户对在线帮助和上下文相关帮助的需求很多，上下文相关帮助是程序的一部分，你必须在程序中插入编号以连接文档相应信息的所在页。当所有的工作都完成以后再回过头来添加这些文档将会花费大量的时间。这取决于项目的规模，将有可能持续好几个月。此外，还可能引起其他一些编码错误，而且还要再进行重新测试。

大体来说，用户文档一般包含以下内容。

- 系统概述，用来描述系统的主要特点、功能和缺点。
- 对源文档的内容、准备情况、处理过程和示例的描述。
- 对菜单以及数据输入选项、内容和处理说明的概述。
- 定期产生或根据用户请求生成的报表示例。
- 有关安全和审计跟踪的信息。
- 出现异常和错误的例子以及处理方法。
- 一些常见的问题。
- 说明如何获取以及更新用户手册的过程。
- 执行一个特定功能时的按键、鼠标、输入的命令序列。

通常以内容表、程序，或系统的目标和功能的大体描述、术语表和索引的形式来补充主题范围。

现代系统的用户文档几乎都是在线的电子版本，并且通常是集成到应用程序之中。许多用户已经习惯了在线的上下文相关帮助、提示、超文本、在线示例以及其他一些在常用软件包中能找到的友好信息。他们当然希望为自己开发的系统能具有同样的方便性。

有效的在线文档是一个很重要的工具，因为它可以使用户有能力自己处理一些情况，从而大大缩减了 IT 部门提供电话、E-mail 帮助以及面对面地帮助的时间。

由此可见，用户文档是非常重要的组织资源。遗憾的是，许多组织在其内部开发系统中缺乏详细的高质量的用户文档。他们认为：经过培训的程序员能够检查源代码，确定系统是如何工作的，并且在需要的基础上培训用户；在系统的实施过程中接受过培训的用户能够非正式地将他们的知识教给未来的用户。

应该明白，如何使用系统和系统本身一样都是非常重要的。最初的培训结束后，这些知识便存在于用户的脑海中，但是并不能保证这些知识能够得到维护或是有效地传递给后来的用户。雇员的流动、重新分配任务和其他一些因素，使得人与人之间有关操作知识的直接交流越来越困难并且这种行为并不一定会发生。与此相反，书面方式或电子方式的文档则显得更容易得到而且更持久。

无论用户文档采取什么形式，其制作过程都将耗费大量的时间。要开发好的用户文档要求有专门的技能，开发文档的技术就要求语言清晰简洁、制作出的演示图片令人印象深刻、组织的信息便于学习和获得，并且与非专业人员的交流有效。遗憾的是，准备用户文档的技术人员常常缺乏一种或多种必要的技能。由于工作进度超标或者忙于实施完工，演示时间、复审和测试经常被忽略或敷衍了事。

9.5 培 训

没有对用户进行适当的培训，就不会有系统的成功实施。虽然好的文档有助于简化所需的培训，也有助于降低支持请求的频率，但是一些安装前培训和安装后的支持活动还是必需的。用户也是系统的一部分，没有培训，用户掌握操作知识就会很慢，出错率也很高，系统的使用效率相应降低。很多研究表明，对用户加以培训使他们能有效地使用现有的系统，是一种能够提高生产率的成本效益比较高的方法，甚至比安装硬件和软件升级还要高。因为，培训可以使得用户在系统投入运行之后很快成为高工作效率的熟练用户，而支持活动保证用户在系统安装之后长时间保持良好的工作效率。

系统的用户通常包括两种，一种是纯粹的使用者，称为终端用户。另一种是对系统进行日常维护的系统管理员(通常是 IT 部门成员)。而培训和支持活动也应该随目标客户的不同而不同。

一般情况下，终端用户频繁而长时间地使用系统，而系统管理员不经常与系统交互，往往交互时间也较短。终端用户使用系统是要解决特殊的事务问题或实现具体的事务过程，而系统管理员通常是计算机方面的专家，但对此系统所支持的事务过程的了解有限。终端用户的计算机技能水平差别很大，而系统管理员的计算机水平一般都很高。终端用户的数量远比系统管理员的数量大得多。

在对用户进行维护时，可以借鉴以下方式。

(1) 按组培训。可以把受训者分成几个小组，不同的组有不同的课程，这样可以有效地利用时间和培训设备。如果组较小的话，受训者可以通过充分的交流来学到一些知识。对终端用户的培训必须强调实用性而且是在具体的事务环境中运行系统，例如，订单输入、库存控制或财务等。如果用户对那些过程还不熟悉，那么培训内容必须包括这些内容。差异较大的用户技能水平和经验要求培训活动要包括实践练习、答疑和单独指导。

(2) 多途径培训。一些人喜欢通过讲座、讨论以及问答的形式来进行学习，另一些人则喜欢通过观看演示或是阅读文档资料来学习。大多数人通过实际的动手练习能达到很好的学习效果。

(3) 制作有效的自学培训材料。用户界面友好的培训材料有助于达到最好的培训效果，并能为用户提供一份有价值的参考资料。可以以不同的形式来组织这些材料，包括传统的培训手册、印刷品和在线资料。图 9-5 至图 9-7 是针对客户服务系统而制作的简单的自学培训界面。

(4) 依靠以前的受训者。当一组用户接受过培训以后，他们就可以帮助其他的人。通常，用户从有着相同工作经历和任务的同事那里学东西的速度更快，因为他们之间有共同的业务经验。

第 3 课：顾客信息变更

步骤一：打开计算机，在桌面上双击"客户服务系统"图标，屏幕会显示如下主界面。请按照图示操作。

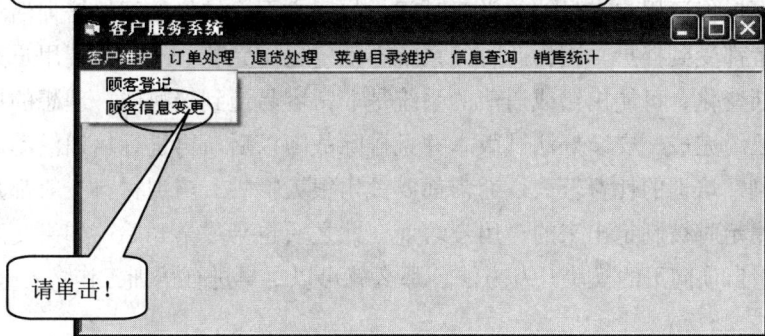

图 9-5　用户培训电子文档示意(一)

步骤二：在如下界面中，首先定位在您所需要
修改的顾客记录上，然后单击"修改"按钮

定位后，请单击!

图 9-6 用户培训电子文档示意(二)

步骤三：在如下界面中修改该顾客信息后，单击"保存"按钮

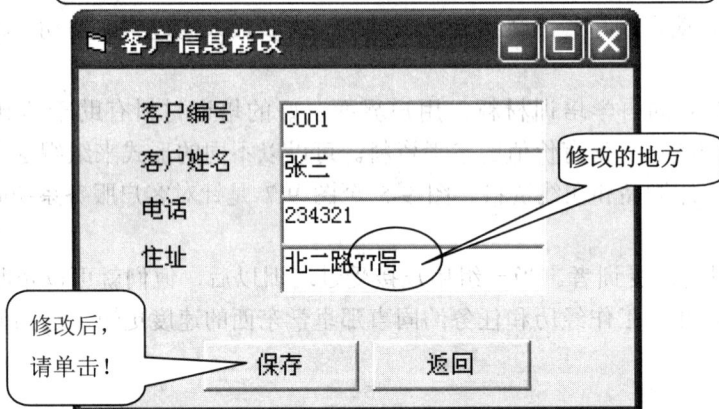

图 9-7 用户培训电子文档示意(三)

决定正式培训的最佳开始时间可能是比较困难的。一方面，相对较早的在实施阶段开始培训活动可以保证用户有足够的学习时间，另一方面，较早的开始培训活动也可能会使用户和培训者都受到挫折，因为此时的系统不稳定也不完整。对于终端用户来说，试图掌握一个在不断变化、可能出错或崩溃的系统是非常容易遭到挫败的。理想的情况是，系统的交互界面已经完成、安装好测试版本并且排除故障以后，再进行培训活动。到了项目结尾的关键时刻，培训的耗费较大，通常都要做出很大牺牲。培训材料一般都是在交互界面比较合理、稳定时被制定出来的，用户培训在此之后也会尽早开始。如果交互界面尽早开发，并且采用自顶向下的模块开发方法，那么就可以尽早进行培训工作。

9.6　支持和维护

9.6.1　支持活动

支持包括系统运行过程中的用户培训和提供服务热线。其中的培训活动同安装时最初的培训活动一样。例如，对新用户的培训活动必须根据人员调整周期性地进行。其他活动如进修培训和帮助台操作是单独进行的。

可以提供用户支持的方法包括以下内容。

- 联机文档和问题解答。
- 常驻专家。
- 服务热线。
- 技术支持。

联机文档和问题解答近几年成了一种流行的支持方法，尽管越来越多的网站提供这些支持，这种支持大都集成在应用程序中。联机支持的目的是最小化对人力支持的需求，在需要的时候就可以得到联机支持。要达到这种目标，需支持文档综合性强并易于使用。

常驻专家也是最常用的用户支持方式，他们的支持活动一般是非正式方式的。常驻专家一般是信息系统人员或业务人员或为其他用户提供技术支持的用户。常驻专家的职位通常都是非正式的，只要其显示出高超的计算机技术水平和软件知识，很快就可以成为常驻专家。随着时间的推移，所有其他用户遇到问题或难题时，都会首先向他请教。

在很多组织中，无论是通过厂商提供帮助还是自行解决，特定信息系统支持活动的中心都是服务热线。服务热线是信息系统部门的一个职能，配备有 IS 人员，它是在用户需要信息系统方面的帮助时应该求助的第一个对象。服务热线人员要么解答用户的问题，要么将用户的问题交给最合适的人。

现在，随着服务热线重要性的增加，出现了很多自动保存服务热线记录的软件包。它必须记录每个用户的联系方式、问题的内容以及问题的解决状态，以便跟踪信息系统的问题、评价支持人员的效率和效益以及识别需要培训的用户。

对那些不能通过服务热线解决的问题，就需要专门的技术支持了。在信息系统维护中，技术支持一般作为专门的部门。它属于维护范畴，因为用户支持、变化要求与系统错误报告之间的关系很密切。如果服务热线负责人员不能解决用户的问题，那么说明发现了错误或者说明在用户需求和系统能力之间存在差距。如果出现的问题是系统错误，那么维护人员应立即查找原因并改正错误。不严重的错误和未能满足的用户需求都应引起维护人员的关注，无论如何，技术支持总是用户和维护活动之间的桥梁。

9.6.2　维护活动

维护活动实际上包括软件交付使用后对系统进行的所有修改活动，除非软件被完全取代或舍弃。在大多数组织中，用于对现有系统维护的费用至少要和开发一个新系统的费用一样多。现有系统是组织的财富，必须积极地进行管理和维护，保持它的价值和实用性。从这个意义上讲，软件维护和其他类型的资产维护是相似的。

系统的维护活动可以分为校正性维护、适应性维护、改善性维护及预防性维护。尽管这四种类型之间存在一定的交叠，但各有自己的侧重点。校正性维护修复错误，适应性维护为系统增加新的能力或对系统进行改进，改善性维护提高系统效率，预防性维护降低系统故障的可能性。

1. 校正性维护

校正性维护是在可运行系统中发现并纠正错误。除了系统初始版本中的错误外，校正性维护经常需要解决前面维护所带来的问题。为了避免引起新的问题，所有的维护操作在改动之前需要进行仔细的分析。最好的维护方式是 SDLC 的一个缩小版，即任何一次维护都要经历调查、分析、设计和测试。

根据问题的本质和严重性，可以用不同的方式对错误做出反应。对于小错误(如报表标题错误)，可以遵循标准的错误纠正流程来处理。例如，首先由用户提出请求，由系统审核员对其进行评价、定义优先级和安排时间。如果请求被接受，维护人员就会设计、测试、创建文档和执行解决方案。

而对一些比较严重的问题(如所给出的报表数据有误)，则应该绕过最初几步而尽快更正错误。一般来说，这些请求会得到更高的优先级。

2. 适应性维护

适应性维护是对系统进行改进，并使系统更容易使用。这种维护通常是由业务环境的变化而引起的，例如新的产品或服务，新的生产技术或者一种新的基于 Web 操作的支持。

较小的适应性维护类似于例行校正性维护。较大的适应性维护就像一个小规模的 SDLC 工程。而且，适应性维护可能会很困难，因为这些改进工作必须在现有系统的限制下进行。

3. 改善性维护

改善性维护改变现有的可运行系统，使其更有效、可靠和易于维护。校正性维护和适应性维护请求是由用户提出的，而 IT 部门通常会主动进行改善性维护。

很多公司并没有进行足够的改善性维护。当公司的资源有限时，他们通常会认为新系统的开发、适应性维护和校正性维护比改善性维护更重要(因为在很多时候这些工作是必须的)。管理者和用户不断要求开发新的项目，导致几乎没有资源被用来进行改善性维护。在实际中，改善性维护事实上也可以作为另一个项目的一部分。例如，如果一个程序中必须增加新的功能，那么就可以把改善性维护包括在适应性维护中。

4. 预防性维护

为了减少未来出现问题的可能性，预防性维护要求对可能出现问题的地方进行研究。同改善性维护一样，预防性维护同样是由 IT 部门发起。进行预防性维护可以提高用户的满意度、减少停机时间、降低总拥有成本。但是，预防性维护可能会与其他项目竞争 IT 资源，而且往往得不到应得的较高优先级。

9.7 小　　结

　　一旦系统设计完成，就可以开始系统实施。系统实施活动包括编码、测试和安装、编档、培训、支持和维护。在系统实施中，将会产生大量的开销，用来采购和安装硬件，进行编码和测试程序。还要提供给员工有目的的培训和教育，并把历史性的数据装入系统。在系统实施中，系统测试是向新系统转换的一个主要步骤。编程和测试是两个相互依存关系最强的活动。遗憾的是，这两个目标通常是有冲突的。

　　数据转换、安装、文档和培训通常是跟在程序开发之后的活动。它们之间是高度相互依存的。因为一个安装了的、带有文档的系统是完成培训的先决条件，并且系统启动需要有一个内容充实的数据库。

　　支持活动发生在系统投入使用以后。支持活动帮助用户实现对整个系统的充分利用，确保系统能以最高的效率工作。维护活动包括软件交付使用后对系统进行的所有修改活动。系统的维护活动可以分为校正性维护、适应性维护、改善性维护及预防性维护。

思　考　题

1. 解释单元测试、集成测试和系统测试。
2. 系统文档和用户文档有何区别？
3. 三种安装方式是什么？
4. 有哪些不同的维护类型，它们有何区别？

第 10 章　面向对象分析与设计

【学习目标】

通过本章学习，你将能够：

- 理解面向对象方法的基本概念
- 定义 UML 及其各种模型图
- 开发用例图、顺序图
- 探讨对象和类以及它们之间的关系
- 开发设计类图
- 理解建立模型应遵循的原则

10.1　引　　言

在前面章节，我们学习了传统的结构化系统分析与设计方法，学习了如何运用数据流图、实体-联系图以及结构图进行系统建模。在这一章，我们将介绍一种完全不同的系统开发方法——面向对象的系统分析与设计方法。与传统开发方法不同的是，面向对象方法的分析与设计两阶段工作的界限并不明显，系统设计阶段要做的大多数工作是对分析阶段的成果进行改进和扩展。尽管如此，面向对象方法在系统分析阶段所关注的仍然是：系统必须做什么，而不是如何做。这些模型规定系统的功能特性，而不考虑与最终实现它的环境有关的问题。在设计阶段，需要修改和精炼面向应用的分析模型，以适合目标实现环境。然后进入实现阶段，用编程语言和数据库管理系统实现设计。众多面向对象的技术和表示方法结合成了一种标准的面向对象语言，称为统一建模语言(Unified Modeling Language，UML)。

10.2　UML

UML(统一建模语言)是一种为面向对象开发系统的产品进行说明、可视化和编制文档的一种标准语言，是非专利的第三代建模和规约语言。UML 使用面向对象设计的观念，但是独立于任何具体的程序设计语言。它作为一种模型语言，能使开发人员专注于建立产品的模型和结构，而不是选用什么程序语言和算法实现。当模型建立之后，模型可以被 UML 工具转化成指定的程序语言代码。因此，UML 可以用来描述企业过程和需求。IBM 的 Rational Rose 和微软的 Visio 都是 UML 工具。

10.2.1　UML 的出现

公认的面向对象建模语言出现于 20 世纪 70 年代中期。从 1989—1994 年，其数量从不到 10 种增加到了 50 多种。在众多的建模语言中，语言的创造者努力推崇自己的产品，并在实践中不断完善。但是，面向对象方法的用户并不了解不同建模语言的优缺点及相互之间的差异，因而很难根据应用特点选择合适的建模语言，于是爆发了一场"方法大战"。20 世纪 90 年代中期，一批新方法出现了，其中最引人注目的是 Booch 1993、OMT-2 和 OOSE 等。

Grady Booch 是面向对象方法最早的倡导者之一，他提出了面向对象软件工程的概念。1991 年，他将以前面向 Ada 的工作扩展到整个面向对象设计领域。Booch 1993 比较适合于系统的设计和构造。

Rumbaugh 等人提出了面向对象的建模技术(OMT)方法，采用了面向对象的概念，并引入各种独立于语言的表示符。这种方法用对象模型、动态模型、功能模型和用例模型，共同完成对整个系统的建模，所定义的概念和符号可用于软件开发的分析、设计和实现的全过程，软件开发人员不必在开发过程的不同阶段进行概念和符号的转换。OMT-2 特别适用于分析和描述以数据为中心的信息系统。

Ivar Jacobson 于 1994 年提出了 OOSE(面向对象软件工程)方法，其最大特点是面向用例(Use-Case)，并在用例的描述中引入了外部角色的概念。用例的概念是精确描述需求的重要武器，但用例贯穿于整个开发过程，包括对系统的测试和验证。OOSE 比较适合支持商业工程和需求分析。

此外，还有 Coad/Yourdon 方法，即著名的 OOA/OOD(面向对象的分析与设计)，它是最早的面向对象的分析和设计方法之一。该方法简单、易学，适合于面向对象技术的初学者使用，但由于该方法在处理能力方面的局限，目前已很少使用。

概括起来，首先，面对众多的建模语言，用户由于没有能力区别不同语言之间的差别，因此很难找到一种比较适合其应用特点的语言；其次，众多的建模语言实际上各有千秋；最后，虽然不同的建模语言大多雷同，但仍存在某些细微的差别，极大地妨碍了用户之间的交流。因此在客观上极有必要在精心比较不同的建模语言优缺点及总结面向对象技术应用实践的基础上，组织联合设计小组，根据应用需求，取其精华，去其糟粕，求同存异，统一建模语言。

1994 年 10 月，Grady Booch 和 Jim Rumbaugh 开始致力于这一工作。他们首先将 Booch 1993 和 OMT-2 统一起来，并于 1995 年 10 月发布了第一个公开版本，称之为统一方法 UM 0.8(Unitied Method)。1995 年秋，OOSE 的创始人 Ivar Jacobson 加盟到这一工作。经过 Booch、Rumbaugh 和 Jacobson 三人的共同努力，于 1996 年 6 月和 10 月分别发布了两个新的版本，即 UML 0.9 和 UML 0.91，并将 UM 重新命名为 UML。

1996 年，一些机构将 UML 作为其商业策略已日趋明显。UML 的开发者得到了来自公众的正面反应，并倡议成立了 UML 成员协会，以完善、加强和促进 UML 的定义工作。当时的成员有 DEC、HP、I-Logix、Itellicorp、IBM、ICON Computing、MCI Systemhouse、Microsoft、Oracle、Rational Software、TI 以及 Unisys。这一机构对 UML 1.0(1997 年 1 月)及 UML 1.1(1997 年 11 月 17 日)的定义和发布起了重要的促进作用。

在美国，截至 1996 年 10 月，UML 获得了工业界、科技界和应用界的广泛支持，已有 700 多个公司表示支持采用 UML 作为建模语言。1996 年年底，UML 已稳占面向对象技术市场的 85%，成为可视化建模语言事实上的工业标准。1997 年 11 月 17 日，OMG(对象管理组)采纳 UML 1.1 作为基于面向对象技术的标准建模语言。UML 代表了面向对象方法的软件开发技术的发展方向，具有巨大的市场前景，也具有重大的经济价值和国防价值。

10.2.2　UML 的内容

UML 本身并不等于面向对象的分析和设计，它是一个标准的图形表示法，仅仅是一组符号而已。我们需要做的是用它来表达面向对象的系统开发思想。它是一种定义良好、易于表达、功能强大且普遍适用的建模语言。它融入了软件工程领域的新思想、新方法和新技术。它的作用域不限于支持面向对象的分析与设计，还支持从需求分析开始的软件开发的全过程。面向对象思想和 UML 技术的结合，使得信息系统开发技术进入了一个全新的阶段。

首先，UML 融合了 Booch、OMT 和 OOSE 方法中的基本概念，而且这些基本概念与其他面向对象技术中的基本概念大多相同，因而，UML 必然成为这些方法以及其他方法的使用者乐于采用的一种简单一致的建模语言；其次，UML 不仅仅是上述方法的简单汇合，而是在这些方法的基础上广泛征求意见，集众家之长，几经修改而完成的，UML 扩展了现有方法的应用范围；最后，UML 是标准的建模语言，而不是标准的开发过程，尽管 UML 的应用必然以系统的开发过程为背景，但由于不同的组织和不同的应用领域，而需要采取不同的开发过程。

UML 的重要内容可以由下列五类图来定义。

- 用例图：表示系统的功能需求，并指出各功能的操作者。
- 类图：表示数据的静态结构和作用于数据的操作。包括类图、对象图和包图。
- 行为图：描述系统的动态模型和组成对象间的交互关系。其中状态图用来描述类的对象的所有可能状态以及事件发生时状态的转移条件。通常，状态图是对类图的补充。在实际运用时并不需要为所有的类画状态图，仅为那些有多个状态、其行为受外界环境的影响并且发生改变的类画状态图。而活动图描述满足用例要求所要进行的活动以及活动间的约束关系，有利于识别并行活动。
- 交互图：描述对象间的交互关系。其中顺序图显示对象之间的动态合作关系，它强调对象之间消息发送的顺序，同时显示对象之间的交互；合作图描述对象间的协作关系，合作图跟顺序图相似，显示对象间的动态合作关系。除显示信息交换外，合作图还显示对象以及它们之间的关系。如果强调时间和顺序，则使用顺序图；如果强调上下级关系，则选择合作图。这两种图合称为交互图。
- 实现图：其中构件图描述代码部件的物理结构及各部件之间的依赖关系。一个部件可能是一个资源代码部件、一个二进制部件或一个可执行部件，它包含逻辑类或实现类的有关信息。部件图有助于分析和理解部件之间的相互影响程度。配置图定义系统中软硬件的物理体系结构。它可以显示实际的计算机和设备(用节点表示)以及它们之间的连接关系，也可显示连接的类型及部件之间的依赖性。在节点内部，放置可执行部件和对象以显示节点跟可执行软件单元的对应关系。

10.2.3　基于 UML 的系统开发思路

从应用的角度看，当采用面向对象技术设计系统时，第一步是描述需求；第二步是根据需求建立系统的静态模型，以构造系统的结构；第三步是描述系统的行为。其中在第一步与第二步中所建立的模型都是静态的，包括用例图、类图(包含包)、对象图、组件图和配置图五个图形，是标准建模语言 UML 的静态建模机制。其中第三步中所建立的模型或者可以执行，或者表示执行时的时序状态或交互关系。它包括状态图、活动图、顺序图和合作图四个图形，是标准建模语言 UML 的动态建模机制。因此，标准建模语言 UML 的主要内容也可以归纳为静态建模机制和动态建模机制两大类。

在需求分析阶段，可以用用例来捕获用户需求。通过用例建模，描述对系统感兴趣的外部角色及其对系统(用例)的功能要求。分析阶段主要关心问题域中的主要概念(如抽象、类和对象等)和机制，需要识别这些类以及它们相互间的关系，并用 UML 类图来描述。为实现用例，类之间需要协作，这可以用 UML 动态模型来描述。在分析阶段，只对问题域的对象(现实世界的概念)建模，而不考虑定义软件系统中技术细节的类(如处理用户接口、数据库、通信和并行性等问题的类)。这些技术细节将在设计阶段引入，因此设计阶段为构造阶段提供更详细的规格说明。

编程(构造)是一个独立的阶段，其任务是用面向对象编程语言将来自设计阶段的类转换成实际的代码。在用 UML 建立分析和设计模型时，应尽量避免考虑把模型转换成某种特定的编程语言。因为在早期阶段，模型仅仅是理解和分析系统结构的工具，过早考虑编码问题十分不利于建立简单正确的模型。

UML 模型也可作为测试阶段的依据。系统通常需要经过单元测试、集成测试、系统测试和验收测试。不同的测试小组使用不同的 UML 图作为测试依据：单元测试使用类图和类规格说明；集成测试使用部件图和合作图；系统测试使用用例图来验证系统的行为；验收测试由用户进行，以验证系统测试的结果是否满足在分析阶段确定的需求。

10.3　用　例　分　析

10.3.1　用例、参与者及用例图

用例(Use Case)是一种描述系统需求的方法，是系统必须要进行的活动，使用用例的方法来描述系统需求的过程就是用例建模。例如在送餐中介公司的客户服务系统中，一件必须要做的事情就是处理客户的订单。那么"订单处理"就是一个用例。

从用户的角度来看，他们并不想了解系统的内部结构和设计，他们所关心的是系统所能提供的服务，也就是被开发出来的系统将是如何被使用的，这就是用例方法的基本思想。所以，用例用于表示系统所提供的服务，它定义了系统是如何被参与者所使用的，它描述的是参与者为了使用系统所提供的某一完整功能而与系统之间发生的一段对话。

参与者(Actor)是指存在于被定义系统外部并与该系统发生交互的人或其他系统，它们代表的是系统的使用者或使用环境。

参与者可以是人，可以是事物，也可以是时间或其他系统等。还有一点要注意的是，参与者不是指人或事物本身，而是表示人或事物当时所扮演的角色。比如小明是图书馆的管理员，他参与图书馆管理系统的交互，这时他既可以作为管理员这个角色参与管理，也可以作为借书者向图书馆借书，在这里小明扮演了两个角色，是两个不同的参与者。

这里的参与者的概念和事件表中的外部实体还有所不同。这里的参与者是亲自和计算机系统进行交互的人。而事件表中的外部实体是发起事件的人。例如，如果一个客户通过打电话订购饭菜，而这个订单需要通过接电话的办事员将订单信息输入系统，这时，办事员就是参与者，而打电话的客户不是参与者。

在 UML 中，参与者用简笔人物画来表示，人物下面附上参与者的名称。用例用一个标有名称的椭圆所代表，参与者与用例之间的连线表示了有哪些参与者参与哪种用例，如图 10-1 所示。

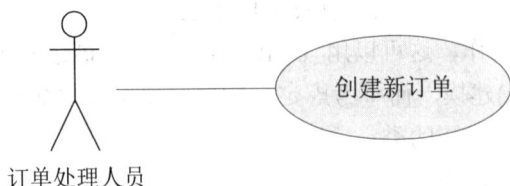

图 10-1　一个简单的用例图

以银行自动提款机(ATM)为例，它的主要功能可以由图 10-2 的用例图来表示。ATM 的主要使用者是银行客户，客户主要使用自动提款机来进行银行账户的查询、提款和转账交易。

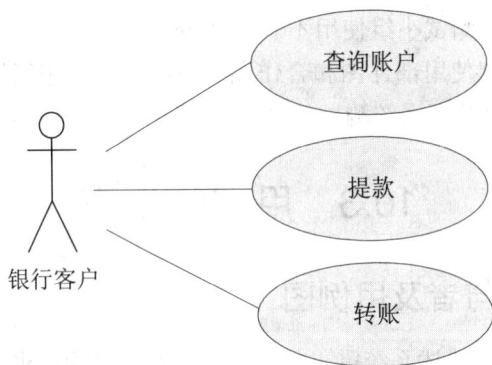

图 10-2　ATM 的用例图

由此可见，用例方法完全是站在用户的角度上(从系统的外部)来描述系统的功能的。在用例方法中，我们把被定义的系统看作是一个黑箱，我们并不关心系统内部是如何完成它所提供的功能的。用例方法首先描述了被定义系统有哪些外部使用者(抽象成为 Actor)，这些使用者与被定义系统发生交互；针对每一参与者，用例方法又描述了系统为这些参与者提供了什么样的服务(抽象成为 Use Case)，或者说系统是如何被这些参与者使用的。所以从用例图中，我们可以得到对于被定义系统的一个 s 总体印象。

与传统的功能分解方式相比，用例方法完全是从外部来定义系统的功能。在面向对象的分析阶段，用例模型主要用于表述系统的功能性需求，系统的设计主要由对象模型来记录表述。另外，用例定义了系统功能的使用环境与上下文，每一个用例描述的是一个完整的系统服务。用例方法比传统的结构化方法更易于被用户所理解，它可以作为开发人员和用户之间针对系统需求进行沟通的一个有效手段。

10.3.2　确定参与者

所谓的参与者是指所有存在于系统外部并与系统进行交互的人或其他系统。通俗地讲，参与者就是我们所要定义的系统的使用者。寻找参与者可以从以下问题入手。

● 系统开发完成之后，有哪些人会使用这个系统？

● 系统需要从哪些人或其他系统中获得数据？

● 系统会为哪些人或其他系统提供数据？

● 系统会与哪些其他系统相关联？

● 系统是由谁来维护和管理的？

这些问题有助于我们抽象出系统的参与者。对于 ATM 的例子，回答这些问题可以使我们找到更多的参与者：操作员负责维护和管理 ATM 系统，ATM 也需要与后台服务器进行通信以获得有关用户账号的相关信息，如图 10-3 所示。

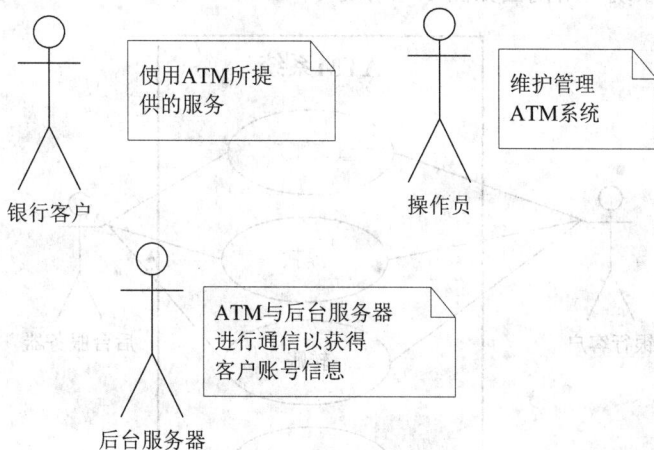

图 10-3　ATM 系统中的参与者

1. 系统边界决定了参与者

参与者是由系统的边界所决定的，如果我们所要定义的系统边界仅限于 ATM 本身，那么后台服务器就是一个外部的系统，可以抽象为一个参与者。如果我们所要定义的系统边界扩大至整个银行系统，ATM 和后台服务器都是整个银行系统的一部分，这时后台服务器就不再被抽象成为一个参与者。

值得注意的是，用例建模时不要将一些系统的组成结构作为参与者来进行抽象，如在 ATM 系统中，打印机只是系统的一个组成部分，不应将它抽象成一个独立的参与者；在一个 MIS(管理信息系统)中，数据库系统往往只作为系统的一个组成部分，一般不将其单独抽象成一个参与者。

2. 特殊的参与者——系统时钟

有时我们需要在系统内部定时地执行一些操作，如检测系统资源使用情况、定期地生成统计报表等。从表面上看，这些操作并不是由外部的人或系统触发的，应该怎样用用例方法来表述这一类功能需求呢？对于这种情况，我们可以抽象出一个系统时钟或定时器参与者，利用该参与者来触发这一类定时操作。从逻辑上，这一参与者应该被理解成是系统外部的，由它来触发系统所提供的用例对话。

10.3.3　确定用例

找到参与者之后，我们就可以根据参与者来确定系统的用例，主要是看各参与者需要系统提供什么样的服务，或者说参与者是如何使用系统的。寻找用例可以从以下问题入手(针对每一个参与者)。

- 参与者为什么要使用该系统？
- 参与者是否在系统中创建、修改、删除、访问、存储数据？
- 如果是的话，参与者又是如何来完成这些操作的？
- 参与者是否将外部的某些事件通知给该系统？
- 系统是否将内部的某些事件通知该参与者？

例如，ATM系统的用例图如图10-4所示。

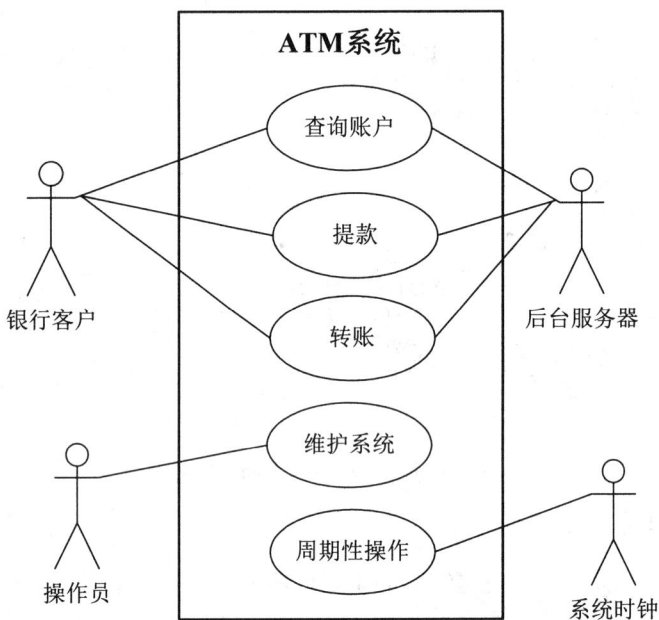

图 10-4　ATM 系统用例图

在确定用例时通常有两个切入点。一个切入点是使用事件表。如果分析员在分析商业过程中创建了事件表，那么，就可以分析表中的每一个事件以确定发起这个事件的参与者，以及由于这个事件而可能触发的其他用例。通常，每一个事件都是一个用例，但有时一个事件可能产生多个用例。

开发用例图的另一个切入点是确定所有使用系统的参与者。通过查找在事件表中的触发器和来源的所在列，你可以建立一个参与者列表。对这些列的分析有助于识别谁或什么在使用这个系统以及它的用途是什么。有时，参与者也是信息源，其他时候参与者则不是信息源。不能把参与者列为张三先生或女士这样的形式，而应该标识这些人所处的角色。记住，在一个系统中同一个人可以有多个特定的角色。这些角色可以是：订单办事员、部门经理、审计员等。

在用例的抽取过程中，必须注意：用例必须是由某一个参与者触发而产生的活动，即每个用例至少应该涉及一个主角。如果存在与参与者不进行交互的用例，就可以考虑将其并入其他用例；或者是检查该用例相对应的参与者是否被遗漏，如果是，则补上该参与者。反之，每个参与者也必须至少涉及一个用例，如果发现有不与任何用例相关联的参与者存在，就应该考虑该参与者是如何与系统发生对话的，或者由参与者确定一个新的用例，或者该参与者是一个多余的模型元素，应该将其删除。

可视化建模的主要目的之一就是要增强团队的沟通，用例模型必须是易于理解的。用例建模往往是一个团队开发的过程，系统分析员在建模过程中必须注意参与者和用例的名称应该符合一定的命名约定，这样整个用例模型才能够符合一定的风格。如参与者的名称一般都是名词，用例名称一般都是动宾词组等。

对于同一个系统，不同的人对于参与者和用例都可能有不同的抽象结果，因而得到不同的用例模型。我们需要在多个用例模型方案中选择一种"最佳"的结果，一个好的用例模型应该能够容易被不同的涉众所理解，并且不同的涉众对于同一用例模型的理解应该是一致的。图 10-5 是根据图 7-12 画出的用例图。

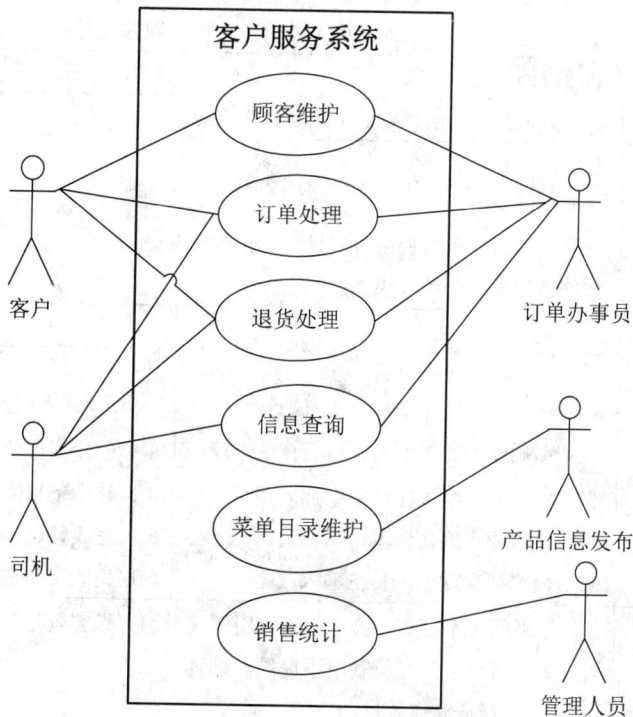

图 10-5　送餐中介公司客户服务系统用例图

10.3.4　用例详细描述

应该避免这样一种误解——认为由参与者和用例构成的用例图就是用例模型。用例图只是在总体上大致描述了系统所能提供的各种服务，让我们对于系统的功能有一个总体的认识。除此之外，我们还需要描述每一个用例的详细信息，这些信息包含在用例规约中，用例模型是由用例图和每一个用例的详细描述——用例规约所组成的。一般来说，每一个用例的用例规约都应该包含以下内容。

- 简要说明：简要介绍该用例的作用和目的。
- 事件流：包括基本流和备选流，事件流应该表示出所有的场景。
- 用例场景：包括成功场景和失败场景，场景主要是由基本流和备选流组合而成的。
- 前置条件：执行用例之前系统必须所处的状态。
- 后置条件：用例执行完毕后系统可能处于的一组状态。

用例规约基本上是用文本方式来表述的，如图 10-6 所示，为了更加清晰地描述事件流，也可以选择使用状态图、活动图或序列图来辅助说明。只要有助于表达的简洁明了，就可以在用例中任意粘贴用户界面和流程的图形化显示方式或是其他图形。如活动图有助于描述复杂的决策流程，状态转移图有助于描述与状态相关的系统行为，序列图适合于描述基于时间顺序的消息传递。

用例名称	订单登记	
用例场景	登记电话订单	
简要说明	当顾客电话订购时，订单职员和系统会检查顾客信息，创建一个新的订单，将订货信息加入订单中，检查支付款项并交易，最后完成订单	
参与者	电话销售员工	
前置条件	客户必须存在，所订购的饭菜品种必须存在	
后置条件	创建订单和添加订单条目 处理订单交易 分配订单给司机、餐馆，安排订单执行 订单必须与某个顾客相关联	
	参与者	系统
基本流	1. 销售员工接听电话，与顾客建立连接 2. 员工检查顾客信息 3. 为顾客创建一个新订单 4. 按照顾客要求在订单中加入条目 5. 提醒顾客确认订单 6. 顾客提交款项，员工输入数据	 3.1 创建新订单 4.1 显示条目信息 5.1 完成订单，并计算总额 6.1 完成交易
备选流	2.1 如果顾客不存在，员工暂停该用例，调用"顾客登记"用例 4.1 如果所订饭菜对应餐馆不提供，顾客可以 　　　a. 选择放弃该条目 　　　b. 选择其他餐馆 6.1 如果顾客没有信用卡，那么 　　　a. 取消订单，或者 　　　b. 选择货到付款	

图 10-6　电话订单的用例规约

1．基本流

基本流描述的是该用例最正常的一种场景，在基本流中系统执行一系列活动步骤来响应参与者提出的服务请求。我们建议用以下格式来描述基本流。

(1) 每一个步骤都需要用数字编号以清楚地标明步骤的先后顺序。

(2) 用一句简短的标题来概括每一步骤的主要内容，这样阅读者可以通过浏览标题来快速地了解用例的主要步骤。在用例建模的早期，我们也只需要描述到事件流步骤标题这一层，以免过早地陷入到用例描述的细节中去。

(3) 当整个用例模型基本稳定之后，我们再针对每一步骤详细描述参与者和系统之间所发生的交互。建议采用双向描述法来保证描述的完整性，即每一步骤都需要从正反两个方面来描述：参与者向系统提交了什么信息以及对此系统有什么样的响应。在描述参与者和系统之间的信息交换时，需指出来回传递的具体信息。例如，只表述参与者输入了客户信息就不够明确，最好明确地说参与者输入了客户姓名和地址。通常可以利用词汇表让用例的复杂性保持在可控范围内，可以在词汇表中定义客户信息等内容，使用例不至于陷入过多的细节。

2．备选流

备选流负责描述用例执行过程中异常的或偶尔发生的一些情况，如图 10-6 所示，备选流和基本流的组合应该能够覆盖该用例所有可能发生的场景。

例如在 ATM 系统中的"提款"用例中，基本的事件流包括以下步骤。

(1) 用户插入信用卡。

(2) 输入密码。

(3) 输入提款金额。

(4) 提取现金。

(5) 退出系统，取回信用卡。

但是这只描述了提款用例中最顺利的一种情况，作为一个实用的系统，我们还必须考虑可能发生的各种其他情况，如信用卡无效、输入密码错、用户账号中的现金余额不够等，所有这些可能发生的各种情况(包括正常的和异常的)。因此。在分析 ATM 系统中的"提款"用例时，我们还须考虑如下一些备选流。

备选流一：用户可以在基本流中的任何一步选择退出，转至基本流步骤(5)。

备选流二：在基本流步骤(1)中，用户插入无效信用卡，系统显示错误并退出信用卡，用例结束。

备选流三：在基本流步骤(2)中，用户输入错误密码，系统显示错误并提示用户重新输入密码，重新回到基本流步骤(2)；三次输入密码错误后，信用卡被系统没收，用例结束。

总之，在描述备选流时，应该包括以下几个要素。

(1) 起点：该备选流从事件流的哪一步开始。

(2) 条件：在什么条件下会触发该备选流。

(3) 动作：系统在该备选流下会采取哪些动作。

(4) 恢复：该备选流结束之后，该用例应如何继续执行。

备选流的描述格式可以与基本流的格式一致，也需要编号并以标题概述其内容。

3. 用例场景

用例在实际执行的时候会有很多的不同情况发生，称之为用例场景；也可以说场景是用例的实例。我们在描述用例的时候要覆盖所有的用例场景，否则就有可能导致需求的遗漏。在用例规约中，场景的描述可以由基本流和备选流的组合来表示。场景既可以帮助我们防止需求的遗漏，同时也可以对后续的开发工作起到很大的帮助：开发人员必须实现所有的场景、测试人员可以根据用例场景来设计测试用例。例如在客户支持系统中，顾客可以用电话订购产品，也可以网上订购。这两种订购方式就是两种不同的场景。

4. 前置条件和后置条件

前置条件表明在用例开始之前什么条件必须为真。换句话说，它标识了用例开始执行前系统的状态，包括必须已经存在什么样的对象、哪些信息必须可用，甚至用例开始之前参与者是什么样的状况。后置条件标识了用例结束的时候什么必须为真。描述前置条件的同样条款也适用于描述后置条件。

10.3.5　用活动图描述用例

前面所讲的是用文字来描述用例的情况。我们也可以用另外一种方式来描述用例的场景，即活动图。活动图类似于流程图，可以图形化描述业务过程或用例中的场景。与流程图不同的是，活动图提供了并行活动的机制，因此，活动图可以较灵活地表达现实的业务活动。活动图既可以用于分析阶段，也可以用于设计阶段。

在用例模型中，活动图用来捕捉用例的活动，使用框图的方式显示动作及其结果。活动图着重描述操作以及用例实例或对象中的活动。活动图是一种描述工作流的方式，它用来描述采取何种动作、做什么(对象状态改变)、何时发生(动作序列)以及在何处发生(泳道)。活动图可以用作下述目的。

- 描述一个操作执行过程中所完成的工作(动作)，这是活动图最常见的用途。
- 描述对象内部的工作。
- 显示如何执行一组相关的动作以及这些动作如何影响它们周围的对象。
- 显示用例的实例是如何执行动作以及如何改变对象状态。
- 说明一次商务活动中的人(角色)工作流组织和对象是如何工作的。

由于篇幅所限，图 10-7 是根据"电话订单"用例给出的简化后的活动图。从图中可以看出，UML 活动图使用圆角矩形表示动作，用箭头表示动作的进展，用菱形来表示判断和决策。为了说明哪些动作是由谁执行的，图 10-7 将活动图分为三块，每一块称为一个"泳道"，以显示执行者的角色。

图 10-7 中并没有用尽活动图的所有功能。比如有些动作是并行的，有些动作是基于时间或者某种外部过程的信号调用等。

一般来说，我们并不一定为每个用例绘制一张活动图。我们只对具有复杂逻辑的用例(甚至只是用例的一个片断)绘制活动图，这有助于我们来思考系统逻辑，以便理顺思路，并发现问题。活动图也可以用来和程序员交流逻辑。

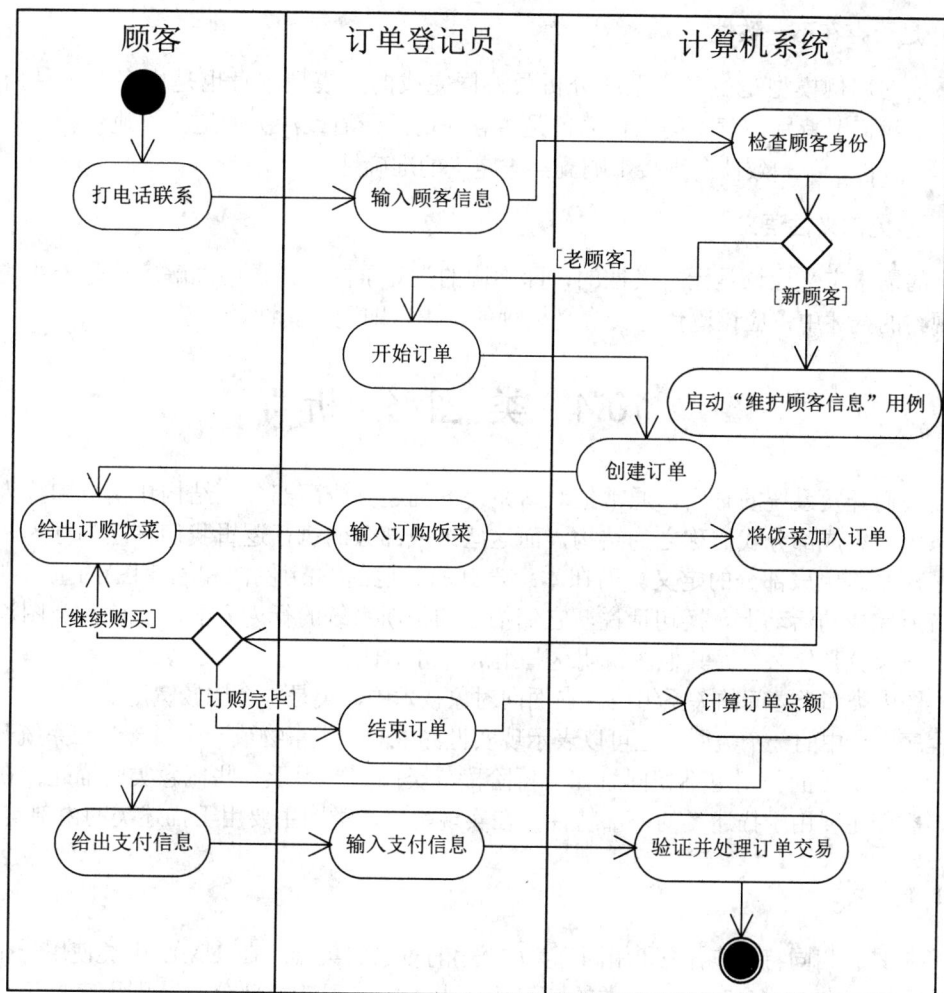

图 10-7　"电话订单"用例的活动图

10.3.6　检查用例模型

用例模型完成之后，可以对用例模型进行检查，看看是否有遗漏或错误之处。主要从以下几个方面来进行检查。

1. 功能需求的完备性

现有的用例模型是否完整地描述了系统功能，这也是我们判断用例建模工作是否结束的标志。如果发现还有系统功能没有被记录在现有的用例模型中，那么我们就需要抽象一些新的用例来记录这些需求，或是将它们归纳在一些现有的用例之中。

2. 模型是否易于理解

用例模型最大的优点就在于它应该易于被不同的涉众所理解，因而用例建模最主要的指导原则就是它的可理解性。用例的粒度、个数以及模型元素之间的关系复杂程度都应该由该指导原则决定。

3. 是否存在不一致性

系统的用例模型是由多个系统分析员协同完成的，模型本身也是由多个工件所组成的，所以我们要特别注意不同工件之前是否存在前后矛盾或冲突的地方，避免在模型内部产生不一致性。不一致性会直接影响到需求定义的准确性。

4. 避免二义性语义

好的需求定义应该是无二义性的，即不同的人对于同一需求的理解应该是一致的。在用例规约的描述中，应该避免定义含义模糊的需求，即无二义性。

10.4　类图分析

当人们开发系统的时候，通常把对新系统的描述分成两部分：结构化信息和行为化信息。系统的组成部分我们称之为结构，而这些组成部分的执行逻辑我们称之为行为。类图提供了对系统组成部分的定义。而在本章学到的其他图(如用例图和顺序图)的重点则集中于系统所完成的活动上。换句话说，它们描述的是新系统的行为方面。因此，类图说明系统的组成部分是什么，而其他图说明这些组成部分干什么。

类图由类和类之间的关系组成。在面向对象技术中，类是一个比较宽泛的概念。它可以表示程序设计中的一个类型，也可以表示现实世界中的一类事物或一个概念。在系统开发的不同阶段，类图的作用也不相同。在分析阶段，类图主要用于一些概念类的描述；在设计阶段，类图主要用于描述类的外部特性；在实现阶段，类图主要用于描述类的内部实现。

10.4.1　类

类是具有相同特性(属性)和相同行为(方法)的对象的集合。在 UML 中类使用一个矩形图符来表示，如图 10-8 所示。类的图符分为上、中、下三个部分，分别用来标识类的名称、属性和方法。

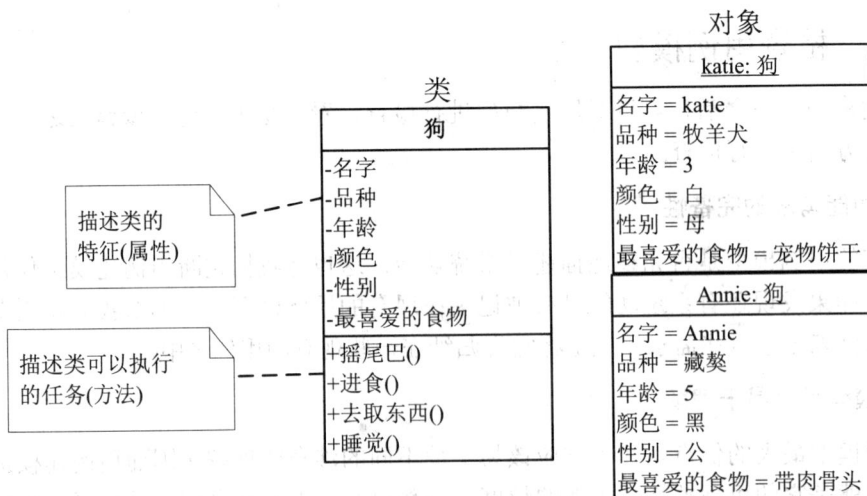

图 10-8　类和对象

例如，许多家庭都有宠物狗，我们可以用名词"狗"来命名所有的宠物狗，它们都有名字、品种、年龄、颜色、性别和最喜爱的食物这些属性，以及摇尾巴、进食、去取东西和睡觉这些行为。主人训练它时，说声"好样的"就是告诉它摇尾巴，说声"吃饭了"就是告诉它去饭盆吃东西。由此可见，类的名称、属性和方法是描述一个类的三个最基本的方面。

1. 名称

类的名称放在类的图符的上面部分，用来唯一标识一个类。这个名称既可以是英文的，也可以是中文的，它是图符中必需的部分。类名通常是一个名词或复合名词，例如学生、销售员和团体客户。类名应该能够恰当地反映出类所代表的概念。类的命名应尽量使用应用领域中的术语，类名应明确、无歧义，易于理解，便于开发人员与用户相互交流。

恰当的类名称如学生、录入员，通过这两个名字就可以基本了解这两个类的含义。不好的类名称如处理者、人员，使人无法通过字面含义来了解类的具体含义。

2. 属性

属性是指对象本身所具有的特性，用于描述类或对象的特点。例如一辆汽车，它的颜色、型号、外观等，这些都是这辆车的属性。属性放在类图图符的中间部分，可以在这个部分列出类的主要属性。

一个类到底需要多少属性呢？答案依赖于信息系统及其用户的需求。即便是一个相对而言比较简单的类，例如库存商品，也可能需要部门编号、描述、供应商、现有数量、最低存储量、最高存储量、订单时间等比较多的属性。随着分析和设计的深入，将找出越来越多类的属性，然而图中无法完全列举所有属性。这时只需要把其中重要的属性或需要说明的属性在图符中列出来。

3. 方法

方法描述了类的动态行为，用于修改、检索类的属性或执行某些动作。简言之，就是类可以执行的任务。方法放在图符的下面部分，可以在这个部分列出类的主要方法。如图 10-9 所示。

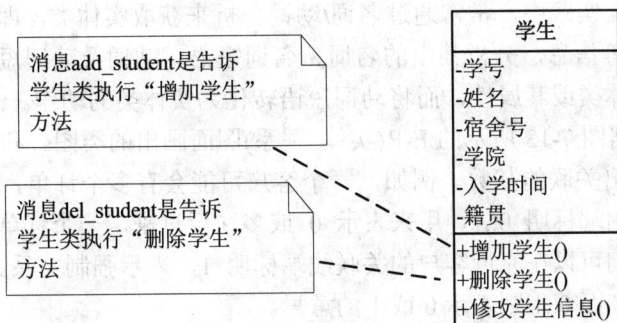

消息add_student是告诉学生类执行"增加学生"方法

消息del_student是告诉学生类执行"删除学生"方法

学生
-学号
-姓名
-宿舍号
-学院
-入学时间
-籍贯
+增加学生()
+删除学生()
+修改学生信息()

图 10-9　学生类的方法

4. 消息

消息就是告诉类执行某方法的命令。例如在图 10-9 中，消息 add_student 就是告诉学生类执行"增加学生"方法。学生类明白它应该如何来执行这一动作。同样 del_student 消息是告诉学生类执行"删除学生"方法。

5. 对象

对象是类的实例，它将类具体到了某一个具有特定属性值的个体。例如图 10-8 中，狗是 Katie 和 Annie 这样的具体的狗的抽象，反过来，Katie 和 Annie 是对"狗"类的实例化。

在系统分析阶段，你可以将类或对象当作一个暗箱，发给对象的消息会引起对象内部发生某些变化。但我们可以对这些变化暂时置之不理，只需发送对应消息即可，而无须说明如何完成这些变化。

暗箱是封装的一个例子，封装中所有的数据和方法都是内含的。暗箱无须外部的干预。通过限制访问内部成员，对象可以保护它内部的代码不会受到其他对象或者进程的影响。封装允许将对象当作模块组件，在系统中任何地方使用。因为对象可以接受和发送消息，但不会是其他对象内部的方法。

10.4.2 初步类图

UML 有两个重心，其一是用例图，其二是类图。之所以这样说，是因为我们可以根据用例图和类图衍生出其他的图：包括顺序图、协作图、活动图和状态图。如果说用例图是给出了系统的行为描述的话，那么类图就是给出了系统的静态结构描述。

在 UML 中，类有不同的种类，包括界面类、控制类和实体类。其中的界面类和控制类是随着系统分析的深入而需要在系统设计阶段考虑的事情。在系统分析阶段应该把关注点放在实体类图的设计方面。可以说，实体类图显示了系统的问题域，它是其他类的基石，也驱动了所有其他类的定义。

可以简单地认为，实体类代表需要永久保留的信息或数据，这些数据不会随着程序中止而丢失，称作可持续的(Persistent)，所有数据库中的数据都是可持续的。因此，实体类图可以与 E-R 图相对应。系统分析阶段的主要任务是面向问题而非解决方案，所以这时的实体类图并不显示方法，而主要关注的是用户真实世界的对象，包括：人、事、时、地、物或概念的信息。在实践中，常常通过名词/动词分析来获取实体类，即通过广泛收集用例及需求规格说明书等信息，分析其中的名词、名词短语、动词及动词短语，然后将名词及名词短语提炼成实体类或其属性，而将动词短语转化为实体类的动作。

图 10-10 是根据图 7-13 所示的 E-R(实体-关系)图而画出的类图。和 E-R 类似的是，在类图中同样需要标出关联的基数。例如，一个客户可能会有多个订单，这时我们可以在关联线上靠近订单类的端标明 0..*，用来表示 0 或多。反过来，一个订单必然为某一特定客户所订购，这时我们可以在靠近客户的关联线端标明 1，表示强制关系。类似地，1..*表示至少有 1 个的意思，而 0..1 则表示 0 或 1 的意思。

事实上，类图是随着分析的深入而逐步完成的。试图在一开始就给出完整的类图的想法是不现实的。例如，随着对用例图的深入分析以及交互图的展开，我们可能会发现一些新类以及需要向目前类添加的一些新属性。因此，类图是在迭代过程中不断得到丰富和完善的，包括类的添加、属性的添加以及关联的添加。

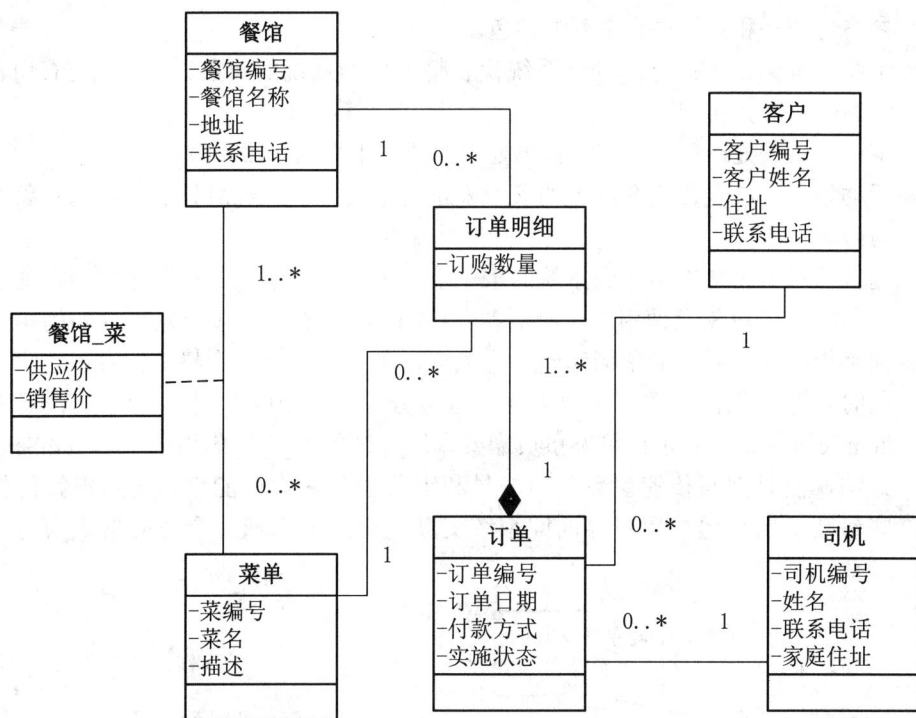

图 10-10 送餐中介公司类图

10.5 输入输出分析——顺序图

用例图定义了系统的外部行为，从用户角度描述了系统的功能，即系统需要完成的任务。在面向对象方法中，系统由对象组成，那么，任务的完成自然需要对象之间的交互。交互图正是给出了对象之间为了完成某一外部功能所需要的沟通过程。交互图分为顺序图和协作图两种。顾名思义，后者并不强调对象之间信息传递的时间顺序，而是强调对象之间信息传递的关系，而前者则两者兼备。所以，在这里我们只介绍顺序图。

顺序图(也称序列图)是一种交互图(Interaction Diagram)用于描述执行系统功能的各个角色之间相互传递消息的顺序关系，显示跨越多个对象的系统控制流程，强调的是时间和消息的次序，用来说明系统的动态情况。顺序图由参与者、对象、对象生命线和消息组成。一个顺序图显示了一系列的对象(通常是类的实例，也可以代表其他事物的实例，例如协作、组件和节点)和在这些对象之间发送和接收的消息。

10.5.1 顺序图的符号

我们首先给出图 10-11 所示的顺序图片段。在用例图中，我们只能看到参与者在使用系统的某些功能，但对使用过程中参与者和系统如何通过输入数据和输出数据进行交互却没有提及，而这个细节正是顺序图需要关注的重点。因此可以说，顺序图是对用例图的进一步细化，它们描述的等级是不同的。

图 10-11 中所使用的符号如下所述。

- 参与者——和系统进行交互的角色。
- 系统——标记为：订单处理系统代表整个自动系统的对象。其中冒号(：)表示系统的一个运行实例。
- 生命线——处在参与者和：订单处理系统下垂直的虚线。
- 活动条——放置在生命线上的条形表示对象的激活。一般只有在强调对象的激活与破坏时才使用。
- 输入消息——从参与者到系统的水平箭头表示消息输入。在顺序图中，消息被认为是在目的对象上调用的一种活动。UML 的消息命名规范是用开始的第一个单词字母小写，后续的单词起始字母大写，单词之间没有空格。括号内包含了你在此时知道的任何参数，参数之间用逗号分隔。图 10-11 中，输入的消息被称为 itemSelections，表示订单办事员需要调用：订单处理系统实例中的 itemSelections 方法，同时向其传递参数餐馆编号和饭菜编号。你可能想知道用户如何传递这些参数。用户通过用户界面同系统交互，用户界面通过合适的格式为用户传递参数。

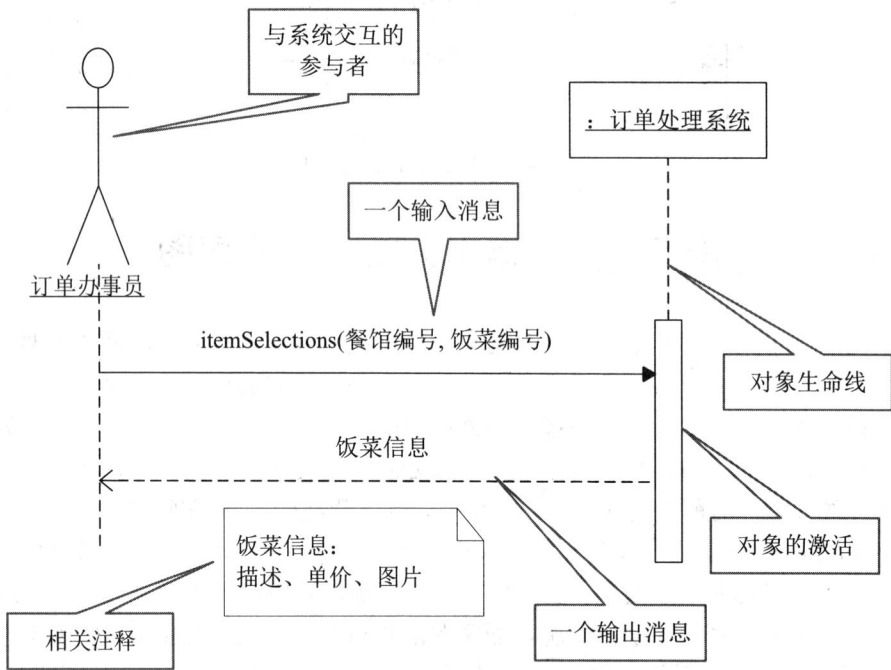

图 10-11　一个简单的顺序图

- 输出消息——从系统到参与者的虚线水平箭头。由于返回消息可能采用 Web 表单、报表或报告、电子邮件等形式，所有这些消息不需要使用标准的命名规范，如果想用也可以。此外，返回消息是序列图的一个可选择部分。返回消息的使用依赖建模的具体/抽象程度。如果需要较好的具体化，返回消息是有用的；否则，主动消息就足够了。
- 注释——添加注释，主要是为了便于解释，而且能使图显得简洁。

另外，顺序图还有一些其他的符号。例如，订单中往往会包含多个条目，那么，对应的添加条目动作就必须重复执行。图 10-12 举例说明了这种重复操作的表示方法。在图 10-12 中，我们画了一个框架，在框架的标签里写着"loop"，表示框架中的动作需要循环进行。循环的判断条件放在左上角的方括号中，表示如果方括号中的判断条件为真时，则继续循环，否则，跳出循环。

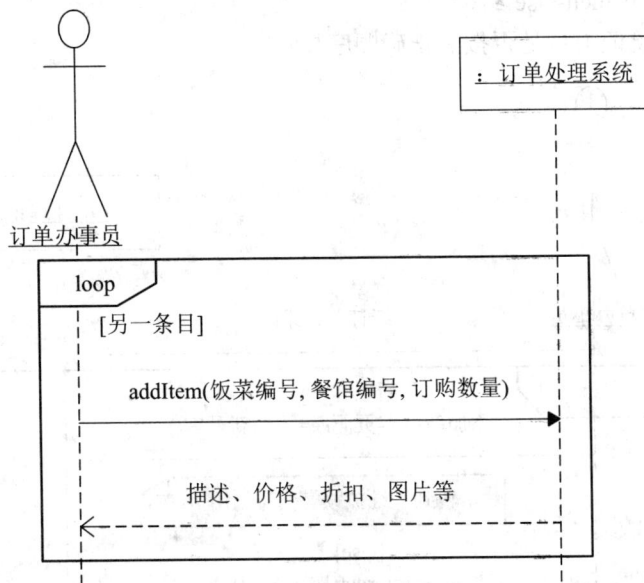

图 10-12　对循环操作的表示

10.5.2　开发顺序图

顺序图一般用于确认和丰富一个用例场景的逻辑。一个用例场景就是系统潜在的使用方式的描述，也就是它的名称所要描述的。一个用例场景的逻辑可能是一个用例的一部分，或是一条备选线路；一个贯穿单个用例的完整流程，例如动作基本过程的逻辑描述，或是动作的基本过程的一部分再加上一个或多个的备用流的逻辑描述，或是包含在几个用例中的流程，例如一个学生注册入学之后，立即就要在三个班级注册。因此，为了开发一个顺序图，我们需要有用例的详细描述，这种描述可以是图 10-6 所示的用例规约，也可以是图 10-7 所示的活动图。使用活动图的优点就是很容易确定输入和输出何时发生。图 10-13 是针对图 10-7 所示的活动图而建立的顺序图。由于篇幅所限，我们对整个电话订单处理细节进行了简化，但这并不妨碍我们说明问题。

一般来说，我们可以遵循以下思路来开发顺序图。

(1) 确定你要描述用例的哪个场景。系统顺序图的目的在于发现消息，而不是建模逻辑。所以尽管你可以包含整个用例的可选消息，但清楚的描述单个场景更重要。图 10-13 所示的顺序图是针对送餐中介客户服务系统中的"电话订单"场景而设计的。

(2) 绘制一个矩形表示一个整体的系统，并在其下面延伸生命线。

(3) 确定和系统直接交互的角色，并在角色下延伸生命线。在图 10-7 中，直接和系统交互的角色是订单办事员，而不是顾客。所以，我们在图 10-13 中只将订单办事员包含进来。

(4) 检查用例场景，找出系统的输入和输出。这时，我们暂时忽略系统内部消息。在图 10-7 中，我们发现有五个地方的工作流穿过了订单办事员和系统之间的边界线，这些均表示向系统发送的消息并在对应的顺序图中进行体现。

(5) 添加框架以表示一些判断或循环结构。例如在图 10-13 中，外部的一个框架被表示为"alt"，表示 if-then-else 结构。

(6) 自顶向下验证消息是否按照正确顺序显示。

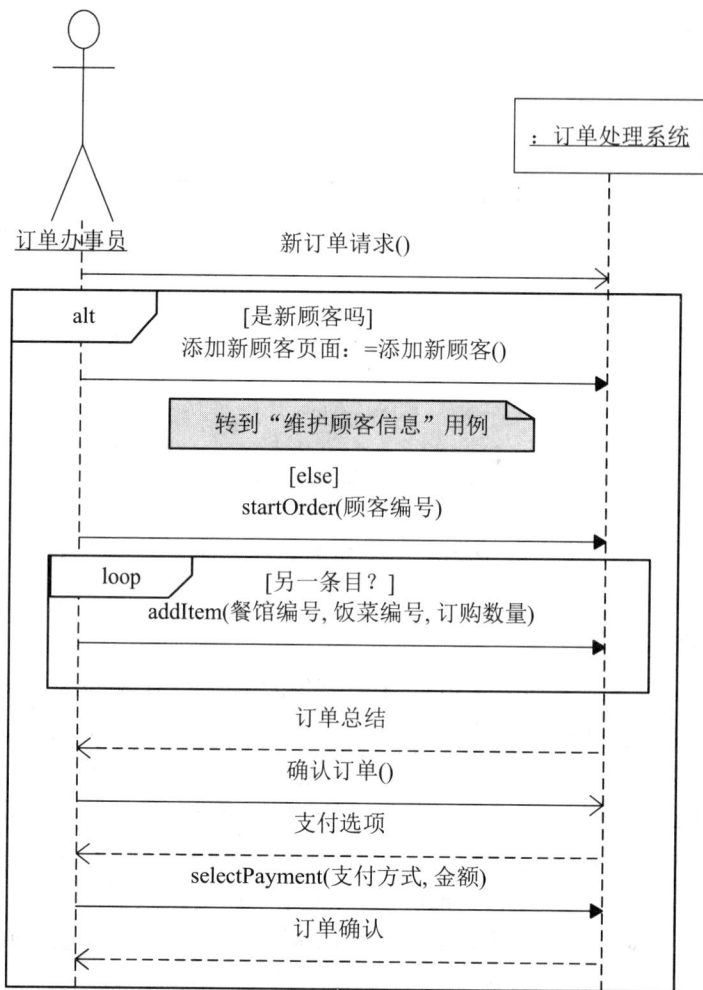

图 10-13 "电话订单"用例的顺序图

在图 10-13 中，第一条消息是"新订单请求()"，因为系统无须输入数据来执行订单请求处理，所以也无须输入参数。下一步逻辑上应该首先判断该顾客是否为新顾客。这个判断我们用一个框架来表示。如果是新顾客，就转到维护顾客信息用例。这里的"添加新顾客页面：=添加新顾客()"对应"返回值：=消息名(参数列表)"的格式。如果不是新顾客，则触发 startOrder 消息。接下来进入一个循环框架。

注意，我们这里对三个消息指明了传递的参数，分别是 startOrder、addItem 和 selectPayment。事实上，要准确确定哪些参数必须包含是非常困难的。开发人员必须经过多次迭代，才能找到一个正确而又完整的参数列表。其中一个很重要的线索就是根据类图来确定参数。换句话说，类图中的一些属性可以作为参数列表。

综上所述，在分析阶段，用例给出了系统需要完成的任务，用例规约或活动图给出了某个用例中某个场景内部步骤的详细描述，实体类图给出了系统的对象结构，而系统顺序图描述了某个场景中系统的输入和输出。所有这些模型对系统的处理需求提出了全面综合的描述，为下一步的设计奠定了基础。

10.6　设　计　类　图

从这一节我们进入面向对象的设计阶段。设计阶段的主要工作就是对分析阶段的分析成果进一步细化的过程。在一个单纯面向对象环境中，每一段代码都存在于某个对象内部——所有的用户界面、所有的程序逻辑，等等。应用程序通过让类发送消息并从其他类接收消息而工作。那么，设计阶段就需要进一步说明系统的对象和消息。

前面曾提到过，类有不同的种类，包括界面类、控制类和实体类。其中实体类对应现实生活中的实体(例如顾客或订单)，它包含了用于描述实体的不同实例的信息(称为属性)，还封装了维护其信息或属性的行为(称为方法)。

界面类是用户和系统交互的媒介。界面类主要有两方面的事情：一方面将用户的输入翻译成为系统可以理解和应用的信息；另一方面，获取关于业务事件的数据，并将数据加以翻译，提交给用户。屏幕、窗口、读卡器等都可以看做是界面类。

控制类实现系统的业务逻辑或业务规则。一般来说，每个用例有一个或多个控制类实现。控制类通过向实体类发送消息和从实体类接收消息，处理来自界面类的消息并响应这些消息。

有时，从实体类中还可衍生另外的类，如持久类(或数据访问类)。不同于向实体类方法中插入数据访问逻辑(包括 SQL 语句)，持久类是将这种读写功能独立出来，这样可以确保实体类的中立，增强类的复用性。这也是面向对象设计的主要目标。

10.6.1　基本的概念

1. 设计类符号

图 10-14 比较了分析类图和设计类图，可以看出，分析类图是面向问题，而设计类图是面向实现的。分析类图展现的是用户实际工作环境中各对象之间的关系，这时的对象类并不特指某个软件类。而在设计阶段，所有的类都应该具体化为软件类。因为在设计过程中要定义很多不同设计类，UML 提供一种对类进行分类的表达方式，即构造型，它允许设计者为每一类指明一个专门的类型。图 10-14 中的<<entity>>就是一个构造型，它表示客户类属于实体类。

设计类图对分析类图进一步具体化，包含了类的属性类型、方法以及更多信息。图 10-14 中，属性的可见性用 "+/-" 表示，其中 "+" 表示可见，而 "-" 表示不可见。可见性表示其他对象是否能直接访问这些属性。类似地，方法中的 "+" 表示方法可以为其他对象所调用，否则相反。在设计阶段，一个重要的任务就是确定类的方法以及方法中的参数列表，这个工作需要在对用例的交互图的展开过程中同步进行。

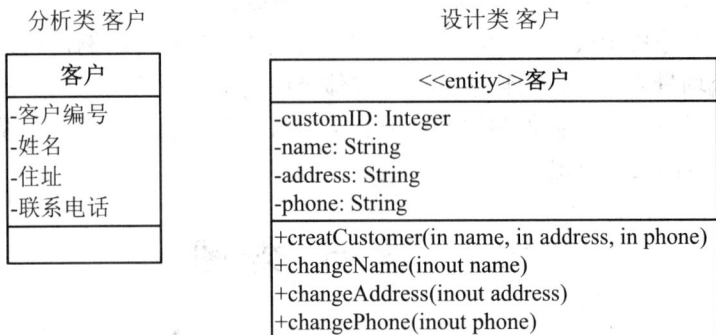

分析类 客户　　　　　　　　　　　设计类 客户

客户
-客户编号
-姓名
-住址
-联系电话

<<entity>>客户
-customID: Integer
-name: String
-address: String
-phone: String
+creatCustomer(in name, in address, in phone)
+changeName(inout name)
+changeAddress(inout address)
+changePhone(inout phone)

图 10-14　分析类图和设计类图的比较

2. 封装和信息隐藏

隐藏复杂性是我们人类处理更复杂问题的一种常用方法。这可能跟人的记忆力、计算力等是有限的这点有关，对这种方法背后原因的深度挖掘，要涉及人类认知学方面的知识，而显然它(认知学)的表现并不尽如人意，否则完全可以根据它造出会认知的机器来。

面向对象设计过程中的封装，就是隐藏复杂性的一种基本方法。比如操作电视，我们不需要知道电视内部的繁杂布线，只通过几个电视按钮就可以实现调整音量、切换频道等功能。软件设计中同样是这样一个道理。封装的基本思想就是将对象看作独立单元，每个对象都是内部携带自己的数据，并提供访问数据的方法，而且还向外提供一系列调用对象方法的服务。用这种思想设计软件的一个好处就是软件人员可以像搭积木一样来设计系统，而被封装的对象则等价于构成系统的积木块。而且，这些对象可以被方便地重用，提高了程序开发的效率。

和封装相关的概念是信息隐藏，即和一个对象相关的数据对外部是不可见的，而只能通过对象所提供的方法来访问和修改这些数据。

3. 导航的可见性

在面向对象系统中，系统所提供的功能是通过对象间的交互实现的，而对象间的交互关系是通过交互图来表现的。在交互图中，如果类和类之间可以相互访问，那么这种关联关系是双向的。而在很多情况下，你可能希望限制消息只在一个方向上发送。例如，如果你觉得"给定一个客户，知道这个客户发出了哪些订单"这样的问题很有意义，而反过来，在大多数情况下"给定某个订单，来确定对应的客户"这样的问题没有意义的话，你就可以让 order 类对 customer 类来说是可见的，反过来，customer 类对 order 类则是不可见的。这种关系 UML 用导航可见性来表示。如图 10-15 所示，在设计类图中，导航可见性用类之间的箭头表示，箭头指向可见的类。

4. 内聚与耦合

同传统的结构化设计方法类似，在面向对象设计中，同样涉及内聚和耦合的概念，它们是对象封装质量高低的定性评价指标。

内聚也称功能内聚，是对软件系统中类的职责相关性和集中度的度量。如果类聚精会神做一件事情或高度相关的某几件事情，没有其他过多的工作，那么该类就具有高内聚性，反之则为低内聚性。高内聚要求软件系统中的各个类具有较高的协作性，因为当我们在完成软件需求中的一个功能，可能需要做各种事情，但是具有高内聚性的一个类，只完成它职责内的事情，而把那些不在它职责内的事情拿去请求别人来完成。

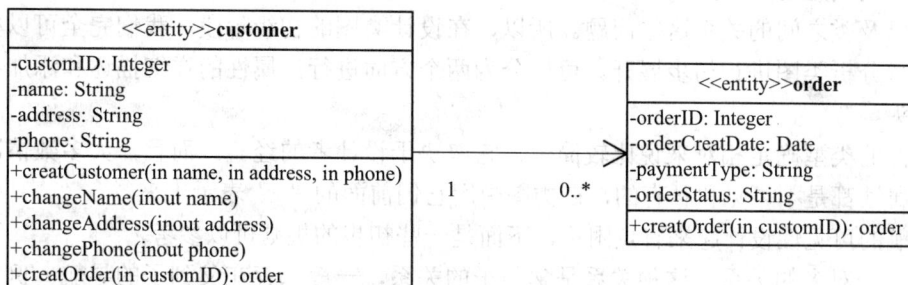

图 10-15　导航可见性表示方法

高内聚的类有这样一些好处。首先，它们易于维护。因为高内聚的软件系统，每个类的任务都高度相关，这就使每一次的变更涉及的范围缩小到最小，从而不会产生连锁反应。其次，可以提高类的复用性。在软件开发中，最低等级的复用是代码复制，然后是函数的复用、对象的复用、组件的复用。好的代码可以复用，不好的则不行。软件中的一个对象如果能保证完成自己职能范围内的各项任务，同时又不去理会与自己职能无关的其他任务，那么它就能够保证功能的相对独立性，也就可以脱离自己所处的环境而复用到其他环境中，这是一个具有内聚性的对象。相反，如果一个类中封装了很多不同的(通常是无关的)功能，那么，在其他环境中复用这种类通常没有意义。比如，一个有按键功能的按钮类经常被重用。但是，同时具有按键功能和用户登录功能的按钮类却很少被重用。最后，高内聚的类聚有可读性。一个人写文章、讲事情，条理清晰才能易于理解，这同样发生在读写软件代码上。如果一堆代码写得一团乱麻，东一个跳转西一个调用，读它的人会感觉非常头疼。如果一段程序条理非常清晰，每个类通过名称或说明都能清楚明白它的意义，类的每个属性、函数也都是易于理解它所应当完成的任务和行为，这段程序的可读性必然提高。在软件产业越来越密集，软件产业中开发人员协作越来越紧密、分工越来越细的今天，软件可读性的要求相信也越来越为人们所重视。

耦合是对设计类图中类与类之间的连接、感知和依赖关系紧密程度的定性度量。假如一个类 A 去连接类 B，或者通过自己的方法可以感知类 B，或者当类 B 不存在的时候就不能正常工作，那么就称类 A 与类 B 有耦合。由此可见，耦合是导航可见性的另一种说法。耦合带来的问题是，当类 B 发生变更或不存在时，都将影响类 A 的正常工作，影响系统的可维护性和易变更性。同时类 A 只能工作于类 B 存在的环境中，这也降低了类 A 的可复用性。正因为耦合的种种弊端，我们在软件设计的时候努力追求"低耦合"。低耦合就是要求在我们的软件系统中，某类不要过度依赖于其他类。请注意这里的"过度"二字。因为，如果设计了一个类，它不与系统中的任何其他类发生耦合，那么，这个类必然是低内聚的，但同时也是不现实的。因此，耦合与内聚是一个事物的两个方面，我们需要把握的是一个最佳的权衡点。

10.6.2 开发设计类图的初步

1. 确定属性和初步的导航可见性

设计类图是对分析类图的进一步扩展，所以我们关注的重点仍然离不开确定类、它们的属性以及类之间的关系这些问题。所以，在设计类图的初级阶段，我们完全可以根据经验立即对分析类图进行初步展开。可以分为两个方面进行：属性的详细描述和添加导航可见性箭头。

属性的类型确定相对来说比较简单，它取决于设计者的经验。而且，大多数情况下，所有的属性都是不可见和私有的，在类图中用它们前面的"−"表示出来。

导航的可见性设计起来有点困难，下面是一些初步的规则可以参考。

- 一对多的关系。这种关系是父与子的关系，一般都存在父到子的导航。例如，客户到订单、订单到订单明细等。
- 强制关系。在这种关系中，一个类的对象在没有另一个类的对象存在的情况下是不能存在的。这种关系必须存在从相对独立类到不独立类的导航。例如，从客户到订单的情况。
- 当一个对象需要获得来自另外一个对象的信息时，必须有导航箭头指向对象本身或是层次中它的父类。

根据以上原则，图 10-16 给出了送餐中介公司初步的设计类图。

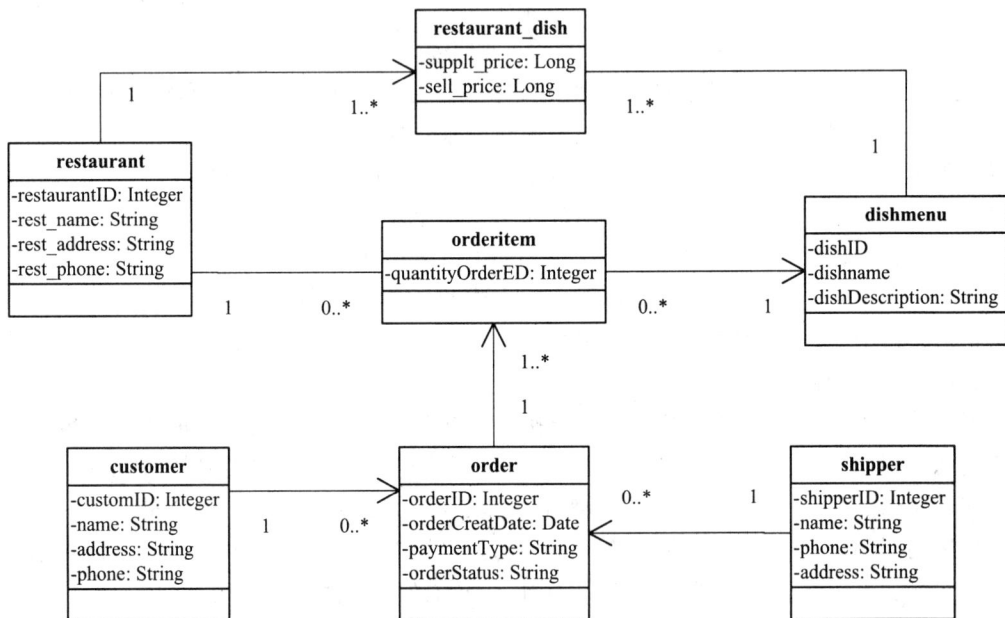

图 10-16　送餐中介公司设计类图初步

2. 确定基本的对象职责和对应的方法

在面向对象开发中，至关重要的能力是熟练地为软件对象分配职责。职责标识了对象必须提供的服务。在完成职责的过程中，互相协作的对象之间彼此通信，通过不断的优化、迭代，形成一个满意的结构。这样，将职责分配到类，并进行细化，来作为一种工具，指导实际系统的开发。

一般来说，对象的职责包括两个方面"做"和"认知"，其中"做"包括以下含义。

- 自身执行一些行为，如创建对象或计算。
- 初始化其他对象中的动作。
- 控制和协调其他对象中的活动。

对象的"认知"职责包括下面意义。

- 对私有封装数据的认知。
- 对相关对象的认知。
- 对其能够导出或计算的事物的认知。

职责与方法并非同一事物。职责是一种抽象，而方法实现了职责。职责借助于方法来实现，该方法既可以单独动作，也可以与其他方法和对象协作。

如图 10-17 所示是一个简化后的图，一个订单类具有创建一个客户订单的责任，但它可能需要同客户(customer)类协作以获取客户数据，其次还要同订单明细(orderitem)类协作以获取订购的饭菜数据。而订单明细又无法自行完成全部请求，所以它需要同饭菜(dishmenu)类协作，获取饭菜的详细信息。因此，当每个类收到请求服务的消息时，它有责任响应消息并实现请求。

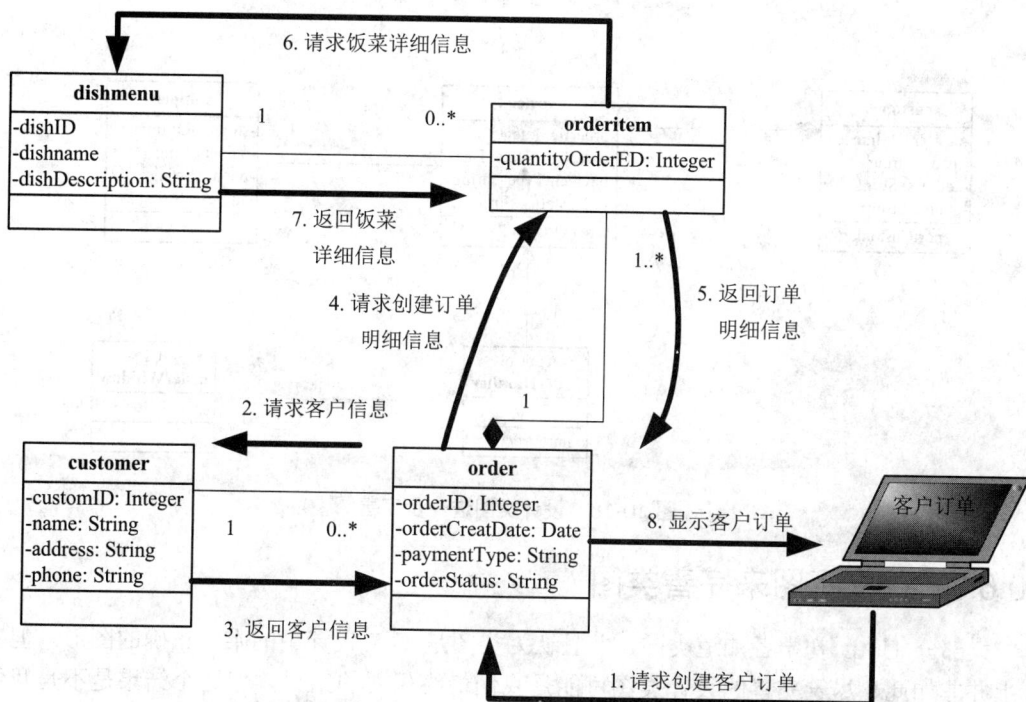

图 10-17　对象职责

图 10-18 是根据图 10-17 对图 10-16 所做出的进一步完善的设计类图。其中，我们添加了一些对应的方法。例如，customer 类的 reportCustomer 方法是为了响应 order 类的客户信息请求而设置的，dishmenu 类的 reportDish 是用来响应 orderitem 类的饭菜信息请求的。

由于篇幅所限，图中省略了相应的参数。图中还分别添加了一个控制类 orderHandler 和可视类 orderWindow。虚线箭头表示了 orderWindow 对 orderHandler 的依赖关系。

另外，在图 10-18 中，我们将 customer 类和 order 类之间关系改为一种双向的、紧密的聚合关联关系(Aggregation)，这是可行的。双向关联关系的好处是访问比较方便，从两个方向都可以轻松获得所需要的信息/数据。这种设计是不是最优的，不仅取决于基本的软件设计原则(高内聚、低耦合)，而且也要考虑具体业务需求。如果业务要求从每张订单中可以知道该订单来自哪位客户，那么在设计 order 类到 customer 类的导航可见性是合理的。另外，从图 10-17 来看，在创建订单过程中，order 类和 customer 类之间也确实需要双向的交互。

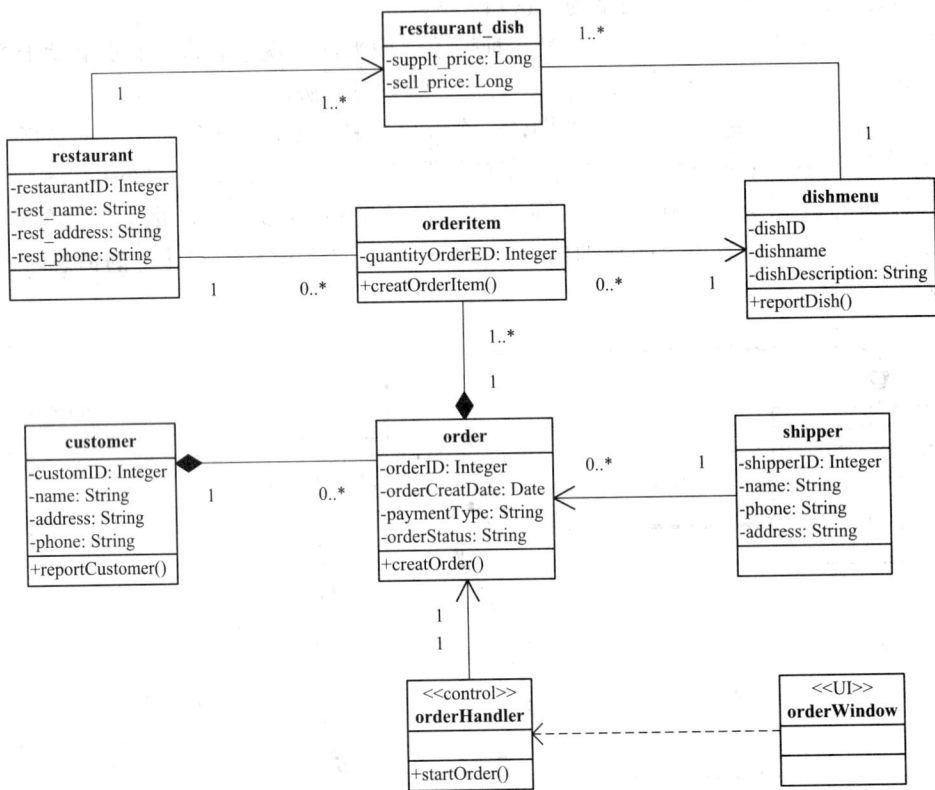

图 10-18　设计类图进一步完善

10.6.3　用交互图来完善类图

大部分 UML 初学者知道类图，并且认为类图是 OO 设计中的唯一正确的图形。但实际上并非如此！尽管完善的设计类图可能是我们最终想要的结果，但这个结果是不是我们想要的取决于得到它的过程。因为当我们要考虑真正的 OO 设计细节时，就必须用交互图来"落实"要发送哪些消息、发送给谁、以何种顺序发送等具体问题。

当我们绘制交互图时，在此动态对象建模的创造性过程中可能会产生新的类和方法。因此，类图的定义能够从交互图中产生，这表明一种线性的顺序，即先绘制交互图，再绘制类图。但是在实践中，尤其应用了并行建模的敏捷建模实践后，这些互补的动态视图和静态视图是并行创建的。例如，10 分钟绘制静态视图，10 分钟绘制动态视图，交替进行。

在这里，我们应该采取现实的态度，即我们绘制模型的主要目的是为了理解和沟通，并不是编写文档。因为，最终的模型可以方便地通过某些 UML 工具的逆向工程得到。当然，我们也期望某些 UML 图能顺利生成代码。

在用交互图来完善类图时有两种选择：顺序图或协作图。用任何一种都可以完成设计，设计者可以根据自己的喜好来选择。下面我们以顺序图为例来展开这一过程。

在前面我们已经介绍了顺序图的基本知识，但我们所画的仅仅是系统顺序图。系统顺序图是为一个用例或者一个场景记录系统的输入或输出的，它捕捉了系统与参与者所代表的外部世界之间的相互关系。在那时，系统本身就被看作一个叫系统的对象。系统的输入就是参与者传递系统的消息，输出通常是回复的消息，表示数据正在返回。但是，当系统接收到消息后，究竟内部发生了什么，需要我们在这里进一步细化。

1. 控制器的使用

例如对图 10-13 中的新订单请求消息到达系统后，系统具体需要做什么呢？在这里，为了和 UML 的表示语法一致，所有的消息使用英文。当系统接收到新订单请求 startOrder 后，需要创建一个新的 order 对象，并将它与 customer 对象联系起来。那么，现在的关键问题是：当新订单请求进入系统后，系统如何来传递这一消息。一种方案是由 UI 层直接调用 order 类中的 creatOrder()方法，如图 10-19 所示。这种做法是在 UI 层混入了应用逻辑。事实上，在早期的面向用户的、事件驱动的系统中，业务逻辑被放在了可视层类，如输入窗体中。例如，早期版本的 Visual Basic 和 PowerBuilder 可以非常方便地建立图形用户界面，但是它们把所有的业务逻辑都放在了它们自己的可视层类中。这种设计的主要问题是，当界面需要升级时，所有的业务逻辑不得不被重写。

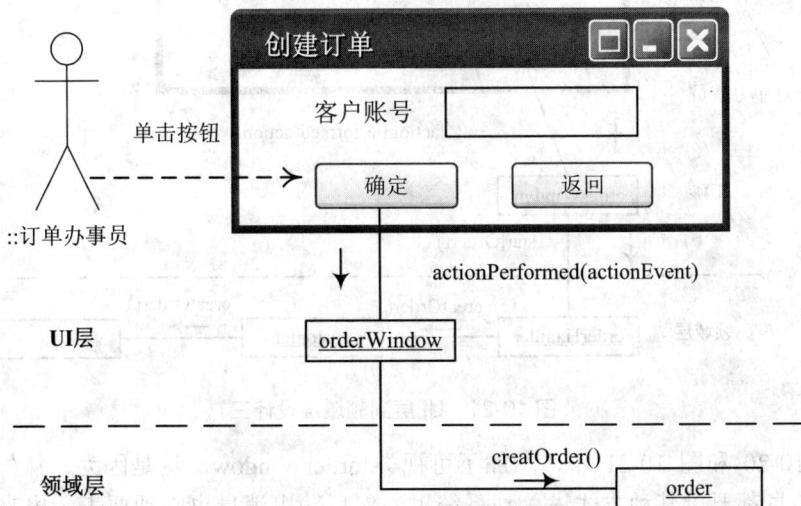

图 10-19　UI 层到领域层设计一

另一种思路是建立用例控制器。控制器回答这样一个简单问题：哪个对象应该首先从 UI 层接收消息？控制器就好比外部世界和内部系统的中间形态。正常情况下，控制器应当把需要完成的工作委派给其他的对象。控制器只是协调或控制这些活动，本身并不完成大量工作。由此可见，用例控制器是作为用例所有输入消息的中心采集点，发挥了消息交换机的作用。

在使用用例控制器时又面临图 10-20 和图 10-21 两种选择。前者是让 orderHandler 对象把创建订单的消息发给 order 对象，再由 order 对象调用 customer 对象的 reportCustomer() 方法。后者是让 customer 对象创建 order 对象。在这里，我们选择前者。

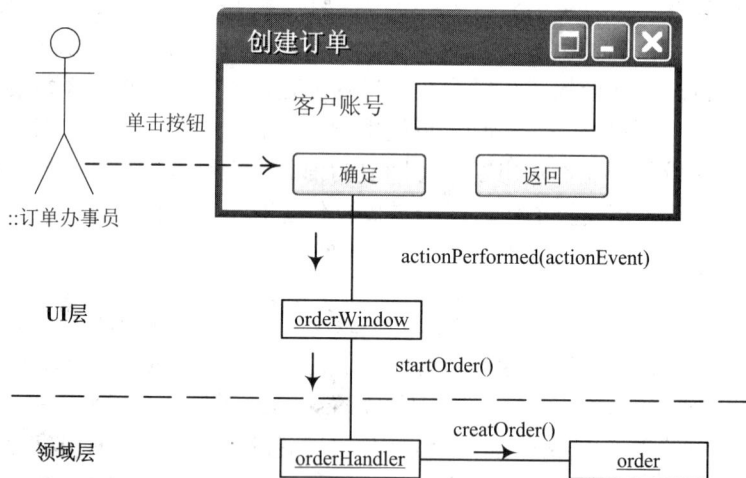

图 10-20　UI 层到领域层设计二

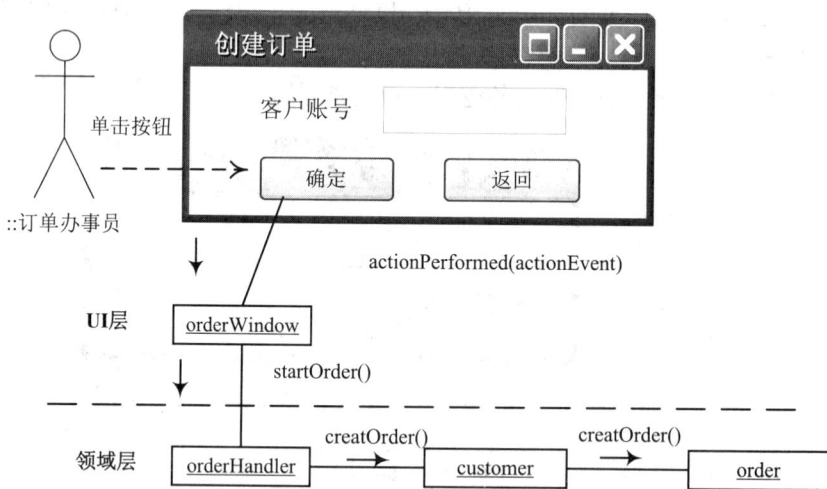

图 10-21　UI 层到领域层设计三

在图 10-20 和图 10-21 中，增加了可视类 orderWindow。这是因为，从外部参与者发出的每个消息都要以某种方式进入到系统里，然后输出消息也必须要表示出来。逻辑上，可以通过一个窗口类来接收输入数据和显示输出数据。

2. 分层细化顺序图

下面以图 10-13 所示的顺序图为例，来说明对顺序图的细化思路。在图 10-13 中，整个订单处理系统被看做是一个系统对象来和参与者进行交互。而在设计阶段，需要更加详细的顺序图。在这一阶段，系统中所有的内部对象和消息取代了系统对象。换句话说，在分析阶段，系统被看做是一个黑箱，我们不知道其内部处理过程；而在设计阶段，这一黑箱将逐渐被打开。

图 10-22 是对图 10-13 的初步展开。其中增加了可视类 orderWindow、控制类 orderHanlder 以及实体类 order 和 customer。因为创建新订单首先是针对某一特定顾客，所以需要通过参数 customID 来指定该顾客。在调用对象 order 的 creatOrder()方法时，order 对象会向对象 customer 发出 reportCustomer()消息。这时，customer 的 reportCustomer()方法会判断该顾客是否新顾客，如果是，则转入 CreateaNewCustomer 顺序图，否则返回顾客信息，并转入 StartaNewOrder 等其他顺序图。其中，标记为 ref 的图框称为引用，该引用指向另一个已命名顺序图。

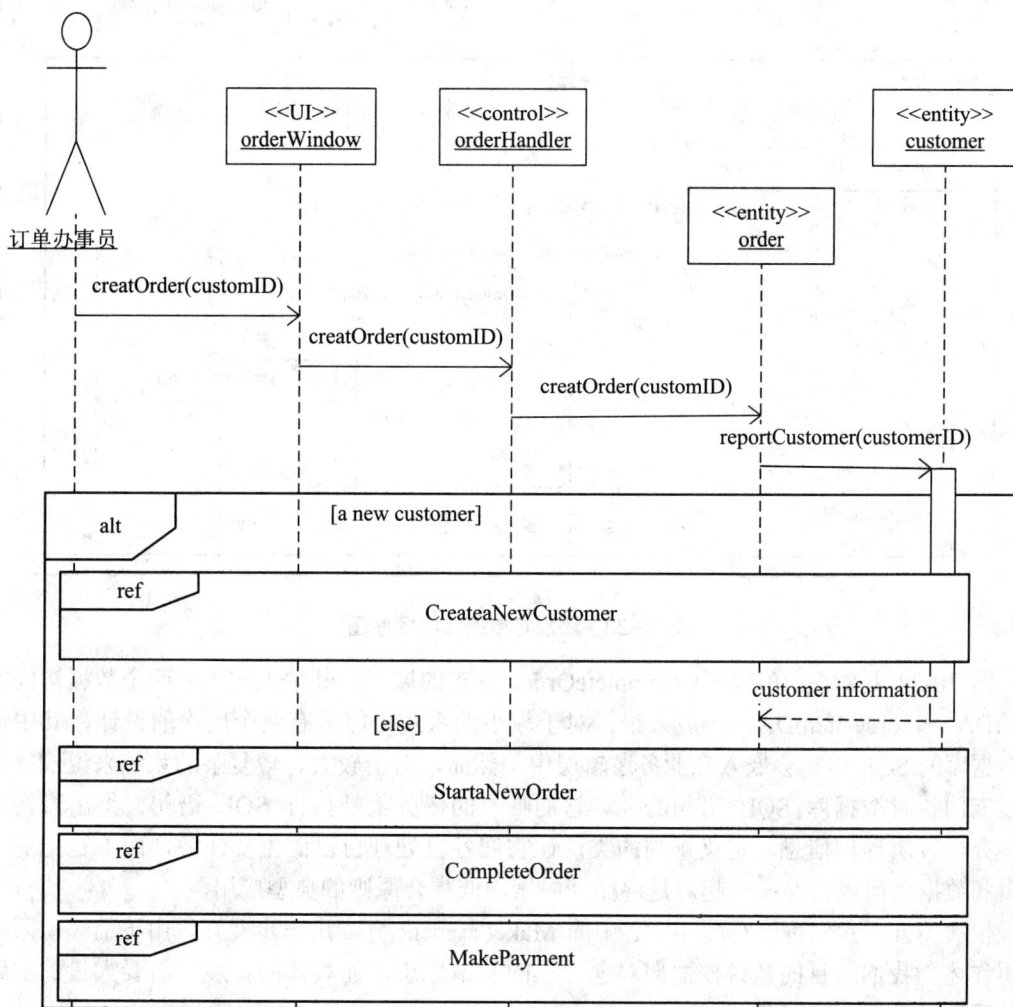

图 10-22　检查顾客身份的顺序图

下面，我们以分支"StartaNewOrder"为例，来进一步展开图 10-22，如图 10-23 所示。

在可视类对象 orderWindow 中，有一个按钮。单击这个按钮会弹出另一窗口 newItemWin 对象，用来给订单添加详细的条目。通过 newItemWin 窗口对象，由订单办事员来选择或输入每个订单条目的必要参数，包括餐馆编号 restID、饭菜编号 dishID 以及订购数量 quantity。由 orderItem 对象负责收集剩余信息，包括饭菜价格及描述等，收集完成后返回相关信息。

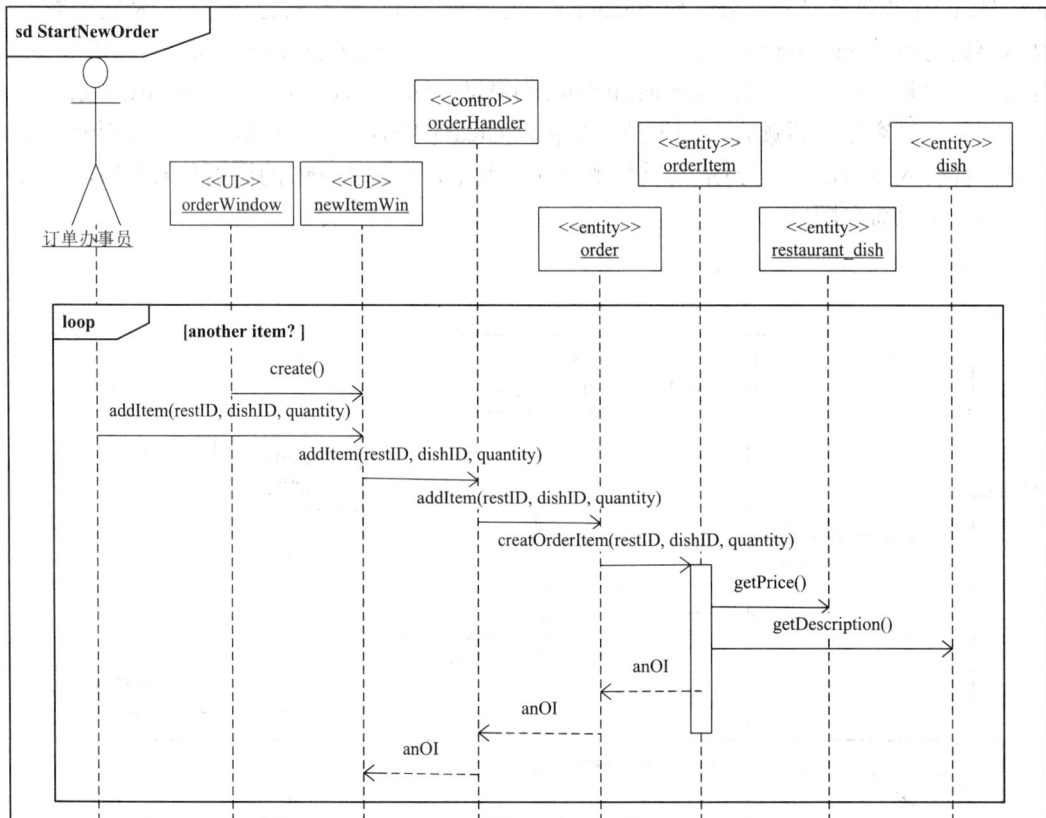

图 10-23　添加订单条目的顺序图

图 10-24 是对图 10-22 中 CompleteOrder 分支的展开。其中，加入了两个数据访问类 orderDA 和 orderItemDA。一般来说，对于较小的系统可能只有两个层次的设计，其中访问数据库的 SQL 语句会嵌入在业务逻辑层中。然而，对于较大、较复杂的系统来说，需要创建专门执行数据库 SQL 语句的类。它们唯一的任务就是执行 SQL 语句，得出查询结果，并向域层提供信息。定义不同的类，让它们各自处理自己的主要任务，而不是把业务逻辑和数据访问逻辑混在一起，是遵循高内聚、低耦合原则的典型应用。

依次类推，我们可以对图 10-22 中的 MakePayment 分支进一步展开，由于篇幅所限，不再详述。我们的目的是讲授面向对象方法的基本思想，而具体的扩展，需要大量的实践以及阅读大量相关的书籍。

3. 对设计类图的细化和更新

随着我们通过顺序图将用例逐步展开，会出现一些新的类以及发掘出现有类的新的方法，这就需要回过头不断更新以前的设计类图。由此可见，系统开发是一个不断迭代的过程。

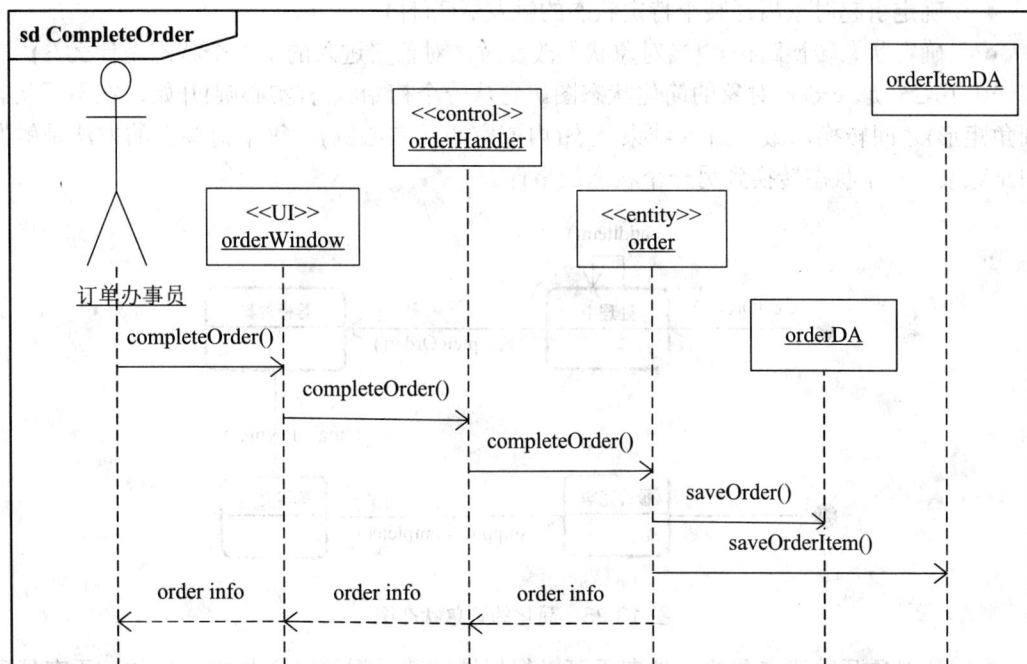

图 10-24　结束订单顺序图

在顺序图中出现的每一条消息都有消息源对象和目的对象。而事实上，向某个对象发送一条消息，就是在调用该对象中的某个方法。因此，完善设计类图的过程就是针对每一个类浏览每一幅顺序图来寻找发给该类的消息的过程。每条消息就意味着一个方法。例如，通过浏览图 10-22、图 10-23 及图 10-24，发现 order 类至少还需要添加两个方法，即 addItem()和 complete()两个方法。当然，随着设计的深入，可能需要添加的方法更多。

10.6.4　用状态图来描述对象的生命周期

现在我们已经知道，类图是用于理解程序结构和数据库设计，用例图和交互图用来描述基本的业务和系统处理。而对于一些具有复杂行为的对象来说，状态图则是一个很好的描述工具。

状态图主要用来描述一个对象的生命周期。它描述了对象具有不同的状态，引起对象状态改变的事件，以及决定对象在状态间转换的规则。换句话说，它说明了对象可以从哪个状态转换到哪个状态以及在何种情况下转换。例如，在商业系统中，订单往往是被看做复杂的对象。有些公司规定，客户下订单后的 24 小时内可以取消订单，而超过 24 小时的订单则不允许修改和删除，因为这时客户订单可能已经被履行，一些发货可能在途中，如果修改，则会使公司的运作非常困难。在这种情况下，在对订单对象进行处理时，就有必要首先判断该对象目前的状态。

通常遵循以下步骤来创建对象的状态图。

- 确定初始状态和最终状态。(对象如何创建和销毁？)
- 确定对象在生命周期中可能具有的各种状态。
- 确定引起对象离开某个特定状态的触发器(事件)。
- 确定状态转换路径。(当对象状态改变时，对象将进入的下一个状态是什么？)

图 10-25 是 order 对象的简化状态图。它从一个初始状态(实心圆)开始，在不同状态(圆角矩形)之间转换，最后进入结束状态(内部空心的实心圆)。每个箭头上的方法是触发 order 对象从一个状态转换到另一个状态的事件。

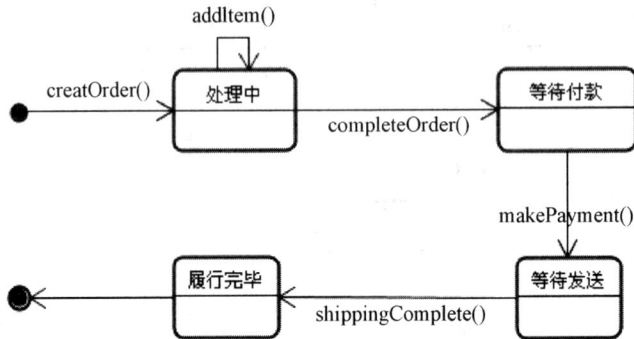

图 10-25　简化的订单状态图

为复杂对象开发状态图的好处在于可以很好地捕获并澄清商业规则。例如，正在处理的订单是不能发货的，而等待发送的订单就不能再修改了。澄清这种规则，有助于程序设计人员对订单处理模块在程序开发时的逻辑合理性的准确把握。

当然，并不是所有的对象都需要开发状态图。如果一个对象对某些事件的响应总相同，则认为此对象对于该事件状态无关。例如，对象接收某个消息，响应该消息的方法总做相同的事情，则该对象对于该消息状态无关。如果对于所有事件，对象的响应总是相同的，那么该对象是一个状态无关对象，这样的对象不用为其开发状态图。

10.7　使用包图来组织系统元素

UML 包图提供了组织元素的方式。包图是一个高层次的图，可以形象地理解为将相关部分打包并标识包之间的关系。这种方法有利于人们从更高层次来理解系统。例如，人们可以很轻易地将领域模型发展得足够大，这时理想的做法就是将它们分解为概念相关的包从而有助于理解，并且有利于由不同的人在不同的子领域并行进行领域分析工作。

前面讲过，系统设计是分层的，包括界面层、业务逻辑层和数据访问层。每一层可以建模为 UML 包。在打包过程中，类依据它们所属的层次被放在相应的包里面。例如，UI 层可以建模为名为 UI 的包。

如果包内部显示了其成员，则在标签上标识包名；否则，可以在包体内标识包名称。人们通常希望显示包之间的依赖性(耦合)，以便开发者能够看到系统内大型事物之间的耦合。依赖线用带有箭头的虚线表示。箭头的尾部连接着有依赖性的包，而箭头则指向被依赖的包。依赖关系在包图、类图甚至交互图中都有所应用。这种关系可以理解为如果其中被依赖的元素发生了变化，那么依赖元素也一定会发生变化。如图 10-26 所示，可视层和域层都依赖于数据访问层。因此，如果数据结构发生变化，数据访问层会随之变化，这些变化最终会引起上层的可视层和域层的变化。

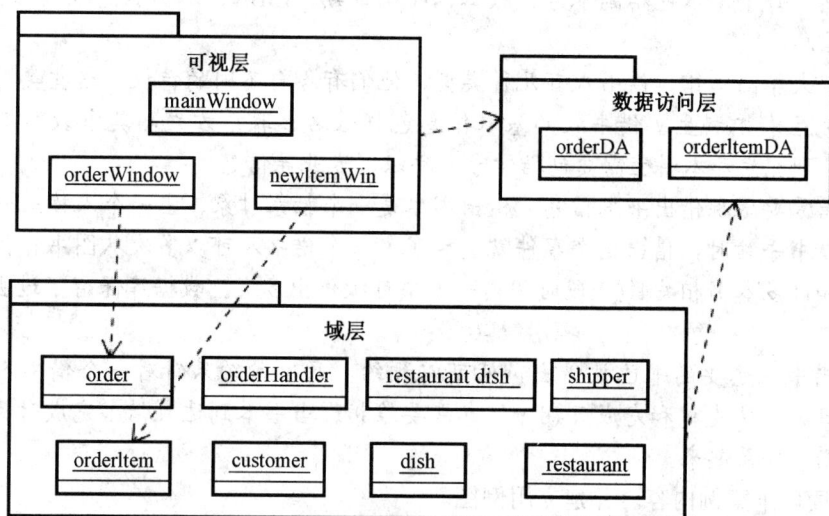

图 10-26 三层包图示意

10.8 小   结

面向对象方法的分析与设计两阶段工作的界限并不明显，系统设计阶段要做的大多数工作是对分析阶段的成果进行改进和扩展。通常，这一开发过程呈现出迭代交替的特征。在每个迭代中，仍然是遵循传统的分析——设计——实施的步骤。

统一建模语言(UML)是一种标准的面向对象语言，它利用一些标准的表达工具来表述设计思想。这些工具包括：类图、用例图、交互图、活动图和状态图、包图等。其中的类图描述了系统的静态结构；用例图描述了系统的任务(功能)或行为；而交互图则细化了用例图，详细描述了对象之间的通信；包图则给出了系统的整体模块结构。

面向对象的思想以及 UML 使得以迭代方式进行系统开发成为可能，并在此方面表现出强大的灵活性优势。因此，在绘制图表时，往往是几个图表交叉进行，一种图表的细化会引起其他图表相应的改进。而整个过程则呈现出由粗到细、逐渐深入的特点。

思 考 题

1. 什么是 UML，它用于什么类型的建模？
2. 活动图的作用是什么？
3. 开发顺序图的目的是什么？
4. 什么是三层设计？在三层设计中，你认为哪些层使用最多？

5. 阅读以下案例，并为之建立类图。

如果要开发一个关于大学图书馆的信息系统，该系统必须记录图书信息、借书人信息以及借阅信息。图书信息包括书的标题及副本的信息。书的标题信息包括名称、作者、出版商等信息。每个副本包括副本号、版本、印刷日期、ISBN、本书状态(是否被借出)和归还日期等信息。

由于是大学图书馆，借书人有几种类型，他们有各自不同的特权。这些类型包括：教职工、研究生和本科生。借书人的基本信息包括姓名、联系方式，其中教职工需包括单位、职称，研究生和本科生需要包括学号、年级、专业等信息。

图书馆需要跟踪借出书本信息。借出书本是一个抽象对象。当一个人捧着一堆书去借书台办理借书手续时，借出这个事件就发生了。一个借书人可以多次从图书馆借书。一次借出事件和许多本书相关联(一段时间内一本书可被借出多次。数据库保留了过去借出的信息)。

如果借书人想要的书已被借出，他可以预约，每次预约只针对一个借书人和一个书名。预约日期、优先权和完成日期等信息需要维护。当书本到达且借书完成时，系统会将这本书与借出联系起来。

6. 阅读以下案例内容，并建立用例图。

继续上面案例。在借书时，借书人首先通过图书馆信息系统来检索书名，以便确定该书是否被借出。如果一本书的所有副本都被借出了，那么借书人可以根据书名预定这本书。当借书人把书拿到借书台的时候，管理员为这本书办理借出手续。当书被归还时，管理员为书办理归还手续。

图书管理员在平时还要负责相关的日常管理工作，例如检查所有过期未还的书；当一些书损坏报废时，会删除关于这本书的副本信息；检查哪些书被预约等。

第 11 章　信息系统的高级层次

【学习目标】

通过本章学习，你将能够：
- 理解决策支持系统产生的背景
- 理解决策支持系统的思想
- 理解决策支持系统与专家系统的区别

11.1　引　言

早期的信息系统是作业信息系统，主要实现工资、应收账款等会计业务的自动化。20世纪 70 年代，信息系统又相继应用于订单处理、生产计划、运输管理等领域。企业信息系统的逐步完善使得管理业务的文书工作减少，管理费用得到控制，并且提高了服务的质量。随着企业经营环境的竞争程度愈演愈烈，企业的决策问题愈来愈复杂，对信息系统的要求越来越高，人们由此对信息系统的概念又有了新的定义。即信息系统是为企业决策服务的。信息系统的开发必须充分考虑决策者的因素。

11.2　决策支持系统概念的提出

20 世纪 70 年代是 MIS 在西方盛行的时期，一些软件商及计算机商过分的宣传广告——说 MIS 将改变经理人员的生活、会完全改变他们管理其公司的方式与方法；经理人员每天早晨上班时凭其办公室内的显示器和键盘，就可以了解企业内营业和生产情况的数据，从而做出决定，指挥和安排当天的工作等。然而事实是，当时盛行的 MIS 所提供的数据大都不适合管理部门决策之用。经理人员得到的数据虽然很丰富，但能得到的信息却很贫乏。也就是说，MIS 只能帮助管理者对信息做表面上的组织和管理，而不能把信息的内在规律更深刻地挖掘出来为决策服务。

另外，企图将所有决策问题自动化的想法本身是不适合的。虽然 MIS 能够很好地提供异常情况报告(比方说确定所有的今年的业务量比去年增加 25%的客户账户)，以支持企业的战术决策，但异常报告的逻辑被明确地编制到用以生成例外报告的程序中。换句话说，它只能解决有明确逻辑的结构化的决策问题。而一个组织的管理还有不少情况是不能全靠一个完全自动化的计算机来解决而完全代替人的。即，在管理领域有不少决策领域是属于完全非结构化的，决策者对问题本身并不很清楚，有些几乎全靠直觉来解决，而且根本无法借助于任何分析方法(如数学和运筹学)来处理。其次，还有一大类问题介于结构化和非结构化之间，不论单独由经理人员或单独依靠自动化计算机系统做出的决策，都不如两者结合起来做出的决策好。

在这种情况下，人们对信息系统概念的认识有了更进一步的理解——信息系统要和人融为一体，充分发挥人的智能，系统分析人员和信息系统本身都不要企图取代决策者去做出决策，支持决策者才是他们正确的定位。而这些正是高级层次的信息系统的思想内涵。

由此，人们提出了决策支持系统(DSS)的概念。

11.3　决策支持系统的组成

DSS 是一个不断发展的概念，随着科学技术的发展，DSS 的思想或技术更趋成熟和完善，并更加智能化和柔性化。就是在同一时期，也可能采用不同的方法来达到决策支持的目的。尽管 DSS 在表现形态上五花八门，但我们认为基本的 DSS 由五部分组成：人机接口(人机对话系统)、数据库系统、模型库系统、知识库系统和方法库系统。随着 DSS 技术的成熟，人们在这五个部件的基础上又开发了各自的管理系统，即对话管理系统、数据库管理系统、模型库管理系统、知识库管理系统、方法库管理系统。下面，我们分别介绍这些部件。

11.3.1　人机接口

人机接口又称为人机对话系统，一般的 DSS 都必须具备人机接口，它是 DSS 中连接用户和系统的桥梁，起着在操作者、模型库、数据库、知识库和方法库之间传送(包括转换)命令和数据的重要作用。在实际工作中，由于系统经常是由那些从系统输出中得到益处，且又对系统内部了解甚少的人直接使用，所以用户接口设计得好坏对系统的成败有举足轻重的意义。如果系统需要使用 DSS 的人懂得很多的计算机技术，或者花费大量时间去编程序，那么这种系统实际上将无人使用，更谈不上发挥作用。即使是对 DSS 的维护人员来说，如果数据库模式的任何一点变动都得自己动手一点一点地去做，工作也是十分繁重的。因此，对使用人员来说，需要有一个良好的对话接口，对维护人员则需要有一个方便的软件工作环境。可以说，人机对话系统是 DSS 的一个窗口，它的好坏标志着该系统的水平。

人机接口的功能是指它的问题处理能力和它对自然语言的理解能力，即将人提出的问题和要求转变成计算机能够接受的行为。其中的自然语言理解能力是十分困难的问题，很多初级阶段的 DSS 并不具备理解自然语言的功能。这种 DSS 的人机界面相对比较简单，但对用户的要求较高。用户在使用之前，必须进行必要的培训。

对话管理系统是一种用来描述、设计、实现和评价 DSS 人机界面的管理系统，它提供界面设计中所需的各种工具及有关的检查和评价手段，可帮助生成高质量的人机界面。它允许用户或开发人员按自己的设计，通过它所提供的接口描述工具，对所希望生成的界面进行描述，并生成相应的源程序。

人机界面的形式一般包括以下形式。

1) 提问/回答形式

该形式适合初学者，相当于专家系统，用户只需经过一系列的问题提问，就可以逐步理解所面对的决策问题并促成最终的决策。

2) 菜单形式

菜单简单直观，适合于初学者。

3) 命令语言

DSS 人机界面中不提倡过多的命令操作方式，因为它需要用户花时间学习命令语言的规范，而大多数决策者很难有充足的时间。

4) 窗口形式

这是经常用到的形式。在窗口中可以放置各项控件和操作内容，灵活多变。

11.3.2　数据库系统

数据库系统是 DSS 的一个最基本部件，它拥有支持决策所需的信息。一般情况下，任何一个 DSS 都不能缺少数据库系统。数据库系统一般由 DSS 数据库、数据库管理系统、数据字典、数据询问模块和数据析取模块组成。其中最主要的是数据库及其管理系统。

DSS 中关于数据库及其管理系统的概念大部分是由 MIS 发展过来的，因此两者有很多共同的地方，如数据库的某些功能及其实现的方法、数据库管理系统的某些作用等。但是，由于 DSS 和 MIS 之间存在着根本的差别，所以它们对数据库的要求也很不一样。具体表现在，两者的工作目标不一样。DSS 使用数据的目的是支持决策，因此它对综合性数据或经过预处理后的数据比较重视。MIS 支持日常事务处理，所以它特别注意对原始资料的收集、整理和组织。一般来说，为 MIS 服务的数据库和为 DSS 服务的数据库相比，前者要大得多，也复杂得多。不过从资源共享的观点看，它们在组织机构中也可以使用同一个数据库。

如上所述，DSS 与 MIS 对数据库的要求不同，所以其对数据库的管理方式也有别于MIS。下面我们就来具体谈谈 DSS 中的数据库及其管理系统。

1. 数据库

DSS 中的数据主要用途是支持决策制定过程，因此它的数据库与一般通用数据库不同：首先，DSS 数据库中的数据是和决策过程密切相关的，一切数据都经过适当的加工、浓缩；其次，由于 DSS 一般面向高层决策，所以其数据库除了包括内部事务处理数据和其他内部数据资源外，还要用到大量的外部数据(如市场需求量、产品价格等)以及属于单个或若干用户的个人数据。

其中内部数据来源于组织的事务处理(或数据处理)系统。根据 DSS 的需要，数据库中的数据可来自于不同的职能领域，如财务、会计、市场、生产、人事等。事务性数据是组织正常运行的主要信息资源，这种数据的一个典型例子就是月工资单。

其他内部数据对 DSS 也是很重要的。例如，设备维修计划、销售预报、未来招聘计划等都属于内部数据。

外部数据可包含工业数据、市场调研数据、统计数据、政府法令、税率明细单或国家经济数据。这些数据可来自于各级政府部门、各种市场研究机构、计量经济机构、预测机构以及该组织经自己努力收集到的其他外部数据。像内部数据一样，外部数据可以永久地保存在 DSS 中，也可以在 DSS 使用过程中输入。外部数据在很多情况下是由联机计算机服务提供的。

个人数据可以包括具体决策者个人所用的经验、特殊数据或特定情况的估价。

2. 数据库管理系统

与 DSS 中数据的特点相对应的是对 DSS 中数据库管理系统(DBMS)的特殊要求。DSS中的数据库管理系统除了具备一般数据库管理系统的功能外，系统设计时还要着重考虑以下几方面问题。

1) 面向决策支持过程组织和管理数据

DSS 中数据库的设置必须满足各种层次、各种类型、不同决策者的决策过程对数据的要求。因此，其数据管理系统应能根据决策活动的需要，把有关的数据面向决策过程组织起来。在设计时，系统的结构及功能选择都必须围绕着决策支持过程来进行。

2) 面向模型

DSS 的一个特点是数据与模型的有机结合，模型也是 DSS 的重要组成部分。在制定决策过程中，总要用到各种模型，包括定量的、定性的，等等。模型必须和所需的数据相匹配，才能被用于决策过程。所以，DSS 中数据结构的选择，必须考虑到和有关模型的匹配问题，应最大地满足各种模型及数据结构的要求。

3) 数据描述方式要面向不同的决策者

DSS 的用户由各层次的决策者和参与决策制定过程的有关人员构成，由于用户的背景不一致，使用计算机的能力往往也有很大差别，因此 DSS 中数据库的人机界面必须设计成用户所熟悉的形式。数据描述画面应对决策者是透明的，使用他们熟悉的语言和术语，一般 DSS 中使用数据的量都比较大，按用户习惯设计人机界面，并尽可能方便用户使用是非常重要的。

11.3.3　模型库系统

模型库系统是传统 DSS 的三大支柱之一，是 DSS 最有特色的部件之一。与 MIS 相比，DSS 之所以能够为决策制定过程提供有效的支持，除了系统设计思想不同之外，主要在于 DSS 中有能为决策者提供推理、比较选择和分析整个问题的模型库，它体现了决策者解决问题的途径，并且随着决策者对问题认识程度的深化，所使用的模型也必然会跟着产生相应的变化，这就是说，模型库系统能灵活地完成模型的存储和管理功能。因此，模型库系统在 DSS 中占有十分重要的位置。

模型库系统由模型库、模型库管理系统和模型字典三部分组成。其主要功能是通过使用人机交互语言使决策者能方便地利用模型库中各种模型支持决策，引导决策者应用建模语言和自己熟悉的专业语言建立、修改和运行模型。由于决策者使用 DSS 不是直接依靠数据库中的数据进行决策，而是依靠模型库中的模型进行决策，因此可以认为，DSS 是由模型驱动的。应用模型获得的输出可以有以下几个作用：直接用于制定决策；对决策的制定提出建议；用来估计决策实施后可能产生的后果。

实际上，可直接用于制定决策的模型对应于那些结构性比较好的问题，其处理算法是明确规定了的。表现在模型上，其参数值是已知的。对于非结构化的决策问题，有些参数值并不知道，需要使用数理统计等方法估计这些参数的值。由于不确定因素的影响，参数值估计的非真实性，以及变量之间的制约关系，用这些模型计算得到的输出一般只能辅助进行决策或对决策的制定提出建议。对于战略性决策，由于决策模型涉及的范围很广，其参数有高度的不确定性，所以模型的输出一般用于估计决策实施后可能产生的后果。

下面简单谈谈模型库系统的三个组成部分。

1. 模型库

模型库中存储各种用于决策支持的模型，包括战略模型、战术模型、操作模型及各种模型构件与子程序。战略模型主要用于解决诸如企业目标计划、策略计划及非常规资金预算等高层管理的宏观决策问题，模型所有的数据主要来自组织外部，且这些数据常常是定性的，因而，战略模型是描述性的模型。通常，在战略模型中，模型的时间变量以年为单位来进行度量。

战术模型主要用来辅助中层管理者分配和控制组织资源的使用，这种模型主要解决组织管理中的职能问题，如财务计划、人力需求计划等。模型的时间间隔为一个月、一个季度或一年。

操作模型通常用于支持组织中较低层的短期决策(如每天、每星期要做的决策)，这种模型主要使用内部的定量数据，来解决诸如生产作业计划、库存控制、质量控制等结构化决策。

除了具有上述三种模型之外，模型库中还含有模型构件及子程序，它们主要用来构造其他复杂的模型。标准的管理科学模型，如线性规划及动态分析等，可作为模型构件存放在模型库中。而传统的统计学方法，如时间序列分析、多元回归等，可作为子程序存放在模型库中。这些模型构件及子程序既可以用来构造其他复杂的模型，又可以作为模型单独使用。实际上，模型库中的任何模型均可作为模型构件，用于构造复杂的综合性模型。

2. 模型库管理系统

正如数据是一种资源一样，模型也已变成 DSS 的一种重要的资源。类似于数据库管理，模型库也需要有效的管理，即必须有模型管理软件。在 DSS 出现之前，模型是单独建立的，由个别用户用于支持决策分析。模型中的数据是由描述模型的程序独自来定义和获取的，模型一旦使用完毕，则放在一边以待后用。此时，模型是孤立存在的，模型和数据是分离的，同时，模型的使用者也负责对模型的维护和修改。这样造成了模型利用率不高、模型数据不一致。DSS 的出现，使得模型嵌入信息系统成为可能，使模型和数据达到一体化。这种模型综合和集成的实现就取决于开发一个强有力的模型库管理系统，来对模型库进行构模管理、模型的存取管理和模型的运行管理。

一般来说，模型库管理系统 MBMS 应具有如下功能。

- 模型库与模型字典的定义、建立、存储、查询、修改、删除、插入以及重构等。
- 模型的选择、建立、拼接和组合，提供根据用户命令将简单的子模型构造成复杂模型的手段。例如提供串联或并联一些子模型成为一个更大模型的手段。
- 模型的运行控制。从调用者获取输入参数，传给模型并使模型运行，最后把输出参数返回到调用者。一个模型可能被另一个模型调用(甚至嵌套调用多层)，或者被对话命令直接调用，系统必须提供灵活而方便的控制手段。
- 数据库接口的转换。为了减少模型对数据库管理系统的依赖，增强独立性，模型中对数据库的访问采用了一种统一的标准形式。为了要与一种具体的数据库管理系统连接，必须有一个转换接口，将标准访问形式转化成具体系统要求的形式。

模型管理，相对于数据库管理来说，显得更加复杂。目前，已提出采用关系方法、谓词逻辑方法来管理模型，但在具体实施中仍存在一些问题，有待进一步研究。

3. 模型字典

模型字典用来存放有关模型的描述信息(如限制、约束、参数模型等)和模型的数据抽象。所谓模型的数据抽象是模型关于数据存取的说明，这部分信息是模型库管理系统对数据库自动存取数据的需要。此外，模型字典中有关模型模块的详细说明可作为用户和系统人员查询模型库内容之用。

模型字典的内容包括：模型的内容；模型的功能和用途；模型的编码；模型在模型库中存放的位置；模型来源和出处；模型的变量数和维数；模型使用的算法程序及在方法库中的位置；模型使用的数据名称、单位、精度及存放位置；用户文件、使用说明；模型框图、文字说明；模型的建立者、建立的时间；模型的修改者及时间；审模型者及时间；模型入库时间。

此外，模型字典中还可以存放主要用来辅助用户学习使用模型的信息，如模型结构、模型性能、模型应用的场合、模型求解技术、模型输入输出的含义以及模型的可靠性等。

11.3.4 知识库系统

现实中存在着大量决策问题要求 DSS 能够处理半结构化和非结构化问题，这类问题单纯用定量方法是无法解决的。为了 DSS 能有效地处理这类决策问题，必须在 DSS 中建立一个知识库，用以存放各种规则、因果关系、决策人员的经验等，并建立知识库管理系统。此外，还应有能够综合利用知识库、数据库和对定量计算结果进行推理和问题求解的推理机。

知识库系统所研究的问题几乎涉及知识工程中的所有问题，包括：知识的获取和解释、知识的表示、知识的推理以及知识库的管理和维护等。这些问题是知识库建立过程中的关键技术。

知识获取的主要任务是从知识源抽取知识，转化为相应的计算机程序，开发支持知识获取的技术和系统的自学能力。理想的系统应该能不断获取新的知识，自行总结经验教训，完善系统性能，适应环境变化，发现新的规律或定理。这是知识获取在未来一个阶段的目标。

知识解释是为了提高系统的理解能力，增加系统的自学习水平，并且实现系统的透明性，提高系统的可接受性。

知识表示是人工智能的一个中心课题，也是 DSS 的重要问题。如何获取和表示知识，以便能使 DSS 更好地利用各种知识是知识系统中的一个关键。知识表示的研究目前已经取得了丰硕的成果。

推理是知识库系统不可缺少的功能。推理方式和知识表达之间的关系十分密切。因此，在考虑知识表示时，确定所要采用的推理方式非常重要。在 DSS 的知识库系统中，推理过程是对知识的选择和运用的过程，我们称之为基于知识的推理。因此，推理机——基于知识推理的计算机实现，就成为 DSS 研究的重点。推理机的主要任务是选择知识和应用知识。一般情况下，推理机只能利用搜索法或其他方法从复杂的系统中找出所需的知识，这是一件十分费时的工作，而且弄不好就会使得推理机无法实现。因此，研究知识的选择(即控制策略)就成为推理机的一个关键问题。推理能否准确、迅速地找到与解答有关的知识，直接影响推理机的性能。

知识库的管理是主要针对知识库所存储规则的剧增和层次的日益丰富而提出的。它的主要任务是管理多层次知识和大量的知识规则，使得系统充分而有效地利用现有知识且便于知识库的维护。知识库维护是保证知识库中的知识尽量完全和真实的重要手段。它一般包括：一致性检查、知识的扩充删节及修改。知识库的维护是一个困难的问题，它不仅涉及机器学习的内容，还涉及心理学和思维科学等方面的问题。

11.3.5　方法库系统

为了使系统结构更加清晰，将方法从模型库中分离出来，单独组织成一个方法库并配以相应的方法库管理系统，共同构成 DSS 的另一个组成部分——方法库系统。方法库系统主要是一个软件系统，它综合了数据库和程序库。为求解模型提供算法，是模型应用的后援系统。因此，配备一个内容丰富、性能优越的方法库，可使 DSS 更富有活力。

方法库系统由方法库、方法库管理系统、内部数据库和用户接口等几个部分组成。下面重点介绍方法库及其管理系统。

1. 方法库

方法库由方法程序库和方法字典组成。

方法程序库是存储方法模块的工具，可由各种通用性和灵活性都比较强的可用来构成各种数学模型的方法程序组成。其中包括存储方法程序的源码库和目标码库以及存放方法本身信息的方法、字典等。在用于企业的 DSS 中，方法程序库内存储的方法程序可以有：排序算法、分类算法、最小生成树算法、最短路径算法、线性规划、整数规划、动态规划、各种统计算法、各种组合算法等。

方法字典则用来对方法库中的程序进行登录和索引。

按方法的存储方式，方法库可以被分为层次结构型方法库、关系型方法库、语义网络模型结构方法库和含有人工智能技术的方法库等。

2. 方法库管理系统

方法库管理系统用于完成对方法的建立、更新、检索、方法库与模型库之间的通信以及有关文件和方法库字典的管理等。它由以下几部分组成。

- 方法库运行控制程序。包括方法库的管理程序、方法的存取程序、方法的更新程序、方法的链接程序、运行方法的程序、完整性及安全性保护程序等。
- 语言解释器。它用来解释各级界面语言。
- 数据处理程序。主要用来控制同数据库的连接。
- 模型库接口的控制程序。用于实现与模型库的接口。
- 公共程序。包括辅助学习程序、字典维护程序及方法库维护程序等。

方法库应有良好的用户接口，不但有命令语言，还有过程型或描述型高级语言。用户接口语言的解释或编译，也是方法库管理系统的任务。

方法库管理系统对子程序管理的核心部分是具有高性能的方法生成器。它能根据用户、管理者及模型的要求，在不需要人工干预的情况下，自动生成能够解决某一问题的方法程序并执行。这一特点是方法库系统与其他程序包、软件包的本质区别。

11.4 数 据 仓 库

数据仓库是 DSS 的基础，它是数据库与人工智能这两项计算机技术相结合的产物。经过多年的计算机应用和市场积累，许多商业企业已保存了大量原始数据和各种业务数据，这些数据真实地反映了商业企业主体和各种业务环境的经济动态。然而由于缺乏集中存储和管理，这些数据不能为本企业进行有效的统计、分析和评估提供帮助。也就是说，无法将这些数据转化成企业有用的信息。20 世纪 70 年代出现并被广泛应用的关系型数据库技术为解决这一问题提供了强有力的工具。从 20 世纪 80 年代中期开始，随着市场竞争的加剧，商业信息系统用户已经不满足于用计算机仅仅去管理日复一日的事务数据，他们更需要的是支持决策制定过程的信息。20 世纪 80 年代中后期，出现了数据仓库思想的萌芽，为数据仓库概念的最终提出和发展打下了基础。

11.4.1 数据仓库的定义

数据仓库(Data Warehouse)可以看作是在信息系统部门中放置将要转化成信息的数据场所。数据仓库不是数据的简单堆积，而是从大量的事务型数据库中抽取数据，并将其清理、转换为新的存储格式，即为决策目标把数据聚合在一种特殊的格式中。数据仓库至今仍没有统一的定义。这里提出的是比较经典的一种定义，即由数据仓库这个概念的创始者 William Inman 提出的：数据仓库是针对管理人员决策的、面向主题的、集成的、随时间而变的、持久的数据集合。这个定义包含了数据仓库四方面的特征。

1. 数据仓库的数据是面向主题的

与传统数据库面向应用的特点相对应，数据仓库中的数据是面向主题进行组织的。什么是主题呢？首先，主题是一个抽象的概念，是较高层次上将企业信息系统中的数据综合、归类并进行分析利用的抽象。在逻辑意义上，它是对应企业中某一宏观分析领域所涉及的分析对象。面向主题的数据组织方式，就是在较高层次上对分析对象的数据的一个完整、一致的描述，能完整、统一地刻画各个分析对象所涉及企业的各项数据，以及数据之间的联系。所谓较高层次是相对面向应用的数据组织方式而言的，是指按照主题进行数据组织的方式，具有更高的数据抽象级别。

2. 数据仓库的数据是集成的

数据仓库的数据是从原有的分散的数据库中抽出来的。数据仓库的每一个主题所对应的源数据在原有的各分散数据库中有许多重复和不一致的地方，且来源于不同的联机系统的数据都和不同的应用逻辑捆绑在一起。另外，数据仓库中的综合数据不能从原有的数据库系统直接得到。因此在数据进入数据仓库之前，必然要经过统一与综合，这一步是数据仓库建设中最关键、最复杂的一步。

3. 数据仓库的数据是不可更新的

数据仓库的数据主要供企业决策分析之用，所涉及的数据操作主要是数据查询，一般情况下并不进行修改操作。数据仓库的数据反映的是一段相当长的时间内历史数据的内容，是不同时点的数据库快照的集合，以及基于这些快照进行统计、综合和重组的导出数据，而不是联机处理的数据。数据库中进行联机处理的数据经过集成输入到数据仓库中，一旦数据仓库存放的数据已经超过数据仓库的数据存储期限，这些数据将从当前的数据仓库中删去。因为数据仓库只进行数据查询操作，所以数据仓库管理系统相比数据库管理系统而言要简单得多。数据库管理系统中许多技术难点，如完整性保护、并发控制等，在数据仓库的管理中几乎可以省略。但是由于数据仓库的查询数据量往往很大，所以就对数据查询提出了更高的要求，它要求采用各种复杂的索引技术；同时由于数据仓库面向的是商业企业的高层管理者，它们会对数据查询界面的友好性和数据表示提出更高的要求。

4. 数据仓库的数据是随时间不断变化的

数据仓库中的数据不可更新是针对应用来说的，也就是说，数据仓库的用户进行分析处理时是不进行数据更新操作的。但并不是说，在从数据集成输入数据仓库开始到最终被删除的整个数据生存周期中，所有的数据仓库数据都是永远不变的。相反，数据仓库的数据是随时间的变化而不断变化的，它表现在以下三个方面。

- 数据仓库随时间变化不断增加新的数据内容。数据仓库系统必须不断捕捉联机事务处理数据库中变化的数据，追加到数据仓库中去，也就是要不断地生成联机事务处理数据库的快照，经统一集成后增加到数据仓库中去；但对于确实不再变化的数据库快照，如果捕捉到新的变化数据，则只生成一个新的数据库快照增加进去，而不会对原有的数据库快照进行修改。
- 数据仓库随时间变化不断删去旧的数据内容。数据仓库的数据也有存储期限，一旦超过了这一期限，过期数据就要被删除。只是数据仓库内的数据时限要远远长于操作型环境中的数据时限。在操作型环境中一般只保存 60～90 天的数据，而在数据仓库中则需要保存较长时限的数据(如 5～10 年)，以适应 DSS 进行趋势分析的要求。
- 数据仓库中包含有大量的综合数据，这些综合数据中很多跟时间有关，如数据经常按照时间段进行综合，或隔一定的时间段进行抽样等。这些数据要随着时间的变化不断地进行重新综合。因此，数据仓库的数据特征都包含时间项，以标明数据的历史时期。

数据仓库最根本的特点是物理地存放数据，而且这些数据并不是最新的、专有的，而是来源于其他数据库，它要建立在一个较全面和完善的信息应用的基础上，用于支持高层决策分析，而事务处理数据库在企业的信息环境中承担的是日常操作性的任务。数据仓库是数据库技术的一种新的应用，到目前为止，数据仓库还是用数据库管理系统来管理其中的数据。这里要解释的一点是，数据仓库是不同于数据库的。确切地说，数据仓库是一种解决方案，是对原始的操作数据进行各种处理并转换成有用信息的处理过程，用户可以通过分析这些信息，从而做出策略性的决策。

11.4.2　数据仓库的结构

1. 数据仓库体系结构(Data Warehouse Architecture)

数据仓库的体系结构如图 11-1 所示。图中反映了数据仓库的主要元素以及与数据仓库相互作用的主要外部实体。

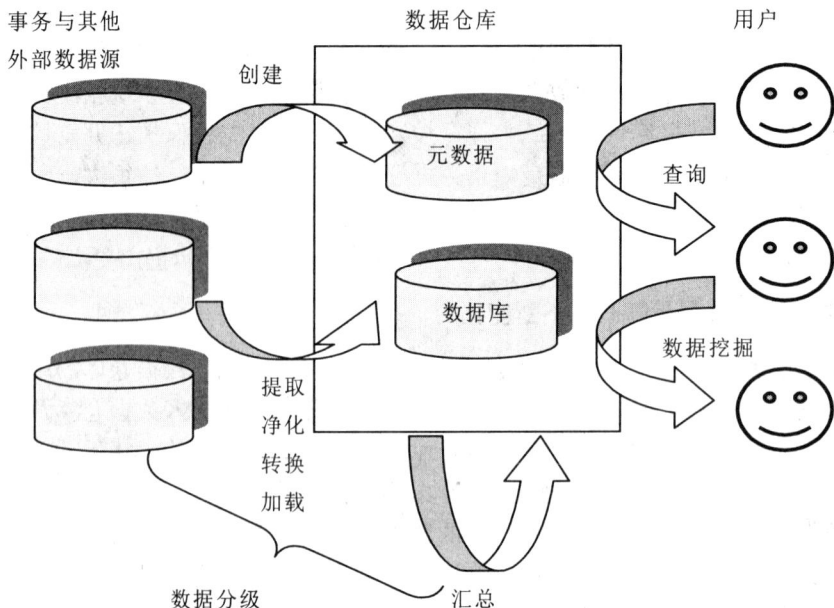

图 11-1　数据仓库的体系结构

(1) 构成数据仓库的事务数据库或其他操作数据库。外部数据也可送入到数据仓库中。这里最重要的一点是事务数据供应给数据仓库。数据仓库得到的是事务数据的复制。数据仓库不直接存储事务数据。

(2) 从数据库中提取数据并将数据放到数据仓库中的过程。此过程经常必须将数据转换成数据仓库的数据库结构和内部格式。

(3) 数据净化过程，以确保数据有足够的品质为其所用于的决策服务。

(4) 将净化后的数据加载到数据仓库数据库中的过程。从提取到加载这四个过程通常被总称为数据分级。

(5) 建立某种需要的数据汇总程序。预先计算出总额、平均数以及类似的经常使用的数据。这些数据汇总随着通过内部资源以及外部资源的数据输入而被存储到数据仓库中。

(6) 元数据(Metadata)，是有关数据的数据。其作用在于拥有中心信息仓库告知用户数据仓库中有什么、它们来自何处、它们在谁的管辖之下以及更多其他信息。也可以通过使用查询工具对元数据进行访问而得知数据仓库中有什么、在哪里可以找到它、哪些人被授权可以访问它以及已经预先求出的汇总数据有哪些。

(7) 数据仓库中的数据库。此数据库包含数据仓库中的明细数据和汇总数据。由于数据仓库不用于处理个别事务，所以在设计组织它的数据库时没有必要考虑事务存取和检索模式(使用若干码的某个码，一次处理一个记录)。取而代之的是可以针对用于分析的完全不同的访问模式将数据仓库优化。

(8) 查询工具。这些工具通常包括一个用于向数据库提出问题的最终用户接口，此接口位于称为在线分析处理(On-Line Analytical Processing，OLAP)的程序中。这些工具中还可以包括用以揭示数据模式的自动工具，通常被称作数据挖掘(Data Mining)。特定的数据仓库要具备这两种工具，至少也必须要具备其中的一种。

(9) 数据仓库的用户。数据仓库是为它的用户而存在的，没有了用户数据仓库也就没有任何用处了。

2. 数据仓库的逻辑结构和物理结构

数据仓库中数据的基本结构如图 11-2 所示。

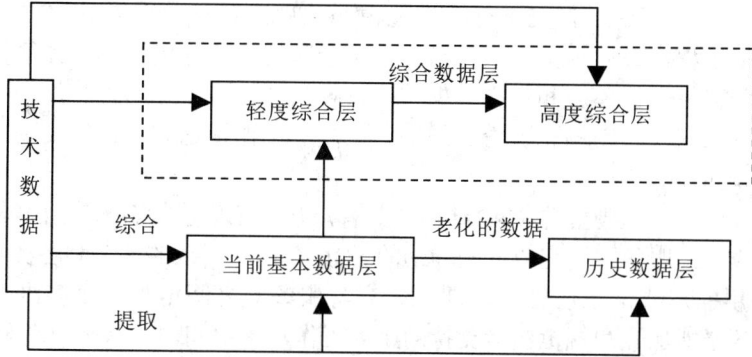

图 11-2　数据仓库中数据的基本结构

数据仓库是存储数据的一种组织形式，它从传统数据库中获得原始数据，先按辅助决策的主题要求形成当前基本数据层，再按综合决策的要求形成综合数据层(又可分为轻度综合层和高度综合层)。随着时间的推移，由时间控制机制将当前基本数据层转为历史数据层。可见数据仓库中逻辑结构由三层到四层数据组成，它们均由元数据组织而成。数据仓库中数据的物理存储形式有多维数据库组织形式(空间超立方体形式)和基于关系数据库组织形式(由关系型事实表和维表组成)。多维数据结构为分析存储在数据仓库中的数据提供了有力的手段。

11.4.3　数据仓库系统

数据仓库系统(DWS)是多种技术的综合体，它由数据仓库(DW)、数据仓库管理系统(DWMS)和分析工具三部分组成，其结构如图 11-3 所示。

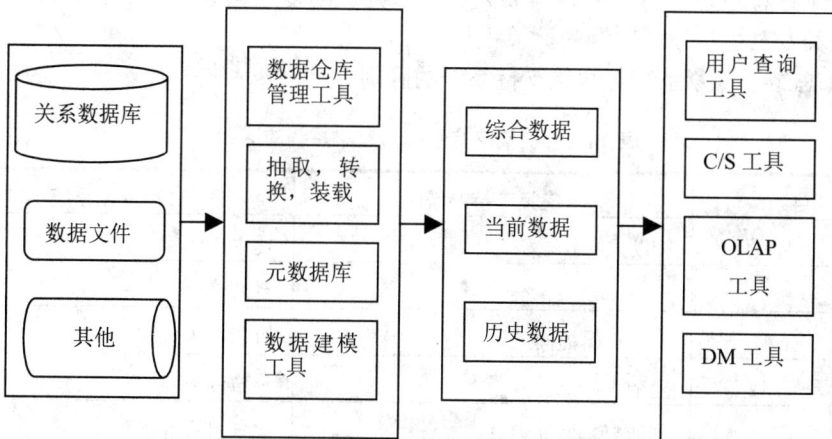

图 11-3　数据仓库系统结构

在整个系统中，数据仓库居于核心地位，是信息挖掘的基础；仓库管理系统负责管理整个系统的运转，起着承上启下的作用；分析工具则是整个系统发挥作用的关键，只有通过用于完成实际决策问题所需的各种高效的工具，如查询检索工具、多维数据的 OLAP 分析工具、数据挖掘工具等，数据仓库才能真正发挥出支持分析决策的作用。数据仓库的数据来源于多个数据源，包括企业内部数据、市场调查报告及各种文档之类的外部数据。在确定数据仓库信息需求后，首先进行数据建模，然后确定从数据源到数据仓库的数据抽取、清理和转换过程，最后划分维数及确定数据仓库的物理存储结构。元数据是数据仓库的核心，它用于存储数据模型和定义数据结构、转换规划、仓库结构、控制信息等。仓库管理包括对数据的安全、归档、备份、维护、恢复等工作，这些工作需要利用数据库管理系统(DBMS)的功能。

数据仓库应用是一个典型的 C/S 结构，其客户端的工作包括客户交互、格式化查询及结果和报表生成等。服务器端完成各种辅助的 SQL 查询、复杂的计算和各类综合功能等。目前，普遍采用的形式是三层结构，即在客户与服务器之间增加一个多维数据分析服务器。OLAP 服务器能加强和规范决策支持的服务工作，集中和简化原客户端和 DW 服务器的部分工作，降低系统数据传输量，因此工作效率更高。

11.5 专 家 系 统

专家系统(Expert System，ES)是人工智能技术的一项典型应用。而所谓人工智能(Artificial Intelligence，AI)就是通过编程来让计算机执行一些由人们来做则需要智能的活动。人工智能领域包括自然语言处理、机器人、机器视觉和专家系统。例如，当银行雇员询问计算机：我们银行的结余是多少？计算机将回答一个正确的数字。这种情形下，就是运用了自然语言处理技术。

专家系统是一类包含知识和推理的智能计算机程序系统，其内部含有大量的某个领域专家水平的知识与经验，能够利用人类专家的知识和解决问题的方法来处理该领域问题。也就是说，专家系统是一个具有大量的专门知识与经验的程序系统，它应用人工智能技术和计算机技术，根据某领域一个或多个专家提供的知识和经验，进行推理和判断，模拟人类专家的决策过程，以便解决那些需要人类专家处理的复杂问题，简而言之，专家系统是一种模拟人类专家解决领域问题的计算机程序系统。

表 11-1 总结了专家系统与决策支持系统的区别。

表 11-1 决策支持系统与专家系统的区别

项　　目	决策支持系统	专家系统
目标	辅助人	提供"专家"咨询
谁做决策	人	系统
询问类型	人向机器提问	机器向人提问
问题域	复杂、广泛	狭窄的领域
数据库	包括事实性知识	包括过程和数据
发展演化	适应于变化的环境	支持固定的问题域

专家系统工具可以融入到 DSS 中来扩展其能力，完成正规的决策支持系统不能完成的功能。专家系统可以建立知识库来帮助决策者理解问题和备选方案，例如，在 DSS 中加入启发式建模技术，通过复制专家的推理过程，使系统更有效地解决各结构问题。

11.5.1　专家系统的组成

ES 主要由知识库、推理机制、知识获取和解释模型等子系统组成，如图 11-4 所示。

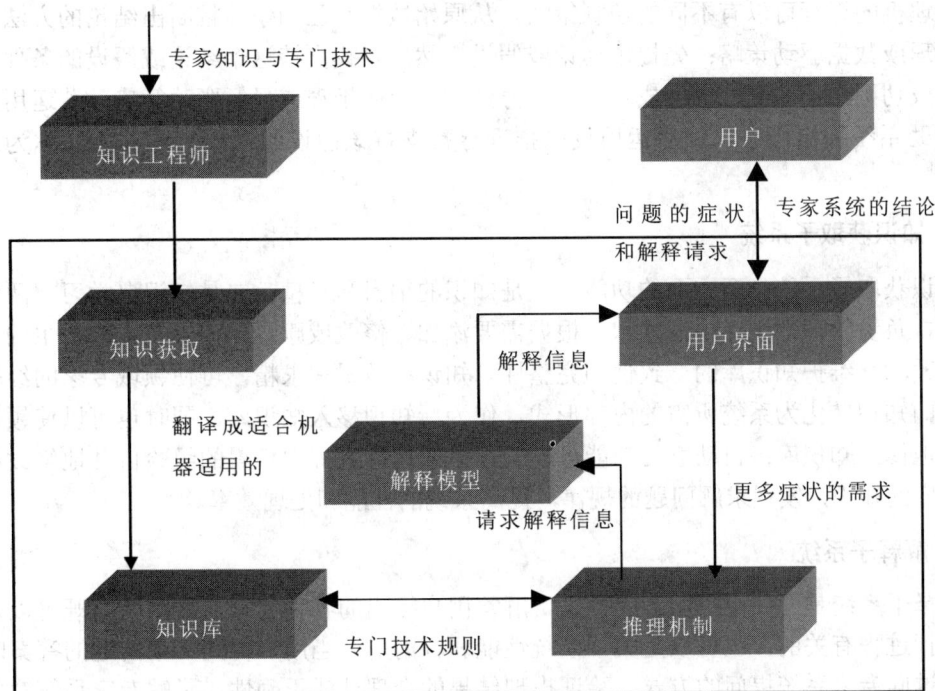

图 11-4　ES 的组成

1. 知识库

知识库包含信息和经验法则，专家系统利用此规则来制定决策。这些信息应当代表从该领域中出色的专家那里提取的高水平专业知识。在许多专家系统中，只是用规则表示。比如，在股票交易中有这样的规则：如果美孚石油的股票下降到低于 150 美元，那么就买 1000 股。专家系统将根据决策的性质使用不同的规则。在不同的决策中以不同的顺序应用这些规则，例如，一个简单的专家系统可能包含 40 个规则，决策 1 使用规则 1、3、6 和 7，决策 2 使用规则 3、6、12 和 22。每次执行一个规则，数据库中将发生一个改变，提出新的问题，然后应用新的规则。

专家系统与数据处理系统是明显不同的，即使两者都使用 if-then 逻辑。数据处理系统中，数据结构被定义，编码用来表示过程，这些在所有的处理数据上以相同的方式和顺序被执行。相反，专家系统不以相同的顺序执行这些规则。当专家系统接受输入的数据之后，它选择适用于问题的规则。当它向使用者提出问题时，它知道了更多的情况，然后运用更多的规则。

2. 推理机制

推理机制是专家系统的中央处理单元，它和知识库一起构成专家系统的核心。推理机制实质上是一个"思维"机构，是求解问题的计算机软件系统。推理机与用户对话，询问信息并运用它，它使用知识库为每种情况得出结论。推理机的结构取决于问题的性质和专家系统中知识的表达方式。在设计专家系统时，一般使知识库和推理机相分离，即求解问题的知识与使用知识的程序相分离，以保证专家系统的模块性、灵活性和可维护性。

推理机的运行可以有不同的控制策略。从原始数据和已知条件推断出结论的方法称为正向推理或数据驱动策略；先提出结论或假设，然后寻找支持这个结论或假设的条件或证据，若成功则结论成立，推理成功，这种方法称为反向推理或目标驱动策略；若运用正向推理帮助系统提出假设，然后运用反向推理寻找支持该假设的证据，这种方法称为双向推理。

3. 知识获取子系统

知识获取子系统有两方面的功能：一是知识的编辑和求精；二是知识自学习。两者相辅相成，负责管理知识库中的知识，根据需要添加、修改或删除知识以及由此产生的一些必要的改动，维护知识库的一致性和完整性。知识的编辑和求精，可使领域专家的经验或书本上的知识转化为系统所需的内部形式，作为新知识移入知识库，同时也可以使领域专家方便地修改知识库；自动学习功能可以根据系统运行过程中积累的经验自动地修改和补充知识库的知识，发现求解问题的规律，提高系统的性能和处理效率。

4. 解释子系统

解释子系统是面向用户服务的，负责解答用户提出的各种问题，这些问题既可以是和系统运行过程有关的，也可以是关于系统性能和行为的。当用户得到一个问题的答案时，可以通过向专家系统提问的方式，验证推理结果的合理性或正确性，了解专家系统对问题求解过程的细节。这时，通过解释子系统，专家系统可以针对性地以一种用户易于理解的形式对用户的问题进行解释，回答推导结论的步骤、每个步骤的根据、所用的各种数据和知识等。目前，解释子系统的实现方法大都是在推理过程中，把每步推理所用的数据和知识按推理的顺序连接起来，一旦需要解释时，就把这个推理链一步一步地显示给用户，以此作为对用户提问的回答。

11.5.2 专家系统的工作方式

专家系统主要有两种类型的工作方式：基于规则的和基于框架的方式。前者是由一组规则(if-then)组成，规则用以描述如何使用知识，得出结论；后者用节点的网络表示知识，知识是按层次组织的。

1. 基于规则的系统

基于规则的系统的知识是由规则(例如 if-then)和数据库组成。在问题求解过程中，数据库不断修改。汽车发动机错误诊断系统就是典型的基于规则的系统。如果发动机的温度很高，如果气体蒸发太快，如果发动机点火太快，如果发动机运转太激烈，系统都将发出警告。为了确定类似的问题，系统使用关于温度、气压和气缸电压的数据。

例如，如果发动机的温度太高，汽车通过打开风扇来自动解决这个问题，如果这个动作没有被执行，数据将重新检查。专家系统知道第一个正确的动作——打开风扇——没有被执行，那么它将继续循环规则直至它用亮灯警告司机发动机汽油不足。

表 11-2 中概括了专家系统的主要特征。设计专家系统是为了达到一个目标。在错误诊断系统中，目标就是避免发动机出现问题，领域是汽车发动机系统的机械，任务是发动机系统错误的诊断和纠正。关于温度、气压和发动机气缸的信息是系统的输入，用于解决问题的方法和信息是系统的输出。

表 11-2　专家系统的特征

特　　征	定　　义
目标	建立系统的原因
域	应用的一般领域
任务	系统要达到的特殊任务
输入	完成任务所需的数据
输出	系统的结果
机制	用来建立系统求解问题的概念模型
工具	实施系统的软件环境
方法	建立系统的方法

机制是指解决问题的模型，利用这个模型，系统诊断和纠正发动机系统的故障。知识库包括由与问题相关的数据和程序组成的规则。数据库不断地用与问题有关的新的信息来更新。例如，当风扇没有解决问题的时候，更改数据库将显示这种情况。

工具就是建立专家系统的软件，该软件包括知识获取子系统、解释子系统、知识库和推理机制。

2. 基于框架的系统

基于框架的系统是指用节点的网络表示知识。每个框架表示一个概念。这个概念用属性和与节点相关的值描述。框架是关于事实和概念的集合。计算机需要知道这些事实和概念。

一个框架看起来像一个事实列表。在建立框架时，知识工程决定哪一类单元信息对程序是有价值的。这些信息类可以列成表，每一类有一个值。例如，一个描述"吃"单元的框架可能包含下列值。

吃：

当被延误时会发生的事情：饿。

动作完成的主体：动物。

消耗的物质：食物。

更一般化的过程：消费。

单元可以是互相关联的。"睡"单元也是一个身体机能。计算机需要知道吃和睡都是身体机能的一部分。这和告诉张三和李四是邻居，张三的房子在青岛是一样的道理。如果计算机知道张三的房子在青岛，它应该能推断出李四的房子也在那里。

11.5.3　专家系统的适用范围

专家系统通常被设计成某个特定领域的专家。例如，它不可能是个医学专家，因为知识领域太大，但该专家系统可以被设计成诊断血液传染病的特定领域的专家。

专家知识与一般的知识相比较是非常有趣的。擅长于诊断传染病的专家程序对一般的医药一无所知。像接电话这样简单的工作对于计算机来说是不可能的，因为可能的应答主题范围太大。但专家系统通常被设计为解决人类难于解决的问题。大多数人认为诊断传染病是非常困难的，因为医生需要多年的医疗诊断经验。但是，诊断疾病所需的信息却远比接电话少。

所以，通常来说，专家系统应该集中于相当窄的知识领域。专家系统在其所擅长的狭窄领域内可能非常聪明，但对领域以外的知识却一无所知。人工智能最难的一项挑战是教其理解简单的日常用语——即使两岁孩童也懂得的口语。

专家系统擅长于诊断、预测和计划问题。其中最好的应用是诊断。例如，专家系统已经可以用来诊断电子系统、汽轮机、电子装置和汽车子系统的故障。一个标志为 ACE 的专家系统用来诊断电话网络的故障以及建议合理的修复和维护工作。计算机领域的 DART 系统用来帮助诊断计算机硬件系统的故障。

专家系统被广泛应用于医疗诊断中。例如，MYCIN 用来帮助医生运用病人的病历、症状、检查结果和传染器官特征等知识诊断血液传染病。

另一个专家系统擅长的领域是预测。预测即从所给状态中推断可能的结果。预测系统可以估计全球石油需求量，预测国际政局动荡的可能区域以及模仿错误的投资决策带来的最坏的债务损失。农民可以利用专家系统预测虫害。PLANT 专家系统用模拟模型预测黑切虫对玉米的危害。PLANT 做出这项预测的规则如下。

如果：
- 黑切虫对叶子的损害已计算。
- 无论每列每英尺是否多于四棵草。
- 玉米品种已知。
- 土壤的湿度已知。

则：计算不用杀虫剂情况下的玉米产量，并把结果赋给变量产量 1。

还有一种用于个人财政计划的名叫 Plan Power 的专家系统，利用用户的目标、税收、以前的投资、保险范围及财产等信息，为用户制定财政计划。为了实现这样的功能，该系统需要利用利率、期望的膨胀率、税收法律、标准投资策略等知识。客户可提出 what-if 问题，比较不同财政决策的结果。

11.5.4　专家系统的局限性

尽管专家系统好处很多，但它的技术和使用也有一定的局限。首先专家系统不能真正代替专家。专家系统不是真正聪明，它们不能学习获取新的概念和规则，它们不能解决缺乏重点和清晰定义的问题。专家系统不能表现出常识。专家系统最基本的常识需要数以千计的命令。从真正意义上讲,专家系统不知道它们不知道的东西是什么。在需要它们狭窄领域之外的经验时,它们无法接受这种不确定性。

11.6 小 结

决策支持系统概念是在信息系统发展日趋成熟以及人们对信息系统概念的进一步深入理解的基础上提出的,信息系统要和人融为一体,充分发挥人的智能,信息系统所发挥的角色应该是支持而不是代替人的决策。

人们所遇到的决策问题通常有结构化决策、非结构化决策以及半结构化决策三种类型。而 DSS 则主要针对半结构化问题的解决。

基本的 DSS 是由五部分组成:人机接口(人机对话系统)、数据库系统、模型库系统、知识库系统和方法库系统。随着 DSS 技术的成熟,人们在这五个部件的基础上又开发了各自的管理系统,即对话管理系统、数据库管理系统、模型库管理系统、知识库管理系统、方法库管理系统。

数据仓库是 DSS 的基础,它是数据库与人工智能这两项计算机技术相结合的产物。我们可行形象地将数据仓库想象为数据的半成品库。

专家系统相对来说对人的决策能力要求较低。专家系统工具可以融入 DSS 中来扩展其能力,完成正规的决策支持系统不能完成的功能。

思 考 题

1. 决策支持系统的组成部分包括哪些?
2. 什么是数据仓库?
3. 什么是专家系统,它与决策支持系统的区别是什么?
4. 阅读以下案例,并回答后面的问题。

执行董事杰夫·奥维尔看着他的日记簿。"又将是这样的一天。"他咕哝着对公司的工厂主管罗伊·霍华德抱怨道。他俩在公司干了 15 年,亲眼目睹公司经历了一个重要的转变期。公司最初生产锁和保险箱,但后来渐渐地转向电子产品、电视监视系统、磁卡存取系统及入侵警报器。对管理者来说,随之而来的是日益明显的市场导向。这在奥维尔和彼得·丁斯戴尔(营销经理)及玛吉·汤普森(会计主管)的首次碰面中就体现出来了。彼得提出了榫眼锁利润中心存货过多的问题,并带来了截至 2004 年 5 月 31 日的会计年度尚未审核的账目中的相关部分。如表 11-3 和表 11-4 所示。

彼得对年末未售出的 5 000 把这个数字感到焦虑。"鉴于以往年初我们通常只有 3 000把锁,这实在令人担忧,"他说,"我们虽尽力,但也只销售了 50 000 把。我们必须采取行动了。"在经过一番讨论之后,开始审查公司的定价。每把 3.55 英镑的售价比竞争对手,特别是那些从东欧进口的售价稍高一些。最近的一次市场调查表明,售价降低 10 便士(再加上"质量"形象)与刚刚结束的去年相比,销售额将会上升 12%。

"我希望看到我们的存货回落到正常水平,"奥维尔赞同地说道。"换句话说,3 000

把的存货应是我们 2005 年 5 月的目标。"然后他又对玛吉说，"或许你可以查证一下这对 2004 年 4 月的成本及利润有何影响。"

表 11-3 利润汇总表：榫眼锁

(2004 年 5 月 31 日前 12 个月)   单位：英镑

销售收入		177 500
减：商业成本		
2003 年 6 月 1 日的成品库存	6 300	
生产成本	110 760	
商业成本小计	117 060	
减：2004 年 5 月 31 日的成品库存	10 650	106 410
毛利		71 090
减：行政及销售管理费用		53 600
税前利润		17 490

表 11-4 生产成本表：榫眼锁

(2004 年 5 月 31 日前 12 个月)

直接成本		单价(便士)
材料：购入零件	28 080	54
原材料	31 200	60
人工：机床加工工人	18 720	36
装配工	6 240	12
生产管理费用		
机床加工	19 968	38.4
装配线	6 552	12.6
总计	110 760	213

"好的"她回答道，"但我需要了解一下我们是怎样看待成本变化的。然后我才能估计出产量水平为 54 000 把锁的成本。"

接下来的讨论提出了直接人工成本上涨 5%，同时原材料成本上涨了 2%。改变供货意味着购入零件费用下降 5%是可能的。固定生产管理费用将不会高于目前的机床加工 4 368 英镑及装配线 1 352 英镑，而可变生产管理费用将保持不变。有了这些资料，玛吉感到她就能以 2003—2004 年的数据为起点，草拟出 2004—2005 年的一些数据。

喝过咖啡之后，奥维尔和彼得又专心致志地进行了讨论。所建议的削价意味着将打破长期以来形成的在计算出的生产成本(包括公司固定成本的分摊)上再增加一定百分比的做法。彼得想象得到，此举会给公司其他产品系列带来不利。但目前更重要的是公司销售队伍的运作方式。从本质上说，销售员被看做是技术顾问，他们走访潜在的客户，商讨比格斯公司的产品如何尽力满足他们的需求。直到现在，这些销售员还是拿年薪，但如今他们坚持要得到某种形式的佣金(也就是说他们要得到销售额的一定比率)。彼得对此有所保留。"目前，每个人专门推销我们产品系列中的某一种产品，并且要负责全国市场。作为一个工作组他们可以干得很好，因为顾客最初买个保险箱可能最终导致购买整套完整的安全系统。谁能划分出每个人应得到什么呢？"

奥维尔想知道，现在是否到了调整销售工作的时候，因为它将使每个销售员都有明确的"地块"，届时他们会在那一地区代理整个比格斯公司的产品系列。

很显然，早做出决策是不可能的，于是他俩同意在夏季工厂停工期间再碰一次头。这将使他们有时间来探讨各种观点。

午餐时，奥维尔问霍华德再配置固定设备计划进展如何。显然电子产品这方面情况不错，生产率显著提高且结束了经常的加班工作。然而为完成一份特殊合同而安装的一台新焊接机器出现了一些问题也是事实。最初大家都认为，与目前方法相比，这台机器在合同期限内将节约 2 万英镑，但最近的试用表明，极有可能要花费高得多的维修费。被迫之下，虽有 70%的可能，额外的维修费会使预计的节省减少一半，霍华德还是要冒险一试，但他也坚持在机器运转之前希望能做一些调试，以可能的 5 000 英镑的成本将高维修费的风险减少到只有 10%。奥维尔很快勾画出一张决策树图以分析形势，将所有的因素都考虑在内，他感到几乎没剩选择的余地。"今天早上干得够多了。"霍华德说。"你搬出来后家里情况怎样？"

案例思考题：

(1) 阅读案例，决策制定的过程。

(2) 如果要让计算机参与决策，请问决策制定中需要调用那些数据。决策的最后做出需要什么相关的技术或方法。

(3) 考虑人在决策中的作用。

参 考 文 献

[1] 何勇，郑文钟编著. 管理信息系统的原理方法及其应用. 杭州：浙江大学出版社，2005

[2] 薛华成主编. 管理信息系统(第三版). 北京：清华大学出版社，1999

[3] 黄梯云主编. 管理信息系统(修订版). 北京：高等教育出版社，2000

[4] 彭志忠，李猛编著. 管理信息系统. 济南：山东大学出版社，2005

[5] 梅姝娥，陈伟达主编. 管理信息系统. 北京：石油工业出版社，2003

[6] 张志清主编. 管理信息系统实用教程. 北京：电子工业出版社，2005

[7] 姜旭平. 信息系统开发方法——方法、策略、技术、工具与发展. 北京：清华大学出版社，1997

[8] 李东. 管理信息系统的理论与应用. 北京：北京大学出版社，1998

[9] 仲秋雁，刘友德. 管理信息系统(第三版). 大连：大连理工出版社，2001

[10] 黄敬仁. 系统分析. 北京：清华大学出版社，2002

[11] 张建林. 管理信息系统. 杭州：浙江大学出版社，2004

[12] 王小铭. 管理信息系统及其开发技术. 北京：电子工业出版社，1997

[13] 许晶华. 管理信息系统. 广州：华南理工出版社，2003.08

[14] 罗超理，李万红. 管理信息系统原理与应用. 北京：清华大学出版社，2002

[15] 章祥荪，赵庆祯. 管理信息系统的系统理论与规划方法. 北京：科学出版社，2001

[16] 严建渊. MIS 的理论、方法和应用. 北京：中国建材工业出版社，2004

[17] 王玉荣，流程管理. 北京：机械工业出版社，2004

[18] 罗伯特·斯库塞斯，玛丽·萨姆纳. 管理信息系统. 大连：东北财经大学出版社，2001

[19] 斯蒂芬·哈格. 信息时代的管理信息系统. 北京：机械工业出版社，2007

[20] John W. Satzinger, Robert B. Jackson, Stephen D. Burd. Systems Analysis and Design in a Changing World, Third. 北京：电子工业出版社，2006

[21] Joseph S. Valacich, Joey F. George, Jefferey A. Hoffer. Essentials of Systems Analysis & Design. 北京：清华大学出版社，2007

[22] Jeffrey L. Whitten, Lonnie D. Bentley. Systems Analysis and Design Methods. 北京：机械工业出版社，2007

[23] James A. O'Brien，George M. Marakas. Management Information Systems. 北京：人民邮电出版社，2007

[24] James A. O'Brien. Introduction to Information Systems—Essentials for the e-Business Enterprise, 11th ed. 北京：高等教育出版社，2002

[25] Craig Larman. Applying UML and Patterns. 北京：机械工业出版社，2006

[26] Gary B. Shelly, Thomas J. Cashman, Harry J. Rosenblatt. Systems Analysis and Design. 北京：机械工业出版社，2003

[27] James A. O'Brien, George M. Marakas, Management Information Systems. 北京：人民邮电出版社，2007

[28] Kenneth C. Laudon, Jane P. Laudon. Management Information Systems—Managing the Digital Firm, 8th.
USA: Natalie E. Anderson，2004

[29] Ralph M. Stair, George W. Reynolds. Principles of Information Systems—A Managerial Approach, 6th.
北京：机械工业出版社，2005

[30] David L. Olson. Introduction Information Systems Project Management. USA: McGraw-Hill Education (Asia)
Co. 2004